한권으로 끝내는

공동주택 회계와 세무

조용언

도서출판 청람

| 머리말 |

어느 날 회계전공 교수인 저자에게 아파트 회계감사를 해보지 않겠느냐는 제안이 왔다. 혼자서 생각해 보기도 하고, 주위 전문가들에게 자문을 구해 보기도 하면서 며칠을 망설였다. 오랫동안 회계학을 학문으로 연구하고 가르쳐 왔지만 아파트에서 회계가 중요할 것이라는 생각은 거의 하지 않은 채 지내왔고 회계실무에 관해 아는 것도 별로 없었다. 어쩌다 집에서 관리비고지서가 눈에 띄어도 관리비 부과내역이 무엇인지에는 거의 관심이 없었고 혹시나 납부마감일을 놓치지나 않을까 걱정하는 정도였다.

아파트 관리비는 당연히 공정하고 정확하게 부과되는 줄만 알았다. 그런데 이게 웬걸! 지방자치단체에서 실시하는 아파트 회계감사에 참여하게 되면서 세상에 이런 사각지대가 있다니! 하고 놀랐다. 입주민의 사유재산이 침해되는 여러 가지 사례들과 맞닥뜨리게 되었고 관리비 집행과정에서 주민갈등이 심각해지는 경우가 많다는 것을 알게 되었다. 주위의 만류에도 불구하고 결국 '호기심천국'이 발동하였고, 내가 아는 작은 지식을 활용하여 아파트 관리비의 투명한 집행과 사회적 문제해결에 기여해야 하겠다는 소박한 의무감이 다른 모든 것에 앞서게 되었다.

아파트 회계감사를 본격적으로 시작하면서 아파트의 투명한 관리를 위해 필요한 지식이 단순히 회계학에 머무르지 않고 공동주택관리법을 비롯한 법학지식, 아파트에 설치된 각종 설비 및 부대시설과 관련된 기술지식에 이르는 방대한 지식이 요구된다는 것을 알게 되었다. 뿐만 아니라 실제 아파트 현장에서 벌어지고 있는 부당한 거래 및 계약 관행을 파악하여 그 실질을 좇아가는 일도 매우 중요하다는 것을 깨닫게 되었다.

이렇게 아파트 회계감사를 수행하고, 아파트 관리비의 집행과 관련된 지식과 경험이 축적되고, 아파트 입주자대표회의 구성원, 관리사무소장, 회계담당직원을 대상으로 특강을 하는 기회가 생기면서 뭔가 정리가 필요하다는 생각이 들었다.

2015년부터 아파트 관리비에 관한 감사와 특강을 진행한 성과도 있겠지만 그동안 법령과 제도가 정비되면서 아파트 관리비 집행의 투명성이 많이 개선되었다. 그러나 여전히 비슷한 유형의 문제점들이 반복해서 발생하고 있다. 그래서 내가 아는 지식을 필요로 하는 분들과 공유하고 싶어졌다.

원고를 수년간 집필하다 보니 원고 내용이 중복되는 부분도 많아졌고 법령도 계속 개정되다 보니 새로운 법령으로 교체해야 할 내용도 늘어만 갔다. 은퇴도 얼마 남지 않아 더 미룰 수가 없었고 결단을 내려야 했다. 집중해서 집필하여 완성도를 끌어올려야 했다. 이 책은 저자의 그러한 의지와 노력을 통해 만들어진 지적 생산물이다.

통계청이 2022년 7월에 발표한 '2021년 인구주택총조사 결과'에 따르면 우리나라 전체 주택 1,881만 호 중 공동주택(아파트, 연립 · 다세대주택)이 78.3%를 차지하고, 전체 일반가구 2,145만 가구 중 공동주택에 거주하는 가구가 63.3%를 차지했다. 아파트만 놓고 보면 전체 주택 중 63.5%(1,195만 호), 일반가구 중 51.9%(1,114만 가구)를 차지했다. 또한 한국부동산원이 2022년 5월에 발표한 '전국 관리비 공개의무단지 현황'에 따르면 2021년 관리비 총액이 22조 9천억 원에 이르렀고 세대당 월평균 18만155원을 부담했다.

이와 같은 자료는 아파트를 비롯한 공동주택 관리비가 국민경제나 가정경제에서 차지하는 규모와 비율이 증가하고 있으며 그 사안의 중요성이 높아지고 있음을 시사하는 것이다. 최근에는 많이 나아졌지만 공동주택의 입주자와 사용자 중에는 아직도 아파트 관리비에 대해 여러 가지 이유로 무관심한 경우가 많다. 그 빈틈을 파고들어 아파트 관리비 집행에서 부정과 오류가 발생하게 된다. 때로는 아파트 관리비문제가 사회문제로 비화되어 언론의 관심대상이 되기도 하고 심지어 소송까지 불사하여 아파트 공동체가 무너지는 경우를 보기도 한다.

공동주택은 사유재산이고 이에 따라 공동주택의 관리는 원칙적으로 사적자치의 원칙이 적용된다. 민간의 모든 영역을 사적자치에 맡겨 둘 수는 없기에 국가가 일정 부분 개입하는 것이 불가피한 측면이 있지만 가능한 한 우리 스스로 올바른 아파트 공동체문화를 만들어 갈 책임이 있다. 마을공동체가 성숙하게 발전하는 데는 상호 신뢰의 형성이 매우 중요한데 그것은 자금의 조달과 사용에서 투명성을 확보하는 것이다. 그 투명성은 바로 올바른 회계처리에서 나온다. 회계는 근본적으로 조직의 활동을 측정하고 보고하는 것이며 이를 통해 신뢰라는 무형의 사회적 자산을 형성하는 역할을 한다. 관광을 가는 경우와 마찬가지로 아파트 관리비도 아는 만큼 보일 수밖에 없다. 깨어 있는 시민만이 공동주택에서 건강한 공동체문화를 만들어 갈 수 있다고 생각하기에 이 책이 이에 조금이나마 기여할 수 있기를 바란다.

이 책을 집필한 목적은 일차적으로 아파트를 비롯한 공동주택의 입주자대표회의 구성원, 관리사무소장, 회계담당자 등 현장 근무자들에게 회계처리와 세무처리에 관한 올바른 정보를 제공하여 관리비의 부과 · 징수에 정확성, 신뢰성, 투명성을 높이는 데 있다. 더불어 입주자와 사용자, 정부의 공동주택담당자 등 공동주택 관리비의 투명한 관리와 집행에 관심을 가진 이해관계자들에게 공동주택 관리비가 제대로 부과 · 징수되고 있는지를 판단하도록 도움을 주는 데 있다.

이에 따라 책의 내용도 매우 기초적인 것부터 수준 높은 내용까지 가능한 한 빠짐없이 구성하려고 노력하였다. 아직 보완해야 할 점이 남아 있지만 이 책의 출간을 더 미룰 수가 없는 처지가 되어 버렸기에 다음 기회를 기다려 본다. 부족한 부분에 대한 독자들의 조언과 질책을 기다린다.

그동안 늘 아파트 감사업무에 함께 참여하며 다양한 의견을 교환하고, 이 책의 집필에도 여러 가지 좋은 아이디어를 주신 하순금 박사에게 진심 어린 고마움을 전한다. 또한 이 책의 집필을 독려하고 지원해 주신 도서출판 청람 이수영 사장과 편집진을 비롯한 관계자 여러분에게도 깊은 감사의 말씀을 드린다.

마지막으로 결혼 이후 인생의 동반자로서 언제나 힘이 되어 주신 아내에게 무한한 감사와 사랑의 마음을 이 책에 새기고 싶다.

오랜 인고의 시간을 넘어 짙은 초록의 향연을 펼치는
2023년 칠월, 어느 날
저자

| 추천사 |

집은 동서고금을 막론하고 누구에게나 소중한 안식처이며, 집의 형태는 인류의 소중한 문화유산으로 자리매김하여 왔다. 최근 우리나라는 급속한 경제성장과 더불어 도시화가 진행되고 주거환경에 대한 욕구가 증대되면서 국민 다수가 공동주택에 거주하게 되었고 그 비율은 점점 증가하고 있다.

개인주택의 경우라면 개인이 주택을 관리하고 비용을 부담하면 된다. 그러나 집합건물 형태의 공동주택에서는 여러 주택을 공동으로 관리하고 여러 세대가 비용을 나누어 부담한다. 이러한 사실은 공동주택의 입주자와 사용자에게 관리비 부과 · 징수 · 집행의 공정성, 신뢰성, 투명성에 관한 관심을 불러일으키게 만든다.

이에 따라 국토교통부는 공동주택회계처리기준을 제정하여 2017년 1월 1일부터 적용하도록 고시하였다. 또한 2024년 1월 1일부터 적용되는 개정 「공동주택관리법」에서는 회계감사대상 공동주택을 종전의 300세대 이상에서 의무관리대상 전체로 확대하였다.

이와 같은 회계 및 회계감사제도를 정착시키기 위해 한국공인회계사회는 공동주택회계감사기준을 제정하였고, 이를 바탕으로 공동주택의 재무제표가 공동주택회계처리기준을 준수하여 적정하게 작성 · 공시되도록 회계감사를 수행하고 있다.

이러한 법령과 제도의 시행으로 공동주택의 회계와 세무는 정보품질이 획기적으로 향상되었지만 여전히 개선의 여지가 남아 있다. 이러한 계제에 조용언 교수의 저서 '한권으로 끝내는 공동주택 회계와 세무'는 실무자, 정책 담당자, 회계감사인 등에게 훌륭한 나침반의 역할을 할 것으로 기대된다. 오랜 실무 경험과 이론연구를 통해 축적된 지식에 힘입어 공동주택의 회계와 세무에 관한 기본적인 내용을 충실히 다루었을 뿐만 아니라 제도 개선이 필요한 부분까지 세세하게 제안함으로써 이 저서가 단순히 실무안내서의 수준을 넘어 연구 성과물로서의 가치도 가진다고 평가할 수 있겠다. 공동주택의 회계와 세무에 대한 독자 여러분의 갈증을 해결하는 데 큰 도움을 줄 것으로 확신한다.

공동주택 관리비는 사유재산이다. 따라서 관리비를 둘러싼 갈등과 분쟁도 곳곳에서 발생하고 있다. 이 저서가 공동주택 관리비의 부과 · 징수 · 집행에서 공정성, 신뢰성, 투명성을 높이는 데 기여함으로써 입주자와 사용자의 사유재산이 철저히 보호되기를 기대한다. 이와 함께 공동주택 관리비에 관한 갈등과 분쟁을 해결하는 데 기여함으로써 공동주택이 평화롭고 화목한 마을공동체로 발전해 가는 데 버팀목이 되기를 희망한다. 이 저서가 만든 작은 물결이 우리나라 모든 공동주택으로 퍼져나가 새로운 회계문화를 형성하는 데 보탬이 되기를 바란다.

그동안 한국공인회계사회 회장으로서 지켜본 바로 조용언 교수는 교육, 연구, 봉사라는 교수 본연의 역할 어느 하나 빼놓지 않고 최선을 다해 수행해 왔기에 이번 저서도 평소의 학자다운 고집스런 면모가 스며들어 있다고 본다.

한국공인회계사회의 회원이기도 한 조용언 교수가 평소 바쁜 일정에도 불구하고 틈틈이 시간을 내어 공동주택 회계와 세무에 관한 원고를 집필하여 한 권의 책으로 세상에 내어놓은 것을 축하하고 이 분야의 전문가로서 계속 발전하기를 기원한다.

2023년 7월 30일

한국공인회계사회 회장 김영식

| 차례 |

제1장 | 공동주택회계의 기초

제2장 | 공동주택 회계처리과정

제3장 | 계정과목별 회계처리

제4장 | 공동주택의 세금(소득세, 부가가치세, 법인세)

1장

공동주택 회계의 기초

제1절 공동주택관리를 위한 회계의 필요성
제2절 공동주택회계처리기준
제3절 관리규약과 회계규정

1장

공동주택회계의 기초

제1절 | 공동주택관리를 위한 회계의 필요성

1.1 회계의 역할과 필요성

회계의 역할은 세상에 존재하는 모든 개인이나 조직의 경제활동을 측정하여 보고하는 것이다. 회계를 필요로 하는 가장 대표적인 조직은 영리를 추구하는 기업이다. 이와 함께 오늘날 정부, 학교, 사회복지시설, 종교단체와 같은 비영리조직도 경제활동을 하는 이상 회계를 필요로 한다. 이에 따라 공동주택의 관리에도 당연히 회계가 필요하다. 공동주택은 공동주택의 관리를 위해 인력을 고용하고, 수선유지활동을 하고, 관리비와 사용료, 장기수선충당금을 부과하여 징수하는 등 공동주택 고유의 활동을 수행할 뿐만 아니라 이러한 비영리활동을 수행하는 과정에서 부수적으로 관리외수익(잡수입)을 얻게 되는 영리활동도 수행하고 있기 때문이다.

그렇다면 영리 여부를 불문하고 모든 조직에서 회계가 필요한 이유는 무엇일까? 어떤 조직이든 그 조직과 이해관계를 가지고 있거나 가지게 될, 조직에 대해 관심을 가지고 있거나 가지게 될 개인이나 집단, 전문용어로 이해관계자[1)]가

1) 이해관계자와 동일한 의미를 가진 용어에는 정보이용자, 의사결정자 등이 있는데 본서에서는 이를 구분하지 않고 경우에 따라 적절히 섞어서 사용하였다.

존재한다. 이해관계자는 해당 조직에 대해 뭔가를 알고 싶고 자신의 궁금증을 풀고 싶어 한다. 이해관계자는 자신이 맡겨 놓은 자원을 해당 조직이 얼마나 잘 관리하고 있는지, 얼마나 효율적으로 이용하는지, 자금흐름에 문제는 없는지, 앞으로 어려움에 처할 가능성은 없는지 등에 관한 정보, 바로 회계정보를 알고 싶어 한다. 결국 이해관계자가 알고 싶어 하는 회계정보란 조직의 재무상태, 경영성과, 자금흐름 등에 관한 정보이다. 이해관계자는 이러한 회계정보를 이용하여 경제행위를 하기 위한 의사결정, 즉 경제적 의사결정을 내리게 된다. 이해관계자가 경제적 의사결정을 내릴 때 회계정보의 도움을 받게 되면 그렇지 않을 경우에 비해 훨씬 더 나은 결과를 얻을 수 있다. 이와 같이 회계정보는 이해관계자 또는 의사결정자의 판단을 도와주는 잠재력을 가진 매우 유익한 정보이다.

이렇게 회계는 이해관계자가 원하거나 경제적 의사결정에 도움을 줄 수 있는 정보를 만들어서 전달해 주는 역할을 맡고 있기 때문에 세상의 어떤 조직이든지 없어서는 안 될 기능이고, 정보이고, 지식이다.

1.2 공동주택관리에서 회계정보의 중요성

1.2.1 공동주택이란

공동주택관리에서 회계정보의 중요성을 설명하기에 앞서 공동주택이 무엇인지 잠깐 살펴보기로 한다. 「공동주택관리법」 제2조 제1항 제1호에 따르면 '공동주택'이란 다음 ①~③의 주택 및 시설을 말한다. 이 경우 일반인에게 분양되는 복리시설은 제외한다.

① 「주택법」 제2조 제3호에 따른 공동주택

② 「건축법」 제11조에 따른 건축허가를 받아 주택 외의 시설과 주택을 동일 건축물로 건축하는 건축물

③ 「주택법」 제2조 제13호에 따른 부대시설 및 같은 조 제14호에 따른 복리시설

4_

이 내용을 좀 더 자세히 살펴보자. 먼저 '① 「주택법」 제2조 제3호에 따른 공동주택'이란 건축물의 벽 · 복도 · 계단이나 그 밖의 설비 등의 전부 또는 일부를 공동으로 사용하는 각 세대가 하나의 건축물 안에서 각각 독립된 주거생활을 할 수 있는 구조로 된 주택을 말한다. 그리고 공동주택의 종류와 범위는 「주택법 시행령」 제3조에서 아파트, 연립주택, 다세대주택으로 구분하고 있다. 이는 「건축법 시행령」 [별표 1]의 규정에 따른 것이다.

아파트는 주택으로 쓰는 층수가 5개 층 이상인 주택이다(「건축법 시행령」 [별표 1] 제2호 가목). 연립주택은 주택으로 쓰는 1개 동의 바닥면적(2개 이상의 동을 지하주차장으로 연결하는 경우에는 각각의 동으로 본다) 합계가 660㎡를 초과하고, 층수가 4개 층 이하인 주택이다(「건축법 시행령」 [별표 1] 제2호 나목). 다세대주택은 주택으로 쓰는 1개 동의 바닥면적 합계가 660㎡ 이하이고, 층수가 4개 층 이하인 주택이다(2개 이상의 동을 지하주차장으로 연결하는 경우에는 각각의 동으로 본다)(「건축법 시행령」 [별표 1] 제2호 다목).

다음으로 '② 「건축법」 제11조에 따른 건축허가를 받아 주택 외의 시설과 주택을 동일 건축물로 건축하는 건축물'이란 보통 주상복합건물이라고 하는 것이다.

마지막으로 '③ 「주택법」 제2조 제13호에 따른 부대시설 및 같은 조 제14호에 따른 복리시설'은 종류가 너무 많은 관계로 자세한 내용은 생략한다.

요약하면, 공동주택이란 아파트, 연립주택, 다세대주택, 주상복합건물을 말하고 이들 건물에 딸린 부대시설이나 복리시설을 포함하는 것이다.

공동주택이란

- 아파트, 연립주택, 다세대주택, 주상복합건물
- 이들 건물에 딸린 부대시설이나 복리시설

1.2.2. 공동주택관리에서 회계정보의 중요성

통계청이 2022년 7월 28일에 발표한 '2021년 인구주택총조사 결과'에 따르면 2021년 총 주택 중 공동주택이 14,728천 호로 78.3%를 차지하고 그중에서도 특히 아파트가 11,949천 호로 63.5%를 차지하였다. 또한 한국부동산원이 2022년 5월 25일에 발표한 '전국 관리비 공개의무단지 현황'에 따르면 관리비 공개의무단지[2]의 2021년 관리비 총액은 22.9조 원이고 이를 세대당으로 환산하면 월 평균 18만155원에 이른다. 이렇게 공동주택이 총 주택의 80%에 가까운 비율을 점유하고 1년의 관리비 총액이 23조 원에 육박하고 있는 현실을 고려하면 공동주택에서 관리비의 중요성은 두말할 나위가 없을 것이다.

그러면 공동주택에서 회계정보를 필요로 하는 이해관계자, 즉 회계정보이용자는 누구인가? 가장 중요한 회계정보이용자는 입주자와 사용자이지만 관리주체도 이에 속한다. 입주자와 사용자는 관리비고지서에 나타난 관리비등 부과액의 적정성을 알고 싶어 한다. 관리주체도 관리비가 적정하게 부과되고 집행되었다는 근거를 보여주기 위해 또는 관리비등을 효율적으로 관리하기 위해 회계정보를 필요로 한다.

공동주택에서 관리비, 사용료, 장기수선충당금 등을 세대별로 적정하게 부과하기 위해서는 공동주택에서 발생하는 모든 거래들이 기록되어야 하고, 이를 바탕으로 관리비부과명세서와 세대별 관리비조정명세서가 작성되고, 세대별 납입고지서가 발행되어야 한다. 이와 같이 공동주택에서는 매일 발생하는 모든 거래를 기록하고 이를 집계하여 월별 관리비를 산정하게 되며, 보통 1년을 단위로 관리비등에 관한 모든 재무정보를 요약하여 보고하게 된다. 이러한 회계상의 보고를 재무보고라고 부른다. 재무보고의 대표적인 수단이 재무제표이다.

공동주택에 거주하는 누구든지 자신에게 부과되는 관리비가 올바르게 부과되고 제대로 사용되고 있는지 궁금증을 가지고 있다. 즉, 공동주택관리에 관한

2) 관리비 공개의무단지란 뒤에서 설명하는 「공동주택관리법」상 의무관리대상 공동주택 이외에 「공공주택 특별법」 및 「민간임대주택법」상 임대주택을 포함한다.

회계정보에 대한 수요가 존재한다. 이에 따라 관리주체는 이러한 회계정보에 대한 수요를 충족하기 위해 공동주택관리와 관련된 사항을 낱낱이 정확하게 기록하여 보고할 의무가 있다. 관리주체는 공동주택관리에 관한 회계정보의 공급을 책임지고 있다.

「공동주택관리법」 제27조 제1항에서는 의무관리대상 공동주택의 관리주체는 관리비등[3]의 징수 · 보관 · 예치 · 집행 등 모든 거래행위에 관하여 장부를 월별로 작성하여 그 증빙서류와 함께 해당 회계연도 종료일부터 5년간 보관하여야 한다고 규정하고 있다. 또한 「공동주택관리법」 제27조 제3항에서는 의무관리대상 공동주택의 관리주체는 입주자등이 제1항에 따른 장부나 증빙서류, 관리비등의 사업계획, 예산안, 사업실적서 및 결산서의 열람을 요구하거나 자기의 비용으로 복사를 요구하는 때에는 관리규약으로 정하는 바에 따라 이에 응하여야 한다고 규정하고 있다.

이와 함께 「공동주택관리법 시행령」 제26조 제3항에서는 의무관리대상 공동주택의 관리주체는 회계연도마다 사업실적서 및 결산서를 작성하여 회계연도 종료 후 2개월 이내에 입주자대표회의에 제출하여야 하고, 제27조 제1항에서는 회계감사를 받아야 하는 공동주택의 관리주체는 매 회계연도 종료 후 9개월 이내에 재무제표에 대하여 회계감사를 받도록 규정하고 있다. 이러한 절차는 회계정보의 투명한 공개를 촉진하기 위한 통제장치이다. 따라서 회계는 공동주택관리에 필수불가결한 요소이다.

3) '관리비등'은 「공동주택관리법」과 공동주택회계처리기준에서 동일하게 사용하고 있으나 약간의 개념 차이가 존재한다. 「공동주택관리법」 제25조에서는 관리비, 사용료, 장기수선충당금, 하자보수보증금, 그 밖에 해당 공동주택단지에서 발생하는 모든 수입에 따른 금전(주로 잡수입에 해당)을 묶어서 '관리비등'이라고 규정하고 있다. 반면 공동주택회계처리기준 제18조에서는 관리비, 사용료, 장기수선충당금 세 가지만을 묶어 '관리비등'이라고 표현하고 있다. 따라서 본서에서 「공동주택관리법」과 관련된 설명에서 사용하는 '관리비등'과 공동주택회계처리기준과 관련된 설명에서 사용하는 '관리비등'은 범주에서 차이가 있음을 고려하기 바란다.

제2절 | 공동주택회계처리기준

2.1 일반적으로 인정된 회계원칙

2.1.1 공동주택회계처리기준의 성격

회계원칙은 회계담당자가 거래나 기타 사건의 영향을 판단하고 회계처리할 때 반드시 준수해야 할 기본적 지침이다. 따라서 회계원칙은 모든 조직에 적용 가능한 보편타당성을 가지고 있고, 최선의 회계실무가 정착될 수 있도록 방향을 제시하는 규범적 성격을 가지고 있으며, 다양한 정보이용자의 이해관계를 조정하는 능력도 가져야 한다. 이러한 성격을 갖는 회계원칙을 회계실무에 적용하기 위하여 구체화시킨 것이 '일반적으로 인정된 회계원칙(Generally Accepted Accounting Principles : GAAP)'이다. '일반적으로 인정된 회계원칙'이라는 표현은 많은 사람들에 의해 광범위하게 수용될 수 있는 것으로 권위 있는 전문가의 합의에 의해 제정된 회계원칙이라는 의미이다.

우리나라의 기업들이 회계처리를 하는 데 적용할 일반적으로 인정된 회계원칙이 있듯이 공동주택관리를 위해서도 일반적으로 인정된 회계원칙이 필요하다. 기업에게 적용되는 일반적으로 인정된 회계원칙으로는 한국채택국제회계기준(K-IFRS), 일반기업회계기준, 중소기업회계기준 등이 있는데 이러한 용어에서 보듯이 실무적으로 회계원칙은 회계기준이라는 이름으로 존재한다. 「공동주택관리법 시행령」 제27조 제2항에서는 재무제표를 작성하는 회계처리기준은 국토교통부장관이 정하여 고시한다고 규정하고 있다. 공동주택관리를 위해 적용해야 할 일반적으로 인정된 회계원칙은 공동주택회계처리기준이다.

공동주택회계처리기준은 국토교통부에서 2016년 8월 31일에 공포하였으며, 2017년 1월 1일부터 시행되었다. 공동주택회계처리기준은 회계원칙이지만 법적 지위로 볼 때 행정규칙의 일종인 국토교통부의 고시로서 법규성을 가지고 있는 것으로 해석하고 있다. 행정규칙은 원칙적으로 대외적으로 국민을 구속할 수 있는 힘을 가지지 않는다. 하지만 법령의 위임을 받아 그 구체적인 내용을 정하는 행정규칙으로 정하는 경우에는 예외적으로 국민에 대한 구속력을 가질 수 있다. 이를 행정규칙형식의 법규명령 혹은 법령보충규칙이라 한다. 대법원과 헌법재판소는 법령보충규칙의 법규성을 인정하고 있다(대법원 1987. 9. 29. 선고 86누484 판결; 헌법재판소 2004. 10. 28. 99헌바91 결정). 이를 정리하면 일반적으로 인정된 회계원칙으로서의 회계처리기준은 그 적용 여부에서 자율적이지만 공동주택회계처리기준은 강제적, 의무적으로 적용해야 한다고 해석할 수 있다.

2.1.2 회계처리원칙 7가지

공동주택회계처리기준 제4조에서는 회계처리원칙 7가지를 열거하고 있다. 이에 따르면 관리주체의 회계처리와 재무보고는 복식부기 방식과 발생주의 회계를 적용하여 다음의 7가지 일반원칙에 따라 처리하여야 한다.

① 회계는 재무상의 자료를 일반적으로 인정된 회계원칙에 따라 처리하여야 한다.

이 원칙은 공동주택회계처리기준에 명시되어 있지 않은 사항들은 국내에서 적용되는 다른 회계기준에 따라 회계처리한다는 의미가 담겨있다.

② 회계는 일반적으로 공정하다고 인정되는 회계관습에 따라 처리하여야 한다.

③ 회계처리와 보고는 신뢰할 수 있도록 객관적인 자료와 증거에 의하여 공정하게 처리하여야 한다.

이는 기업회계에서 '신뢰성'의 원칙이라고 하는 것이다.

④ 중요한 회계방침과 회계처리기준 · 과목 및 금액에 대해서는 그 내용을 재무제표상에 충분히 표시하여야 한다.

이는 기업회계에서 '충실한 표현'이라고 하는 것이다.

⑤ 회계처리에 관한 기준과 추정은 기간별 비교가 가능하도록 기간마다 계속하여 적용하고 정당한 사유 없이 이를 변경해서는 안 된다.

이는 기업회계에서 '비교가능성'이라고 하는 것이다. 예를 들어, 감가상각방법의 경우 정액법을 사용하다가 경제활동의 실질적인 변화가 없는 상태에서 다른 감가상각방법으로 변경하면 회계처리 변경으로 인해서 감가상각비의 크기가 달라지는 문제가 있다. 감가상각비 계산방법이 다른 상태에서 변경 이전연도의 감가상각비와 변경연도의 감가상각비를 단순 비교하는 것 자체가 무의미하게 된다. 그러나 회계처리기준 변경에 정당한 사유가 있는 경우에는 회계처리기준을 변경할 수 있다.

⑥ 회계처리를 하거나 재무제표를 작성할 때 과목과 금액은 그 중요성에 따라 실용적인 방법을 통해 결정하여야 한다.

이는 기업회계에서 중요성(materiality)이라고 하는 것이다. 정보가 누락되거나 잘못 기재하거나 불분명하여, 이를 기초로 내리는 주요 이용자의 의사결정에 영향을 줄 것으로 합리적으로 예상할 수 있다면 그 정보는 중요한 것이다. 따라서 중요성은 정보의 누락이나 허위표시가 재무정보를 기초로 이루어지는 이용자의 의사결정에 영향을 미칠 수 있다고 판단할 수 있는 기준점이나 임계치이다. 중요성이 실제로 적용되는 경우는 재무제표에 상이한 성격이나 기능을 가진 항목은 구분하여 표시하고, 중요하지 않은 항목은 성격이나 기능이 유사한 항목과 통합하여 표시하는 것이다.

⑦ 회계처리는 거래의 사실과 경제적 실질을 반영할 수 있어야 한다.

이는 거래의 형식보다는 거래의 실질이 우선되어야 한다는 의미이다. 예를 들어, 발생한 거래를 회계처리할 때 거래의 외관이나 형식을 따르기보다 그 알맹이가 무엇인지를 확인하고 그와 일치하는 계정과목을 사용하는 경우에 이 원칙이 적용될 수 있다.

2.1.3 관리외수익의 회계처리

이미 살펴본 바와 같이 공동주택회계처리기준 제4조에서 재무제표는 복식부기와 발생주의 회계를 적용하도록 규정하고 있지만, 단서조항에서 관리외수익은 공동주택단지에서 각 계정별로 발생주의 회계 또는 현금주의 회계를 선택하여 적용하되 매 회계연도마다 계속성을 유지하도록 규정하고 있다. 다시 말해, 관리외수익의 회계처리에 대해서는 발생주의 회계나 현금주의 회계 중 선택할 수 있는 재량권을 부여하고 있다. 이렇게 관리외수익에 대해 회계처리 선택의 재량권을 부여하고 있지만 재무제표 작성의 일관성을 유지하기 위해 관리외수익도 발생주의 회계를 적용하는 것이 바람직할 것이다. 실제로 현금주의 회계에 따를 이유가 거의 없다.

2.1.4 회계처리기준의 변경

회계처리기준은 만고불변의 진리가 아니며, 경제환경이 바뀜에 따라 얼마든지 변경될 수 있다. 이에 따라 공동주택회계처리기준 제57조에서 국토교통부장관은 「훈령 · 예규 등의 발령 및 관리에 관한 규정」(대통령 훈령 334호)에 따라 2018년 1월 1일 기준으로 매 3년이 되는 시점(매 3년째의 12월 31일까지를 말한다)마다 그 타당성을 검토하여 개선 등의 조치를 하여야 한다고 규정하고 있다. 그러나 회계처리기준 내용을 수정해야 할 사항이 많이 있음에도 불구하고 필자가 원고를 쓰고 있는 현재까지 회계처리기준 개정 움직임은 없는 상태이다.

2.2 공동주택회계처리기준의 적용대상

2.2.1 공동주택회계처리기준 적용대상 공동주택

공동주택회계처리기준을 의무적으로 적용해서 재무제표를 작성해야 하는 공동주택은 외부회계감사를 받아야 하는 의무관리대상 공동주택이다. 2022년 6월 10일에 공포된 개정 「공동주택관리법」에서는 회계감사대상 공동주택을 종전의 300세대 이상에서 의무관리대상 전체로 확대하였다. 이 새로운 규정은 2024년 1월 1일부터 시행하게 된다. 따라서 공동주택 관리주체는 2023 회계연도의 재무제표에 대한 회계감사부터 준비해야 한다.

개정된 「공동주택관리법」 제26조 제1항에 따르면 의무관리대상 공동주택의 관리주체는 대통령령으로 정하는 바에 따라 「주식회사 등의 외부감사에 관한 법률」 제2조 제7호에 따른 감사인(공인회계사를 말함)의 회계감사를 매년 1회 이상 받아야 한다. 다만, 다음 ①, ②의 구분에 따른 연도에는 그러하지 아니하다.

① 300세대 이상인 공동주택 : 해당 연도에 회계감사를 받지 아니하기로 입주자등의 3분의 2 이상의 서면동의를 받은 경우 그 연도

② 300세대 미만인 공동주택 : 해당 연도에 회계감사를 받지 아니하기로 입주자등의 과반수의 서면동의를 받은 경우 그 연도

여기서 한 가지 유의할 점은 외부회계감사를 면제받고자 한다면 매년 입주자등의 서면동의를 받아야 한다는 점이다. 외부회계감사 면제에 대한 서면동의는 해당 연도에만 효력이 있을 뿐이다.

「공동주택관리법」 제26조 제1항과 제2항(개정으로 폐지)의 개정에 따른 개정 전후의 회계감사대상 공동주택의 규정을 비교하면 [표 1-1]과 같다.

표 1-1 외부회계감사대상 공동주택

구분	개정 전	개정 후(2024년 1월 1일부터 시행)
300세대 이상 의무관리 대상	• 원칙적으로 외부회계감사대상 • 면제조건 – 입주자등[4]의 3분의 2 이상의 서면동의를 받은 연도	동일
300세대 미만 의무관리 대상	• 외부회계감사 선택가능 • 선택조건 – 입주자등의 10분의 1 이상이 연서하여 요구한 경우 – 입주자대표회의에서 의결하여 요구한 경우	• 원칙적으로 외부회계감사대상 • 면제조건 – 입주자등의 과반수의 서면동의를 받은 경우 그 연도

2.2.2 의무관리대상 공동주택

그러면 의무관리대상 공동주택이란 무엇인가? '의무관리대상 공동주택'이란

4) 「공동주택관리법」에서는 공동주택의 소유자를 '입주자'로, 세입자를 '사용자'로, 입주자와 사용자를 모두 아우를 때는 '입주자등'으로 각각 다르게 표현하고 있다. 보통 관리사무소에서 보내는 안내방송이나 게시하는 안내문에서는 '입주민'이라고 부르고 있는데 이는 법률용어가 아니다.

해당 공동주택을 전문적으로 관리하는 자(관리주체를 말함)를 두고 자치의결기구(입주자대표회의를 말함)를 의무적으로 구성하여야 하는 등 일정한 의무가 부과되는 공동주택으로서, 다음 ①~⑤ 어느 하나에 해당하는 공동주택을 말한다(「공동주택관리법」 제2조 제1항 제2호).

① 300세대 이상의 공동주택

② 150세대 이상으로서 승강기가 설치된 공동주택

③ 150세대 이상으로서 중앙집중식 난방방식(지역난방방식을 포함)의 공동주택

④ 「건축법」 제11조에 따른 건축허가를 받아 주택 외의 시설과 주택을 동일 건축물로 건축한 건축물(보통 주상복합건물이 이에 해당)로서 주택이 150세대 이상인 건축물

⑤ ①부터 ④까지에 해당하지 아니하는 공동주택 중 전체 입주자등의 2/3 이상이 서면으로 동의하여 정하는 공동주택

공동주택회계처리기준 적용대상 및 의무관리대상 공동주택을 요약하면 [표 1-2]와 같다.

▌표 1-2▐ 공동주택회계처리기준 적용대상 및 의무관리대상 공동주택

공동주택회계처리기준 적용대상 공동주택	의무관리대상 공동주택
• 회계감사를 받아야 하는 의무관리대상 공동주택 ① 300세대 이상(입주자등 2/3 이상 서면동의 시 감사 면제가능) ② 300세대 미만(입주자등 과반수 서면동의 시 감사 면제가능)	• 전문관리자(관리주체)와 자치의결기구(입주자대표회의)를 갖추고 ①~⑤ 중 하나에 해당하는 공동주택 ① 300세대 이상 ② 150세대 이상+승강기 설치 ③ 150세대 이상+중앙집중식(또는 지역) 난방방식 ④ 150세대 이상+주상복합건물 ⑤ ①~④ 이외 입주자등 2/3 이상 서면동의

여기서 유의할 점이 하나 있는데 공동주택회계처리기준 적용대상 공동주택과 의무관리대상 공동주택은 후술하는 장기수선계획대상 공동주택과 비슷하지만 차이가 있다는 점이다. 뒤에서 다시 설명하기로 한다.

2.3 공동주택회계처리기준의 구성

공동주택회계처리기준은 모두 제8장, 제57조로 구성되어 있다. 제1장은 총칙, 제2장은 회계장부와 전표, 제3장은 수입 및 지출, 제4장은 자산, 제5장은 결산, 제6장은 재무제표, 제7장은 예산, 제8장은 행정사항을 규정하고 있다.

제1장 총칙에서는 기준의 목적, 용어의 정리, 회계연도, 회계처리원칙, 회계담당자의 책임, 회계업무의 인계인수, 회계업무의 처리 직인, 채권·채무 소멸시기를 규정하고 있다. 공동주택회계처리기준 제1조는 공동주택회계처리기준의 목적에 대해 다음과 같이 규정하고 있다. 이 기준은 「공동주택관리법 시행령」 제27조 제2항 및 제3항에 따라 관리주체가 공동주택관리의 회계업무를 공정하고 명확하게 처리하고 입주자와 사용자 등 이해관계자에게 유용한 재무적 정보를 제공하는 데 필요한 사항을 규정함을 목적으로 한다. 이 조항은 앞서 설명한 이해관계자로서 입주자와 사용자 등을 예시하고 이들에게 재무적 정보를 제공할 책임은 관리주체에게 있음을 명확히 규정하고 있다. 공동주택회계처리기준 제3조에서는 공동주택의 회계연도를 매년 1월 1일부터 12월 31일까지로 역년기준으로 강제화하고 있다. 따라서 모든 공동주택의 결산일은 매년 12월 31일이 된다.

✪ 공동주택의 회계연도와 결산일

- **회계연도**: 매년 1월 1일~12월 31일
- **결산일**: 매년 12월 31일

제2장 회계장부와 전표에서는 회계장부의 종류, 장부수정방법, 장부의 마감·폐쇄·이월, 전표와 증빙서류의 종류와 작성기준에 관해 규정하고 있다. 따라서 제2장은 회계장부, 전표, 증빙서류에 관해 종류, 작성방법 등 일반적인 기업회계기준에서는 찾아볼 수 없는 실무적인 내용을 세세하게 규정하고 있는데 이는 공동주택이 처한 회계환경의 특수성을 반영한 결과라고 할 수 있다.

제3장 수입 및 지출에서는 수입 측면에서는 수입금의 징수와 관리, 금전과 예금의 관리, 수입금과 관련된 납입고지서, 납입영수증, 장부의 관리 등을 규정하고, 지출 측면에서는 지출의 수단, 지출원인행위 및 관계서류의 관리, 지출에 대한 감사 등을 규정하고 있다. 이와 같이 제3장은 수입 및 지출에 관한 관리와 관련 장부의 관리에 대해 규정하고 있는데 제2장과 마찬가지로 일반적인 기업회계기준에서는 찾아볼 수 없는 실무적인 내용을 세세하게 규정하고 있다.

제4장 자산에서는 재고자산의 회계처리와 관리, 유형자산의 회계처리와 관리, 자산실사, 물품관리대장 등에 대해 규정하고 있다.

제5장 결산에서는 결산의 원칙과 시기, 결산서의 작성과 제출, 보관에 대해 규정하고 있다.

제6장 재무제표에서는 재무제표의 종류로서 재무상태표, 운영성과표, 이익잉여금처분계산서, 이들 재무제표에 부속되는 주석에 대해 규정하고 있으며, 관리손익과 관리외손익을 구분할 것을 규정하고 있다.

제7장 예산에서는 예산편성의 시기와 승인, 예산편성 첨부 서류, 세입과 세출의 과목, 예산전용과 이월, 추가경정예산, 예산불성립 시의 예산집행, 세입세출결산서의 보고에 관해 규정하고 있다. 이러한 규정은 공동주택에서 반드시 예산을 편성하여 집행하도록 강제화하고 있음을 의미하기 때문에 공동주택의 회계책임을 지고 있는 관리주체는 예산편성에 관한 전문지식을 함양하고 편성된 예산에 따라 관리비등이 집행될 수 있도록 각별히 주의하여야 할 것이다.

위에서 설명한 내용을 요약하면 [표 1-3]과 같다.

▌표 1-3▐ 공동주택회계처리기준의 구성

장	제목	내용
제1장	총칙	기준의 목적, 용어의 정리, 회계연도, 회계처리원칙, 회계담당자의 책임, 회계업무의 인계인수, 회계업무의 처리 직인, 채권·채무 소멸시기
제2장	회계장부와 전표	회계장부의 종류, 장부수정방법, 장부의 마감·폐쇄·이월, 전표와 증빙서류의 종류와 작성기준
제3장	수입 및 지출	• 수입 측면: 수입금의 징수와 관리, 금전과 예금의 관리, 수입금과 관련된 납입고지서, 납입영수증, 장부의 관리 • 지출 측면: 지출의 수단, 지출원인행위 및 관계서류의 관리, 지출에 대한 감사
제4장	자산	재고자산의 회계처리와 관리, 유형자산의 회계처리와 관리, 자산실사, 물품관리대장
제5장	결산	결산의 원칙과 시기, 결산서의 작성과 제출, 보관
제6장	재무제표	재무상태표, 운영성과표, 이익잉여금처분계산서, 주석
제7장	예산	예산편성의 시기와 승인, 예산편성 첨부 서류, 세입과 세출의 과목, 예산전용과 이월, 추가경정예산, 예산불성립 시의 예산집행, 세입세출결산서의 보고

2.4 회계담당자의 업무와 책임

2.4.1 회계담당자의 업무분장

관리주체는 회계에 관한 독립된 업무를 담당하기 위해 회계단위별로 다음의 회계담당자를 두어야 한다. 또한 직원의 과소 등으로 겸직이 불가피한 경우를 제외하고는 회계담당자는 겸직할 수 없다(공동주택회계처리기준 제5조).

① 수입·지출에 관한 업무: 수입·지출담당

② 지출원인행위 및 계약에 관한 업무: 지출원인행위담당 또는 계약담당

③ 재고자산, 유형자산, 물품 및 그 밖의 자산을 관리하는 업무: 각 자산관리담당

이 규정은 회계담당자의 업무분장에 관한 내용이다. 회계담당자의 경우 위에 열거한 세 가지 업무를 한 사람이 전담하게 되면 회계부정과 오류가 발생할 가

능성이 높아지게 된다. 예를 들어, 수입·지출 자금관리담당자가 계약업무를 동시에 하고 있다면 허위계약을 체결하고 자금을 집행할 수 있을 것이다. 따라서 이러한 부정과 오류를 예방하고, 발생하더라도 즉각적인 적발과 조치가 가능하도록 내부통제제도를 설계하고 운영할 필요가 있다는 점을 강조한 것이다.

그런데 이 규정에 따르면 공동주택은 규모와 상관없이 기본적으로 최소 3명의 회계담당자를 두고 있어야 하나 현실은 그렇지 못하다. 많은 공동주택에서 회계담당자 1명이 회계업무 전체를 수행하고 있고, 심지어 관리사무소장이 회계업무와 관리업무를 동시에 수행하는 경우도 있다. 물론 불가피한 경우에는 겸직할 수 있다는 단서조항을 두고 있지만 대부분의 공동주택은 이 단서조항에 의존하고 있는 실정이다. 이러한 규정을 만든 취지와 현실의 괴리를 메울 대책이 필요하다.

2.4.2 회계담당자의 책임

회계담당자의 책임은 다음과 같다(공동주택회계처리기준 제7조).

① **성실한 직무수행책임**: 회계담당자는 공동주택관리법령 및 관리규약과 이 기준에서 정하는 바에 따라 성실하게 그 직분에 따른 회계처리를 하여야 한다.

② **손해배상책임**: 회계담당자는 고의 또는 중대한 과실로 인하여 손해를 끼친 때에는 손해를 배상할 책임이 있다. 따라서 실수나 경미한 과실로 손해를 끼친 때에는 손해를 배상할 책임이 없다고 해석할 수 있으나 이 경우에도 「민법」 750조에 따라 손해의 발생에 대한 입증책임은 피해자에게 있으므로 피해자가 손해의 발생을 입증하는 경우에는 손해배상책임을 질 수 있다고 할 것이다.

③ **변상책임**: 현금 또는 물품을 출납·보관하는 사람이 그 보관에 속하는 현금 또는 물품을 망실·훼손하였을 경우 선량한 관리자의 주의를 게을리하지 않았음을 증명하지 못하였을 때에는 변상의 책임을 진다.

용어의 정리

- **고의**: 일정한 결과의 발생을 알면서 어떤 행위를 하는 심리상태
- **중대한 과실**: 일반적으로 보통 사람이 조금만 주의를 기울였더라면 행위의 결과를 예견하고 그 결과를 예방할 수 있었는데도 주의를 현저히 게을리하여 결과를 발생케 한 경우
- **선량한 관리자의 주의**: 어떠한 물건이나 사무를 관리함에 있어서, 그 직업 또는 지위에 있는 자에게 일반적으로 요구되는 정도의 주의

회계업무의 인계인수를 할 때에는 인계자가 작성한 문서의 내용을 관리사무소장의 참관하에 인계자 · 인수자가 확인하고 이름을 적은 후 도장을 찍어야 한다(공동주택회계처리기준 제6조).

2.4.3 회계업무처리 직인

관리사무소장이 금융계좌 및 출납 관련 회계업무를 집행할 때에는 「공동주택관리법」 제64조 제5항에 따라 시장 · 군수 또는 구청장에게 신고한 직인을 사용한다(공동주택회계처리기준 제8조 제1항). 이 직인은 관리사무소장이 업무의 집행에 사용할 직인이다.

관리주체는 관리비등을 입주자대표회의가 지정하는 금융기관에 예치하여 관리하되, 장기수선충당금은 별도의 계좌로 예치 · 관리하여야 하는데, 이 경우 계좌는 관리사무소장의 직인 외에 입주자대표회의의 회장 인감을 복수로 등록할 수 있다(「공동주택관리법 시행령」 제23조 제7항).

요약하면, 관리사무소장이 출납 관련 회계업무를 집행할 때에는 배치신고 시 신고한 직인만을 사용하여야 하며, 금융계좌는 관리사무소장의 직인 이외에 입주자대표회의의 회장 인감을 복수로 등록하여 사용할 수 있다는 것이다.

한편, 회계담당자가 회계업무를 처리할 때에는 해당 회계담당자가 이름을 쓰거나 도장을 찍어야 한다(공동주택회계처리기준 제8조 제2항). 이는 회계실명제라고 할 수 있으며, 회계담당자의 책임을 강조한 규정이다.

여기서 입주자대표회의 회장이 새로 선출될 경우 반드시 변경해야 할 사항을

요약하면 [표 1-4]와 같다.

[표 1-4] **입주자대표회의 회장 선출에 따른 변경사항**

① 관할 지자체에 입주자대표회의 구성(변경) 신고
② 관할세무서에 대표자 변경 신고
③ 거래은행에 대표자 명의 변경 신고

2.5 채권 · 채무의 소멸시기

2.5.1 채권 · 채무의 소멸시효

1) 소멸시효의 개념

원칙적으로 공동주택에서 발생한 관리비등과 관련한 채권 · 채무의 회계처리상 소멸시기는 「민법」 등 관계법령에서 정하는 소멸시효에 따른다(공동주택회계처리기준 제9조 제1항). 소멸시효란 권리자가 권리행사를 할 수 있음에도 불구하고 일정 기간 권리를 행사하지 않는 경우 그 권리를 소멸시키는 제도를 말한다. 소멸시효가 존재하는 이유는 영속한 사실상태(권리 미행사)를 인정하여 사회질서를 안정시키고, 과거사실(지급확인 등)의 증명곤란으로부터 권리자를 구제하며, 권리행사의 태만에 대한 제재로서 권리 위에 잠자는 자를 보호하지 않는다는 데에 있다.

공동주택회계처리기준에서는 「민법」 등 관계법령에서 정하는 소멸시효에 따른다고만 할 뿐 채권 · 채무의 소멸시효에 관해 구체적으로 명시하고 있지는 않다. 그런데 공동주택 관리비등에 한정시켜 본다면 관리비등은 「민법」 제163조 제1호에서 정한 "1년 이내의 기간으로 정한 금전 지급을 목적으로 한 채권"에 해당하기 때문에 1개월 단위로 발생하는 공동주택의 관리비채권(미수관리비)에는 3년의 단기소멸시효가 적용된다. 다만, 입주자대표회의(또는 집합건물의 건물 관리단) 측에서 관리비를 구하는 소송을 제기하여 승소하면 소멸시효가 중단되고, 판결이 확정된 때로부터 10년의 소멸시효가 다시 진행된다(「민법」 제165

조, 제170조).

시효중단의 효력을 설명하기 위해 하나의 사례를 들어보자. 체납관리비(미수관리비)에 대한 소멸시효가 3년인데 2년이 지나 입주자대표회의가 소송을 제기하여 승소한 경우이다. 첫째, 시효중단과 관계없이 승소로 인해 관리비채권의 법률적 성격이 바뀌기 때문에 관리비채권의 소멸시효는 기존의 3년이 아닌 10년으로 바뀐다. 둘째, 시효중단과 관련된 것으로서 새로운 관리비채권의 소멸시효는 10년인데 이미 경과한 2년은 무시하고, 즉 시효중단이 되고 판결이 확정된 시점부터 다시 10년이 시작된다.

2) 관리비채권(미수관리비)의 승계 여부

관리비채권(미수관리비)의 승계 여부를 설명하기 위해 하나의 판례를 제시한다. 「집합건물의 소유 및 관리에 관한 법률」(이하 「집합건물법」)의 판례이기는 하지만 공동주택에도 그대로 적용되기 때이다. 전(前) 구분소유자의 체납관리비를 그 특별승계인이 승계하도록 하는 관리규약은 「집합건물법」 제18조에 따른 것으로서 유효하다(대법원 2006. 6. 29. 선고 2004다3598 판결). 「집합건물법」 제18조에 따르면 공유자가 공용부분에 관하여 다른 공유자에 대하여 가지는 채권은 그 특별승계인에 대하여도 행사할 수 있다. 문제는 전 구분소유자에 대한 관리비채권의 소멸시효가 중단된 경우, 그 중단의 효력이 특별승계인에게도 미치느냐는 것이다. 「민법」 제169조는 "시효중단의 효력은 당사자 및 그 승계인 간에만 효력이 있다"고 정하고 있다. 여기서 당사자라 함은 중단행위에 관여한 당사자를 가리키고, 승계인이라 함은 시효중단에 관여한 당사자로부터 중단의 효과를 받는 권리 또는 의무를 그 중단 효과 발생 이후에 승계한 자를 뜻하며 포괄승계인은 물론 특정승계인도 이에 포함된다(대법원 1997. 4. 25. 선고 96다46484 판결 등 참조). 따라서 전 구분소유자로부터 시효중단의 효과를 받는 의무(관리비 납부의무)를 그 중단 효과 발생 이후에 승계한 자는 시효중단의 효력을 받는다(대법원 2015. 5. 28. 선고 2014다81474 판결).

이렇게 공동주택의 관리비등에서 공용부분에 대한 관리비채권은 특별승계인에게 승계되고 시효중단의 효력이 있다. 그러나 전유부분에 대한 관리비채권은 승계되지 않는다는 사실은 특별히 유념해야 할 사항이다. 예를 들어, 공동주택의 관리비등 500,000원(공용부분은 300,000원, 전유부분은 200,000원)이 체납된 상태에서 해당 주택이 경매로 소유권이 이전되었다고 하자. 공용부분의 관리비등 300,000원은 경매낙찰자(양수권자)에게 승계되어 관리비를 받을 수 있는 권리가 확보된다. 그러나 전유부분의 관리비등 200,000원은 승계되지 않는다. 이 때문에 전유부분의 관리비등은 원래의 채무자(입주자등)가 납부하지 않으면 민사소송 등의 복잡한 법률행위를 거쳐야 받아낼 수 있다는 한계가 있다. 이는 입법으로 해결해야 할 과제로 남아 있다.

✪ 관리비채권(미수관리비)의 소멸시효와 승계

- **관리비채권의 소멸시효**: 3년
- **관리비채권 소송에서 관리주체가 승소한 경우의 소멸시효**: 승소시점부터 10년
- **관리비채권의 특별승계 여부**
  - 공용부분 관리비채권: 특별승계인에 승계되고 시효중단의 효력 있음
  - 전유부분 관리비채권: 특별승계인에 승계되지 않음

2.5.2 채권 · 채무의 단기소멸시효

공동주택회계처리기준 제9조 제1항에도 불구하고 다음 ①~④의 어느 하나에 해당하는 경우에는 소멸시효가 완성되기 전이라도 입주자대표회의의 승인을 받아 해당 채권이 소멸한 것으로 처리할 수 있다(공동주택회계처리기준 제9조 제2항).

① 채무자의 소재가 불분명하고 압류할 수 있는 재산의 가격이 강제집행비용 및 우선채권의 합계액을 초과하지 않은 때

② 채무자가 사망하고 그 상속재산의 가액이 강제집행비용 및 우선채권의 합계액을 초과하지 않은 때

③ 채권액이 추심비용보다 소액일 때

④ 그 밖의 부득이한 사유가 있는 경우로서 입주자대표회의에서 의결한 때

위에서 언급한 4가지 경우는 체납관리비보다 그것을 징수하는 데 비용이 더 많이 들어 체납관리비 징수의 실익이 없거나, 체납관리비의 회수가능성이 거의 없을 것으로 예상되는 때에 해당한다. 이러한 규정을 만든 목적은 입주자대표회의의 의결로 채권소멸(채권포기)을 앞당겨 결정하여 채권관리업무에 드는 시간과 비용을 줄이는 데 있을 것이다.

2.6 회계장부와 전표

2.6.1 회계장부의 종류

공동주택회계처리기준 제10조에서 규정하는 회계장부는 현금출납장, 총계정원장과 계정별 원장, 관리비부과명세서, 세대별 관리비조정명세서, 물품관리대장, 그 밖의 지출증빙자료이다. 관리주체는 이들 회계장부를 갖추고 회계사실을 명확하게 기록·유지 및 보관하여야 한다(공동주택회계처리기준 제10조 제1항). 이 회계장부들을 전산으로 처리하는 경우에는 전산상 장부를 출력하여 보관함으로써 그 작성 및 보관을 갈음할 수 있다(공동주택회계처리기준 제10조 제2항). 「공동주택관리법」 제27조 제1항 단서조항에서도 관리주체는 「전자문서 및 전자거래 기본법」 제2조 제2호에 따른 정보처리시스템을 통하여 장부 및 증빙서류를 작성하거나 보관할 수 있다고 규정하고 있다.

이처럼 「공동주택관리법」 제27조 제1항과 공동주택회계처리기준 제10조 제2항에서는 회계장부들을 전산으로 처리하는 경우에는 전산상 장부를 출력하여 보관할 수도 있다고 선택권을 부여하고 있다. 그러나 공동주택회계처리기준 제12조 제2항에서는 매월 결산처리 결과를 출력하여 보관하도록 의무화하고 있다. 참고로 여기에서 '매월 결산'이라 함은 매월의 관리비 부과를 위한 장부마감을 의미한다고 보아야 하고, 공동주택회계처리기준 제41조에서 규정하는 기말 '결산'을 의미하는 것은 아니다.

1) 현금출납장

현금출납장은 현금의 수입, 지출, 잔액을 계속적으로 기록하는 장부이다. 일반적으로 현금출납장은 일자, 계정과목, 거래처, 적요, 수입, 지출, 잔액으로 구성되며, 총계정원장의 현금계정에 대한 거래를 상세하게 기록하는 보조장부의 성격을 지닌다.

2) 총계정원장과 계정별 원장

총계정원장(general ledger)은 회계상 거래발생의 내용을 자산, 부채, 순자산, 수익, 비용의 계정과목별로 정리해 모아 놓은 회계장부이다. 글자 그대로 풀이하면 모든 계정을 모아 놓은 으뜸이 되는 장부라는 뜻이다. 복식부기로 재무제표를 작성하는 데 분개장과 더불어 가장 중요한 장부이다. 분개장에 거래발생순서에 따라 분개된(기입된) 내용은 총계정원장에 계정과목별로 전기(posting)되어 정리된다. 전기란 분개장에서 총계정원장으로 옮겨 적는다는 뜻이다.

총계정원장은 매일 계정과목별 증가 · 감소 · 잔액을 모아 하나의 표로 나타내는데 이를 일계표라 한다. 일계표의 1개월간 누적금액을 합산하여 월합계잔액시산표(월계표)를 작성하고, 월합계잔액시산표 1년분이 모이면 결산의 기초자료가 되는 합계잔액시산표가 만들어진다.

총계정원장의 내용을 더욱 구체적으로 기재한 장부는 보조원장(subsidiary ledger)이라고 하는데 매출처원장, 매입처원장 등이 대표적이다. 매출처원장은 외상매출금계정을 거래처별로 상세히 기록한 보조장부이며, 매입처원장은 외상매입금계정을 거래처별로 상세히 기록한 보조장부이다. 공동주택회계처리기준에서 말하는 계정별 원장이란 바로 거래처별 원장 등 일반적인 보조부를 말한다.

3) 관리비부과명세서

관리비부과명세서란 발생한 관리비에 대하여 입주자등에게 부과하는 관리비 총액을 계정별로 나타내는 명세서이다(공동주택회계처리기준 해설서, 2016). 이는 월합계잔액시산표를 바탕으로 작성된다. 매월 세대별로 발송되는 관리비고지서를 보면 관리비부과내역서가 첨부되어 있는데 관리비부과명세서는 관리주체가 내부적으로 보관하고 있는 회계장부로서 관리비부과내역서의 작성근거가 된다.

4) 세대별 관리비조정명세서

세대별 관리비조정명세서란 관리비부과명세서를 바탕으로 부과관리비 총액을 세대별로 세분화하여 나타낸 명세서이다. 실무관리 편의상 동별·세대별 관리비조정명세서를 구분하여 관리하기도 한다(공동주택회계처리기준 해설서, 2016). 세대별 관리비조정명세서를 바탕으로 세대별 관리비납입고지서가 작성되어 발송된다.

원칙적으로 총계정원장을 바탕으로 작성한 월합계잔액시산표(월계표)의 금액, 관리비부과명세서의 금액, 세대별 관리비조정명세서의 합계액은 일치해야 한다. 이 금액이 다르면 회계처리나 부과과정에서 오류가 발생한 것이므로 매월 그 일치 여부를 확인할 필요가 있다.

5) 물품관리대장

물품관리대장이란 공구·기구 비품대장 및 저장품관리대장을 말하며, 넓은 의미의 보조장부라 할 수 있다. 즉, 공구·기구 비품 및 저장품의 구입 및 불출·처분·폐기 등 재고자산·유형자산의 변동내역을 관리하기 위한 목적으로 작성되는 장부이다(공동주택회계처리기준 해설서, 2016).

6) 그 밖의 지출증빙자료

그 밖의 지출증빙자료는 앞에서 언급한 5가지 회계장부 이외에 실무상 공동주택 관리주체가 유지·보관하는 각종 문서로서 그 종류를 대략적으로 나열하면 다음과 같다(공동주택회계처리기준 해설서, 2016).

① 급여대장: 월별 급여 및 상여 지급내역

② 소득세 신고 납부철: 원천세 · 주민세 신고 납부 및 연말정산 서류철
③ 사회보험관리대장: 4대 사회보험 신고와 보험료 납부대장
④ 지출결의서 서류철
⑤ 관리비부과명세서 서류철
⑥ 중간관리비 정산명세서 서류철
⑦ 계약 및 입찰 서류철
⑧ 기타 서류

2.6.2 회계장부의 작성, 보관, 공개

1) 「공동주택관리법」의 규정

「공동주택관리법」 제27조 제1항 제1호에서는 의무관리대상 공동주택의 관리주체가 관리비등의 징수 · 보관 · 예치 · 집행 등 모든 거래행위에 관하여 월별로 작성한 장부 및 그 증빙서류(같은 조 제2항에서는 이를 '회계서류'라고 함)를 해당 회계연도 종료일부터 5년간 보관하도록 의무화하고 있다. 또한 2022년 6월 10일 공포되어 2022년 12월 11일부터 시행되는 개정 「공동주택관리법」 제27조 제1항 제2호에서는 주택관리업자 및 사업자 선정 관련 증빙서류(이하 편의상 '계약 관련 증빙서류'라고 함)도 해당 계약 체결일부터 5년간 보관하도록 의무화하고 있다. 만약 이를 위반하여 장부 및 증빙서류를 작성 또는 보관하지 아니하거나 거짓으로 작성한 자에 대해서는 1년 이하의 징역 또는 1천만 원 이하의 벌금에 처한다(「공동주택관리법」 제99조 제1호의3).

또한 관리주체는 입주자등이 「공동주택관리법」 제27조 제1항에 따른 장부나 증빙서류, 그 밖에 같은 법 「시행령」 제28조에서 정하는 관리비등의 사업계획, 예산안, 사업실적서 및 결산서의 열람을 요구하거나 자기의 비용으로 복사를 요구하는 때에는 관리규약으로 정하는 바에 따라 이에 응하여야 한다(「공동주택관리법」 제27조 제3항). 만약 이를 위반하여 장부나 증빙서류 등의 정보에 대한 열람, 복사의 요구에 응하지 아니하거나 거짓으로 응한 자에 대해서는 5백만 원

이하의 과태료를 부과한다(「공동주택관리법」 제102조 제3항 제8호).

장부나 증빙서류 등의 정보는 공개가 원칙이지만 다음과 같은 정보는 공개대상이 될 수 없다(「공동주택관리법」 제27조 제3항).

① 「개인정보 보호법」 제24조에 따른 고유식별정보 등 개인의 사생활의 비밀 또는 자유를 침해할 우려가 있는 정보

② 의사결정과정 또는 내부검토과정에 있는 사항 등으로서 공개될 경우 업무의 공정한 수행에 현저한 지장을 초래할 우려가 있는 정보

2) 회계장부의 작성, 보관, 공개는 왜 필요한가?

이처럼 회계장부의 작성, 보관, 공개를 의무화하고 이를 위반하는 경우 법적 처벌이나 행정적 처벌을 내리도록 하는 이유는 다음과 같다.

첫째, 회계장부는 관리비등의 부과, 징수, 집행 등에 관한 역사적 기록이자 흔적이며 최종 결과물이다. 이에 따라 회계장부의 작성과 보관은 관리주체가 관리비등의 부과, 징수, 집행에 관해 신의성실의 원칙에 따라 정당한 주의의무를 다했으며, 그것이 합리적인 근거를 가지고 있음을 입증할 수 있는 방편이기 때문이다.

둘째, 회계장부의 공개는 전문용어로 말하자면 관리주체가 '수탁책임'을 다하고 '정보비대칭'을 해소하는 수단이다. 입주자등은 자신들이 납부한 관리비등이 제대로 관리되고 있는지 알고 싶어 하며, 이를 위해 정보공개를 요구할 수 있는 권리를 가진다. 이에 따라 관리주체는 입주자등이 납부한 관리비등을 위탁받아 관리하고 그 수탁책임을 보고할 의무가 있다.

3) 벌금과 과태료의 차이

여기서 한 가지 부연 설명할 내용이 있는데 벌금과 과태료의 차이에 관한 것이다. 벌금은 죄를 지은 것에 대해 일정 금액을 국가에 납부하게 하는 형사처벌인 반면, 과태료는 형벌의 성격을 띠지 않는 행정처분으로 행정상 질서를 위반

하면 가해지는 금전벌이다. 「공동주택관리법」 제99조 제1호의3에서는 회계장부 작성 및 보관의무를 위반한 자에 대해서 1년 이하의 징역 또는 1천만 원 이하의 벌금에 처한다고 규정하고 있는데 벌금은 징역과 같은 성격의 형사처벌로서 흔히 전과기록으로 남게 되지만, 과태료는 행정처분으로 전과기록으로 남는 것이 아니라는 점에서 가장 큰 차이가 있다.

✪ 회계장부와 회계서류의 구분

회계장부는 공동주택회계처리기준에서 사용하는 용어이고 회계서류는 「공동주택관리법」에서 사용하는 용어인데 약간의 개념 차이가 있다.

회계장부는 공동주택회계처리기준 제10조(회계장부)에 따르면 현금출납장, 총계정원장과 계정별 원장, 관리비부과명세서, 세대별 관리비조정명세서, 물품관리대장, 그 밖의 지출증빙자료를 말한다. 그 밖의 지출증빙자료는 공동주택회계처리기준 해설서(2016)에 따르면 급여대장, 소득세 신고 납부철, 사회보험관리대장, 지출결의서 서류철, 관리비부과명세서 서류철, 중간관리비 정산명세서 서류철, 계약 및 입찰 서류철, 기타 서류를 말하는 것으로서 계약 관련 서류까지 포함하여 그 범위가 매우 넓다. 따라서 공동주택회계처리기준에서 말하는 회계장부에는 공동주택회계처리의 대상이 되는 모든 거래행위와 관련된 일체의 서류를 포함한다고 해석할 수 있다.

회계서류는 「공동주택관리법」 제27조(회계서류 등의 작성·보관 및 공개 등) 제1항 제1호에서 말하는 관리비등의 징수·보관·예치·집행 등 모든 거래행위에 관하여 월별로 작성한 장부 및 그 증빙서류를 일컫는다(「공동주택관리법」 제27조 제2항). 그런데 「공동주택관리법」에서는 회계서류와 주택관리업자 및 사업자 선정 관련 증빙서류(계약 관련 증빙서류)를 구분하고 있다. 「공동주택관리법」 제27조 제1항 제1호에서는 '회계서류'의 의무 보관기간을 규정하고 있는 반면, 2022년 12월 11일부터 개정되어 시행되는 같은 법 제27조 제1항 제2호에서는 '계약 관련 증빙서류'의 의무 보관기간을 따로 규정하고 있다. 이에 따라 개정된 「공동주택관리법」에서는 '회계서류'와 '계약 관련 증빙서류'를 명확히 구분하였다.

결국, 공동주택회계처리기준에서 말하는 회계장부는 「공동주택관리법」에서 말하는 회계서류와 계약 관련 증빙서류를 모두 포함하는 개념이라고 할 수 있다.

✪ 회계장부의 보관의무와 위반에 따른 제재

- **회계서류의 의무 보관기간**: 회계연도 종료일부터 5년간
- **계약 관련 증빙서류의 의무 보관기간**: 계약 체결일부터 5년간(2022년 12월 11일부터 시행)
- **회계서류와 계약 관련 증빙서류의 작성 및 보관의무 위반 또는 허위 작성**: 1년 이하의 징역 또는 1천만 원 이하의 벌금
- **회계정보의 열람, 복사 요구의 불응 또는 허위 정보제공**: 5백만 원 이하의 과태료
- **벌금**: 형사처벌, 전과기록으로 남음
- **과태료**: 행정처벌

2.6.3 회계장부의 마감과 이월

1) 원칙

회계장부의 마감이란 매일, 매월, 매년 또는 관리사무소장 변경을 기준으로 회계장부를 끝맺는 것을 말한다. 공동주택회계처리기준 제12조 제1항과 제15조 제1항에서는 회계장부의 마감에 대해 다음과 같이 규정하고 있다.

① 현금출납장은 매일 마감한다.

② 계정별 원장, 그 밖의 명세서는 매월 말에 마감한다.

③ 장부마감 시에는 미리 그 마감잔액을 관계장부와 대조하여 확인하여야 한다.

④ 관리사무소장의 변경 시에는 인계인수일을 기준으로 각종 회계장부를 마감하여야 한다.

⑤ 관리사무소장은 매월 또는 수시로 회계담당자의 장부기입을 확인하여야 한다.

2) 전산 회계처리의 경우

한편, 회계장부를 전산으로 회계처리하는 경우에는 특별히 다음과 같은 규정

을 두고 있다.

첫째, 매월 결산처리 결과를 출력하여 관리사무소장과 1명 이상의 입주자대표회의의 감사가 이름을 쓰거나 도장을 찍어 보관하여야 한다. 이 경우 감사는 예금잔고 증명과 관계장부를 대조하여야 한다(공동주택회계처리기준 제12조 제2항).

이와 관련하여 한 가지 구분해서 알아 두어야 할 사항이 있다. 앞서 살펴보았듯이 회계장부들을 전산으로 처리하는 경우에는 「공동주택관리법」 제27조 제1항과 공동주택회계처리기준 제10조에 따라 전산상 장부의 출력 여부를 선택할 수 있다. 그러나 결산과 관련하여서는 공동주택회계처리기준 제12조 제2항에서 매월 결산을 하고 그 처리 결과를 출력하여 보관하도록 의무화하고 있다.

둘째, 월마감 및 연마감이 완료되면 같은 기간에 해당하는 전표를 입력할 수 없다(공동주택회계처리기준 제13조 제3항). 이는 장부마감 후에는 회계장부의 조작이나 임의적인 수정을 막아서 회계정보의 신뢰성을 확보하기 위한 규정이다. 전표는 뒤에 다시 설명한다.

3) 결산 후 회계장부의 폐쇄와 이월

회계장부는 매 회계연도별로 결산 확정 시 폐쇄하며, 차기에 사용할 수 없다(공동주택회계처리기준 제13조 제1항). 이에 따라 회계연도 말에 재무상태표계정의 모든 잔액을 다음 회계연도 1일자의 새로운 장부에 이월한다(공동주택회계처리기준 제14조 제1항).

결산을 하고 장부를 마감하면 손익계정의 잔액은 미처분이익잉여금계정으로 대체되기 때문에 손익계정의 이월은 불가능하고 재무상태표계정의 기말잔액만 다음 회계연도의 기초잔액으로 이월한다. 이는 회계연도가 역년과 일치하고, 결산일이 매년 12월 31일이기 때문에 회계기준에 넣을 필요가 없는 너무나 당연한 규정이다. 지극히 드문 일이지만 간혹 이러한 기초적인 사실을 모르고 새 회계연도가 시작되었음에도 불구하고 작년의 손익계정이나 회계장부를 이어가는 경우를 볼 수 있다.

2.6.4 전표

1) 전표의 기능과 종류

전표(slip)란 일정한 거래를 유형별로 기록하고 관리하기 위하여 회계거래에 대한 계정과목, 거래내용, 금액 등을 기재할 수 있도록 만든 서식을 말한다. 전표는 분개내역이 정리된 장부로서 분개와 동시에 작성된다.

전표작성은 회계처리의 첫 단계이므로 작성한 후 출력하여 전표철로 만들어 보관한다. 거래건수가 많은 경우 전표철로 보관하는 것이 쉬운 일은 아니지만 전표에 일련번호와 일자가 부여되어 있어서 관리하기 쉽고, 나중에 회계처리의 근거를 확인할 때 중요한 입증수단이 된다. 이 때문에 전표의 뒷면에는 전표에 기입한 거래를 증빙할 수 있는 문서, 예를 들어 세금계산서, 카드매출전표 등을 붙여 보관하기도 한다. 이에 따라 공동주택회계처리기준 제16조 제6항에서 전표에는 회계담당자와 관리사무소장이 이름을 쓰거나 도장을 찍어 매월 입금전표와 출금전표 및 대체전표를 함께 편철 보관하도록 규정하고 있다.

전표는 입금전표, 출금전표, 대체전표로 구분한다. 입금전표는 현금이 유입되는 거래를 기록하고, 출금전표는 현금이 유출되는 거래를 기록하며, 대체전표는 현금이 수반되지 않거나 두 개 이상의 거래가 복합된 거래를 기록한다.

전표는 내부결재용으로 사용되기도 하는데 결의서 또는 증빙서 대신에 전표를 사용하는 경우 결의서 및 증빙서의 서식에는 전표의 기능이 포함되어야 한다(공동주택회계처리기준 제16조 제3항).

2) 전표의 변경

전표는 임의로 수정 · 삭제 등 변경할 수 없다. 다만 잘못 적은 사항의 수정 등 부득이하게 필요한 경우에는 다음과 같은 절차에 따라 처리한다. 전산으로 회계처리하는 경우도 같다(공동주택회계처리기준 제16조 제4항).

① 당일 작성 및 입력된 전표는 업무담당자가 변경할 수 있다.

② 작성 및 입력된 전표를 다음 날 이후에 변경(역분개)할 경우에는 관리사무

소장의 결재를 받는다.

③ 월별 마감 이후에 작성 및 입력된 전표를 변경(역분개)할 경우에는 위탁관리의 경우에는 주택관리업자, 자치관리의 경우에는 입주자대표회의(경리담당 동별 대표자나 유사한 업무를 수행하는 동별 대표자를 포함)의 결재를 받고 그러한 사실을 입주자대표회의의 감사에게 알려야 한다. 다만, 관리비고지서가 이미 발급되어 배부된 경우 등 불가피한 경우에는 결재를 받아 다음달 부과액에서 변경할 수 있다.

이를 요약하면 [표 1-5]와 같다.

▌표 1-5▐ 전표의 변경

변경시점		변경 권한과 방법
당일 작성 및 입력된 전표		업무담당자
다음 날 이후에 변경		관리사무소장의 결재
월별 마감 이후 변경	위탁관리	주택관리업자의 결재와 감사에 대한 통지
	자치관리	입주자대표회의(경리담당 동별 대표자 또는 유사 업무 수행 동별 대표자)의 결재와 감사에 대한 통지

역분개란 잘못된 분개를 수정하기 위해 차변과 대변을 바꾸어 기입하는 분개이다. 역분개를 하면 원래 분개한 계정과목이나 금액이 수정되며, 회계시스템에 의해 체계적으로 장부를 수정하게 된다. 역분개를 할 때에는 업무담당자 혼자 임의로 하는 것이 아니라 권한과 업무통제권을 가진 자(관리사무소장 또는 입주자대표회의)의 승인(결재)을 받아 수정할 필요가 있다. 이러한 절차는 내부통제제도의 일환이다.

그런데 공동주택회계처리기준 제16조 제5항은 "전표의 합계금액은 변경하지 못한다. 그 밖의 기재사항에 잘못 적은 것을 바로 잡고자 할 때에는 반드시 관리사무소장이 도장을 찍어야 한다"라고 규정하고 있다. 이 규정은 전표의 합계금액을 변경하는 것과 기타 사항을 변경하는 것을 구분하여 변경 여부를 달리 취급하고 있는데 오해의 소지가 있어 보인다. 전표의 합계금액 변경 금지는 합계금액 변경이 절대 안 된다는 의미가 아니라 앞서 언급한 바와 같이 엄격한 절차를 거쳐야 한다는 의미라고 보는 것이 타당하다. 그리고 합계금액을 제외한 기타 사항의 변경은 관리사무소장의 확인절차가 필요하다는 의미일 것이다.

2.6.5 증빙서류

증빙서류는 거래사실의 경위를 입증하여 장부 기록의 증거가 되는 서류이다. 공동주택회계처리기준 제17조에서는 증빙서류의 종류와 작성방법에 대해 지출결의서, 영수증서, 청구서, 계약서, 대조필, 부기증명, 적격증빙으로 나누어 규정하고 있다.

1) 지출결의서

지출결의서는 지출을 하기 위해 승인(내부결재)을 받은 서류이므로 승인받은 지출결의서의 지출금액은 고치지 못한다. 지출결의서의 참고(비고)란에는 지급의 뜻, 공사용역명, 품명 및 수량, 산출명세, 부분급 내용과 지급횟수, 선급금 및 개산금의 표시 등 필요한 사항을 명확히 기록하여야 한다. 개산금이란 장래 생길 지출에 대하여 그 확정 이전에 금액을 사전에 개략적으로 산정한 금액이다.

2) 영수증서

지출은 특별한 경우(2.7.2의 1)에서 다시 설명)를 제외하고는 물품 또는 용역 공급자 명의의 금융기관 계좌로 지급하여야 한다(공동주택회계처리기준 제25조). 이에 따라 물품 또는 용역의 대금은 해당 물품 또는 용역의 공급자가 지정하는 예금계좌 또는 우편대체계좌에 입금함으로써 지급하고 금융기관이 발행하는 입금증명 또는 우체국이 발행하는 영수증서를 보관하여야 한다. 부득이한 사유로 영수증서를 받지 못하는 때에는 지급증으로 갈음할 수 있다.

3) 청구서와 계약서

청구서(또는 계약서)의 합계금액은 고치지 못하고, 청구서(또는 계약서)와 그 부속서류는 그 내용이 서로 일치하여야 한다. 이러한 원칙은 당연히 지켜져야 하는 것인데 공동주택회계처리기준에 명시되어 있는 것은 그 중요성을 강조하려는 의도가 있다고 보아야 할 것이다. 현실적으로 이러한 원칙을 지키지 않는 사례가 공동주택 감사과정에서 종종 발견되기도 한다.

4) 대조필과 부기증명

급여대장, 인부사역부 등 지출에 필요한 증빙서류를 붙이기 곤란한 경우에는 지출결의서의 참고란에 대조필로써 갈음할 수 있다. 대조필이란 회계담당자가 원본 증빙서류를 확인하고 내용과 금액의 대조를 마쳤으니 이를 신뢰하라는 뜻이다.

증명서류와 부기증명을 필요로 하는 사항은 관계증빙서류의 여백에 빨간색으로 기록하고 도장을 찍어야 한다. 부기증명이란 필요한 증빙서류를 충분히 갖추지 못한 경우에 관계증빙서류의 여백에 필요한 사항을 기록하여 증명해야 한다는 뜻이다.

5) 적격증빙

모든 거래대금에 대한 증빙(증명서류)은 영수증 이외의 세금계산서, 직불·체크카드를 포함한 신용카드 매출전표, 현금영수증 등 적격증빙으로 수취하여야 한다. 다만, 거래금액이 3만 원 이하로서 적격증빙 수취가 곤란한 경우 영수증으로 갈음할 수 있다. 그러니까 거래금액이 3만 원 이하라도 원칙적으로 적격증빙을 수취하여야 하며, 적격증빙 수취가 곤란한 경우에 한해 영수증으로 대신할 수 있다는 점에 유의하여야 한다. '영수증'은 흔히 간이영수증이라고 불리는데, 「부가가치세법」상의 간이과세자가 발급하는 것으로서 적격증빙이 아니다. 물론 거래명세표나 입금증도 적격증빙이 아니며 보조자료일 뿐이다.

수기로 적은 영수증은 지출의 신뢰성을 담보할 수 없음에도 불구하고 의외로 이 예외조항을 남용하는 경우가 많다. 거래금액 3만 원 이하 규정에 맞추기 위해 금액을 쪼개거나 공동주택 인근의 소형 상점을 이용하며 빈번하게 영수증을 발급받기도 한다. 또한 거래금액 3만 원을 초과하는 경우에도 영수증을 받기도 하며, 심지어 대금을 수취한 거래상대방의 글씨가 아닌 대금을 지급한 공동주택담당자의 글씨로 의심되는 경우도 있다.

적격증빙을 요구하는 이유는 지급의 흔적을 결제시스템에 공식적으로 남김으로써 지급의 조작 내지 임의적 변경가능성과 자금의 유용 또는 횡령을 방지할 수 있기 때문이다. 특히 최근에는 결제시스템이 정보기술의 발달에 힘입어 첨단화하고 간소화되어 전자적 형태의 지출증명서류가 발행되고 있으므로 이를 적극적으로 활용할 필요가 있다. 이러한 규정의 실효성을 위해 관리주체와 회계담당자의 엄격한 직업윤리가 요구된다 할 것이다.

공동주택회계처리기준에서 정하는 적격증빙과 3만 원 이하의 예외에 관한 규정은 「법인세법」 제116조 제2항과 「법인세법 시행령」 제158조 제2항 제1호의 규정을 원용한 것으로 보인다.

✪ 적격증빙의 종류와 예외
- 적격증빙 : 세금계산서, 직불 · 체크카드를 포함한 신용카드 매출전표, 현금영수증
- 예외 : 거래금액 3만 원 이하로서 적격증빙 수취 곤란한 경우 영수증 수취가능

2.7 자금관리: 수입 및 지출

2.7.1 수입의 관리

1) 수입금의 징수와 지정변제충당

관리주체가 관리비 · 사용료 · 장기수선충당금 등(이하 관리비등)의 수입금을

징수할 때는 수입결의서에 따라 관리비부과명세서와 세대별 관리비조정명세서에 근거하여 관리비납입고지서를 발급하여야 한다(공동주택회계처리기준 제18조 제1항).

수입금을 징수하는 때에는 고지금액 전액을 징수하는 것을 원칙으로 한다. 다만, 장기 체납관리비등 부득이한 사유로 분할 징수하는 경우에는 미수연체료, 미수관리비, 납부금의 순위로 징수하며, 「민법」 제476조에 따라 전유부분에 지정변제충당을 할 수 있다(공동주택회계처리기준 제18조 제2항).

✪ 체납관리비 충당순서와 관련 용어의 정의

- **체납관리비의 충당 순서**: 미수연체료 → 미수관리비 → 납부금
- **미수연체료**: 입주자등이 관리비등을 납부마감기한까지 납부하지 않았을 때 관리규약에 따라 부담하는 연체료
- **미수관리비**: 입주자등이 납부마감기한까지 납부하지 않은 관리비등(「공동주택관리법 시행령」 제23조 제1항의 관리비, 제2항의 장기수선충당금, 제3항의 사용료)
- **납부금**: 「공동주택관리법 시행령」 제23조 제4항의 주민공동시설, 인양기 등 공용시설물의 이용료 등 기타의 고지금액
- **주민공동시설(「공동주택관리법」 제14조 제2항 제13호)**
  - 주민공동시설이란 「주택건설기준 등에 관한 규정」 제2조 제3호에 규정하고 있는 해당 공동주택의 거주자가 공동으로 사용하거나 거주자의 생활을 지원하는 시설로서 다음 시설을 말한다.
  - 경로당, 어린이놀이터, 어린이집, 주민운동시설, 도서실(정보문화시설과 「도서관법」 제4조 제2항 제1호 가목에 따른 작은도서관을 포함), 주민교육시설(영리를 목적으로 하지 아니하고 공동주택의 거주자를 위한 교육장소), 청소년 수련시설, 주민휴게시설, 독서실, 입주자집회소, 공용취사장, 공용세탁실, 「공공주택 특별법」 제2조에 따른 공공주택의 단지 내에 설치하는 사회복지시설, 「아동복지법」 제44조의2의 다함께돌봄센터, 「아이돌봄 지원법」 제19조의 공동육아나눔터, 그 밖에 앞에 열거한 시설에 준하는 시설로서 「주택법」 제15조 제1항에 따른 사업계획의 승인권자가 인정하는 시설
- **인양기**
  - '인양기'는 네이버 국어사전에는 "높은 곳에서 물건을 끌어 올리는 기계"라고 표현하고 있다. 승강기를 이용할 수 없는 부피나 크기를 가진 물건을 운반하거나 이사를 하는 경우에 쓰이는 승강장치로서 이탈리아어로 곤돌라(gondola)라고 부르던 것이다.
  - 종전의 「주택건설기준 등에 관한 규정」 제15조 제3항 단서 규정(7층 이상 15층 이하의 공동주택에는 화물용 승강기에 갈음해 인양기를 설치할 수 있다)에 따라 설치하던 것인데 2001년 4월 30일에 이 단서 규정을 폐지한 이후로 최근에 신축되는 공동주택에서는 이러한 시설을 발견할 수 없다.

「민법」 제476조에서 지정변제충당이란 동일한 채권자에 대하여 같은 종류를 목적으로 한 여러 개의 채무를 부담한 경우에 변제의 제공이 그 채무 전부를 소멸하게 하지 못하는 때에는 변제자(채무자)는 그 당시 어느 채무를 지정하여 그 변제에 충당할 수 있다는 것이다. 또한 변제자(채무자)가 지정변제충당을 하지 않을 때는 변제받는 자(채권자)가 그 당시 어느 채무를 지정하여 변제에 충당할 수 있다.

그러면 공동주택 관리비채권(채납관리비) 중 전유부분에 지정변제충당을 허용한 이유는 무엇일까? 앞서 공용부분에 대한 관리비채권은 특별승계인에게 승계되고 시효중단의 효력이 있지만 전유부분에 대한 관리비채권은 승계되지 않는다는 문제점을 지적하였는데 부분적이나마 이 문제를 해결하기 위한 규정이라고 보아야 한다. 이에 따라 장기 체납관리비등 부득이한 사유로 분할 징수하는 경우 미수연체료, 미수관리비, 납부금을 전부 소멸시키지 못할 수 있으므로 변제받는 자(채권자=관리주체)가 전유부분에서 발생한 관리비채권을 지정하여 변제에 충당함으로써 전유부분의 권리비채권에 대한 권리상실을 미리 예방할 수 있을 것이다.

「민법」 제476조(지정변제충당)

① 채무자가 동일한 채권자에 대하여 같은 종류를 목적으로 한 수개의 채무를 부담한 경우에 변제의 제공이 그 채무 전부를 소멸하게 하지 못하는 때에는 변제자는 그 당시 어느 채무를 지정하여 그 변제에 충당할 수 있다.
② 변제자가 전항의 지정을 하지 아니할 때에는 변제받는 자는 그 당시 어느 채무를 지정하여 변제에 충당할 수 있다. 그러나 변제자가 그 충당에 대하여 즉시 이의를 한 때에는 그러하지 아니하다.
③ 전2항의 변제충당은 상대방에 대한 의사표시로써 한다.

한편, 관리비 연체가 발생하면 연체료를 부과하게 되는데 국민권익위원회(제도개선총괄과-1264, 2016. 7. 8.)에서는 연체료 부과방식을 연체일수에 따라 연체료가 합리적으로 부과될 수 있도록 연간 한도 연체요율을 정하고, 연 일수 대비 연체일수를 반영하여 연체료를 산정하도록 권고하였다. 즉, 연체일수가 늘어날수록 연체요율을 높이는 방식이 아니라 연체일수에 단일의 연체요율을 적용하는 방식이다. 이 경우에 연간 한도 연체요율은 관리규약에 규정해 놓아야 할 것이다. 이와 같은 방식에 따라 연체료를 계산해 보면 다음과 같다.

연체료의 계산

300,000원 관리비가 5개월 10일(160일) 체납되었고 관리규약에 따른 연간 연체요율이 15%일 경우

- 연체료＝체납관리비×연간 연체요율×연체일수/365
  ＝300,000원×15%×160/365＝19,726원

2) 수입금과 납입고지서의 관리

납입고지서의 기록사항 중 금액은 수정하거나 삭제할 수 없으며, 납입고지서의 발행 후 기록사항의 오류가 발견되었을 때는 지체 없이 변경된 납입고지서를 재발행하여야 한다(공동주택회계처리기준 제19조). 관리비등의 수입금을 징수결정하고 납입고지서를 발급하였을 때에는 수입금징수부 및 그 밖의 필요한 장부에 부과명세 등을 기록하여 수입금 징수근거를 명백히 하여야 한다(공동주택회계처리기준 제20조).

수입금이 납입되었을 때에는 납입영수증 등의 관련 증빙서류를 보관하여야 한다(공동주택회계처리기준 제21조). 모든 수입금은 입주자대표회의가 지정하는 금융기관에서만 대행 수납하도록 하며, 회계담당자는 매일 수납된 수입금에 대하여 전산, 장부, 통장을 통해 확인하고 전표처리하여야 한다(공동주택회계처리기준 제22조).

관리주체는 관리비등을 입주자대표회의가 지정하는 금융기관을 통해 수납 및 예치·보관하여야 하며 장기수선충당금은 별도의 계좌로 예치·관리하여야 한다(「공동주택관리법 시행령」 제23조, 공동주택회계처리기준 제24조). 예금통장은 회계담당자가 관리하되, 금고에 보관하여야 한다(공동주택회계처리기준 제24조).

시재금의 지급잔액과 마감 후에 출납된 수입현금을 제외하고는 현금을 보관할 수 없다. 현금 시재액은 매일 관리사무소장의 검사 후 회계담당자가 금고에 보관하여야 한다(공동주택회계처리기준 제23조). 시재금은 공동주택에서 보유하고 있는 소액현금으로 장부상 현금계정의 잔액과 항상 일치해야 한다.

2.7.2 지출의 관리

1) 지출의 원칙

지출은 물품 또는 용역 공급자 명의의 금융기관 계좌로 지급하여야 한다. 다만, 다음 3가지 방법으로 지출하는 경우에는 지출이나 증빙서류의 성격상 그럴 필요가 없다(공동주택회계처리기준 제25조).

① 여비 및 교통비 지출: 금융기관 계좌 이체가 현실적으로 어렵다.
② 1건당 10만 원 미만 지출: 소액기준에 해당한다.
③ 신용카드 또는 직불·체크카드로 지출: 이 자체가 공신력 있는 결제시스템이다.

이러한 규정은 원칙적으로 현금거래를 금지하는 것이며, 부득이한 경우에만 예외조항을 두어 허용한 것이다.

2) 지출원인행위

지출원인행위란 글자 그대로 지출의 원인이 되는 계약 또는 기타 행위를 말한다. 다시 말해, 지출원인행위는 품의된 것을 바탕으로 계약을 하거나 지급해 달라고 요청하는 행위이다. 품의란 미리 정해진 예산범위 안에서 사업목적에 따라 어떻게 사용할 것인지를 보여주는 것으로서 지출기안이나 물품구입품의서 등이 그 예이다.

✪ 「재무관사무처리규정」 제3조(지출원인행위의 정의)
'지출원인행위'라 함은 세출예산 · 계속비 또는 국고채무부담행위에 의하여 국가의 지출의 원인이 되는 계약 또는 기타의 행위를 하는 것을 말한다.

따라서 예산이 지출되기 위해서는 품의, 지출원인행위, 지출이라는 절차를 순차적으로 거치게 된다. 이러한 절차는 문서의 작성과 결재를 수반하게 되므로 업무담당자는 품의서, 지출원인행위결의서, 지출결의서의 작성과 결재를 순차적으로 거쳐 최종적으로 지출할 수 있다. 이러한 내부통제절차를 두는 목적은 예산의 남용, 지출의 부정과 오류를 예방하기 위한 것이다. 그러나 현실적으로 규모가 작은 조직에서는 예산집행금액이 크지 않기 때문에 대개 품의와 지출원인행위를 한꺼번에 하게 된다. 그래서 공동주택회계처리기준에서도 품의에 관한 규정이 없다. 그럼에도 불구하고 일부 공동주택에서는 품의절차를 엄격하게 지키고 있는데 이는 바람직한 내부통제절차라고 할 수 있다. 이상에서 설명한 지출에 대한 내부통제절차를 요약하면 [그림 1-1]과 같다.

[그림 1-1] 지출의 내부통제절차

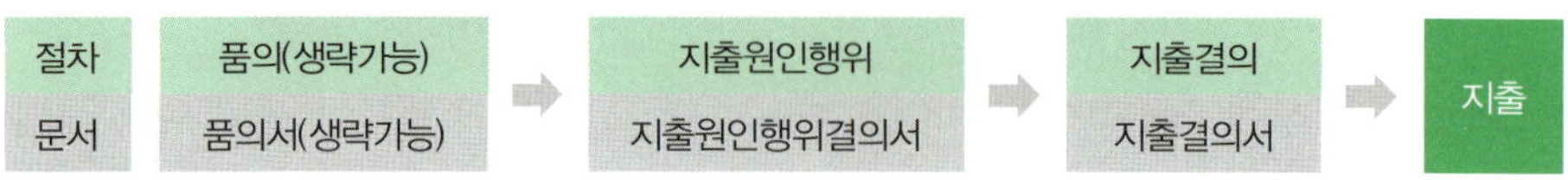

지출원인행위는 배정된 예산의 범위 안에서 하여야 한다(공동주택회계처리기준 제26조 제1항). 너무나도 당연한 내용을 공동주택회계처리기준에서 규정하고 있는데 이는 지출에 앞서 예산편성이 필요하고, 편성된 예산의 범위를 벗어나서 지출해서는 안 된다는 것을 강조하려는 의도가 있다고 볼 수 있다.

지출원인행위를 할 때는 지출원인행위결의서를 작성하여야 한다. 다만, 지출원인행위결의서를 작성하기 곤란한 경우에는 내부결재 문서로서 이를 갈음할 수 있다(공동주택회계처리기준 제26조 제2항). 비용예산 중 다음 3가지에 해당하는 경비는 지출원인행위결의서 작성을 생략할 수 있다(공동주택회계처리기준 제26조

제3항). 이 경비들은 법령이나 관리규약 또는 근로계약 등에 따라 금액이 확정되어 있거나 사전에 약정되어 있어서 굳이 지출을 검증하기 위한 복잡한 절차가 필요 없기 때문이다.

① 공공요금, 제세공과

② 인건비, 여비

③ 그 밖의 정례적인 확정 경비

지출원인행위자는 계약의 해제, 계약금액의 변경 등으로 인하여 그 지출원인행위의 금액을 취소하거나 증액 또는 감액 조정을 하고자 할 때에는 당초의 지출원인행위를 소급하여 취소하거나 바르게 고치지 않고, 따로 지출원인행위 취소결의서 또는 지출원인행위 증감결의서를 작성하여야 한다(공동주택회계처리기준 제26조 제4항).

지출원인행위결의서를 예시하면 [그림 1-2]와 같다.

[그림 1-2] 지출원인행위결의서(예시)

지출원인행위결의서

- 작성일자: 20×1. 11. 8.
- 작성부서: 기계실
- 작 성 자: ○○○

- 내용
  - 예상금액: 3,000,000원
  - 집행사유: 기계실 ○○○부품(500,000원×6개) 교체
  - 붙　　임: 사진 및 견적서. 끝.

결재	담당	과장	소장

K아파트 관리사무소

출처: 공동주택회계처리기준 해설서, 2016.

지출원인행위자는 지출원인행위가 끝나면 지출원인행위 관계서류를 지출담당자에게 제출하여야 한다. 지출담당자는 지출원인행위자로부터 지출원인 관계서류를 받았을 때 이를 검토하여야 하며, 검토 결과가 부적당한 때에는 관계서류를 지출원인행위자에게 반환하여 바르게 고치도록 요구하여야 한다(공동주택회계처리기준 제27조). 이 규정은 지출담당자와 지출원인행위자가 업무분장에 따라 각자 독립된 업무를 수행하여야 한다는 것을 전제로 하고 있다.

3) 지출에 대한 감사와 예금잔고관리

입주자대표회의 감사는 지출업무의 적정성을 유지하기 위하여 분기별로 지출에 관한 증빙서를 감사하여야 한다(공동주택회계처리기준 제28조). '지출에 관한 증빙서'라 함은 전술한 공동주택회계처리기준 제17조에 따른 증빙서류를 말한다.

또한 관리사무소장은 매월 말일을 기준으로 다음달 초에 지정 금융기관으로부터 예금잔고 증명을 받아 관계장부와 대조하여야 한다(공동주택회계처리기준 제29조). '관계장부'라 함은 총계정원장, 월합계잔액시산표(월계표), 현금출납장을 말한다.

감사의 분기별 지출증빙 감사와 관리사무소장의 매월 예금잔고관리는 회계업무의 오류와 부정을 방지하고 자금관리의 투명성을 확보하기 위한 감시, 감독절차이므로 절대로 게을리해서는 안 될 것이다.

국토교통부는 2021년 일부 공동주택에서 예금잔액증명서 등 위·변조를 통한 관리비 횡령 사건이 발생함에 따라 '공동주택회계감사기준' 제4조 제2항 및 제5조에 따라 감사인이 공동주택 회계감사 시 금융기관에 공동주택 소유의 예·적금 거래내역 및 잔고증명 등 정보 조회확인 및 지출결의서 등 증빙서류의 금액란이 수정되었는지 여부를 철저히 확인하고, 「공동주택관리법」 제26조 제6항에 따라 감사인이 공동주택관리정보시스템에 예금잔액증명서 등 조회자료를 등록하도록 조치를 취하라는 공문을 발송한 바 있다(주택건설공급과-2958, 2021. 5. 28.).

2.7.3 회계업무의 내부통제

공동주택회계처리기준에서는 공동주택관리의 공정성과 신뢰성을 확보하기 위해 관리주체와 입주자대표회의가 상호 보완적으로 회계담당자에 대해 감시, 감독하도록 내부통제절차를 규정하고 있는데 앞서 부분적으로 설명한 내용을 종합적으로 정리하면 다음과 같다.

1) 회계업무의 인계인수

회계업무의 인계인수를 할 때에는 인계자가 작성한 문서의 내용을 관리사무소장의 참관하에 인계자 · 인수자가 확인하고 이름을 적은 후 도장을 찍어야 한다(공동주택회계처리기준 제6조).

2) 장부마감의 확인

① **장부기입 확인** : 관리사무소장은 매월 또는 수시로 회계담당자의 장부기입을 확인하여야 한다(공동주택회계처리기준 제15조 제1항).

② **전산회계처리의 월말 장부마감 확인** : 전산으로 회계처리하는 경우에는 매월 결산처리 결과를 출력하여 관리사무소장과 1명 이상의 입주자대표회의의 감사가 이름을 쓰거나 도장을 찍어 보관하여야 한다. 이 경우 감사는 예금잔고 증명과 관계장부를 대조하여야 한다(공동주택회계처리기준 제12조 제2항).

③ **전산회계처리의 연말 장부마감 확인** : 전산으로 회계처리를 하는 경우에는 1명 이상의 입주자대표회의의 감사와 관리사무소장이 매년 회계담당자가 연마감을 실시하였는지를 확인하여야 한다(공동주택회계처리기준 제15조 제2항).

3) 전표변경

① 작성 및 입력된 전표를 다음 날 이후에 변경(역분개)할 경우에는 관리사무소장의 결재를 받는다(공동주택회계처리기준 제16조 제4항 제2호).

② 월별 마감 이후에 작성 및 입력된 전표를 변경(역분개)할 경우에는 위탁관리의 경우에는 주택관리업자, 자치관리의 경우에는 입주자대표회의(경리담당 동별 대표자나 유사한 업무를 수행하는 동별 대표자를 포함)의 결재를 받고 그러한 사실을 입주자대표회의의 감사에게 알려야 한다(공동주택회계처리기준 제16조 제4항 제3호).

4) 현금 시재액 관리

현금 시재액은 매일 관리사무소장의 검사 후 회계담당자가 금고에 보관하여야 한다(공동주택회계처리기준 제23조 제2항).

5) 분기별 지출증빙 감사

입주자대표회의 감사는 지출업무의 적정성을 유지하기 위하여 분기별로 지출에 관한 증빙서를 감사하여야 한다(공동주택회계처리기준 제28조).

6) 예금잔고 대조

관리사무소장은 매월 말일을 기준으로 다음달 초에 지정 금융기관으로부터 예금잔고 증명을 받아 관계장부와 대조하여야 한다(공동주택회계처리기준 제29조).

7) 자산실사

① 관리사무소장은 매 회계연도 말일을 기준으로 하여 재고자산 및 유형자산을 실사하여야 한다(공동주택회계처리기준 제39조 제1항).

② 재고자산 및 유형자산을 실사하는 경우에는 출납업무와 관계없는 직원 중 관리사무소장이 지정하는 직원과 1명 이상의 입주자대표회의 감사 또는 입주자대표회의가 지정한 입주자가 참관할 수 있다(공동주택회계처리기준 제39조 제2항).

③ 관리사무소장은 자산출납부에 자산실사 일자, 자산실사 참여자, 실사 결

과 등의 자산실사 내용을 기록하여 보관하여야 한다(공동주택회계처리기준 제39조 제3항).

8) 물품관리대장의 잔액관리

① 자산관리담당자는 매월 마감시점의 장부상 재고자산 잔액과 재고자산관리대장상의 잔액이 일치하도록 관리하여야 한다(공동주택회계처리기준 제40조 제1항).

② 자산관리담당자는 매년 마감시점의 장부상 유형자산 잔액과 유형자산관리대장상의 잔액이 일치하도록 관리하여야 한다(공동주택회계처리기준 제40조 제2항).

9) 결산서의 보관

① 결산을 수행할 경우, 작성된 결산서는 출력하여 편철하고 관리사무소장의 도장을 찍은 후 보관하여야 한다(공동주택회계처리기준 제42조 제1항).

② 제1항에 따라 결산서를 보관할 경우 제29조의 예금잔액증명서 원본을 함께 첨부하여 보관하도록 한다(공동주택회계처리기준 제42조 제2항).

위에서 설명한 공동주택회계처리기준의 내부통제절차를 요약하면 [표 1-6]과 같다.

▌표 1-6 ▌공동주택회계처리기준의 내부통제절차

통제내용	통제담당자	통제시점
회계업무의 인계인수 참관	관리사무소장	회계업무의 인계인수 시점
장부기입의 확인	관리사무소장	매월 또는 수시
월말 결산 확인	관리사무소장, 감사 1명	월말
월말 예금잔고 대조	감사	월말
연말 장부마감 확인	관리사무소장, 감사	연말

<table>
<tr><td rowspan="3">전표
변경</td><td rowspan="2">결재</td><td>관리사무소장</td><td>전표 작성일 이후
전표변경시점</td></tr>
<tr><td>위탁관리 : 주택관리업자
자치관리 : 입주자대표회의</td><td rowspan="2">월별 마감 이후 전표
변경시점</td></tr>
<tr><td>결재의 통지</td><td>감사(통지받음)</td></tr>
<tr><td colspan="2">현금 시재액 검사</td><td>관리사무소장</td><td>매일</td></tr>
<tr><td colspan="2">지출증빙 감사</td><td>감사</td><td>분기</td></tr>
<tr><td colspan="2">예금잔고증명과 관계장부 대조</td><td>관리사무소장</td><td>매월 초</td></tr>
<tr><td rowspan="2">자산
실사</td><td>실사 및 실사내용의
기록·보관</td><td>관리사무소장</td><td rowspan="2">연말</td></tr>
<tr><td>실사 참관</td><td>관리사무소장 지정 직원(+)
감사 또는 입주자대표회의
지정 입주자</td></tr>
<tr><td colspan="2">물품관리대장 잔액관리</td><td>자산관리담당자</td><td>매월</td></tr>
<tr><td colspan="2">결산서, 예금잔액증명서 보관</td><td>관리사무소장</td><td>결산 이후</td></tr>
</table>

✪ 판례 : 관리사무소장의 관리비 관리에 대한 선량한 관리자의 주의의무

1. 판례 1(서울고등법원 2013. 10. 25. 선고 2013나33388(본소))

- 요지

  회계업무 처리과정에서 미수관리비 오차가 발생하게 된 것이 관리사무소장의 선량한 관리자의 주의의무를 위배하여 미수관리비가 유실되게 하는 손해를 가하였으므로 이를 배상할 의무 있음

- 상세내용

  피고는 이 사건 아파트의 관리사무소장으로서 이 사건 아파트의 미수관리비등의 현황을 정확하게 반영하여 그 증빙서류와 함께 오차가 없는 회계장부를 작성하고, 정확한 회계처리로 미수관리비등을 관리하여야 할 의무가 있다. 피고가 관리사무소장으로 임용된 후부터 회계장부상 미수관리비 액수와 실제 미수관리비 액수가 불일치하기 시작하여 2010년 10월 30일에는 그 차액이 9,393,794원이 되어 피고가 이를 가지급금계정으로 변경처리한 사실, 피고는 미수관리비 현황을 작성하여 이를 정확하게 회계장부에 반영하여야 함에도 세대별 미수관리비 현황을 작성하지 않은 채 미납관리비 총액만 기재된 미납집계표만을 회계장부에 첨부한 사실이 인정된다. 위 인정사실에 의하면 피고는 회계장부를 작성하는 등 회계업무를 처리하는 과정에서 관리사무소장의 선량한 관리자의 주의의무를 게을리함으로써 원고에게 미수관리비가 유실되게 하는 손해를 가하였으므로 이를 배상할 의무가 있다.

2. 판례 2(서울고등법원 2013. 10. 25. 선고 2013나50048(반소))

- 요지

  관리비등을 정기예금이 아닌 보통예금에 예치한 것이 관리사무소장의 선량한 관리자의 주의의무를 위배했다고 단정할 수는 없음

- 상세내용

  피고(관리사무소장)에게 선량한 관리자의 주의의무가 있다고 하더라도 관리비, 이익잉여금이나 장기수선충당금을 정기예금에 예치하지 않고 보통예금에 예치하였다고 하여 이러한 사정을 들어 이 사건 아파트의 관리사무소장으로서 선량한 관리자의 주의의무를 게을리하였다고 단정하기 어렵다.

2.8 결산과 재무제표

2.8.1 결산

결산이란 일정한 회계기간 동안 발생한 자산, 부채, 순자산, 수익, 비용을 명확하게 정산하여 회계기간 종료일에 장부를 마감하고, 재무제표를 작성하는 일이다. 의무관리대상 공동주택의 관리주체는 회계연도마다 사업실적서 및 결산서를 작성하여 회계연도 종료 후 2개월 이내에 입주자대표회의에 제출하여야 한다(「공동주택관리법 시행령」 제26조 제3항, 공동주택회계처리기준 제41조 제1항). 결산은 회계연도 말을 기준으로 실시하고(공동주택회계처리기준 제41조 제3항), 작성된 결산서는 출력하여 편철하고 관리사무소장의 도장을 찍은 후 보관하되, 예금잔액증명서 원본을 함께 첨부하여 보관하여야 한다(공동주택회계처리기준 제42조).

회계연도란 회계상 재무제표를 작성하는 데 사용하는 기간, 즉 회계기간을 말한다. 예를 들어, 20×1 회계연도라고 할 때 공동주택의 20×1 회계연도 또는 회계기간은 20×1년 1월 1일부터 12월 31일까지이다. 또한 회계기간의 첫날인 1월 1일을 기초, 마지막 날인 12월 31일을 기말이라고 하며, 회계기간에 속하는 모든 날을 기중이라고 한다. 그리고 기말은 결산일이 된다. 이를 정리하면 [그림 1-3]과 같다.

[그림 1-3] 회계연도의 구분

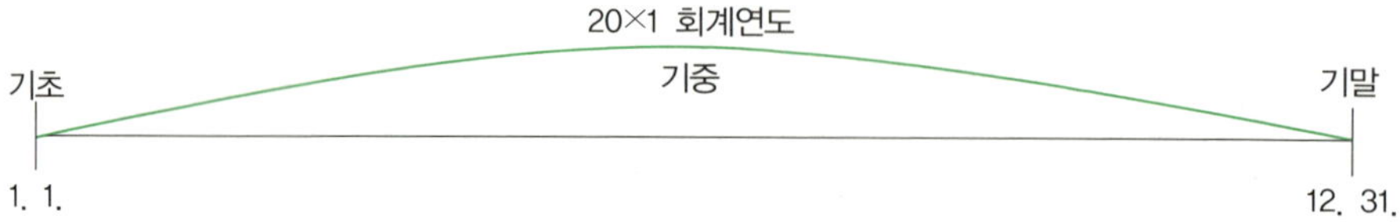

✪ 전산처리의 경우 출력하여 보관하여야 할 서류

- 회계장부(공동주택회계처리기준 제10조 제2항) : 선택적
- 회계장부 마감 결과(공동주택회계처리기준 제12조 제2항) : 의무적, 관리사무소장과 1명 이상의 감사가 이름 쓰거나 도장 찍어 보관
- 결산서(공동주택회계처리기준 제42조) : 의무적, 관리사무소장의 도장 찍어 보관

결산서의 종류는 다음과 같다. 결산서 중 세입세출결산서를 제외한 4가지를 재무제표라고 한다.

① 재무상태표

② 운영성과표

③ 이익잉여금처분계산서(또는 결손금처리계산서)

④ 주석

⑤ 세입세출결산서

재무제표는 뒤에서 다시 설명하기로 하고 여기서는 세입세출결산서만 알아본다. 세입결산서란 1년간 공동주택에 들어오는 모든 수입의 최종적인 결과를 확정하여 집계한 표이다. 세출결산서란 1년간 공동주택에서 빠져나간 모든 지출의 최종적인 결과를 확정하여 집계한 표이다. 세입세출결산서는 현금 또는 자금이 어디에서 얼마만큼 흘러들어와서 어디로 얼마만큼 빠져나갔는지, 그리고 예산 대비 결산의 차이가 얼마인지를 보여주는 표이다.

세입결산서와 세출결산서의 양식은 본서의 부록 1에 제시되어 있는데, 세입결산서는 자금원천별(계정과목별)로 관리수익과 관리외수익의 예산과 결산 그리고 차액을 표시하고 있고, 세출결산서는 자금용도별(계정과목별)로 관리비용과 관리외비용의 예산과 결산 그리고 차액을 표시하고 있다.

공동주택회계처리기준 제12조 제2항의 결산과 제41조 제3항의 결산의 구분

공동주택회계처리기준 제12조 제2항에서는 전산으로 회계처리하는 경우, 매월 결산처리 결과를 출력하여 보관하도록 의무화하고 있다. 여기서 '결산'이라 함은 매월의 관리비 부과를 위한 절차를 의미한다고 보아야 한다. 그 이유는 다음과 같다.

첫째, 공동주택회계처리기준 제41조 제3항에서 "결산은 회계연도 말을 기준으로 실시하고"라고 규정하고 있는데 이는 결산이 1년에 한 번 하는 '기말 결산'을 의미하기 때문이다.

둘째, 공동주택회계처리기준 제12조 제2항은 공동주택회계처리기준 제12조 제1항의 회계장부의 마감에 이은 규정이기 때문이다.

2.8.2 재무제표

1) 재무제표의 종류

재무제표(financial statements)는 경제활동의 주체가 특정시점의 경제적 상태(재무상태)와 일정 기간 있었던 경제적 활동의 성과(경영성과)나 벌어들인 이익의 처분 등을 비롯한 다양한 정보를 일정한 형식에 맞추어 작성하는 여러 가지 보고서라는 의미이다.

앞서 결산에서 언급했듯이 재무제표는 재무상태표, 운영성과표, 이익잉여금처분계산서(또는 결손금처리계산서), 주석으로 구성된다(공동주택회계처리기준 제43조 제1항). 그리고 「공동주택관리법 시행령」 제27조 제1항에서는 회계감사를 받아야 하는 공동주택의 관리주체는 매 회계연도 종료 후 9개월 이내에 재무제표에 대하여 회계감사를 받아야 한다고 규정하고 있다.

공동주택의 재무제표는 결산서에 해당하기도 하므로 결산일인 12월 31일을 기준으로 작성하게 된다.

✪ 재무제표의 작성과 결산시점에 관한 공동주택회계처리기준의 문제점과 개선방안

기준 제41조 제1항의 결산서의 입주자대표회의 제출기한, 「공동주택관리법 시행령」 제27조 제1항의 회계감사 규정에 따른 기준 제43조 제1항의 재무제표 작성에 의하면, 재무제표는 기말 결산을 하여 1년에 한 번 작성하면 되는 것으로 해석할 수 있다.

그런데 기준 제41조 제3항에서 "결산은 회계연도 말을 기준으로 실시하고 재무제표는 매월 작성한다"고 규정하고 있다. 또한 기준 제12조 제2항에서는 "전산으로 회계처리하는 경우 매월 결산처리 결과를 출력하여 보관"하도록 의무화하고 있다.

이 규정들은 다음과 같은 문제가 있다.

첫째, 기준 제41조 제3항에서 결산은 회계연도 말을 기준으로 실시하되, 재무제표는 매월 작성한다는 규정은 앞뒤가 맞지 않다. 결산을 실시하면 재무제표의 작성이 뒤따르기 마련인데, 결산시점과 재무제표 작성시점을 다르게 구분하고 있다. 기말(12월 말)은 월말이기 때문에 결산도 하고 재무제표를 작성하므로 문제가 없다. 그러나 평월은 결산을 해야 재무제표를 작성할 수 있는데 마치 결산 없이 재무제표만 작성한다는 식으로 받아들일 여지가 있는 규정이다. 이 규정은 회계담당자들에게 결산의 시점과 의미에 혼란을 줄 수 있기 때문에 정리될 필요가 있다.

둘째, 기준 제12조 제2항에서 전산처리하는 경우이기는 하지만 매월 결산을 하고, 연말에도 결산을 하라는 것으로 해석될 수 있다. 또한 전산처리하지 않고 수기로 처리하는 경우에는 연말 결산만 하면 되는 것인지도 명확하지 않다.

셋째, 매월 결산을 하는 경우 결산서를 모두 작성하여야 하는지도 명확하지 않다. 재무제표만 작성하는 경우에도 재무상태표와 운영성과표는 가능하다 하더라도 이익잉여금처분계산서(또는 결손금처리계산서)를 매월 작성하라는 것은 어불성설이다. 일반기업들의 경우에도 상장기업에 한해서 분기보고서나 반기보고서를 작성하고 있다는 점, 현실적으로 공동주택에서 매월 결산할 만한 여력도 없거니와 매월 결산의 실익도 크지 않다는 점을 고려하면 매월 재무제표를 작성하라는 규정은 합리적이지 않다.

이에 따라 다음과 같이 기준을 개정할 것을 제안한다.

첫째, 기준 제41조 제3항을 "결산은 월말과 회계연도 말을 기준으로 실시하고 결산서는 회계연도 말을 기준으로 작성한다"로 개정한다. 매월 관리비등이 부과되는 사정을 고려하면 매월 결산은 필요하지만 구태여 재무제표를 포함한 결산서까지 작성할 필요는 없기 때문이다.

둘째, 기준 제12조 제2항 "전산으로 회계처리하는 경우에는 매월 결산처리 결과를 출력하여"를 "전산으로 회계처리하는 경우에는 매월 회계장부를 출력하여"로 개정한다.

2) 재무제표의 작성원칙

재무제표를 작성할 때 지켜야 할 원칙은 공동주택회계처리기준 제43조 제2항부터 제5항에 걸쳐 규정하고 있는데 그 내용은 다음과 같다.

(1) 이해가능성과 명료성

재무제표는 이해하기 쉽도록 간단하고 명료하게 표시하여야 하며, 공동주택회계처리기준에 예시된 [별지] 제1호부터 제7호까지의 서식 중 [별지] 제1호부터 제3호까지의 서식을 참조하여 작성한다. 다만, 예시된 명칭보다 내용을 잘 나타내는 계정과목명이 있을 경우에는 그 계정과목명을 사용할 수 있다(공동주택회계처리기준 제43조 제2항).

재무제표 양식이 '예시'되어 있고 '참조'하여 작성하라는 의미는 무조건 예시된 양식에 따라 재무제표를 작성하는 것이 아니라 공동주택의 특성에 맞게 수정하여 작성할 수 있다는 뜻이다. 특히 계정과목명은 예시되어 있지 않거나 거래의 특성에 맞지 않으면 얼마든지 거래의 실질에 맞는 계정과목명을 만들어서 사용할 수 있다.

(2) 총액표시

재무제표상의 각 항목은 총액에 따라 적는 것을 원칙으로 하고, 각 항목의 금액을 상계함으로써 그 전부 또는 일부를 재무제표에서 제외하여서는 아니 된다(공동주택회계처리기준 제43조 제3항). 상계란 자산과 부채를 별도로 인식하고 측정하는 것이 아니라 이 둘을 가감하여 단일의 순액으로 나타내는 것을 말한다. 예를 들어, 한 거래처에 대한 채권과 채무가 동시에 존재할 때 이 두 개의 계정과목을 서로 가감하여 남는 순액만을 채권 또는 채무로 표시하는 것이 아니라 채권과 채무를 있는 그대로 표시하라는 것이다. 수익과 비용도 마찬가지다. 이렇게 하는 이유는 채권과 채무, 수익과 비용을 있는 그대로 회계정보이용자에게 알려주는 것이 회계의 투명성을 위해 바람직하기 때문이다.

(3) 비교가능성과 중요성

재무제표의 기간별 비교가능성을 높이기 위하여 전기 재무제표의 계량정보를 당기와 비교하는 형식으로 표시하여야 한다(공동주택회계처리기준 제43조 제4항). 이것은 재무제표를 작성할 때 당기 재무제표만을 작성하는 것이 아니라 전기 재무제표도 함께 작성하여야 한다는 것을 의미한다. 그래서 공동주택회계처리기준 [별지] 제1호, 제2호, 제3호 서식의 재무제표에도 2개 연도를 비교하는 형식으로 표시하고 있음을 알 수 있다.

이때 회계연도 중 계정이 재분류되어 비교가능성이 저하될 것으로 판단되는 항목은 별도로 표시하거나 주석에 기록하여 그 정보를 알 수 있게 하여야 한다. 다만, 금액적으로 중요하지 않은 내용은 표시하지 않을 수 있다(공동주택회계처리기준 제43조 제5항).

3) 재무상태표

(1) 재무상태표란

재무상태표는 특정시점의 공동주택 관리사무소의 자산과 부채의 명세 및 상호관계 등 재무상태를 나타내는 재무제표로서 자산, 부채 및 순자산으로 구분하여 표시한다(공동주택회계처리기준 제44조 제1항). 여기서 특정시점이란 주로 결산일을 말하는 것으로 재무상태표의 서식은 본서 부록 1에 제시되어 있다.

(2) 자산

자산(assets)은 과거사건의 결과로서 공동주택이 통제하는 현재의 경제적 자원이다. 여기서 경제적 자원(economic resource)은 경제적효익을 창출할 잠재력을 지닌 권리이다. 상당히 어려운 개념 정의이다. 그러면 '경제적효익'이란 무엇인가? 상당히 복합적인 의미를 지니지만 간단하게 풀이하면 '현금흐름을 창출할 수 있는 잠재력' 또는 '돈을 벌어들일 수 있는 능력'이라고 할 수 있다. 이 설명을 종합하면 자산이란 과거사건의 결과로서, 공동주택이 통제하는, 경제적효익을 창출할 잠재력을 지닌 현재의 권리이다. 피부에 와닿기에는 매우 어려운 개념이다. 그냥 다음과 같은 정도로 이해해 두면 되겠다. 자산이란 돈을 벌어들일 수 있는 능력을 가진 경제적 자원이다. 우리가 알고 있는 소유권(권리) 개념에 입각한 재산이라는 개념보다는 훨씬 폭넓은 개념이다. 왜냐하면 '통제'하고 있으면 되지 '소유'할 필요는 없고, 경제적 자원이 창출하는 현금에 대한 권리를 가지고 있으면 되니까 굳이 눈에 보이는 실물자산에만 한정되는 것도 아니기 때문이다.

이러한 자산의 정의에 따르면 미확정채권은 귀속의 사유가 확정되지 않는 한 계상하지 않는다(공동주택회계처리기준 제41조 제4항). 즉, 미래경제적효익을 창출할 가능성이 높지 않은 경우에는 재무상태표에 인식해서는 안 된다(공동주택회계처리기준 해설서, 2016).

기준에서 '계상'이라는 용어를 사용하는데 과거에 자주 사용하던 용어이다. 최근에는 계상이라는 용어 대신 '인식'이라는 용어를 사용한다. 인식이란 거래를 재무제표에 기록한다는 뜻이다.

(3) 부채

부채(liabilities)는 과거사건의 결과로 기업이 경제적 자원을 이전해야 하는 현재의 의무이다. 부채는 자산과 반대되는 개념이다. 부채 역시 우리가 보통 알고 있는 빚(debt)보다 훨씬 폭넓은 개념이다. 빚은 일반적으로 금액, 만기, 채무자가 알려져 있는 확정부채이지만 회계상 부채는 이러한 요소들이 확정되어 있지 않은 추정부채도 포함한다. 이러한 추정부채를 충당부채라고 부르는데, 예를 들어 장기수선충당금, 퇴직급여충당금이 있다. '○○충당금'이라는 용어는 현재는 사용하지 않으며, 정확한 회계용어는 '충당부채'이다. 그러니까 장기수선충당부채, 퇴직급여충당부채라고 해야 올바른 표현인데 이에 관해서는 뒤에 다시 설명하기로 한다.

이러한 부채의 정의에 따르면 미확정채무는 면책의 사유가 확정되지 않는 한 계상하여야 한다(공동주택회계처리기준 제41조 제4항). 즉, 의무의 이행에 따라 경제적효익이 내재된 자원의 유출가능성이 아직 남아 있는 경우 부채로 계속 인식하여야 한다(공동주택회계처리기준 해설서, 2016).

(4) 유동과 비유동의 구분

유동성(liquidity)이란 특정자산이나 부채가 현금으로 전환하는 데 걸리는 시간의 정도를 말한다. 유동과 비유동의 구분은 특정자산이 현금으로 유입되거나 특정부채가 현금으로 유출될 것으로 예상되는 시점이 결산일로부터 1년 이내인지를 기준으로 하며, 현금화시점이 1년 이내이면 유동, 1년 이후이면 비유동으로 분류한다.

자산은 유동자산과 비유동자산으로 구분하되, 회계연도 종료 후 1년 이내에 현금화되거나 실현될 것으로 예상되면 유동자산으로, 그 밖의 경우는 비유동자산으로 구분한다(공동주택회계처리기준 제44조 제2항).

부채는 유동부채와 비유동부채로 구분하되, 회계연도 종료 후 1년 이내에 상환 등을 통하여 소멸할 것으로 예상되면 유동부채로, 그 밖의 경우는 비유동부채로 구분한다(공동주택회계처리기준 제44조 제3항).

장기수선충당예치금, 장기수선충당금 등 사용 시기를 특정할 수 없는 자산과 부채는 비유동자산과 비유동부채로 구분한다(공동주택회계처리기준 제44조 제4항).

(5) 순자산

순자산은 제 적립금과 미처분이익잉여금으로 구분한다(공동주택회계처리기준 제44조 제5항). 순자산은 자산에서 부채를 차감한 금액으로서 기업회계에서 자본이라고 부르는 개념이다. 제 적립금은 여러 가지 적립금을 의미하며, 이익처분의 결과 발생하는 계정과목으로서 공동체활성화단체지원적립금, 예비비적립금, 관리비차감적립금 등이 대표적인 예이다.

공동체활성화단체지원적립금은 공동체활성화단체를 지원하기 위해 적립하는 금액이다. 공동체활성화단체는 대부분의 관리규약에 단체의 구성, 기능, 지원 등에 관해 규정하고 있다. 대부분의 지방자치단체 관리규약준칙에 따르면 공동체활성화단체란 관리규약에 의거하여 단지 내 입주자등(필요시 전문가, 시민단체, 주변지역주민 구성원을 포함) 10인 이상으로 구성된 자생단체 중 입주자대표회의로부터 사업비를 지원받아 공동체활성화사업을 추진하는 자생단체를 말한다. '자생단체'의 예로는 ○○부녀회, ○○봉사회, ○○노인회 등을 들 수 있다. 또한 대부분 지방자치단체의 관리규약준칙에 따르면 공동체활성화단체의 목적은 입주자등의 상호 교류를 통한 공동체 생활의 활성화를 유도하며, 봉사활동 등 건전한 커뮤니티 활동을 지원하여 지역사회에 기여하는 것에 있으며, 그 활동내용은 국토교통부가 제정한 '아파트 공동체 문화 활성화 프로그램 운영 매뉴얼'의 내용과 취지에 부합하여야 한다고 규정하고 있다.

예비비적립금이란 예비비로 사용하기 위해 적립하는 금액이다. 예비비는 예산을 편성할 때, 미리 예측할 수 없는 긴급한 지출사유가 발생하는 경우 또는 예산초과지출에 충당하기 위해 세출예산에 계상된 용도가 지정되지 않은 재원이다. 일부 공동주택에서는 이러한 예비비적립금의 용도를 무시하고 함부로 사용하는 경우가 종종 있다.

관리비차감적립금은 매월 일정 금액 또는 일시적으로 일정 금액의 관리비를 차감해 주기 위해서 적립해 놓는 것이다. 이러한 제 적립금은 적립재원과 용도에 대해 관리규약으로 규정해 놓을 필요가 있고 이에 따라 사용하여야 할 것이다.

4) 운영성과표

(1) 운영성과표란

운영성과표는 회계기간 동안 관리주체가 공동주택관리서비스를 제공하거나 부대활동을 수행하기 위해 지출한 비용과 이를 위해 입주자등 및 제3자로부터 회수한 수익을 나타내는 재무제표로서 관리손익과 관리외손익으로 구분하여 표시한다(공동주택회계처리기준 제45조). 기업회계에서는 이를 손익계산서라고 하는데 공동주택은 영리목적으로 활동하지 않기 때문에 운영성과표라고 부른다.

수익은 자산의 증가 또는 부채의 감소로서 순자산의 증가를 가져오는 것이다. 비용은 자산의 감소 또는 부채의 증가로서 순자산의 감소를 가져오는 것이다. 수익은 관리수익과 관리외수익, 비용은 관리비용과 관리외비용으로 구분한다. 관리수익과 관리비용을 묶어 관리손익이라 하고, 관리외수익과 관리외비용을 묶어 관리외손익이라고 한다.

운영성과표의 서식은 본서 부록 1에 제시되어 있다.

(2) 관리손익

관리손익은 관리수익에서 관리비용을 차감한 금액으로 한다(공동주택회계처리기준 제46조 제1항). 관리수익은 「공동주택관리법 시행령」 제23조 제1항의 관리비, 같은 조 제2항의 장기수선충당금, 같은 조 제3항의 사용료 등에 대한 고지를 통하여 입주자등에게 부과한 수익으로 한다(공동주택회계처리기준 제46조 제2항). 관리비용은 관리주체가 공동주택관리서비스를 제공함으로써 발생한 비용으로 「공동주택관리법 시행령」 제23조 제1항의 관리비, 같은 조 제2항의 장기수선충당금, 같은 조 제3항의 사용료 등의 합계액을 의미하며, 운영성과표상 공용관리비, 개별사용료 등으로 구분하여 표시한다(공동주택회계처리기준 제46조 제3항). 원칙적으로 관리수익과 관리비용은 일치해야 하며, 따라서 관리수익에서 관리비용을 차감한 금액, 즉 관리손익은 0(영)이어야 한다. 지출될 금액만큼 부과해야 하기 때문이다.

(3) 관리외손익

관리외손익은 관리외수익에서 관리외비용을 차감한 금액으로 한다. 관리외수익은 관리수익 외에 관리주체에게 유입되는 수익으로, 복리시설의 운영, 자치활동 등을 통하여 발생하는 수익과 경상적이고 반복적으로 발생하는 이자수익 등을 말하며, 입주자가 적립에 기여한 수익, 입주자와 사용자가 함께 적립에 기여한 수익으로 구분하여 표시한다(공동주택회계처리기준 제47조 제2항). 관리외수익은 흔히 잡수입이라고 하는 것인데, 입주자가 적립에 기여한 수익은 입주자기여분, 입주자와 사용자가 함께 적립에 기여한 수익은 공동기여분이라고 한다. 관리외비용은 입주자등에게 부과하지 않는 비용으로, 복리시설의 운영, 자치활동 등을 통하여 발생하는 비용을 말한다(공동주택회계처리기준 제47조 제3항). 대체로 관리외수익이 관리외비용을 초과하며 이 초과액이 당기순이익을 구성한다.

관리외수익(잡수입)은 매우 중요한 것으로서 이익잉여금의 처분과도 관련되어 있기 때문에, 뒤에서 다시 상세히 설명하기로 한다. 공동주택의 많은 분쟁이 관리외수익(잡수입)의 관리, 처분, 사용에서 발생하고 있다.

(4) 당기순손익

당기순손익은 관리수익에서 관리비용을 차감한 관리손익에서 관리외수익을 더하고 관리외비용을 차감하여 구한다. 이 금액이 양(+)이면 당기순이익, 음(−)이면 당기순손실이 된다. 앞서도 설명했지만 대체로 관리수익과 관리비용은 일치하며, 관리외수익이 관리외비용을 초과하여 이 초과액이 당기순이익을 구성한다. 공동주택에서 당기순손실이 발생하면 이를 메울 수단이 마땅치 않으므로 당기순손실이 발생하지 않도록 유의하여야 한다.

5) 이익잉여금처분계산서(결손금처리계산서)

이익잉여금처분계산서는 이익잉여금의 처분에 관한 사항을 나타내는 재무제표로서 미처분이익잉여금, 이익잉여금이입액, 이익잉여금처분액, 차기이월이익잉여금으로 구성된다(공동주택회계처리기준 제48조). 이익잉여금처분계산서(안)는 결산일을 기준으로 작성되지만, 관리주체가 회계연도 종료 후 2개월 이내에 다른 재무제표와 함께 입주자대표회의에 이익잉여금처분에 관한 (안)을 제출하면 입주자대표회의의 의결을 거쳐 이익잉여금처분이 확정되고 이를 반영한 이익잉여금처분계산서가 최종적으로 확정된다. 이익잉여금처분계산서에는 다른 재무제표와 달리 처분확정일이 표시되어 있는데 이는 이러한 과정을 거치기 때문이다. 이익잉여금처분계산서(결손금처리계산서)에 대해서는 제3장 제16절 이익처분에서 상세하게 설명한다.

6) 주석

주석(footnotes)은 재무제표 본문에 표시된 회계정보를 더 잘 이해할 수 있도록 추가적으로 설명하는 것이다. 재무제표 본문은 계정과목과 금액 위주로 요약된 정보로 표시하기 때문에 공동주택이나 회계처리와 관련한 중요한 정보를 충분히 나타낼 수 없다. 따라서 주석을 통해 이러한 한계점을 보완하고 있다. 흔히 주석이 앞서 설명한 재무상태표, 운영성과표, 이익잉여금처분계산서(결손금처리계산서)와 완전히 독립된 재무제표로 이해하고 있는 경우가 많은데 주석의 대부분은 계정과목과 관련된 내용이다. 공동주택회계처리기준 제49조에서는 다음 사항을 주석으로 기재하도록 규정하고 있다.

① 단지 개요 : 아파트 소재지, 사용검사일, 관리면적, 난방방식, 관리방식, 관리대상(세대수, 동수, 총 주택공급면적 등), 주요 부대시설 및 복리시설 현황

② 관리비용 배부기준

③ 재무제표 작성 시 적용한 회계처리기준 및 관리외손익의 인식기준

④ 주요 보험 가입 명세

⑤ 주요 계약 체결 명세

⑥ 주요 계정 부속 명세 : 제예금, 유형자산, 미지급금(미지급비용), 예수금, 관리비예치금, 그 밖의 주요 계정

⑦ 주요 충당금 및 주요 적립금 등 사용 명세

⑧ 일반관리비 명세 : 일반관리비 세부 명세를 운영성과표에 일반관리비의 하위계정으로 표시한 경우에는 일반관리비 명세는 주석으로 기록하지 않을 수 있다.

⑨ 3개월 이상 연체된 미납관리비의 연체월별 금액(입주자등의 세대별 사용명세 및 연체자의 동·호수 등 기본권 침해의 우려가 있는 내용은 제외)

⑩ 계류 중인 중요한 소송사건

2.9 예산

2.9.1 예산편성

관리주체는 다음 회계연도에 관한 관리비등의 사업계획 및 예산안을 매 회계연도 개시 1개월 전까지 입주자대표회의에 제출하여 승인을 받아야 하며 승인사항에 변경이 있는 때에는 변경승인을 받아야 한다(「공동주택관리법 시행령」 제26조 제1항, 공동주택회계처리기준 제50조 제1항). 매 회계연도 개시는 1월 1일로 고정되어 있으므로 관리주체가 다음 회계연도에 관한 관리비등의 사업계획 및 예산안을 제출해야 하는 마감일은 직전연도 11월 30일이 된다.

관리주체가 입주자대표회의에 제출하는 세입세출예산에는 다음 서류를 첨부하여야 한다(공동주택회계처리기준 제50조 제2항).

① 세입세출예산 편성지침

② 세입세출예산 사항별 설명서

③ 세입세출예산 총계표 및 순계표

④ 기타 재무의 상황과 세입세출예산의 내용을 명백히 할 수 있는 서류

관리주체는 세입세출예산을 입주자대표회의에 제출한 후 부득이한 사유로 인하여 그 내용의 일부를 수정하고자 할 때에는 수정세입세출예산을 입주자대표회의에 제출할 수 있다(공동주택회계처리기준 제50조 제3항).

세입세출예산서와 세입세출결산서는 본서의 부록 1에 제시되어 있다.

2.9.2 세입세출예산과목

세입세출예산은 장, 관, 항으로 단계별로 구분한다(공동주택회계처리기준 제51조 제1항, 제52조 제1항). 세입예산의 장은 관리수익, 관리외수익으로 구분하고 관 및 항은 재무상태표, 운영성과표 계정과목을 최대한 준용한다(공동주택회계처리기준 제52조 제2항). 세출예산의 장은 관리기구운영비, 공동주택관리비, 공동사용료,

관리외비용, 이익잉여금 등으로 구분하고 관 및 항은 재무상태표, 운영성과표 계정과목을 최대한 준용한다(공동주택회계처리기준 제51조 제2항).

2.9.3 예산의 전용 및 이월

지출예산에 정하여진 예산액은 과목 간에 이를 전용할 수 없다. 다만, 부득이한 사유로 인하여 입주자대표회의의 승인을 받은 경우에는 그러하지 아니하다(공동주택회계처리기준 제53조 제1항). 예산은 다음 연도에 이월하여 사용할 수 없다. 다만, 이월 공사인 경우에는 그렇지 않다(공동주택회계처리기준 제53조 제2항).

2.9.4 추가경정예산

예산이 성립된 후의 사업계획의 변경 또는 그 밖의 불가피한 사유로 이미 성립된 예산을 변경할 필요가 있을 때에는 추가경정세입세출예산을 편성할 수 있다. 이때에는 입주자대표회의의 변경승인을 받아야 한다(공동주택회계처리기준 제54조).

2.9.5 예산불성립 경우의 예산집행

예산이 부득이한 사유로 인하여 회계연도 시작 전까지 성립되지 아니한 때에는 관리주체는 해당 회계연도 예산안에 계상된 것은 전년도의 실적범위에서 집행할 수 있다. 다만, 다른 법령에 따라 최저임금 또는 그 밖의 비용요인이 인상됨으로 인하여 이를 반영하여야 하는 경우에는 그 반영된 금액은 실적범위 이내에 해당하는 것으로 간주한다(공동주택회계처리기준 제55조 제1항). 이렇게 예산불성립에 따라 집행된 예산은 해당 연도 예산이 성립되면 그 성립된 예산에 따라 집행된 것으로 본다(공동주택회계처리기준 제55조 제2항).

2.9.6 세입세출결산서 보고

관리주체는 매 분기 말일을 기준으로 하여 세입세출결산서를 작성하여 입주자대표회의에 보고하여야 한다(공동주택회계처리기준 제56조 제1항). 입주자대표회의는 세입세출결산서를 분석하고 그 결과를 입주자 및 사용자에게 공시하여야 한다(공동주택회계처리기준 제56조 제2항). 세입세출결산서의 목적은 예산액과 대비한 예산집행실적을 작성하고 차이가 나는 금액을 분석함으로써 예산범위 내에서 지출이 이루어졌는지 여부, 추가경정예산의 필요 여부 등을 파악하는 데 있다.

제3절 | 관리규약과 회계규정

3.1 관리규약의 법적 성격

「공동주택관리법」 제2조 제1항 제9호에 따르면 '관리규약'이란 공동주택의 입주자등을 보호하고 주거생활의 질서를 유지하기 위하여 시·도지사가 정하는 관리규약의 준칙을 참고하여 입주자등이 정하는 자치규약을 말한다. 또한 관리규약은 사적 자치에 근거한 사인 간의 규약으로서의 성격을 갖고 있다(헌법재판소 2011. 4. 12. 선고 2011헌마170 결정례). 그러나 법령에서 관리규약에 대해 특별한 규정을 둔 이상 관리규약은 법령의 범위에서 정해야 할 것이다(법제처 해석). 관리규약의 제정에 입주민등의 자율성이 있다고는 하지만 법령의 범위를 넘어설 수는 없다는 해석이다.

그런데 시·도지사가 정하는 관리규약의 준칙은 공동주택의 입주자등이 자체적인 관리규약을 정할 때 참조해야 하는 기준에 불과할 뿐 강행규정은 아니므로(서울중앙지방법원 2017. 2. 16. 선고 2016가합6816 판결례) 관리규약의 준칙과 달리 개별 관리규약에서 달리 정할 여지도 있다. 예를 들어, 관리규약의 준칙과 달리 개별 관리규약에서 잡수입의 용도 및 사용절차에 관하여 직접 규정하지 않는 경우라고 하여 잡수입을 사용할 수 없다고 보기는 어렵다(법제처 2017. 7.

5. 회신 17-0322 해석례). 이 때문에 잡수입의 사용에 관하여 관리규약에 규정이 없더라도 사업계획 및 예산안에 포함시키고 이에 관한 입주자대표회의의 승인을 받는 등 적법한 절차를 거치면 잡수입을 사용할 수 있을 것이다.

3.2 관리규약에 포함되어야 할 회계 관련 사항

「공동주택관리법 시행령」 제19조 제1항에서는 관리규약에 포함되어야 할 회계 관련 사항을 규정하고 있다. 다음에 열거하는 사항들이 관리규약에 구체적으로 명시되지 않으면 예산의 임의적 집행이나 횡령 또는 회계부정이 나타날 가능성이 높아지기 때문에 이 규정을 준수하여 반드시 관리규약에 반영할 필요가 있다.

① 선거관리위원회의 경비
② 입주자대표회의 운영경비의 용도 및 사용금액(운영 · 윤리교육 수강비용 포함)
③ 자치관리기구 관리사무소장과 그 소속 직원의 보수
④ 위 · 수탁관리계약에 관한 사항
⑤ 관리비예치금의 관리 및 운용방법
⑥ 관리비등의 세대별 부담액 산정방법, 징수, 보관, 예치 및 사용절차
⑦ 관리비등을 납부하지 아니한 자에 대한 조치 및 가산금의 부과
⑧ 장기수선충당금의 요율 및 사용절차
⑨ 회계관리 및 회계감사에 관한 사항
⑩ 회계관계 임직원의 책임 및 의무(재정보증에 관한 사항 포함)
⑪ 각종 공사 및 용역의 발주와 물품구입의 절차
⑫ 관리 등으로 인하여 발생한 수입의 용도 및 사용절차
⑬ 공동주택의 관리책임 및 비용부담

2장

공동주택 회계처리과정

2장

공동주택 회계처리과정

제1절 | 복식부기와 발생주의 회계

현대회계는 복식부기이다. 복식부기(double entry)란 하나의 거래가 발생하면 장부에 두 번 기입하는 기록체계이다. 하나의 거래가 발생하면 차변과 대변으로 나누어 기록하는 절차인 분개를 한 다음, 분개를 해서 기록된 계정과목과 금액을 관련 장부로 전기(옮겨 적기)하는 과정을 거치게 된다. 이에 반해 단식부기(single entry)는 현금출납장이나 가계부처럼 돈이 들어오고 나갈 때 장부에 한 번 기록하고 더 이상 회계절차가 없는 기록체계이다.

복식부기 기록체계는 과거 우리나라의 개성상인들도 사용한 방식이지만 현재 전 세계적으로 통용되는 복식부기는 이탈리아의 수도사이자 수학자인 파치올리(Luca Pacioli)가 1494년에 당시 베네치아 상인들이 사용하던 회계장부 기록체계를 집대성한 책에서 비롯되었다.

복식부기를 바탕으로 정착된 회계처리방식이 발생주의(accrual basis) 회계이다. 발생주의 회계는 현금주의(cash basis) 회계와 대비된다. 발생주의 회계는 거래가 발생한 시점을 기준으로 회계처리(장부기록)를 하는 반면, 현금주의 회계는 현금이 드나든 시점을 기준으로 회계처리(장부기록)를 하게 된다. 거래의 발생과 현금의 흐름에서 시차가 발생하면 발생주의 회계와 현금주의 회계의 회계처리(장부기록)시점에 차이가 나게 된다.

하나의 예를 들어, 발생주의 회계와 현금주의 회계를 비교해 보자. 어떤 편의점이 단골고객에게 한 개 1,000원짜리 물건을 10개 팔면서 7개는 현금을 바로 받고, 3개는 외상으로 하면서 외상대금을 다음달에 받기로 했다면 이 가게는 이번 달에 얼마를 팔았다고 생각(기록)할까? 당연히 판매금액은 10,000원이라고 생각한다. 왜냐하면 판매되었다는 것은 편의점의 물건이 고객에게 이전되어 편의점이 그 물건에 대해 더 이상 통제할 수 없게 되었다는 것을 의미하기 때문이다. 이렇게 우리는 상거래와 관련하여 이미 발생주의에 익숙해 있다. 이번 달 판매금액은 발생주의 회계로 보면 현금판매와 외상판매를 합한 10,000원이지만, 현금주의 회계로 보면 7,000원이다. 더 이상의 매출이 없다고 가정할 때 다음달의 판매금액은 발생주의 회계로는 0원이지만, 현금주의 회계로는 3,000원이 된다. 그런데 두 달을 통틀어서 보면 두 달 동안에 발생주의 회계나 현금주의 회계나 판매금액은 모두 10,000원이다.

그리고 이번 달에 종업원에게 지급할 급여가 6,000원인데 이번 달에 4,000원을 지급하고 다음달 초에 2,000원을 지급하였다고 가정하자. 이번 달 급여는 발생주의 회계로는 6,000원인데 현금주의 회계로는 4,000원이다. 다음달에는 더 이상 급여를 지급할 종업원이 없다고 가정할 경우 다음달의 급여는 발생주의 회계로는 0원이지만 현금주의 회계로는 2,000원이 된다. 그런데 두 달을 통틀어서 보면 두 달 동안에 발생주의 회계나 현금주의 회계 모두 급여는 6,000원이다.

발생주의 회계와 현금주의 회계에 따라 이번 달과 다음달의 매출과 급여, 매출에서 급여를 뺀 이익을 계산하면 다음과 같다.

구분	이번 달	다음달	두 달 합계
1. 발생주의 회계			
① 매출	10,000	0	10,000
② 급여	6,000	0	6,000
③ 이익(①-②)	4,000	0	4,000

2. 현금주의 회계			
① 매출	7,000	3,000	10,000
② 급여	4,000	2,000	6,000
③ 이익(①-②)	3,000	1,000	4,000

발생주의 회계와 현금주의 회계를 비교해 볼 때, 한 달 단위로 매출, 급여, 이익을 계산하면 차이가 나지만 두 달을 통틀어서 계산하면 매출, 급여, 이익이 같다는 사실을 알 수 있다. 그렇다면 편의점 주인 입장에서는 물건을 팔고 얼마나 남았는가? 즉, 경영성과를 측정한다고 할 때 발생주의 회계로 기록하는 것이 좋을까, 아니면 현금주의 회계로 기록하는 것이 좋을까? 성과와 노력을 제대로 측정하는 방법은 당연히 발생주의 회계이다. 매출은 성과를 나타내고 급여는 노력을 나타내기 때문이다. 물론 돈의 흐름이라는 측면에서는 현금주의 회계도 필요하다. 그러나 현금주의 회계에 따를 경우 외상매출이 얼마이고 받아야 할 외상대금이 얼마인지, 아직 지급하지 못하고 있는 급여가 얼마인지를 회계처리를 통해 자동적으로 체계적으로 확인할 수 없다는 문제가 있다. 이처럼 발생주의 회계는 경영성과와 재무상태를 제대로 측정할 수 있다는 장점을 가지고 있기 때문에 오늘날 장부기록과 회계처리방식은 복식부기를 근간으로 하고 발생주의 회계에 따르고 있다.

제2절 | 거래의 발생부터 결산까지의 과정

공동주택의 회계순환과정(accounting cycle)이란 거래의 발생부터 분개, 전기, 시산표 작성, 결산수정분개, 재무제표 작성, 장부마감에 이르는 과정을 말한다. 공동주택의 회계순환과정을 요약하면 [그림 2-1]과 같다.

[그림 2-1] 공동주택 회계순환과정

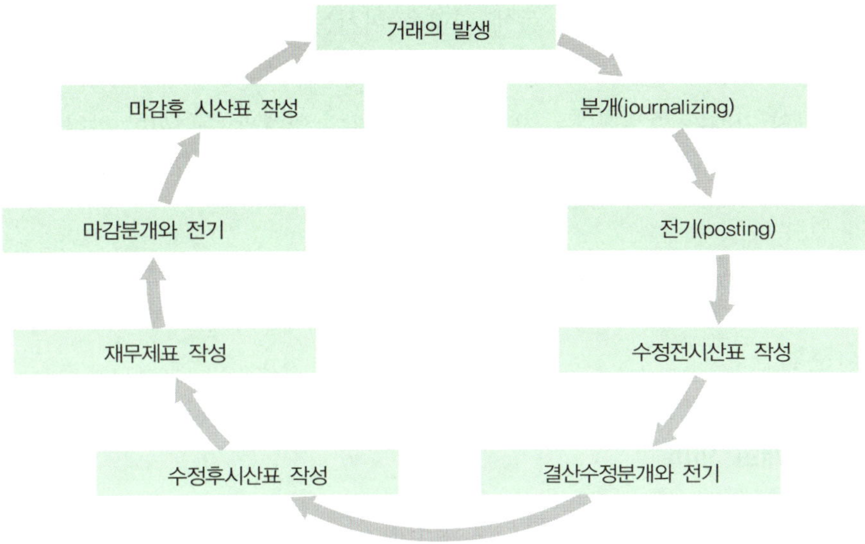

2.1 거래의 발생

일상생활에서 말하는 거래와 회계에서 말하는 거래는 서로 다른 개념이다. 일상생활에서 거래는 경제활동 당사자끼리 재화나 용역을 주고받는 교환행위를 말한다. 회계에서 거래는 경제활동 당사자의 재무상태와 경영성과에 영향을 미칠 뿐만 아니라 그 영향을 화폐단위로 신뢰성 있게 측정할 수 있는 일체의 경제적 사건을 의미한다. 따라서 일상생활에서 거래라고 여겨지는 것이라도 회계에서는 거래가 아닐 수 있으며, 그 반대 또한 성립한다. 예를 들어, 회사에 도둑이 들어 회사 재산을 잃은 경우나 태풍의 영향으로 회사 건물이 손상된 경우도 회계상에서는 거래에 해당한다. 왜냐하면 회사에 재산상의 손해가 발생하여 재무상태에 영향을 미쳤고, 그 손해액이 얼마인지 화폐단위로 측정할 수 있기 때문이다. 또한 제품을 생산하기 위해 원재료를 공정에 투입하고, 종업원에게 월급을 주는 행위도 회계에서는 거래에 해당한다.

공동주택회계에서 거래는 관리비, 사용료, 장기수선충당금, 잡수입 등의 발생과 변동을 초래하는 일체의 경제적 사건이다. 쉽게 말해서 관리비납입고지서에 나타나는 모든 항목과 잡수입 등에 영향을 미치는 거래라면 모두 공동주택의 회계처리대상이 된다.

회계상의 거래가 발생했다는 사실은 증빙서류에 의해 입증되어야 한다. 앞서 살펴본 바와 같이 공동주택회계처리기준 제17조에는 증빙서류의 종류가 제시되어 있다.

2.2 분개

2.2.1 분개의 의미

분개(journalizing)는 거래를 장부에 최초로 기록하는 회계절차이다. 옷을 입을 때 첫 단추를 제대로 끼우는 것이 중요하듯이 회계처리에서도 분개가 중요하다. 그러니까 분개를 잘못하면 나머지 회계처리가 엉망이 된다는 말이다. 흔히 회계실력이 뛰어나다고 할 때 그것은 분개를 정확하게 하는 능력을 말한다고 해도 과언이 아니다. 그러면 분개라는 이 생소한 단어의 진짜 모습이 무엇인지 살펴보자.

분개는 거래내용을 차변과 대변으로 나누어 분개장에 기록하는 것이다. 회계개념으로 볼 때 분개는 거래를 장부에 인식(recognition)하는 절차이다. 그런데 영어표현을 보면 '분개'의 유래가 재미있다. 서양의 중세시대 교회에서는 그날 하루(journ)에 행한 교회의 활동을 기록했는데 그 기록문서를 Journal이라고 불렀다. Journal(저널)은 프랑스어 주르날(journal)을 영어권에서 철자 그대로 가져와서 영어식 발음으로 바꾼 것이다. 이 Journal이라는 용어가 회계분야에서 원용되어 분개장(journal)이라는 회계장부의 의미를 가지게 되었고, 이를 동사화한 'Journalizing'이 거래를 기록하는 행위인 분개를 의미하게 되었다. 그러니까 분개는 매일매일 일어나는 거래를 기록하는 회계행위인데 회계만의 독특한 방식을 적용하고 있다는 점에서 보통의 기록방식과는 차이가 있다.

복식부기를 영어로 Double Entry라고 하는데 이는 하나의 거래를 차변(借邊, debtor)과 대변(貸邊, creditor)으로 나누어 두 번 장부에 기록한다는 의미를 담고 있다. 이는 분개에서부터 복식부기 회계시스템이 시작된다는 뜻이다. 그러면 차변과 대변이란 무엇인가? 왜 이렇게 어려운 용어를 사용하는가? 그것은 상인들이 상거래를 기록하면서 정착된 오랜 관습에서 비롯된 것이라고 추정하고 있다. 한자 표기를 보면 차변(借邊)은 빌려온 쪽이라는 뜻이고 영어로도 빚진 사람, 즉 채무자(debtor)라는 뜻이다. 마찬가지로 한자 표기를 보면 대변(貸邊)은 빌려준 쪽이라는 뜻이고, 영어로도 빌려준 사람, 즉 채권자(creditor)라는 뜻이다. 이러한 사실만 보면 우리가 알고 있는 상식과는 사뭇 달라서 뭔가 잘못된 용어가 아닌가 하는 생각마저 든다. 왜냐하면 현대 회계에서 차변은 자산과 비용의 원래 자리이고, 대변은 부채와 자본, 수익의 원래 자리이기 때문이다.

그런데 왜 반대로 표현하고 있을까? 그것은 주인의 자산을 관리하는 사람의 입장에서 볼 때 자산은 주인으로부터 빌려온 것임을 나타내려고 하다 보니 그렇게 정착되었을 것이라고 추측한다. 어쨌든 오늘날 차변과 대변은 회계의 기호로서 사회적으로 합의된 약속이기에 아무도 그 용어에 대해 시비를 걸지 않고 그대로 수용하여 사용하고 있다.

2.2.2 분개의 방법

분개를 하기 위해서는 하나의 거래를 적어도 두 개 이상의 계정과목으로 나누어야 하고 각 계정과목별로 금액이 얼마인지를 결정해야 한다. 계정과목은 거래의 성격에 맞게 재무제표 구성요소에 부여하는 이름이다. 재무제표 구성요소는 자산, 부채, 자본(순자산), 수익, 비용 다섯 가지를 말하는데 이 용어의 의미는 앞서 제1장의 2.8.2 재무제표에서 이미 살펴보았다.

분개의 기본원칙은 차변과 대변의 금액이 서로 동일해야 한다는 것이다. 차변과 대변은 성격상 서로 상반된 상태를 표현하는 기호이지만 금액은 항상 상호 균형을 이루게 된다. 이에 따라 회계등식과 대차평균의 원리가 만들어졌다. 회계등식이란 분개의 결과 자산이 부채와 자본(순자산)을 더한 금액과 같고, 대차평균의 원리(principle of equilibrium)란 차변의 합계액과 대변의 합계액이 항상 같다는 것이다.

회계등식
자산=부채+자본(순자산)

대차평균의 원리
차변합계=대변합계

분개가 이루어지는 장부를 분개장이라고 한다. 실무에서는 전표(slip)가 분개장의 기능을 대신하고 있다. 전표에 대해서는 앞서 제1장의 2.6.4 전표에서 상세하게 설명하였다.

분개를 이해하기 위해서 분개의 원리를 알 필요가 있다. 하나의 거래가 발생하면 먼저 차변과 대변에 기입할 계정과목을 결정해야 한다. 계정과목은 거래에 부여하는 회계상의 명칭이다. 마치 사람에게 부여하는 이름과 같다. 그 다음 각각의 계정과목이 자산, 부채, 순자산(자본), 수익, 비용 중 어디에 속하는지를 판단해야 한다. 그래야 분개를 할 때 각각의 계정과목을 차변에 기입할지 대변에 기입할지를 결정할 수 있게 된다. 자산과 비용의 자기 자리는 차변이고, 부채, 순자산(자본), 수익의 자기 자리는 대변이다. 이에 따라 자산과 비용이 증가하거나 발생하면 차변에 기입하고 감소하면 대변에 기입한다. 또한 부채와 순자산(자본) 그리고 수익이 증가하거나 발생하면 대변에 기입하고 감소하면 차변에 기입한다. 이를 요약하면 [표 2-1]과 같다.

[표 2-1] 재무제표 구성요소의 기입

계정 또는 계정과목	차변	대변
자산	증가	감소
부채	감소	증가
순자산(자본)	감소	증가
수익	감소	발생(증가)
비용	발생(증가)	감소

차변과 대변의 계정과목이 결정된 후에는 금액을 결정하여 차변 또는 대변에 기입한다. 이때 너무나도 당연한 사실이지만 차변과 대변의 금액은 동일해야 한다. 이러한 분개의 결과로 대차평균의 원리가 구현된다.

위에서 설명한 분개가 어떻게 적용되는지 공동주택에서 상수도사업소로부터 상하수도요금고지서를 받는 시점부터 관리비 부과, 관리비 납입, 상수도사업소에 상하수도요금을 납부하는 시점까지 나누어 살펴보자.

① 상수도사업소로부터 상하수도 요금고지서를 받는 시점(관리비등이 발생하는 시점)

(차) 수도료 ××× (대) 미지급수도료 ×××

② 세대별 관리비를 부과하는 경우

(차) 미수관리비 ××× (대) 관리수익 ×××

관리비가 세대별로 부과되는 시점인데 아직 관리비를 납입받지 못했으므로 납입받을 권리, 즉 자산이 증가한 것이고, 관리비를 납입받기 위한 원인행위가 되는 관리활동은 이미 완료되었으므로 수익이 발생(증가)한 것이다. 이때 사용하는 자산계정은 미수관리비라는 계정과목이고, 수익계정은 관리수익이라는 계정과목이다.

한편, 관리비 부과를 회계처리하는 방법은 미부과관리비계정의 사용 여부에 따라 다음과 같이 2가지가 있다.

ⓐ 미부과관리비계정을 사용하는 경우

부과 전	(차) 미부과관리비	×××	(대) 관리수익	×××
부과 시	(차) 미수관리비	×××	(대) 미부과관리비	×××

ⓑ 미부과관리비계정을 사용하지 않는 경우

부과 전 분개 없음

부과 시 (차) 미수관리비 ××× (대) 관리수익 ×××

③ 각 세대가 관리비를 납부하는 경우

(차) 예금_관리계좌 ××× (대) 미수관리비 ×××

세대별로 부과된 관리비를 각 세대가 관리주체가 관리하는 은행의 계좌로 납입하였으므로 자산(예금)이 증가하고, 납입받을 권리인 미수관리비(자산)가 감소하게 된다.

④ 수도료를 상수도사업소에 납부하는 경우

(차) 미지급수도료 ××× (대) 예금_관리계좌 ×××

수도료를 납부하였으므로 부채가 감소하고 예금(자산)이 감소하게 된다.

그런데 실무적으로 특히 전산화된 회계프로그램이 설치되어 있는 경우에는 분개는 전표를 이용한다.

2.3 전기

2.3.1 전기와 총계정원장

거래를 분개한 뒤에는 전기를 하게 된다. 전기(posting)는 분개장에 기입된 차변과 대변의 내용을 총계정원장(general ledger)의 해당 계정에 옮겨 적는 절차이다. 이는 마치 공동주택단지 안으로 들어온 입주자등이 동과 호수로 식별되는 공동주택의 자기 집으로 찾아가는 과정과 유사하다. 입주자등이 모두 자신의 집에 부여된 고유한 동과 호수를 가지고 있듯이 거래가 분개되면 그 거래의 성격에 맞는 고유한 계정과목이 부여된다. 이에 따라 분개 다음에는 분개장에서 총계정원장의 해당 계정과목을 찾아 옮겨 적게(전기하게) 되는데, 특히 전산화된 회계프로그램은 계정과목에 부여된 고유번호를 찾아 자동으로 전기하게 된다.

총계정원장은 앞서 회계장부에서 설명하였듯이 모든 거래의 최종 종착지이며, 모든 거래가 계정별로 분류되어 해당 계정의 증가와 감소가 일목요연하게 요약 · 표시되기 때문에, 언제라도 자산, 부채, 순자산(자본), 수익, 비용의 발생원인과 변동내역 그리고 현재 잔액이 얼마인지를 확인할 수 있다.

이 총계정원장을 바탕으로 월합계잔액시산표(월계표)를 작성하고, 이를 바탕으로 매월 관리비 총액의 계정별 명세서인 관리비부과명세서를 작성하고, 이 관리비부과명세서를 바탕으로 세대별 관리비조정명세서를 작성한다. 또한 관리비부과명세서와 세대별 관리비조정명세서에 근거하여 세대별로 관리비납입고지서를 작성하여 발송한다. 이렇게 총계정원장에서 시작하여 세대별 관리비납입고지서 작성까지의 과정을 요약하면 [그림 2-2]와 같다.

[그림 2-2] 관리비등의 부과과정

2.3.2 전기의 예시

5월 1일에 상수도사업소로부터 상하수도요금 10만 원을 납부하라는 고지서를 받은 경우에 이 거래를 분개장에 분개한 다음 원장으로 전기하는 과정을 예시하면 다음과 같다.

분개장

1면

일자		계정과목 및 설명	원면	차변	대변
5	1	수도료 미지급수도료 수도료고지서 ₩100,000을 받다	11 31	100,000	 100,000

총계정원장

수도료계정

11면

월일	적요	분면	차변	대변	잔액
5/ 1	수도료 ₩100,000 발생하다.	1	100,000		100,000
	월계				

미지급수도료계정

31면

월일	적요	분면	차변	대변	잔액
5/ 1	미지급수도료 ₩100,000 발생하다.	1		100,000	100,000
	월계				

분개장에서 '원면'이란 총계정원장의 페이지를 말한다. 수도료는 총계정원장의 11페이지 수도료계정으로, 미지급수도료는 총계정원장의 31페이지로 각각 전기되었음을 표시하는 것이다. 이에 따라 총계정원장에서 '분면'이란 분개장의 몇 페이지에서 총계정원장의 해당 계정으로 전기되었는지를 표시하는 것이다. 분면과 원면을 통해 회계처리된 거래가 장부 사이에 어떻게 연결되어 기록되어 있는지를 확인하고 검증함으로써 회계처리의 오류와 누락을 자동으로 방지할 수 있다. 즉, 분면과 원면은 거래가 빠짐없이 기록되었다는 완전성과 자산, 부채, 순자산이 실제로 존재한다는 실재성을 확인할 수 있는 자동검증시스템이다.

2.4 시산표의 작성

시산표(trial balance)는 총계정원장을 바탕으로 정기적으로 작성하는 회계장부이다. 매일 작성하는 합계잔액시산표를 일계표, 월별로 작성하는 합계잔액시산표를 월계표라고 하고, 월계표를 모으면 연간 합계잔액시산표가 된다. 총계정원장의 계정별 연간 차변 또는 대변의 합계액과 잔액을 함께 나타낸 시산표인 합계잔액시산표를 바탕으로 결산수정분개를 하게 된다.

2.5 결산수정분개

결산은 기본적으로 결산일인 12월 31일에 하는 회계행위이지만 공동주택의 경우 관리비 부과를 위해 월말에도 필요하다. 결산을 하면 결산수정분개를 하고 이를 전기한 다음 수정된 총계정원장 잔액을 바탕으로 관리비부과명세서나 재무제표를 작성한다. 결산수정분개가 필요한 이유는 결산일 현재의 총계정원장 잔액이 자산, 부채, 순자산, 수익, 비용을 정확하게 표시하지 않고 있기 때문이다. 결산수정분개가 필요한 계정과목을 살펴보자. 자세한 회계처리는 해당 계정과목에서 다루기로 한다.

1) 미결산계정의 정리

미결산계정이란 가수금계정과 가지급금계정을 말한다. 가수금, 가지급금은 원칙적으로 재무제표에 나타낼 수 없는 계정으로 글자 그대로 임시계정, 가계정이다. 가수금은 대변계정으로서 회계연도 말에 결산을 완료한 후에는 그 잔액이 없어야 하고 결산시점까지 현금수입의 원인을 파악할 수 없으면 잡수익으로 처리한다. 가지급금은 차변계정으로서 결산을 완료한 후에는 그 잔액이 없어야 하고 결산시점까지 현금지출의 원인을 파악할 수 없으면 잡손실로 처리한다. 가지급금은 이를 관리비용으로 배부해야 할 것이 있는지 확인할 필요가 있다.

가수금과 가지급금에 대해서는 제3장 제10절에서 상세하게 설명한다.

2) 감가상각

감가상각은 유형자산을 취득하면서 지출한 금액을 그 자산을 사용할 수 있는 기간(내용연수)에 걸쳐 조금씩 헐어내어 비용으로 회계처리하는 과정이다. 월말 또는 기말 결산시점에 관리비 부과와 재무제표 작성을 위해 감가상각이 필요하다. 감가상각에 대해서는 제3장 제8절 유형자산에서 상세하게 설명한다.

3) 선급보험료

보험료는 대개 1년단위로 계약하고 1년치 보험료를 먼저 지급한다. 공동주택 화재보험이나 자동차보험의 경우가 대표적이다. 따라서 보험료를 납부하면 납부한 금액 전체를 선급보험료로 인식한 다음 이 금액을 12개월로 나눈 금액을 매월 보험료로 비용처리하여 관리비용에 반영해 주어야 한다. 선급보험료에 대해서는 제3장 제11절 선급비용과 선급금에서 상세하게 설명한다.

4) 4대 사회보험의 사업주부담분

4대 사회보험의 근로자부담분은 급여를 지급할 때 비용처리하지만 사업주부담분은 그렇게 처리하지 않는 경우도 있다. 급여를 지급할 때 함께 회계처리하지 않은 4대 사회보험의 사업주부담분은 결산수정분개를 통해 관리비용에 반영해야 한다. 4대 사회보험에 대해서는 제3장의 2.1.1 인건비에서 상세하게 설명한다.

5) 이자수입과 선납세금

관리주체는 매월 말일 기준으로 거래 금융기관으로부터 예금잔액증명서를 발급받아 예금잔액을 확정하고, 이자수입과 선납세금에 대해 회계처리하여야 한다. 이자수입과 선납세금에 대해서는 제4장 제4절 법인세에서 상세하게 설명한다.

6) 충당부채

충당부채는 결산일 현재 근로의 제공이나 자산의 사용으로 비용이 발생하고 있으나 그 대가는 누적시켜 일정 기간이 지난 후 한꺼번에 지급하는 경우에 결산일 현재 일정한 금액을 비용으로 처리하면서 인식하는 부채이다. 대표적인 예로는 연차수당충당부채, 퇴직급여충당부채, 수선충당부채, 장기수선충당금 등이 있다. 연차수당충당부채와 퇴직급여충당부채에 대해서는 제3장 2.1.1 인건비에서, 수선충당부채는 제3장 2.7 수선유지비에서, 장기수선충당금은 제3장 제4절 장기수선충당금에서 상세하게 설명한다.

7) 장기수선충당예치금의 이자수입

장기수선충당예치금은 예치금계좌에서 이자수입이 발생하게 되는데 이 장기수선충당예치금이자수입(관리외수익)을 장기수선충당금(부채)에 전입하면서 같은 금액을 장기수선충당금전입이자비용(관리외비용)으로 인식해야 한다. 장기수선충당예치금이자수입에 대해서는 제3장 제4절 장기수선충당금과 제4장 제4절 법인세에서 상세하게 설명한다.

8) 선수금과 예수금

관리주체는 선수금(예: 재활용품매각대금)과 예수금(예: 중간관리비예수금)을 확인하여 해당 계정을 정산하는 분개를 하여야 한다. 선수금에 대해서는 제3장 제13절에서, 예수금에 대해서는 제3장 제15절에서 상세하게 설명한다.

9) 기타 발생계정과 이연계정

위에서 열거한 결산수정분개 사항 이외에 수익이나 비용과 관련한 발생계정이나 이연계정이 있으면 이를 반영하여 결산수정분개를 해야 한다. 발생계정이란 결산일 현재 현금의 수입이나 지출이 없는 상태이지만 이미 계속해서 용역을 제공하거나 제공받고 있는 경우에 회계처리하는 수익이나 비용과 관련된 계정을 일컫는다. 비용 관련 발생계정의 예로는 미지급수도료, 미지급전기료, 미지급법인세(부채) 등이 있다. 수익 관련 발생계정의 예로는 미수임대료(자산)가 있다. 미수임대료는 계약에 따라 일정 기간의 건물임대료를 후불하는 경우에 결산일에 당해 연도분 임대료수익을 인식하기 위해 사용하는 계정이다.

이연계정이란 결산일 현재 현금의 수입이나 지출이 완료된 상태이지만 아직 용역을 제공하지 않았거나 제공받고 있지 않는 경우에 회계처리하는 수익이나 비용과 관련된 계정을 일컫는다. 앞서 설명한 선급보험료(자산)가 대표적인 비용 관련 이연계정이다. 수익 관련 이연계정의 예로는 선수임대료(부채)가 있다. 선수임대료는 계약에 따라 일정 기간의 건물임대료를 선불하는 경우에 결산일에 당해 연도분 임대료수익을 인식하기 위해 사용하는 계정이다.

발생계정과 이연계정의 회계처리에 대해서는 제3장 계정과목별 회계처리에서 상세하게 설명한다.

2.6 재무제표의 작성과 공개

회계연도가 종료되면 결산을 하여 결산서와 재무제표를 작성하고, 이를 회계연도 종료 후 2개월 이내에 입주자대표회의에 제출하여 승인을 받아야 한다. 이후 승인된 결산서와 재무제표를 인터넷 홈페이지에 공개하거나 개별 통지하여야 한다.

한편, 「공동주택관리법 시행령」 제27조 제1항에서는 회계감사를 받아야 하는 공동주택의 관리주체는 매 회계연도 종료 후 9개월 이내에 재무제표에 대하여 회계감사를 받도록 규정하고 있다. 감사인은 회계감사를 실시하고 감사보고서를 관리주체와 지자체장에게 제출하여야 하고, 공동주택관리정보시스템(K-apt)에도 공개하여야 한다.

제3절 | 예산편성부터 결산까지의 과정

예산편성부터 결산까지의 전체 과정을 요약하면 [그림 2-3]과 같다.

[그림 2-3] 예산편성부터 결산까지의 과정

회계과정	담당자	내용	기간	근거**
예산편성*	관리주체	사업계획수립 및 예산편성, 제출	회계연도 개시 1개월 전까지	• 영 제26조 제1항 • 기준 제50조
⬇				
예산승인	입주자 대표회의	사업계획 및 예산의 승인	회계연도 개시 1개월 전까지	• 영 제14조 제2항 제4호 • 기준 제50조
⬇				
예산공개	관리주체	승인예산의 공개	예산승인 후	영 제28조 제2항 제1호
⬇				
예산집행	관리주체	예산의 집행	연중	영 제25조 제1항
⬇				
장부마감	관리사무소장	장부마감	• 현금출납장: 매일 마감 • 계정별 원장, 명세서: 매월 마감	기준 제12조 제1항
	관리사무소장과 감사	전산장부 결산 결과를 매월 출력하여 서명 혹은 도장 찍어 보관	매월	기준 제12조 제2항
	감사	예금잔고 증명과 관계장부 대조	매월	기준 제12조 제2항
⬇				
장부마감의 확인	관리사무소장	매월, 수시로 장부기입 확인	매월 또는 수시	기준 제15조
	관리사무소장과 감사	전산처리의 경우 매년 회계담당자의 연마감 확인	매년	기준 제15조

증빙서 감사	감사	분기별로 지출증빙서 감사	분기별	기준 제28조
관리비 등의 공개	관리주체	매월 관리비등의 홈페이지, 동별 게시판(통로별 게시판 포함), K-apt에 공개	다음달 말일까지	• 법 제23조 제4항 • 영 제23조 제8항
분기 결산서 작성보고	관리주체	분기 세입세출결산서 작성, 보고	매 분기 말일 기준 작성, 기한 없음	기준 제56조 제1항
분기결산서 공시	입주자 대표회의	분기 세입세출결산서 분석, 공시	매 분기 말일 기준 공시, 기한 없음	기준 제56조 제2항
추경예산 편성	관리주체	변경예산 편성, 제출	예산변경 사유발생 시	• 영 제26조 제1항 • 기준 제50조
추경예산 승인	입주자 대표회의	변경예산 승인		• 영 제26조 제1항 • 기준 제50조
추경예산 공개	관리주체	승인된 변경예산의 공개	승인 후	영 제28조 제2항 제1호
자산실사	관리사무 소장	• 재고자산 및 유형자산 실사 • 자산출납부에 자산실사 일자, 자산실사 참여자, 실사결과 등의 자산실사 내용을 기록하여 보관	회계연도 말일 기준	기준 제39조
결산	관리주체	사업실적서 및 결산서 작성, 제출	회계연도 종료 후 2개월 이내	• 영 제26조 제3항 • 기준 제41조 제1항
결산서 승인	입주자 대표회의	결산서 승인		영 제14조 제2항 제7호

결산서 공개	관리주체	승인 결산서의 인터넷 홈페이지 공개 또는 개별 통지	승인 시	영 제28조 제2항 제1호
감사인의 선정	입주자대표회의	감사인의 선정, 감사요구		• 법 제26조 제4항 • 영 제14조 제2항 제6호
감사인 선정의 공개	관리주체	감사인 선정의 공개	선정 시	영 제28조 제2항 제1호
회계감사 실시	감사인	회계감사 실시	회계연도 종료 후 9개월 이내	영 제27조 제1항
감사완료 및 감사보고서 제출	감사인	감사완료 및 관리주체에 감사보고서 제출	감사시작일부터 1개월 이내	영 제27조 제1항 제6호
		• 지자체장에게 감사보고서 제출 • K-apt에 감사보고서 공개	감사완료일부터 1개월 이내	법 제26조 제6항
감사 보고서 제출의 보고	관리주체	• 입주자대표회의에 감사보고서의 보고 • 인터넷 홈페이지 및 동별 게시판 공개	감사보고서 제출일부터 1개월 이내	법 제26조 제3항

* 예산편성 예외규정 : 사업주체 또는 의무관리대상 전환 공동주택의 관리인으로부터 공동주택의 관리업무를 인계받은 관리주체는 지체 없이 다음 회계연도가 시작되기 전까지의 기간에 대한 사업계획 및 예산안을 수립하여 입주자대표회의의 승인을 받아야 한다. 다만, 다음 회계연도가 시작되기 전까지의 기간이 3개월 미만인 경우로서 입주자대표회의 의결이 있는 경우에는 생략할 수 있다(「공동주택관리법」 제26조 제2항).

** 법 = 공동주택관리법, 영 = 공동주택관리법 시행령, 기준 = 공동주택회계처리기준

제4절 | 회계감사

4.1 회계감사의 필요성

회계감사의 일반적인 정의는 "자질을 갖춘 독립적인 제3자가 어떤 정보에 대하여 미리 설정된 기준과의 일치 정도를 결정하고 보고할 목적으로 그 정보에 관한 증거를 수집하고 평가하는 절차"이다. 이 정의를 공동주택에 적용해 보면 "자질을 갖춘 독립적인 제3자인 감사인(주로 공인회계사를 말함)이 관리주체가 작성한 재무제표에 대하여 공동주택회계처리기준과 일치하는 정도를 결정하고 보고할 목적으로 증거를 수집하고 평가하는 절차"라고 할 수 있다.

이에 따라 한국공인회계사회가 제정한 '공동주택회계감사기준'에는 회계감사의 목적을 "「공동주택관리법 시행령」 제27조에 따라 감사인이 공동주택의 관리주체가 작성한 공동주택의 재무제표가 국토교통부장관이 정한 '공동주택회계처리기준'에 따라 작성 및 표시되었는지를 감사"하는 데 있다고 명시하고 있다.

회계감사는 관리주체가 작성한 재무제표의 신뢰성과 회계정보의 품질을 높임으로써 이해관계자들의 정보비용을 줄이는 데 목적이 있다. 관리주체가 작성한 재무제표가 공표되기 전에 자질을 갖춘 전문가의 인증을 받도록 함으로써 재무제표가 공동주택회계처리기준에 맞추어 적정하게 작성되도록 하는 것이다. 회계감사를 거침으로써 재무제표이용자는 재무제표에 포함된 관리비등에 관한 회계정보를 믿을 수 있게 되고, 이러한 사회적 신뢰를 통해 이해관계자 개인이 회계정보의 신뢰성을 확인하기 위해 부담하는 정보비용과 정보위험을 줄여주게 된다.

실제로 외부회계감사가 실시되면서 공동주택 관리주체가 재무제표의 작성에 주의를 기울이고 있으며, 수많은 회계오류가 시정되어 회계정보의 신뢰성이 높아지고 있다는 것이 확인되고 있다.

4.2 회계감사제도

4.2.1 회계감사대상 공동주택

공동주택 외부회계감사제도가 최초로 도입된 시점은 2010년 7월 6일「주택법」 시행령 제55조의3을 신설한 때이다. 물론 이 당시는 회계감사가 강제의무사항이 아니라 자율선택사항이었다. 그러던 것이 2013년 12월 24일 주택법이 개정되면서「주택법」제45조의3에서 300세대 이상은 강제의무화되고, 300세대 미만은 자율선택에 맡겼다. 이 제도는 1년간 유예기간을 거쳐 2015년부터 시행되었다.

이렇게 수년간 유지되어 오던 회계감사제도는 2022년 6월 10일 다시 한번 「공동주택관리법」의 개정을 거쳐 모든 의무관리대상 공동주택에 대한 외부회계감사를 원칙적으로 의무화하게 되었다. 강화된 새로운 외부회계감사제도는 2024년 1월 1일부터 적용되므로 공동주택 관리주체는 2023 회계연도의 재무제표에 대한 회계감사부터 준비해야 할 것이다.

물론 외부회계감사 면제조항도 있다. 300세대 이상인 공동주택은 해당 연도에 회계감사를 받지 아니하기로 입주자등의 3분의 2 이상의 서면동의를 받은 경우(「공동주택관리법」 현행 규정)와 300세대 미만인 공동주택은 해당 연도에 회계감사를 받지 아니하기로 입주자등의 과반수의 서면동의를 받은 경우(「공동주택관리법」 신설 규정, 2022. 6. 10.)에는 그 연도에 외부회계감사를 받지 않을 수 있다(「공동주택관리법」 제26조 제1항). 여기서 유의할 점은 외부회계감사를 면제받기로 서면동의하더라도 당해 연도에만 적용되는 것이기 때문에 그 이후 연도에도 면제를 받기 위해서는 다시 동일한 절차를 거쳐야 한다는 것이다.

관리주체가 외부회계감사 면제 서면동의를 받으려는 경우에는 회계감사를 받지 아니할 사유를 입주자등이 명확히 알 수 있도록 동의서에 기재하여야 하며(「공동주택관리법」 제26조 제7항, 신설 규정, 2022. 6. 10.), 관리주체는 이 동의서를 관리규약으로 정하는 바에 따라 보관하여야 한다(「공동주택관리법」 제26조 제8항, 신설 규정, 2022. 6. 10.).

의무관리대상 공동주택으로서 외부회계감사대상이 되는 공동주택을 2022년 6월 10일 「공동주택관리법」 개정 전후로 비교하면 [표 2-2]와 같다.

표 2-2 의무관리대상 공동주택의 외부회계감사 면제 여부

구분	개정 전	개정 후(2024년 1월 1일부터 시행)
300세대 이상 의무관리 대상	• 원칙적으로 외부회계감사대상 • 면제조건 – 입주자등의 3분의 2 이상의 서면동의를 받은 연도	동일
300세대 미만 의무관리 대상	• 외부회계감사 선택가능 • 선택조건 – 입주자등의 10분의 1 이상이 연서하여 요구한 경우 – 입주자대표회의에서 의결하여 요구한 경우	• 원칙적으로 외부회계감사대상 • 면제조건 – 입주자등의 과반수의 서면동의를 받은 연도

4.2.2 회계감사기한

외부회계감사대상 공동주택의 관리주체(자치관리는 관리사무소장, 위탁관리는 주택관리업자)는 '주식회사 (등)[5]의 외부감사에 관한 법률'에 따른 감사인(공인회계사)으로부터 매 회계연도 종료 후 9개월 이내에 재무제표에 대한 회계감사를 받아야 한다(「공동주택관리법」 제26조 제1항). 이를 위반하여 회계감사를 받지 아니하거나 부정한 방법으로 받은 자는 1년 이하의 징역 또는 1천만 원 이하의 벌금에 처한다(「공동주택관리법」 제99조 제1호).

4.2.3 회계감사보고서의 제출과 공개

감사인은 「공동주택관리법」 제26조 제1항에 따라 관리주체가 회계감사를 받은 날부터 1개월 이내에 관리주체에게 감사보고서를 제출하여야 한다(「공동주택

5) '주식회사 (등)의 외부감사에 관한 법률'에서 '(등)'으로 표시한 이유는 「주식회사의 외부감사에 관한 법률」에서 「주식회사 등의 외부감사에 관한 법률」로 명칭이 바뀌었기 때문이다.

관리법 시행령」 제27조 제6항). 이때 입주자대표회의는 감사인에게 감사보고서에 대한 설명을 하여 줄 것을 요청할 수 있다(「공동주택관리법 시행령」 제27조 제7항).

관리주체는 회계감사를 받은 경우에는 감사보고서 등 회계감사의 결과를 제출받은 날부터 1개월 이내에 입주자대표회의에 보고하고 해당 공동주택단지의 인터넷 홈페이지 및 동별 게시판에 공개하여야 한다(「공동주택관리법」 제26조 제3항). 또한 회계감사의 감사인은 회계감사 완료일부터 1개월 이내에 회계감사 결과를 해당 공동주택을 관할하는 시장 · 군수 · 구청장에게 제출하고 공동주택관리정보시스템(K-apt)에 공개하여야 한다(「공동주택관리법」 제26조 제6항).

4.2.4 감사인의 선정

회계감사의 감사인은 입주자대표회의가 선정한다. 이 경우 입주자대표회의는 시장 · 군수 · 구청장 또는 「공인회계사법」 제41조에 따른 한국공인회계사회에 감사인의 추천을 의뢰할 수 있으며, 입주자등의 10분의 1 이상이 연서하여 감사인의 추천을 요구하는 경우 입주자대표회의는 감사인의 추천을 의뢰한 후 추천을 받은 자 중에서 감사인을 선정하여야 한다(「공동주택관리법」 제26조 제4항).

4.2.5 관리주체의 협조의무

회계감사를 받는 관리주체는 다음 ①과 ②의 어느 하나에 해당하는 행위를 하여서는 아니 된다(「공동주택관리법」 제26조 제5항).

① 정당한 사유 없이 감사인의 자료열람 · 등사 · 제출 요구 또는 조사를 거부 · 방해 · 기피하는 행위

② 감사인에게 거짓 자료를 제출하는 등 부정한 방법으로 회계감사를 방해하는 행위

만약 이를 위반하여 회계감사를 방해하는 등 ①과 ②의 어느 하나에 해당하는 행위를 하는 자에게는 1년 이하의 징역 또는 1천만 원 이하의 벌금에 처한다(「공동주택관리법」 제99조 제1호의2).

4.3 감사인이 주목하는 감사대상항목

한국공인회계사회가 제정한 '공동주택회계감사기준'에는 감사인이 실시해야 할 일반적 감사절차를 규정하고 있다. 이에 따르면 감사인은 다음에서 설명하는 내부통제와 감사절차에 주목하게 되므로 관리주체와 회계담당자는 이들 항목에 대해 특별히 관심을 가지고 직무를 수행할 필요가 있다.

4.3.1 관리주체의 내부통제제도

내부통제제도란 공동주택 운영의 효율성 확보, 재무정보 작성 및 보고의 신뢰성 확보, 관련 법규와 관리규약의 준수 등의 목적을 달성하여 공동주택이 건전하고 안정적으로 운영될 수 있도록 하기 위하여, 입주자대표회의, 관리주체 및 여타 구성원들이 지속적으로 실행하는 일련의 통제절차이다.

감사인은 관리주체가 이러한 내부통제제도를 제대로 구축하여 운영하고 있는지를 이해하기 위하여 다음 사항들에 주목하고 점검하게 된다.

① 입주자대표회의 또는 내부감사의 감시기능

② 관리비의 입금관리, 계약 등에 따른 현금의 집행, 예금통장의 관리, 운영수익의 관리 등 현금과 관련된 업무의 승인 및 통제절차

③ 관리비 배부 · 부과 · 징수 등에 대한 승인 및 통제절차

④ 공동주택의 수선, 물품구입, 공사 등 주요 계약의 승인, 검수, 대금지급 등과 관련된 통제절차

⑤ 거래의 증빙서류나 장부의 문서화 정도

⑥ 자산이나 서류에 대한 접근, 인감사용 등과 관련된 통제절차

⑦ 독립적이고 주기적인 대조, 비교, 조정 등 내부검증절차

⑧ 내부통제의 적절한 운영과 효과성을 확인할 수 있는 관리주체의 그 밖의 절차

4.3.2 회계기록 및 관리운영

감사인은 회계기록 및 관리운영에 관하여 다음의 사항에 대해 감사절차를 수행한다.

① 모든 수입은 누락 없이 계상되고 있는지 여부 및 수익 · 비용의 계상과 자산 · 부채의 증감 변동은 그 원인이 되는 사실의 발생일 또는 실현일을 기준으로 적절한 기간에 귀속되는지 여부

② 장기수선충당금에서 지출할 비용 중 관리비로 부과된 금액이 있는지 여부와 이 경우 관리비로 부과되는 것이 합리적인지 여부(예 : 선급금, 선급비용 계정 등의 검토)

③ 관리비의 배부기준과 배부방법은 관리규약의 규정에 따라 합리적으로 적용되고 있는지 여부 및 전기 · 수도 · 가스 등의 사용료 및 건물 전체의 보험료에 대한 입주자등의 사용과 공통부분의 배부는 적정한지 여부 및 입주자등의 사용분은 적정하게 징수 또는 납부되고 있는지 여부

④ 인양기 · 승강기 등의 사용료 및 관리비연체료의 부과방법 및 징수절차는 적정하게 이루어지고 있는지 여부 및 관련 장부의 기록은 적절히 행하여지고 있는지 여부

⑤ 수입금은 적절히 수납, 예치, 관리되고 있는지 여부 및 관련 장부의 기록은 적절히 행하여지고 있는지 여부

⑥ 장기수선충당금은 관리규약의 규정에 따라 적정하게 징수되어 지정금융기관에 예치되고 있는지 여부

⑦ 그 밖의 충당금, 적립금 및 유휴자금은 적절히 징수, 예치, 관리되고 있는지 여부

⑧ 주요 자산(예 : 재고자산, 유형자산 등)의 취득 · 처분 · 관리는 관련 규정에 따라 적절하게 이루어지는지 여부, 관련 회계서류에 올바르게 기록되는지 여부 및 그 관리대장은 적절하게 작성 · 유지되고 있는지 여부

⑨ 관리주체가 행하는 중요한 계약행위는 관련 규정에 따라 이루어지고 있는지 여부 및 이에 대한 감사의 입회 여부

⑩ 지출결의서, 청구서, 납입고지서, 계약서 등 증빙서류의 금액란이 수정되었는지 여부

4.3.3 공동주택관리법령과 관리규약에서 정한 회계 관련 규정의 준수

감사인은 공동주택관리법령과 관리규약에서 정한 회계 관련 규정의 준수에 대한 검토에 대하여는 다음과 같은 절차를 수행한다.

① 수입 · 지출업무의 담당자가 여러 가지 계약업무를 겸직하고 있는지 여부에 대해 검토

② 회계업무의 인계나 인수는 적절히 이루어지고 있는지 여부에 대해 검토

③ 회계관계직원 등의 고의 또는 과실로 인한 손해에 대하여 합당한 변상책임을 이행하고 있는지 여부에 대해 검토

④ 회계관계직원 등에 대한 재정보증 등의 절차는 적절히 이루어지고 있는지 여부에 대해 검토

⑤ 직원의 직인 사용에 대한 내부규정은 적절하며, 같은 규정에 의하여 관리, 사용되고 있는지 여부에 대해 검토

⑥ 현금 및 수표장의 보관상태 및 관리는 적정히 이루어지고, 적정한 규모의 현금이 보유되고 있으며, 초과액은 즉시 예입되는지 여부에 대해 검토

⑦ 보통예금으로 관리하고 있는 다액의 금액은 이자수익과 같은 자금관리의 목적을 위하여 적절하게 다른 예금으로 전환되고 있는지 여부에 대해 검토(저축성예금 등)

⑧ 주기적으로 관리주체가 지정금융기관으로부터 예금잔액증명을 발급받아 관계장부와 대조하는지 여부에 대해 검토

⑨ 재고자산의 관리 및 재고조사는 적절히 이루어지고 있는지 여부에 대해 검토

⑩ 장부 및 지출에 관한 증빙서 등에 대한 내부감사는 적절히 행하여지고 있는지 여부에 대해 검토

⑪ 예산의 관리절차(전용, 이월, 경정 등)는 규정에 따라 실시되고 있는지 여부에 대해 검토

⑫ 예산집행에 대한 실적보고 및 결과의 통지는 적시에 행하여지고 있는지 여부에 대해 검토

4.4 회계감사의견의 종류

감사인은 감사보고서에 재무제표가 공동주택회계처리기준에 따라 작성되었는지 여부에 대해 감사의견을 표명한다. 감사인이 감사보고서에 표명하는 감사의견에는 적정의견, 한정의견, 부적정의견, 의견거절 4가지가 있다. 적정의견 이외의 나머지 3가지 감사의견을 묶어 비적정의견이라고 부르기도 한다.

① **적정의견**: 적정의견은 감사인이 감사절차를 수행하여 충분하고 적합한 감사증거를 입수한 결과 재무제표에 표시된 회계정보가 공동주택회계처리기준과의 중요한 불일치가 없고 감사범위에 중요한 제한이 없는 경우에 표명하는 의견이다. 회계감사를 받으면 당연히 적정의견을 받아야 한다. 여기서 감사범위의 제한이란 감사의견을 형성하는 데 필요한 충분하고 적합한 감사증거를 입수할 수 없었다는 의미이다. 증빙서류, 장부 등이 없거나 회계시스템이 제대로 갖추어지지 않았거나 관리주체의 협조를 받을 수 없어서 회계감사를 제대로 진행할 수 없었다는 것이다.

② **한정의견**: 한정의견은 공동주택회계처리기준과의 불일치가 중요한 경우나 감사범위의 제한이 중요한 경우에 표명하는 의견이다. 이는 부적정의견이나 의견거절과는 구분이 된다. 한정의견은 공동주택회계처리기준과의 불일치가 중요하기는 하지만 부적정의견과는 달리 전반적이지는 않고 몇 가지 사항이 있거나 감사범위의 제한이 중요하기는 하나 의견거절과는 달리 전반적이지는 않고 부분적인 경우에 표명하게 된다.

③ **부적정의견**: 부적정의견은 공동주택회계처리기준과의 불일치가 중요할 뿐만 아니라 전반적일 때 표명하는 의견이다. 이는 재무제표가 공동주택회계처리기준을 벗어난 정도가 매우 심각하다는 의미이다.

④ **의견거절**: 의견거절은 감사범위의 제한이 중요할 뿐만 아니라 전반적일 때 표명하는 의견이다. 이는 감사보고서를 작성하는 데 필요한 증거를 얻지 못하여 재무제표 전체에 대한 의견표명이 불가능하거나 감사인이 독립적인 감사업무를 수행할 수 없는 경우에 표명하게 된다.

감사의견을 표명하는 경우를 요약하면 [표 2-3]과 같다.

[표 2-3] 감사의견의 종류

구분	적정의견	한정의견	부적정의견	의견거절
공동주택회계처리기준 불일치	중요하지 않음	중요, 부분적	중요, 전반적	-
감사범위 제한	중요하지 않음	중요, 부분적	-	중요, 전반적

한국공인회계사회에서 공동주택관리정보시스템(K-apt)에 공개된 자료를 바탕으로 감사의견을 분석한 현황을 보면 [표 2-4]와 같다.

표 2-4 감사의견 통계

(단위: 개, %)

구분		2018년 감사		2017년 감사		2016년 감사	
		보고서 수	비율	보고서 수	비율	보고서 수	비율
적정의견		8,682	96.5	8,503	94.5	5,685	94.8
비적정 의견	한정	292	3.2	456	5.0	302	5.0
	부적정	9	0.1	7	0.1	6	0.1
	의견거절	17	0.2	34	0.4	7	0.1
	계	318	3.5	497	5.5	315	5.2
	(전년 대비 증감)		△2.0		0.3		
분석 보고서 수		9,000	92	9,000	96	6,000	66
전체 보고서 수		9,828	100	9,387	100	9,040	100

회계감사가 진행되면서 전반적으로 적정의견이 비율이 높아지고 있음을 알 수 있다. 이는 해를 거듭하면서 공동주택 재무제표의 신뢰성과 투명성이 계속 향상되고 있다는 의미이기도 하다.

또한 비적정의견의 사유와 사례를 살펴보면 [표 2-5]와 같다.

표 2-5 비적정의견의 사유와 사례

사유	사례 예시	건수
자산·부채의 과대·과소계상	• 퇴직급여충당부채, 수도충당금, 주차충당금 등 각종 충당부채의 과대·과소계상 • 장부에 기록되지 아니한 예금의 적발 • 결산일 후 지급기일이 도래하는 공사대금, 보증금 등의 부채계상 누락 • 아파트의 유형자산, 재고자산 등 자산계상 누락 • 원인불명의 선급비용, 회수가 불확실한 가지급금, 실물이 존재하지 않는 재고자산 등 계상	256
수익·비용의 과대·과소계상	• 헬스장 등 관련 수입, 지출을 별도 관리하여 관리외수익·관리외비용 동시 누락 • 주차장수익, 승강기수익 등을 관리외손익 대신 부채의 증가·감소로 처리 • 수익·비용을 발생주의 대신 현금주의로 인식	110
계정과목 분류 또는 표시 오류	• 가지급금, 가수금 등 임시계정을 미정리 • 계정과목 분류 또는 표시의 오류, 유동성 분류 오류	45
장기수선충당금 과소·과대계상 등	• 장기수선충당금 과소·과대계상 및 목적 외 사용 • 장기수선계획서 부적합, 미수립 또는 미제출 • 장기수선충당금 적립요율 규정 미비, 불명확 • 장기수선충당금과 장기수선충당예치금의 불일치 또는 장기수선충당금을 별도의 계좌에 미예치 • 장기수선공사를 장기수선충당금이 아닌 잡수입에서 집행	100
증빙자료의 누락 또는 관련 규정 위반	• 회계자료 미제출·부적합(관리대장, 지출증빙, 회의록, 계약서, 예산서 등) • 외부조회 등 감사절차를 수행하기 위해 필요한 서류를 제공하지 아니함 • 정당한 사유 없이 인출된 가지급금에 대한 내역 파악 불가 • 일부 계약의 사업자선정 관련 증빙 확인 불가	118
자금 횡령 또는 부당한 자금 인출 등	• 관리사무소 직원의 자산 횡령 • 부외계좌의 존재 파악 • 수증자산에 대한 소유권 미이전 및 장부 누락 • 저장품 등 재고자산에 대한 실물 부존재 • 관리주체가 아닌 자가 임의 사용, 관리 중인 예금(부녀회, 노인회, 어린이집/체육시설 등)	11
회계처리 오류 등 개선권고에 따른 비적정의견	• 감사의견 표명방법 위반(감사보고서의 개선권고사항에 첨부한 회계처리 수정권고내용이 재무제표에 영향을 미친다는 방식으로 비적정의견 표명)	18

기타	• 관리규약에 반하는 잉여금미처분 또는 처분내용의 오류 • 잉여금처분계산서, 필수주석사항의 미제출 • 전기 감사보고서와 장부상 기초금액의 불일치 • 12월 31일이 토요일인 이유로 다음해 1월 2일에 결산 마감하여 작성. 주요 자산계정 변동	49

4.5 회계감사제도의 개선

현재의 공동주택 외부회계감사제도는 공동주택 재무제표의 신뢰성 제고에 많은 기여를 하고 있으나 몇 가지 개선해야 할 점이 있다. 여기서는 감사시기의 조정, 지정감사제도의 도입, 표준감사시간제, 계속감사기간보장 등에 관해 제안한다.

4.5.1 회계감사시기 앞당기기

현행 「공동주택관리법」에 따르면 의무관리대상 공동주택은 매 회계연도 종료 후 9개월 이내에 재무제표에 대한 회계감사를 받아야 하며(「공동주택관리법」 제26조 제1항), 감사인은 관리주체가 회계감사를 받은 날부터 1개월 이내에 관리주체에게 감사보고서를 제출하여야 한다(「공동주택관리법 시행령」 제27조 제6항). 따라서 감사보고서가 제출되는 시점은 회계연도 종료 후 10개월이 되는 시점이다.

그런데 「주식회사 등의 외부감사에 관한 법률 시행령」 제27조에 따르면 감사대상기업은 정기총회 개최 1주 전, 사업연도 종료 후 3개월 이내, 사업연도 종료 후 120일 이내 등으로 회계연도(사업연도) 종료일부터 짧게는 2개월, 길게는 4개월 이내에 감사보고서를 제출하여야 한다.

이에 비하면 공동주택은 감사보고서 제출기한이 회계연도 종료(결산일) 후 최장 10개월 이내로 너무 늦고, 감사계약 체결기한 규정이 없어서 주로 결산 후에 계약을 체결하게 된다. 현재의 이러한 제도는 다음과 같은 문제점을 야기하여 회계감사의 목적을 제대로 달성할 수 없게 만든다.

첫째, 감사인이 회계감사를 수행하면서 발견하게 되는 회계오류나 관리비 부정가능성 등에 대한 조기파악과 이에 따른 즉시성 있는 시정조치의 기회가 없어진다. 왜냐하면 공동주택은 관리주체가 회계연도 종료 후 2개월 이내에 작성하여 제출한 결산서를 입주자대표회의가 승인한 후에 공개하게 되는데 결산서에는 재무제표가 포함되어 있기 때문이다. 이미 입주자대표회의가 재무제표를 승인도 하고 공개도 해버린 상태에서 회계연도 종료 후 9개월 이내에 감사를 실시하게 되므로 회계오류를 수정할 수 없어서 적정의견을 받을 수 있는 기회가 없을 뿐만 아니라 회계담당자에게 올바른 회계처리가 무엇인지 커뮤니케이션할 기회도 박탈당하게 된다. 더더욱 문제가 되는 것은 새로운 회계연도가 시작되었음에도 과거의 잘못된 회계처리가 시정되지 않고 답습될 가능성이 있다는 점이다.

둘째, 외부전문가의 인증을 받은 재무제표를 입주자등이 알게 되는 시점이 너무 늦어져서 회계정보의 전달 지체현상이 발생하게 되고, 이러한 정보불균형은 공동주택 내에 갈등유발과 사회적 비용을 증가시키는 부작용으로 나타날 수 있다.

이에 따라 회계감사시점은 적어도 입주자대표회의가 재무제표를 승인하는 시점 이내가 되도록 개선할 필요가 있다. 입주자대표회의가 최고의결기구로서 기업의 주주총회와 유사한 성격을 가지고 있다면 더더욱 그렇다. 공인회계사가 공동주택을 감사하는 시점이 우리나라 기업의 회계감사시점과 겹치는 문제가 있을 수 있다. 이 점을 고려한다면 입주자대표회의의 결산서 승인제도를 없애는 대신 재무제표 승인으로 바꾸고 재무제표 승인시점을 회계연도 종료 후 4개월 이내로 하고 그 기한 내에 감사보고서를 제출하도록 「공동주택관리법」을 개정하면 될 것이다.

4.5.2 지정감사제의 도입

현행 「공동주택관리법」 제26조 제4항에 따르면 감사인은 입주자대표회의가 선정한다. 만약 입주자등의 10분의 1 이상이 연서하여 감사인의 추천을 요구하는 경우에는 입주자대표회의는 감사인의 추천을 의뢰한 후 추천을 받은 자 중에서 감사인을 선정하여야 한다.

따라서 감사인의 추천을 요구받는 경우를 제외하고는 입주자대표회의가 공개경쟁입찰 또는 수의계약 방식으로 감사인을 선정할 수 있다. 이와 같은 방식의 감사계약을 자유수임제라고 한다. 현행 자유수임제는 다음과 같은 단점이 있다.

첫째, 감사인이 계약상 을의 지위에 있기 때문에 감사인의 독립성이 침해되거나 입주자대표회의와 감사인 사이에 유착이 일어날 수 있다.

둘째, 공개경쟁입찰 시에도 최저가입찰방식이 적용되어 예정가격 저가 설정 등에 따라 반복유찰이 되어 최종적으로 수의계약을 하게 되고 이 과정에서 저가수임에 따른 감사투입시간 부족과 감사품질 저하가 발생할 수 있다.

자유수임제와 대조되는 것이 지정감사제이다. 지정감사제란 회계감사를 감사인과 감사대상 공동주택의 입주자대표회의 사이의 자유계약에 맡겨 두지 않고 정부기관에서 강제로 감사인을 지정하여 특정 감사대상 공동주택을 감사하도록 하는 제도이다. 현행 기업회계감사의 독립성과 신뢰성을 제고하기 위해 지정감사제와 주기적 지정감사제를 도입하고 있는 점을 고려한다면 공동주택에 대해서도 지정감사제를 도입할 필요가 있을 것이다. 지정감사제대상이 되는 공동주택은 일정 세대수를 기준으로 하거나 전년도 회계감사의견을 기준으로 할 수도 있을 것이다.

4.5.3 표준감사시간제의 도입

정부는 2017년에 10월 31일에 개정하고 2018년 11월 1일부터 시행된 「주식회사 등의 외부감사에 관한 법률」 제16조의2에서 표준감사시간제를 도입하였다. 이에 따르면 표준감사시간이란 "감사업무의 품질을 제고하고 투자자 등 이해관계인의 보호를 위하여 감사인이 투입하여야 할 표준감사시간"이라고 명시하고 있다. 표준감사시간은 감사인 숙련도와 기업규모 등을 고려하여 결정하고 있다.

이와 같이 공동주택감사에서도 표준감사시간제를 도입하여 감사품질을 높이고 감사인에게도 충분히 감사할 수 있는 시간적 여유를 제공할 필요가 있다. 표준감사시간제도의 도입은 당연히 감사수임료(감사수수료)의 인상을 초래하여 입주자등이 부담하는 관리비의 증가로 귀결된다. 그러나 적정수준의 감사보수를 지급함으로써 회계감사인의 성실한 임무수행을 보장하여 회계감사의 품질과 관리비 집행의 투명성을 높인다면 감사수수료 인상 이상의 관리비 절감효과를 기대할 수 있을 것이다. 감사수수료의 인상은 관리비 절감을 위한 일종의 투자로 생각할 수도 있다.

4.5.4 계속감사기간의 보장

계속감사란 하나의 공동주택을 동일한 감사인이 일정 기간 계속해서 감사를 수행하는 것이다. 현재는 1년 단위로 감사계약이 체결되어 감사대상 공동주택에 관한 정보나 지식이 부족한 상태에서 감사가 진행되고 있기 때문에 감사품질이 하락하는 원인이 될 수 있다. 또한 1년단위의 짧은 계약기간 때문에 감사에 임하는 감사인이 정당한 주의를 기울이지 않을 수도 있다. 따라서 「주식회사 등의 외부감사에 관한 법률」과 마찬가지로 일정 기간 계속해서 동일 감사인과 감사계약을 체결하도록 의무화하여 공동주택의 실상과 내부통제제도 등 해당 공동주택에 대한 수준 높은 전문지식을 바탕으로 감사함으로써 감사품질을 제고할 필요가 있다.

3장

계정과목별 회계처리

3장

계정과목별 회계처리

제1절 | 공동주택관리비 47개 공개항목 표준분류

한국부동산원(이전 한국감정원)은 「공동주택관리법」 제23조와 같은 법 「시행령」 제23조에 근거하여 관리비 항목 분류 오류 최소화 및 공개정보의 투명성 향상에 기여하기 위하여 2015년 12월 공동주택관리비 47개 공개항목에 대한 회계계정항목 표준분류(이하 '표준분류')를 발간한 바 있다. 여기서 회계계정항목이란 곧 계정과목을 말하는 것이다.

1.1 관리비등 용어의 구분

계정과목별 회계처리를 설명하기에 앞서 관리비와 관련된 용어가 「공동주택관리법」과 '표준분류'에서 약간 다르게 사용되고 있다는 점을 알려두고자 한다. 「공동주택관리법」 제23조와 같은 법 「시행령」 제23조에서는 관리비, 사용료, 장기수선충당금, 하자보수보증금, 잡수입을 각각 별개의 범주로 구분하고 있지만, 「공동주택관리법」 제25조에서는 「공동주택관리법」 제23조 제4항 제1호부터 제3호까지의 어느 하나(제1호는 관리비, 제2호는 사용료, 제3호는 장기수선충당금)에 해당하는 금전 또는 「공동주택관리법」 제38조 제1항에 따른 하자보수보증금과 그 밖에 해당 공동주택단지에서 발생하는 모든 수입에 따른 금전을 모두 묶어 '관리비등'이라는 용어로 표현하고 있다.

반면 표준분류에서 공동주택관리비는 공용관리비, 개별사용료, 장기수선충당금, 잡수입으로 분류하고, 이를 다시 대항목, 중항목, 세항목으로 분류하고 있다. 표준분류의 공용관리비는 「공동주택관리법」 제23조와 같은 법 「시행령」 제23조에서 규정하는 '관리비'를 말하며, 표준분류의 개별사용료는 「공동주택관리법」 제23조와 같은 법 「시행령」 제23조에서 규정하는 '사용료 등'을 말한다.

그런데 하자보수보증금은 「공동주택관리법」에서는 규정하고 있으나 표준분류에서는 제외하고 있다. 또한 난방비와 급탕비의 경우 「공동주택관리법」 제23조와 같은 법 「시행령」 제23조에서는 원칙적으로 관리비로 분류하고, 지역난방방식인 공동주택의 난방비와 급탕사용료 등으로 분류하고 있다.

본서에서 '관리비등'이라고 할 때는 특별한 경우를 제외하고는 「공동주택관리법」 제25조에서 말하는 관리비등(관리비, 사용료, 장기수선충당금, 하자보수보증금, 잡수입 포함)을 일컫는다. 또한 표준분류의 공용관리비는 '관리비'로, 개별사용료는 '사용료'로 용어를 통일하기로 한다. 공동주택관리법과 한국부동산원의 표준분류에서 사용하는 관리비와 관련된 용어를 비교하면 [표 3-1]과 같다.

표 3-1 관리비등 용어의 구분

구분	공동주택관리법	한국부동산원의 표준분류
관리비등	관리비	공용관리비
	사용료	개별사용료
	장기수선충당금	장기수선충당금
	하자보수보증금	없음
	잡수입	잡수입

1.2 관리비등의 공개

「공동주택관리법」 제23조 제4항과 같은 법 「시행령」 제23조 제8항에 따르면 의무관리대상 공동주택의 관리주체는 47개 계정과목을 모두 다음달 말일까지 해당 공동주택단지의 인터넷 홈페이지 및 동별 게시판(통로별 게시판 포함)과 공동주택관리정보시스템(K-apt)에 공개하여야 한다. 수선유지비의 경우에는 ① 용역금액 또는 자재 및 인건비, ② 보수유지비 및 제반 검사비, ③ 건축물의 안전점검비용, ④ 재난 및 재해 등의 예방에 따른 비용을 상세하게 공개하고, 장기수선충당금의 경우에도 ① 장기수선충당금 월 부과액 및 적립률, ② 장기수선충당금 월 사용액, ③ 장기수선충당금 잔액을 상세하게 공개하여야 한다.

그리고 「공동주택관리법」 제23조 제5항과 같은 법 「시행령」 제23조 제10항에 따르면 의무관리대상 공동주택은 아니지만 100세대(주상복합건물은 주택기준) 이상 공동주택의 관리인은 대항목 수준의 21개 항목만을 다음달 말일까지 해당 공동주택단지의 인터넷 홈페이지 및 동별 게시판에 의무적으로 공개하여야 한다. 그러나 이 경우에 K-apt 공개는 생략할 수 있다(2020. 4. 24. 개정 시행). 100세대 이상 비의무관리대상 공동주택이 공개하여야 할 대항목 수준의 21개 항목이란 일반관리비(합계만), 청소비, 경비비, 소독비, 승강기유지비, 지능형홈네트워크설비유지비, 난방비, 급탕비, 수선유지비(합계만), 위탁관리수수료 등 (공용)관리비 10개, 전기료, 수도료, 가스사용료, 지역난방방식 공동주택의 난방비와 급탕비, 정화조오물수수료, 생활폐기물수수료, 건물보험료, 입주자대표회의 운영비, 선거관리위원회운영비 등 (개별)사용료 9개, 장기수선충당금, 잡수입이다.

또한 2023년 6월 13일 개정되어 2023년 12월 14일부터 시행되는 「공동주택관리법」 제23조 제5항과 같은 법 「시행령」 제23조 제10항에 따르면 의무관리대상 공동주택은 아니지만 50세대(주상복합건물은 주택기준) 이상 100세대 미만의 공동주택에 대해서도 관리비등의 공개의무가 부과된다. 공개항목 중 (개별)사용료에 대해 합계금액만 공개하는 것을 제외하고는 공개장소와 공개기한 등은 의무관리대상 공동주택은 아니지만 100세대 이상 공동주택과 같다.

만약 관리비등의 내역을 공개하지 아니하거나 거짓으로 공개한 자에 대해서는 5백만 원 이하의 과태료를 부과한다(「공동주택관리법」 제102조 제3항 제5호).

공동주택에서 관리비등을 의무적으로 공개해야 하는 내용을 요약하면 [표 3-2]와 같다.

표 3-2 관리비등의 의무공개

<table>
<tr><th rowspan="2">공개대상</th><th rowspan="2">의무관리대상</th><th colspan="2">비의무관리대상</th></tr>
<tr><th>100세대 이상</th><th>50세대 이상
100세대 미만*</th></tr>
<tr><td rowspan="4">공개항목</td><td rowspan="4">• 47개 항목 [표 3-3] 참고)
• 수선유지비는 ① 용역금액 또는 자재 및 인건비, ② 보수유지비 및 제반 검사비, ③ 건축물의 안전점검비용, ④ 재난 및 재해 등의 예방에 따른 비용을 상세 공개
• 장기수선충당금은 ① 월 부과액 및 적립률, ② 월 사용액, ③ 잔액을 상세 공개</td><td>21개 항목</td><td>13개 항목</td></tr>
<tr><td>• (공용)관리비 10개(일반관리비, 청소비, 경비비, 소독비, 승강기유지비, 지능형홈네트워크설비유지비, 난방비, 급탕비, 수선유지비, 위탁관리수수료)
• 일반관리비와 수선유지비는 합계금액만 공개</td><td>좌동</td></tr>
<tr><td>(개별)사용료 9개(전기료, 수도료, 가스사용료, 지역난방방식 공동주택의 난방비와 급탕비, 정화조오물수수료, 생활폐기물수수료, 건물보험료, 입주자대표회의운영비, 선거관리위원회운영비)</td><td>(개별)사용료 합계금액만 공개</td></tr>
<tr><td>• 장기수선충당금
• 잡수입</td><td>좌동</td></tr>
<tr><td>공개장소</td><td>공동주택단지의 인터넷 홈페이지, 동별 게시판, 공동주택관리정보시스템(K-apt)</td><td colspan="2">좌동(다만, K-apt는 생략가능)</td></tr>
<tr><td>공개기한</td><td>다음달 말일</td><td colspan="2">좌동</td></tr>
<tr><td>근거법령</td><td>「공동주택관리법」 제23조 제4항, 같은 법 「시행령」 제23조 제8항</td><td colspan="2">「공동주택관리법」 제23조 제5항, 같은 법 「시행령」 제23조 제10항</td></tr>
</table>

* 2023년 12월 14일부터 시행

관리비등과 관련된 계정과목은 [그림 3-1]과 같이 5가지로 대분류할 수 있다.

[그림 3-1] 관리비등 관련 계정과목의 대분류

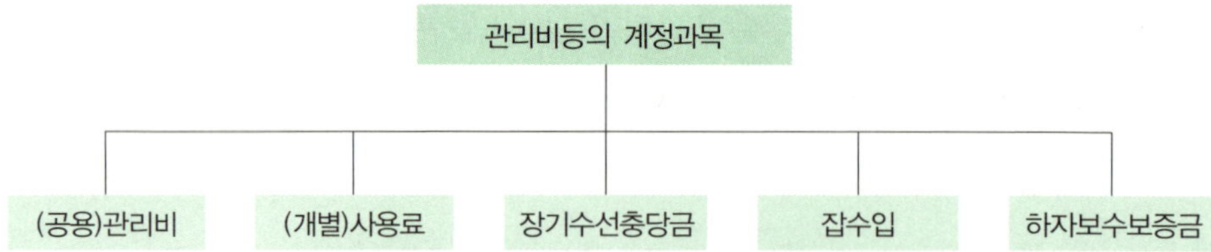

표준분류에 따른 관리비등 47개 공개항목을 대항목, 중항목, 세항목으로 분류하면 [표 3-3]과 같다. 표준분류에서는 47개의 회계항목보다 상위의 회계항목(중항목 및 대항목)을 사용하지 말도록 권고하고 있다.

▌표 3-3 ▌표준분류에 따른 관리비등 47개 공개항목

<table>
<tr><th>구분</th><th>대항목</th><th>중항목</th><th>세항목</th></tr>
<tr><td rowspan="18">(공용)관리비</td><td rowspan="18">일반관리비</td><td rowspan="9">인건비</td><td>1. 급여</td></tr>
<tr><td>2. 제수당</td></tr>
<tr><td>3. 상여금</td></tr>
<tr><td>4. 퇴직금</td></tr>
<tr><td>5. 산재보험료</td></tr>
<tr><td>6. 고용보험료</td></tr>
<tr><td>7. 국민연금</td></tr>
<tr><td>8. 국민건강보험료</td></tr>
<tr><td>9. 식대 등 복리후생비</td></tr>
<tr><td rowspan="3">제사무비</td><td>10. 일반사무용품비</td></tr>
<tr><td>11. 도서인쇄비</td></tr>
<tr><td>12. 교통통신비 등</td></tr>
<tr><td rowspan="4">제세공과금
(관리기구 사용)</td><td>13. 전기료</td></tr>
<tr><td>14. 통신료</td></tr>
<tr><td>15. 우편료</td></tr>
<tr><td>16. 세금 등</td></tr>
<tr><td colspan="2">17. 피복비</td></tr>
<tr><td colspan="2">18. 교육훈련비</td></tr>
</table>

<table>
<tr><td rowspan="17">(공용)관리비</td><td rowspan="7">일반관리비</td><td rowspan="4">차량유지비</td><td>19. 연료비</td></tr>
<tr><td>20. 수리비</td></tr>
<tr><td>21. 보험료</td></tr>
<tr><td>22. 기타 차량유지비</td></tr>
<tr><td rowspan="3">그 밖의
부대비용</td><td>23. 관리용품구입비</td></tr>
<tr><td>24. 회계감사비</td></tr>
<tr><td>25. 그 밖의 비용</td></tr>
<tr><td colspan="3">26. 청소비</td></tr>
<tr><td colspan="3">27. 경비비</td></tr>
<tr><td colspan="3">28. 소독비</td></tr>
<tr><td colspan="3">29. 승강기유지비</td></tr>
<tr><td colspan="3">30. 지능형홈네트워크설비유지비</td></tr>
<tr><td rowspan="4">수선유지비</td><td colspan="2">31. 용역금액 또는 자재 및 인건비</td></tr>
<tr><td colspan="2">32. 보수유지비 및 제반 검사비</td></tr>
<tr><td colspan="2">33. 건축물의 안전점검비용</td></tr>
<tr><td colspan="2">34. 재난 및 재해 등의 예방에 따른 비용</td></tr>
<tr><td colspan="3">35. 위탁관리수수료</td></tr>
<tr><td rowspan="10">(개별)사용료</td><td colspan="3">36. 난방비</td></tr>
<tr><td colspan="3">37. 급탕비</td></tr>
<tr><td colspan="3">38. 가스사용료</td></tr>
<tr><td colspan="3">39. 전기료</td></tr>
<tr><td colspan="3">40. 수도료</td></tr>
<tr><td colspan="3">41. 정화조오물수수료</td></tr>
<tr><td colspan="3">42. 생활폐기물수수료</td></tr>
<tr><td colspan="3">43. 입주자대표회의운영비</td></tr>
<tr><td colspan="3">44. 건물보험료</td></tr>
<tr><td colspan="3">45. 선거관리위원회운영비 기타</td></tr>
<tr><td>46. 장기수선충당금</td><td colspan="3"></td></tr>
<tr><td>47. 잡수입</td><td colspan="3"></td></tr>
</table>

1.3 관리비등 계정과목 분류의 중요성

그런데 이렇게 계정과목을 분류하는 것이 왜 중요할까?

첫째, 관리비등의 부과 · 징수, 관리, 보고의 공정성과 투명성을 확보하기 위해 반드시 필요하다. 계정과목을 올바르게 분류하는 것은 구분경리와 관계있다. 구분경리라는 용어는 세법 규정에 포함되면서 널리 사용되고 있다. 세법에 따르면 구분경리란 구분하여야 할 사업 또는 재산별로 자산 · 부채 및 손익을 법인의 장부상 각각 독립된 계정과목에 의하여 구분기장하는 것을 말한다(「법인세법 시행령」 제156조 제1항 및 같은 법 「시행규칙」 제75조 제1항). 그러니까 구분경리란 계정과목을 정확하게 구분해서 올바르게 회계처리해야 한다는 의미이다.

관리비를 세대별로 제대로 부과하려면 계정과목 분류가 정확해야 한다. 예를 들어, 비용 측면에서 장기수선충당금은 입주자가 부담하고, 수선유지비의 하나인 건축물 안전점검비는 사용자가 부담하게 되는데 이 두 개의 계정과목을 명확하게 구분하여 회계처리하지 않으면 세대별 관리비를 정확하고 공정하게 부과할 수 없다. 수익 측면도 마찬가지다. 관리수익(관리비수입)과 관리외수익(잡수입)을 하나의 계정이나 통장에 관리하면 원천별 자금관리와 손익계산이 어렵게 된다. 특히 관리외수익(잡수입)은 경우에 따라서 법인세와 부가가치세를 신고 · 납부해야 하고, 관리규약과 입주자대표회의 의결에 따른 이익처분의 대상이 되므로 구분해서 관리할 필요성이 있다. 또한 부과기준이 다른 전기료와 수도료를 하나의 계정으로 처리하면 세대별로 전기료와 수도료를 공정하게 부과할 수 없다. 이는 누구나 고개를 끄덕일 수 있는 내용이다.

둘째, 「공동주택관리법」에서는 자금을 법정용도 외의 목적으로 사용한 경우에 다음과 같은 처벌규정을 두고 있기 때문이다.

① 관리비, 사용료, 장기수선충당금을 법정용도 외의 목적으로 사용한 경우

- 시장 · 군수 · 구청장은 주택관리업자에 대한 등록말소를 할 수 있으며(선택규정), 1년 이내 영업의 전부 또는 일부를 정지해야(강제규정) 한다(「공동주택관리법」 제53조 제1항 제8호).

- 입주자대표회의 및 관리주체에 대해 1천만 원 이하의 과태료를 부과한다(「공동주택관리법」 제90조 제3항, 제102조 제2항 제9호).

② **하자보수보증금을 법정용도 외의 목적으로 사용한 경우**: 입주자대표회의 등에 대해 2천만 원 이하의 과태료를 부과한다(「공동주택관리법」 제38조 제2항, 제102조 제1항).

셋째, 공동주택의 재무제표에 대해 감사인(공인회계사)에 의한 회계감사를 받는 경우에 적정한 계정과목을 사용하지 않았거나 계정과목 오류로 인해 재무상태와 운영성과가 중요하게 왜곡표시될 경우에는 적정의견을 받을 수 없기 때문이다.

1.4 관리비등의 부과 · 징수 현황

관리비등의 회계처리를 설명하기에 앞서 전국적으로 공동주택에서 부과 · 징수하는 (공용)관리비, (개별)사용료, 장기수선충당금의 규모와 현황을 살펴보자. 한국부동산원은 2022년 5월 25일 공동주택관리정보시스템(K-apt) 관리비 공개의무단지 현황을 발표하였는데 이 자료를 인용하여 설명하기로 한다.

공동주택관리정보시스템(K-apt)은 한국부동산원이 운영하는 공동주택의 관리비, 회계감사 결과, 유지관리이력 등 공동주택관리의 핵심 정보제공, 관리비 절감을 위한 전자입찰플랫폼의 운영 · 관리시스템이다.

한국부동산원의 자료에 따르면 관리비 공개의무단지의 경우 2017년 904만 세대에서 꾸준히 증가하여 2022년 2월 기준 1,066만 세대에 이르며, 관리비 공개의무단지의 관리비(공용관리비, 개별사용료, 장기수선충당금의 합계) 규모는 2017년 17.2조 원에서 2021년 22.9조 원으로 증가하였는데 이러한 증가추세는 계속될 것으로 예상된다. 2017년부터 2021년까지 관리비 공개의무단지의 연간 관리비 추이를 보면 [표 3-4]와 같다.

▌표 3-4▐ 관리비 공개의무단지의 연간 관리비* 추이

구분	2017년	2018년	2019년	2020년	2021년
세대수	9,040,119	9,500,016	9,931,631	10,299,793	10,604,072
관리비(조 원)	17.2	18.7	20.0	21.7	22.9

* 공용관리비, 개별사용료, 장기수선충당금의 합계

2021년 전체 관리비 22조 9,245억 원을 분해해 보면, [표 3-5]와 같이 공용관리비는 10조 7,801억 원(47.0%), 개별사용료는 10조 2,075억 원(44.5%), 장기수선충당금은 1조 9,369억 원(8.5%)인 것으로 나타났다.

▌표 3-5▐ 2021년 관리비 공개의무단지의 관리비 구성 비율

구분	합계	공용관리비	개별사용료	장기수선충당금
금액(억 원)	229,245	107,801	102,075	19,369
비율(%)	100	47.0	44.5	8.5

2021년 전체 공용관리비 10조 7,801억 원을 분해해 보면, [표 3-6]과 같이 일반관리비는 4조 3,437억 원(40.3%), 청소비는 1조 9,578억 원(18.2%), 경비비는 3조 2,991억 원(30.6%), 기타비용(수선유지비, 승강기유지비 등)은 1조 1,795억 원(10.9%)인 것으로 나타났다.

▌표 3-6▐ 2021년 관리비 공개의무단지의 공용관리비 구성 비율

구분	합계	일반관리비*	청소비	경비비	기타
금액(억 원)	107,801	43,437	19,578	32,991	11,795
비율(%)	100	40.3	18.2	30.6	10.9

* 일반관리비는 인건비, 제사무비, 제세공과금, 교육훈련비, 차량유지비 등으로 구성됨

2021년 개별사용료 10조 2,075억 원을 분해해 보면 [표 3-7]과 같이 난방비는 1조 3,393억 원(13.1%), 전기료는 5조 3,403억 원(52.3%), 수도료는 2조 2,909억 원(22.5%), 급탕비는 7,639억 원(7.5%) 기타비용(건물보험료, 생활폐기물수수료

등)은 4,731억 원(4.6%)인 것으로 나타났다.

표 3-7 2021년 관리비 공개의무단지의 개별사용료 구성 비율

구분	합계	난방비*	전기료	수도료	급탕비	기타
금액(억 원)	102,075	13,393	53,403	22,909	7,639	4,731
비율(%)	100	13.1	52.3	22.5	7.5	4.6

* 난방비는 중앙난방 및 지역난방인 단지에서 난방비로 부과된 금액

제2절 | 관리비

(공용)관리비는 「공동주택관리법」 제23조와 같은 법 「시행령」 제23조 제1항에서 규정하고 있는 일반관리비, 청소비, 경비비, 소독비, 승강기유지비, 지능형홈네크워크설비유지비, 수선유지비, 위탁관리수수료를 말한다.

2.1 일반관리비

일반관리비는 관리사무소를 운영하면서 발생하는 인건비, 제사무비, 제세공과금, 피복비, 교육훈련비, 차량유지비, 그 밖의 부대비용을 말한다.

2.1.1 인건비

인건비란 급여, 제수당, 상여, 퇴직금, 산재보험료, 고용보험료, 국민연금, 국민건강보험료, 복리후생비 등을 말한다.

1. 급여

1) 정의

급여란 미화원과 경비원을 제외한 관리사무소 직원에 대해 급여지급기준에 의해 지급하는 기본급여를 말한다. 여기서 주의해야 할 사항은 경비원의 급여는 경비비에 포함되고, 미화원의 급여는 청소비에 포함된다는 사실이다.

자치관리의 경우 급여는 자치관리기구에 소속된 근로자에게 지급하는 기본급여이다. 위탁관리의 경우 급여는 주택관리업자(관리주체)에 소속된 근로자에게 지급하는 기본급여이다. 따라서 급여는 관리사무소장, 기사, 경리 등 관리사무소에서 근무하며 공동주택의 관리와 사무를 맡아서 수행하는 근로자에게 지급하는 비용이다.

2) 급여계산

급여는 월 통상임금 산정기준 근로시간에 최저임금 이상을 지급해야 한다. 자치관리의 경우에는 근로계약서에 명시된 금액대로 지급해야 할 것이다. 위탁관리의 경우에는 일반적으로 관리사무소 근로자에게 지급하는 급여는 주택관리업자 선정을 위한 입찰서의 입찰금액에 포함되어 있으므로 최저임금 인상분이 없다면 계약서 내용대로 지급하면 된다.

3) 월 통상임금 산정기준 근로시간 계산

(1) 주간근로자의 월 통상임금 산정기준 근로시간 : 209시간

〈방법 1〉

① 1일 평균근로시간×② 365일÷12개월

=① [8시간×5일(월~금)+8시간(일)]÷7일×② 365일÷12개월=208.57시간

여기서 ①과 ②를 좀 더 자세히 살펴보면 다음과 같다.

① 1일 평균 근로시간=(8시간×5일+8시간)÷7일

- 월~금은 매일 8시간 근로, 토요일은 무급, 일요일은 유급주휴 8시간
- 유급주휴시간이란 1주당 15시간 이상 근로자가 근로계약서의 내용대로 하루도 결근 없이 근무하였을 경우 1주당 1일을 휴일로 부여하면서 유급처리해 주는 시간을 말한다. 정규직의 경우는 대개 일요일 하루를 8시간 유급주휴시간으로 부여하며, 알바와 같은 비정규직의 경우 하루 5시간씩 주 5일 근무조건이라면 1주일에 총 25시간 근무하므로 결근하지 않았을 때 1주당 하루를 5시간 유급주휴시간으로 부여한다.

② 365일÷12개월

①×365일은 1년간 총근로시간이고, 여기에 12개월을 나누면 월평균 근로시간이다.

〈방법 2〉

① 1주일 근로시간×② 365일÷7÷12개월

=[8시간×5일(월~금)+8시간(일)]×365일÷7÷12개월=208.57시간

①에서 1주일 근로시간은 〈방법 1〉과 같이 48시간이며, ②에서 365일÷7÷12개월=4.3452로서 1개월 평균 4.3452주라는 의미이다.

(2) 24시간 격일 근무 근로자의 월간 총근로시간

① 월평균 근로시간=24시간÷2일×365일÷12개월=365시간

② 야간근로 가산시간=8시간(저녁 10시~새벽 6시)÷2일×50%(가산율)×365일÷12개월=60.83시간

③ 월간 총근로시간=①+②=365시간+60.83시간=426시간

(3) 주간 점심과 저녁 식사를 위해 휴게 2시간, 야간 휴게 1시간 사용한 24시간 격일 근무 근로자의 월간 총근로시간

① 월평균 근로시간=(24시간−3시간)÷2일×365일÷12개월=319.375시간

② 야간 가산시간=(8시간−1시간)÷2일×50%(가산율)×365일÷12개월

=53.229시간

③ 월간 총근로시간=①+②=373시간

2. 제수당

제수당은 급여지급기준에 의거하여 발생하는 인건비 중 기본급여 이외의 모든 개별수당을 총칭한다. 제수당에는 자격수당(주택관리사, 전기기사, 소방안전관리자, 방화관리자 등), 직책수당, 근속수당, 회계담당수당(출납수당) 이외에도 「근로기준법」 제56조에 따른 연장근로수당, 휴일근로수당, 야간근로수당과 「근로기준법」 제60조에 따른 연차수당 등을 포함한다.

「근로기준법」 제56조에 따른 연장근로수당, 휴일근로수당, 야간근로수당과 「근로기준법」 제60조에 따른 연차수당은 상시근로자 4인 이하 사업장에는 적용되지 않는다(「근로기준법」 제11조 제2항, 같은 법 「시행령」 제7조).

여기서는 「근로기준법」 제56조와 제60조에서 규정하는 이들 제수당에 대해 살펴보기로 한다.

1) 연장근로수당

연장근로란 법정근로시간을 넘는 근로시간을 말한다. 「근로기준법」 제50조에서는 법정근로시간을 1일 8시간, 1주 40시간으로 정하고 있다. 이에 따라 연장근로시간은 1일 8시간, 1주 40시간을 넘는 근로시간을 말하며, 사용자는 「근로기준법」 제56조에 따라 연장근로시간에 대하여는 통상임금의 50% 이상을 가산하여 근로자에게 지급하여야 한다.

또한 법정근로시간을 넘지 않는 한도에서 사업자와 근로자 사이에 정한 근로시간을 소정근로시간이라고 하는데(「근로기준법」 제2조 제1항 제8호), 단시간근로자는 소정근로시간을 초과한 시간이 연장근로시간이 된다. 단시간근로자란 1주 동안의 소정근로시간이 그 사업장에서 같은 종류의 업무에 종사하는 통상 근로자의 1주 동안의 소정근로시간에 비하여 짧은 근로자를 말한다(「근로기준법」 제2

조 제1항 제9호). 단시간근로자의 예로는 파트타임으로 일하는 알바가 있다.

2) 휴일근로수당

휴일근로란 우리가 흔히 알고 있는 빨간 날, 즉 공휴일에 일하는 것이 아니라 근로자의 휴일(주휴일, 근로자의 날)에 일하는 경우를 말한다. 물론 그 사업장에서 공휴일을 근로자의 휴일로 약정하여 근로계약서나 취업규칙 등에 명시하였다면 공휴일도 휴일근로가 될 수 있다.

사용자는 「근로기준법」 제56조에 따라 휴일근로에 대하여는 다음 기준에 따른 금액 이상을 가산하여 근로자에게 지급하여야 한다.

① 8시간 이내의 휴일근로 : 통상임금의 100분의 50

② 8시간을 초과한 휴일근로 : 통상임금의 100분의 100

3) 야간근로수당

야간근로는 오후 10시부터 다음 날 오전 6시 사이의 근로를 말한다. 사용자는 「근로기준법」 제56조에 따라 야간근로에 대하여는 통상임금의 100분의 50 이상을 가산하여 근로자에게 지급하여야 한다.

「근로기준법」 제56조에 따른 연장근로수당, 휴일근로수당, 야간근로수당(이를 통틀어 흔히 가산수당이라고 부름)을 요약하면 [표 3-8]과 같다.

표 3-8 「근로기준법」 제56조에 따른 연장근로수당, 휴일근로수당, 야간근로수당

「근로기준법」상 가산수당의 종류	최소 수당 지급액
연장근로수당	통상임금×연장근로시간×1.5
휴일근로수당	① 8시간 이내의 휴일근로 : 통상임금×휴일근로시간×1.5 ② 8시간을 초과한 휴일근로 : 통상임금×(휴일근로시간−8)×2
야간근로수당	통상임금×야간근로시간×1.5

* 가산수당(연장근로수당, 휴일근로수당, 야간근로수당)에 관한 규정은 상시근로자 4인 이하의 사업장에는 적용되지 않는다.

관리사무소장에 대한 연장근로수당, 휴일근로수당, 야간근로수당 등의 지급 여부

1. 고용노동부의 회신(2AA-1601-109772, 2016. 1. 15.)

(1) 근로자가 실시간 근로시간이 법정근로시간(1일 8시간 또는 1주 40시간)을 초과하여 연장근로할 경우 연장근로에 대하여 통상임금의 50%를 가산하여 지급하도록 하고 있다.

(2) 그러나 「근로기준법」 제63조 및 같은 법 「시행령」 제34조의 규정에 따라 관리·감독업무 또는 기밀업무에 종사하는 근로자에 대하여는 감시단속적 근로자처럼 근로시간, 휴일, 휴게의 적용을 배제하고 있는바, 관리·감독 또는 기밀업무에 종사하는 근로자의 경우에는 연장근로수당을 지급하지 않아도 법위반에 해당되지는 않는다.

(3) 이때 '관리·감독업무에 종사하는 근로자'라 함은 사업의 종류에 관계없이 근로조건의 결정 기타 노무관리에 관하여 경영자와 일체적인 입장에 있는 자를 말하는 것으로,

① 노무관리 방침의 결정에 참여하거나 노무관리상의 지휘감독 권한을 가지고 있는지 여부

② 자신의 근로에 대하여 자유재량권을 가지고 출·퇴근 등에 엄격한 제한을 받지 않는지 여부

③ 그 지위에 특별수당 등을 받고 있는지 여부

등을 종합하여 판단하여야 할 것이므로 관리사무소장 등 명칭 여하에 불구하고 근무실태에 따라 구체적으로 판단하여야 할 것이다.

(4) 아파트 관리사무소장이라는 직책만으로 일괄적으로 판단할 부분이 아니라 귀 아파트 관리사무소장이 위 기준에 따라 직원들의 인사고과와 근태관리 등 노무관리에 대한 권한을 가지고 있으며, 자신의 직무수행에 대하여 상당한 재량권을 가지고 근무시간을 조정할 수 있는 등 사실상 사업(장)에 대한 관리, 감독업무를 주된 업무내용으로 하고 있는지를 검토하여 관리감독자 여부를 판단하여야 할 것으로 보이며, 만약 관리감독자에 해당되는 경우에는 아래의 행정해석에 따라 비상상황 발생에 따른 것이라 하더라도 별도의 수당을 지급하지 않아도 법위반에 해당되지 않는다고 할 것이다.

다만, 위 관리감독자라고 하더라도 근로계약이나 취업규칙 등에 의해 초과근로에 대해 수당을 지급하기로 하고 있다면 초과근로에 대한 수당을 지급하여야 한다.

※ 〈관련 고용노동부 행정해석 참고(아파트 관리사무소장이 아파트 관리업무를 총괄적으로 관리·감독하는 자라면 시간외 근무수당 지급대상이 아니다. 2005-05-09 근로기준과-2528) → 이 참고적 해당 행정해석은 대법원의 판결에 따른 행정해석임〉

(5) 위와 같이 대법원 판례 및 행정해석은 관리감독자에 대하여 별도의 수당을 지급하지 않아도 법위반사항이 발생하지 않는다고 정하고 있으나, 해당 수당을 지급하지 말라는 규정이 아니므로, 아파트 관리사무소장에 대하여 관리감독자에 대한 판단이 불분명하다면 관리사무소장의 재량에 의한 연장, 야간근로 여부에 따라 사업자 자체적으로 수당지급 여부를 검토하여 결정하는 부분이 바람직하다.

(6) 답변내용은 구체적인 사실관계에 따라 법 적용에 예외가 있을 수 있고, 인터넷 질의

응답은 법적인 효력을 갖는 결정이나 판단이 아니므로 각종 권리주장의 근거 또는 증거자료 등으로 사용할 수 없으니 참고하기 바란다.

2. 법원판례

(1) 울산광역시 한 아파트에서 관리사무소장이 2017년 2월부터 5월까지 9백여만 원의 연장근로수당을 지급받았다가 업무상 횡령혐의로 기소되었다. 재판부는 "A소장이 관리사무소장이라는 직책이 있긴 했으나 근무형태의 실질이 다른 관리사무소 직원들과 동일하다는 사실을 감안하면, 오히려 A소장에게 연장근로수당을 지급하는 것이 근로기준법에 부합하는 것으로 볼 여지도 있다"고 강조했다. 그러면서 "제반사정을 모두 종합, A소장은 입주자대표회의 결의에 의하거나 적어도 입주자대표회의 회장의 의사결정에 따라 연장근로수당을 수령했다"며 "A소장이 연장근로수당을 횡령했다거나 횡령의 고의 또는 불법영득의사가 있었다는 공소사실을 인정할 증거가 없다"고 무죄를 선고하였다(2018. 12. 21. 선고 사건번호 2018고정622)

(2) 세종시 한 아파트에서 전임 대표들에 의해 지급된 2천6백만 원의 시간외수당을 지급한 관리사무소장에게 반환청구소송을 낸 입주자대표회의는 "반환의무가 없다"는 판결로 패소했다. 주택관리업자와의 계약에서 이미 시간외수당을 지급하기로 계약을 했다면 시간외수당의 반환청구는 부당한 관리감독에 해당한다고 본 것이다(2015. 7. 8. 선고 사건번호 2014가단19000).

(3) 수원시의 한 아파트 관리사무소장은 입주자대표회의가 구성되지 않은 상태에서 2015년 4월부터 8월까지 합계 284여만 원 상당의 시간외수당을 수령했다. 이에 대해 재판부는 "2015년도 예산안에 대한 대표회의 심의과정에서 관리사무소장에 대한 시간외수당 지급이 승인되지 않았고, 대표회장 또는 동대표들이 구두로 시간외수당 지급에 동의했다 하더라도 이를 대표회의 의결과 동일하다고 볼 수는 없다"며 "피고인 B씨가 시간외수당 상당을 횡령했다고 봄이 상당하다"고 판결하였다. 입주자대표회의의 의결 또는 근로계약이나 취업규칙에 의하지 않고 관리사무소장이 임의로 시간외수당을 받아 간 사건에 대해 법원은 관리사무소장에게 업무상배임횡령죄로 벌금 3백만 원을 선고하였다(아파트관리신문, 2018. 10. 19.).

3. 해결방안

(1) 입주자대표회의는 관리사무소장의 초과근로로 인한 가산수당(연장근로수당, 휴일근로수당, 야간근로수당 등) 지급 여부와 관련하여 근로계약이나 취업규칙 등에 명확하게 규정해 두어야 한다. 초과근로에 대해서 임금(100%)은 당연히 지급해야 하고, 명확하게 규정해 두어야 할 사항은 가산수당(50%) 지급 여부이다.

(2) 수당지급 대신 이러한 문제를 해결하는 방법은 두 가지 정도가 있다. 하나는 야간근로가 있을 때 다음 날 그 시간만큼 늦게 출근하거나 일찍 퇴근하는 방식으로 근로시간을 줄이거나 휴일근로가 있을 때 다가오는 월요일을 대체휴일로 정하는 방법이 있다. 다른 하나는 관리규약에 입주자대표회의와 마찬가지로 출석수당 지급규정을 만들어 놓고 이에 따라 출석수당을 지급하는 방법이다.

4) 연장근로수당, 휴일근로수당의 계산사례

① 사례 1

- 월요일부터 금요일까지 5일간 오전 8시부터 오후 7시까지 근로하고, 점심 휴게시간이 12시부터 1시까지 1시간이고, 토요일 무급휴무인 경우
- 연장근로시간=1일 2시간×주 5일×월 4.34주*=43.4시간

  * 365일÷7일÷12월=4.34주
- 최소연장근로수당=통상임금×43.4시간×1.5

② 사례 2

- 월요일부터 금요일까지 5일간 오전 8시부터 오후 7시까지 근로하고, 점심 휴게시간이 12시부터 1시까지 1시간이고, 토요일 4시간 유급근로인 경우
- 연장근로시간=(1일 2시간×주 5일+4시간)×월 4.34주=60.76시간
- 최소연장근로수당=통상임금×60.76시간×1.5

③ 사례 3

- 월요일부터 금요일까지 5일간 오전 8시부터 오후 7시까지 근로하고, 점심 휴게시간이 12시부터 1시까지 1시간이고, 토요일은 무급휴무, 일요일 오전 8시부터 오후 7시까지 근로한 경우
- 연장근로시간=1일 2시간×주 5일×월 4.34주=43.4시간
- 최소연장근로수당=통상임금×43.4시간×1.5
- 휴일근로시간=일요일 오전 8시부터 오후 7시까지 10시간
- 최소휴일근로수당=통상임금×(8시간×1.5+2시간×2)

5) 연차수당

(1) 연차유급휴가 일수와 지급금액

연차수당은 「근로기준법」 제60조(제1항, 제2항, 제4항)에 따른 연차유급휴가를 줄 경우 지급하는 수당이다. 다만, 상시근로자 4인 이하의 사업장은 연차유

급휴가에 관한 규정이 적용되지 않는다. 연차유급휴가 일수와 지급금액을 요약하면 [표 3-9]와 같다.

▌표 3-9▐ 연차유급휴가 일수와 지급금액

지급조건	연차유급휴가 일수	지급금액
1년간 80% 이상 출근 근로자	15일	취업규칙 등에서 정하는 통상임금 또는 평균임금
계속근로기간 1년 미만 또는 1년간 80% 미만 출근 근로자	1개월 개근마다 1일씩	
3년 이상 계속근로자	(15일+최초 1년을 초과하는 계속근로연수 매 2년에 대하여 1일)≤25일	

3년 이상 계속근로자의 경우에는 기본적으로 15일의 연차휴가가 부여되고, 3년 계속 근무를 완성한 후인 4년째에는 1일 추가, 5년 계속 근무를 완성한 후인 6년째에는 2일 추가하는 방식으로 연차휴가가 부여되고, 21년 계속 근무를 완성한 후인 22년째에는 10일을 추가하여 법정한도인 25일까지 연차휴가가 부여된다.

연차유급휴가는 근로자가 청구한 시기에 주어야 하는 것이 원칙이며, 근로자가 청구한 시기에 휴가를 주는 것이 사업운영에 막대한 지장이 있는 경우에는 그 시기를 변경할 수 있다.

그리고 80% 출근기준으로 연차휴가가 달라지므로 「근로기준법」에서는 다음과 같은 경우에 해당하는 기간은 출근한 것으로 본다(「근로기준법」 제60조 제6항).

① 근로자가 업무상의 부상 또는 질병으로 휴업한 기간

② 임신 중의 여성이 출산·유산·사산 휴가(「근로기준법」 제74조 제1항부터 제3항까지)로 휴업한 기간

③ 육아휴직(「남녀고용평등과 일·가정 양립 지원에 관한 법률」 제19조 제1항)으로 휴업한 기간

연차유급휴가는 1년간(계속근로기간이 1년 미만인 근로자의 유급휴가는 최

초 1년의 근로가 끝날 때까지의 기간) 행사하지 아니하면 소멸된다. 다만, 사용자의 귀책사유로 사용하지 못한 경우에는 그렇지 않다(「근로기준법」 제60조 제7항). 사용자는 근로자대표와의 서면합의에 따라 연차유급휴가일을 갈음하여 특정한 근로일에 근로자를 휴무시킬 수 있다(「근로기준법」 제62조).

(2) 연차유급휴가의 사용촉진

「근로기준법」 제61조에서는 연차유급휴가의 본래 취지를 살리기 위해 사용자가 근로자의 연차유급휴가 사용을 촉진하기 위한 일정한 조치를 취하도록 하고 근로자가 이에 응하지 않고 연차휴가를 사용하지 않은 경우에는 연차휴가수당을 보상할 의무가 없다고 규정하고 있다.

① 계속근로기간이 1년 이상인 근로자의 경우

사용자가 유급휴가의 사용을 촉진하기 위하여 다음 ⓐ와 ⓑ의 조치를 하였음에도 불구하고 근로자가 휴가를 사용하지 아니하여 법정 연차유급휴가가 소멸된 경우에는 사용자는 그 사용하지 아니한 휴가에 대하여 보상할 의무가 없으며, 소멸사유가 사용자의 귀책사유에 해당하지 아니하는 것으로 본다(「근로기준법」 제61조 제1항).

ⓐ 연차휴가를 사용할 수 있는 기간(1년)이 끝나기 6개월 전을 기준으로 10일 이내에 사용자가 근로자별로 사용하지 아니한 휴가일수를 알려주고, 근로자가 그 사용시기를 정하여 사용자에게 통보하도록 서면으로 촉구할 것

ⓑ ⓐ에 따른 촉구에도 불구하고 근로자가 촉구를 받은 때부터 10일 이내에 사용하지 아니한 휴가의 전부 또는 일부의 사용시기를 정하여 사용자에게 통보하지 아니하면 연차휴가를 사용할 수 있는 기간(1년)이 끝나기 2개월 전까지 사용자가 사용하지 아니한 휴가의 사용시기를 정하여 근로자에게 서면으로 통보할 것

② 계속근로기간이 1년 미만인 근로자의 경우

사용자가 계속하여 근로한 기간이 1년 미만인 근로자의 연차유급휴가의 사용을 촉진하기 위하여 다음 ⓐ와 ⓑ의 조치를 하였음에도 불구하고 근로자가 휴가를 사용하지 아니하여 법정 연차휴가가 소멸된 경우에는 사용자는 그 사용하지 아니한 휴가에 대하여 보상할 의무가 없고, 소멸사유가 사용자의 귀책사유에 해당하지 아니하는 것으로 본다(「근로기준법」 제61조 제2항).

ⓐ 최초 1년의 근로기간이 끝나기 3개월 전을 기준으로 10일 이내에 사용자가 근로자별로 사용하지 아니한 휴가일수를 알려주고, 근로자가 그 사용시기를 정하여 사용자에게 통보하도록 서면으로 촉구할 것
다만, 사용자가 서면촉구한 후 발생한 휴가에 대해서는 최초 1년의 근로기간이 끝나기 1개월 전을 기준으로 5일 이내에 촉구하여야 한다.

ⓑ ⓐ에 따른 촉구에도 불구하고 근로자가 촉구를 받은 때부터 10일 이내에 사용하지 아니한 휴가의 전부 또는 일부의 사용시기를 정하여 사용자에게 통보하지 아니하면 최초 1년의 근로기간이 끝나기 1개월 전까지 사용자가 사용하지 아니한 휴가의 사용시기를 정하여 근로자에게 서면으로 통보할 것
다만, ⓐ의 단서에 따라 촉구한 휴가에 대해서는 최초 1년의 근로기간이 끝나기 10일 전까지 서면으로 통보하여야 한다.

연차유급휴가의 사용촉진에 관한 내용을 간단하게 요약하면 [그림 3-2]와 같다.

[그림 3-2] 연차유급휴가의 사용촉진

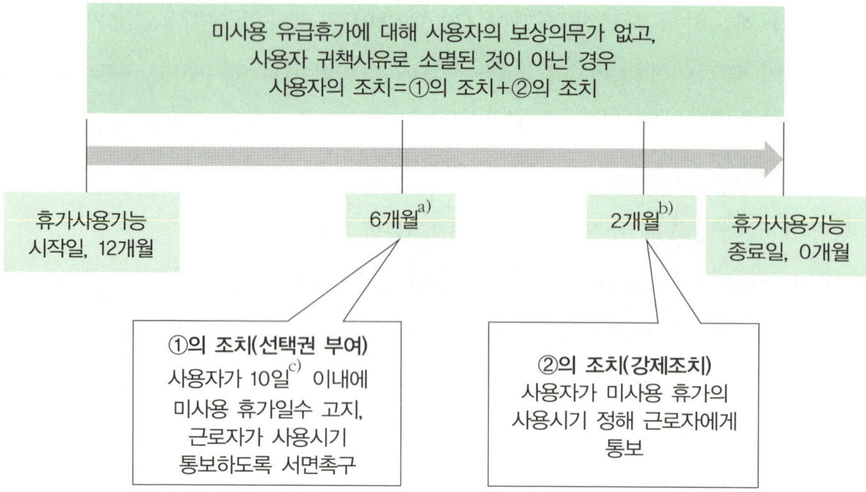

* a), b), c)의 주어진 숫자는 계속근로기간이 1년 이상인 근로자의 연차유급휴가 사용촉진에 해당하고 계속근로기간이 1년 미만인 근로자의 경우에는 a) 3개월, b) 1개월, c) 10일이며, 계속근로기간이 1년 미만인 근로자에게 대한 서면촉구 후 추가발생분의 경우에는 a) 1개월, b) 10일, c) 5일이 된다.

(3) 연차수당의 회계처리

연차수당은 충당부채계정을 설정하여 회계처리하는 것이 바람직하다. 충당부채는 실무에서 충당금으로 불리는 것이다. 충당부채는 지출의 시기 또는 금액이 불확실한 부채로서 지출의 시기 또는 금액이 확정되어 있는 차입금과 같은 확정부채와 차이가 있다.

충당부채로 처리되기 위해서는 ① 과거사건의 결과로 현재의무가 존재해야 하고, ② 당해 의무를 이행하기 위해 경제적효익을 갖는 자원의 유출가능성이 높아야 하고, ③ 당해 의무의 이행에 소요되는 금액을 신뢰성 있게 추정할 수 있어야 한다. 따라서 연차수당에 대해 연차수당충당부채계정을 사용할 수 있는 근거는 ① 근로자가 「근로기준법」 제60조에 따라 일정 기간 계속 근무하고 있기 때문에 연차수당을 지급해야 할 현재의무가 존재하고, ② 연차수당 지급의무를 이행하기 위해 적립된 자금을 근로자에게 의무적으로 지급하여야 하므로 경제적효익을 갖는 자원의 유출가능성이 높고, ③ 연차수당 지급의무의 이행에 소요되는 금액은 「근로기준법」 제60조에 따라 신뢰성 있게 추정할 수 있기 때문이다.

따라서 연차수당은 지급할 때 전액 비용처리하는 것이 아니라 근무하고 있는 현재를 기준으로 1년분 연차수당을 충당부채로 월할 안분하여 설정하면서 비용처리하고 같은 금액을 예치금으로 적립하여야 한다. 이렇게 처리하는 이유는 연차수당이 근로자가 노동력을 제공한 것에 대한 대가로 지급하는 것이기 때문이다. 이번 달에 근로자가 노동력을 제공함으로써 그 대가에 상당하는 비용이 발생한 것이고, 사용자는 근로자의 노동력 제공 덕분에 수익이 발생한 것이다. 이렇게 하면 노력(비용)과 성과(수익)의 발생을 대응시킬 수 있다. 이것이 발생주의 회계이다. 물론 노동력 대가의 지급은 일정 조건이 충족되었을 때 가능하므로 그때까지 부채로 처리해 둔다.

연차수당에 관한 회계처리를 제시하면 다음과 같다.

[연차수당의 회계처리]

최초 1년 계속근무자에게 지급할 연차수당이 120,000원이라고 할 경우 근무를 시작한 시점부터 연차수당을 지급하는 시점까지 다음과 같이 분개한다.

① 최초 근무일로부터 1개월 경과한 날

(차) 연차수당	10,000*	(대) 연차수당충당부채	10,000

* ₩120,000 ÷ 12 = ₩10,000

② 관리비 부과일

(차) 미수관리비	10,000	(대) 관리수익	10,000

③ 관리비가 관리계좌에 입금된 날

(차) 예금_관리계좌	10,000	(대) 미수관리비	10,000
(차) 예금_연차수당계좌	10,000	(대) 예금_관리계좌	10,000

④ 연차수당 지급일(연차수당충당부채와 연차수당계좌가 각각 120,000원일 경우)

(차) 연차수당충당부채	120,000	(대) 예금_연차수당계좌	120,000

만약 연차수당을 지급하는 날 지급해야 할 연차수당이 140,000원이라면 연차수당충당부채와 연차수당계좌가 각각 20,000원 부족하므로 다음과 같이 분개한다.

(차) 연차수당충당부채	120,000	(대) 예금_연차수당계좌	120,000
연차수당	20,000	예금_관리계좌	20,000

그리고 연차수당 20,000원은 관리비를 부과할 때 미수관리비(관리수익)에 포함하여 처리한다.

3. 상여금

상여금은 정기적으로 지급하는 상여금과 특별성과에 지급하는 특별상여금 등을 말한다. 정기적으로 상여금을 지급하는 경우에는 지급하는 달에 관리비가 많이 부과되고 지급하지 않는 달에 관리비가 적게 부과되는 문제가 있다. 따라서 근로자가 노동력을 제공하는 시점에 미리 충당부채를 설정하여 적립한 다음 지급시점에 충당부채를 정산하는 방식으로 회계처리하여야 월별로 관리비 부과액의 형평성을 기할 수 있다. 예를 들어, 분기별(3개월)로 상여금을 3,000,000원 지급하는 경우에는 3개월간 매월 1,000,000원을 비용처리하고 같은 금액을 상여금충당부채로 설정한 다음 지급하는 달에 상여금충당부채를 차감하는 방식으로 회계처리한다. 물론 상여금을 비용처리할 때 같은 금액을 별도의 계좌에 관리하는 것이 바람직하다. 3월에 1분기 상여금 3,000,000원을 지급하는 경우에 1월, 2월, 3월 3개월간의 분개를 제시하면 다음과 같다.

[상여의 회계처리]

1월	(차) 상여금	1,000,000	(대) 상여금충당부채	1,000,000
	(차) 상여금충당예치금	1,000,000	(대) 예금_관리계좌	1,000,000
2월	(차) 상여금	1,000,000	(대) 상여금충당부채	1,000,000
	(차) 상여금충당예치금	1,000,000	(대) 예금_관리계좌	1,000,000
3월	(차) 상여금	1,000,000	(대) 상여금충당예치금	3,000,000
	상여금충당부채	2,000,000		

4. 4대 사회보험

사회보험제도는 국민에게 발생한 사회적 위험을 보험방식으로 대처함으로써 국민의 건강과 소득을 보장하는 제도이다(「사회보장기본법」 제3조). 여기서 사회적 위험이란 질병, 장애, 노령, 실업, 사망 등을 의미한다. 우리나라의 4대 사회보험제도는 폐질 · 사망 · 노령 등에 대한 연금보험(이하 '국민연금'이라 함), 질병과 부상에 대한 건강보험 또는 질병보험(이하 '국민건강보험'이라 함), 실업에 대한 고용보험(이하 '고용보험'이라 함), 업무상 재해에 대한 산업재해보상보험(이하 '산재보험'이라 함)을 말한다. 이에 관해 차례대로 살펴본다.

1) 국민연금

국민연금은 정부가 직접 운영하는 공적 연금제도로서 가입이 법적으로 의무화되어 있으며, 국민 개개인이 소득활동을 할 때 납부한 보험료를 기반으로 하여 나이가 들거나, 갑작스런 사고나 질병으로 사망 또는 장애를 입어 소득활동이 중단된 경우에 본인이나 유족에게 연금을 지급함으로써 기본생활을 유지할 수 있도록 하는 연금제도를 말한다.

국민연금의 보험료는 가입자의 기준소득월액에 보험료율 9%를 곱하여 산정한다. 주택관리업자나 관리사무소에 고용된 사업장가입자의 경우는 근로자와 사업주가 각각 절반(4.5%)씩 매월 부담한다. 기준소득월액이란 국민연금의 보험료 및 급여 산정을 위하여 가입자가 신고한 소득월액에서 천 원 미만을 절사한 금액을 말하여, 최저 35만 원에서 최고 553만 원까지의 범위로 결정한다. 따라서 신고한 소득월액이 35만 원보다 적으면 35만 원을 기준소득월액으로 하고, 553만 원보다 많으면 553만 원을 기준소득월액으로 한다(2022. 7. 1. 기준).

2) 국민건강보험

국민건강보험은 일반국민이 질병이나 부상으로 인해 발생한 고액의 진료비로 가계에 과도한 부담이 되는 것을 방지하기 위하여, 국민들이 평소에 보험료를 내고 보험자인 국민건강보험공단이 이를 관리·운영하다가 필요시 보험급여를 제공함으로써 국민 상호 간 위험을 분담하고 필요한 의료서비스를 받을 수 있도록 하는 사회보험이다.

국민건강보험의 보험료는 건강보험과 장기요양보험으로 구성되어 있다. 건강보험의 보험료는 가입자의 보수월액에 보험료율 6.99%를 곱하여 산정한다. 주택관리업자나 관리사무소에 고용된 사업장가입자의 경우는 근로자와 사업주가 각각 절반(3.495%)씩 매월 부담한다. 장기요양보험의 보험료는 가입자의 건강보험료에 보험료율 12.27%를 곱하여 산정한다. 주택관리업자나 관리사무소에 고용된 사업장가입자의 경우는 근로자와 사업주가 각각 절반(6.135%)씩 매월 부담한다(2022년 기준).

3) 고용보험

고용보험은 근로자가 실직한 경우에 생활안정을 지원하기 위하여 일정 기간 급여를 지급하는 실업급여사업과 함께 구직자에 대한 직업능력개발·향상 및 적극적인 취업알선을 통한 재취업의 촉진과 실업예방을 위하여 고용안정사업 및 직업능력개발사업 등의 실시를 목적으로 하는 사회보험이다.

고용보험의 보험료는 실업급여 부분과 고용안정 및 직업능력개발 부분으로 구성되어 있다. 실업급여 부분은 근로자와 사업주가 보수총액의 0.9%를 각각 부담한다(2022. 7. 1. 기준). 고용안정 및 직업능력개발 부분은 사업주가 전액 부담하는데 신고소득월액에 적용되는 보험료율은 사업장의 근로자 수에 따라 0.25%에서 0.85%까지 구간별로 차등화되어 있다.

4) 산재보험

산재보험은 산업재해 근로자와 그 가족의 생활을 보장하기 위하여 국가가 사업주로부터 소정의 보험료를 징수하여 그 기금으로 사업주를 대신하여 산재근로자에게 보상을 해주는 사회보험이다.

산재보험료는 사업주가 전액 부담하며, 보수총액에 재해 발생의 위험성에 따라 분류된 업종별 보험료율을 적용하여 산정한다.

지금까지 설명한 4대 사회보험의 보험료율과 부담주체를 요약하면 [표 3-10]과 같다.

표 3-10 **4대 사회보험의 보험료율과 부담주체**(2022. 7. 1. 기준)

종류		기준금액	전체 요율	근로자부담분	사업주부담분
국민연금		기준소득월액	9%	4.5%	4.5%
국민건강보험	건강보험	보수월액	6.99%	3.495%	3.495%
	장기요양보험	건강보험료	12.27%	6.135%	6.135%
고용보험	실업급여	보수총액	1.8%	0.9%	0.9%
	고용안정 직업능력개발		–	없음	고용인원수에 따라 0.25%~0.85%
산재보험		보수총액	–	없음	업종별 구분

각 보험료의 기준금액으로서 국민연금은 기준소득월액, 건강보험은 보수월액, 고용보험과 산재보험은 보수총액이라는 개념을 사용하고 있는데 표현만 약간씩 다를 뿐 사실상 모두 동일한 개념으로서 「소득세법」상 근로소득에서 비과세소득을 제외한 금액을 말한다.

5) 4대 사회보험의 계산

4대 사회보험료를 매월 얼마나 납부해야 하는지는 '4대 사회보험 정보연계센터(https://www.4insure.or.kr/ins4/ptl/Main.do)' 웹사이트에서 '4대 사회보험료 계산기'를 이용하면 쉽게 알 수 있다. 국민연금, 건강보험, 고용보험은 월급여와 필요한 정보를 입력하고 조건을 선택하면 바로 알 수 있고, 산재보험은 근로복지공단에 연결(4대 사회보험 정보연계센터 → 산재보험 → 근로복지공단)하여 확인할 수 있다.

[그림 3-3]은 4대 사회보험 정보연계센터와 근로복지공단 웹사이트에서 국민연금, 건강보험, 고용보험, 산재보험을 계산하는 화면을 캡처한 것이다.

[그림 3-3] 국민연금, 건강보험, 고용보험, 산재보험의 계산

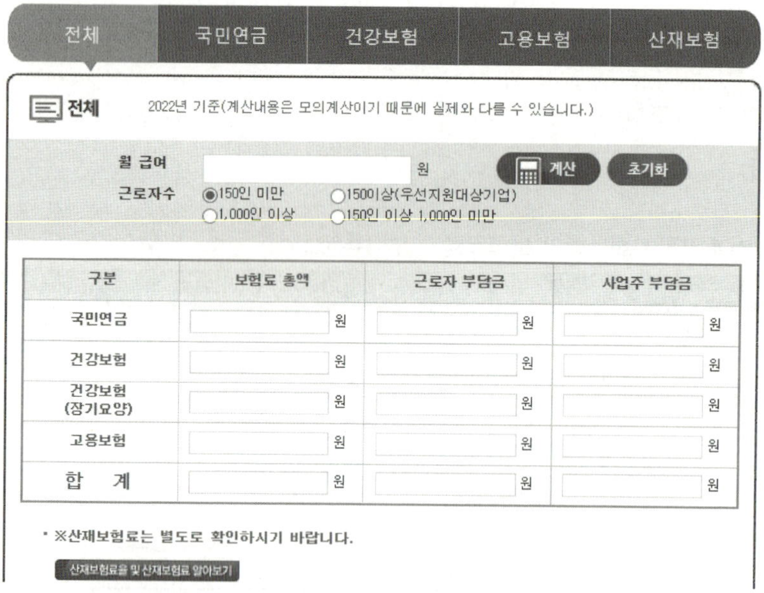

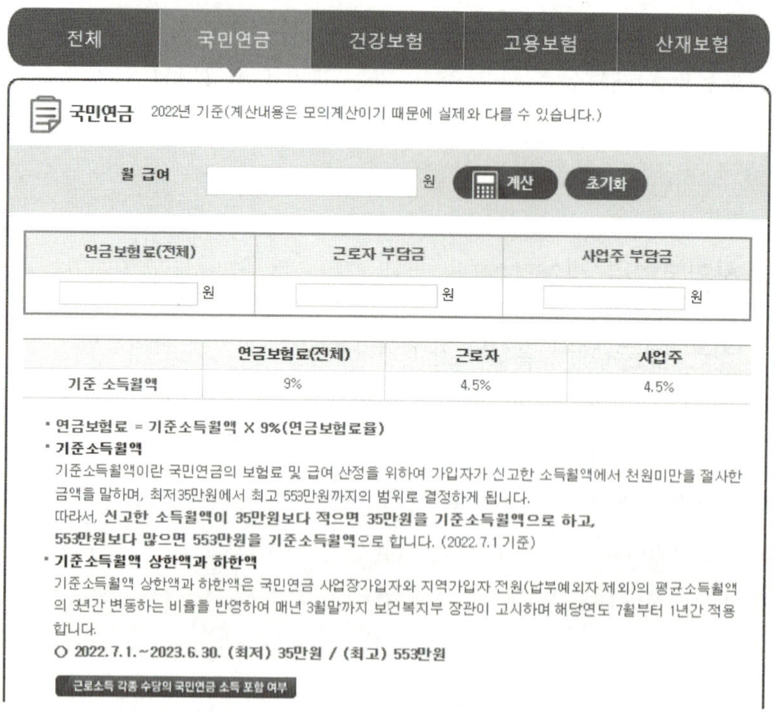

전체	국민연금	건강보험	고용보험	산재보험

건강보험 (2022년 기준)

월 급여 [ ] 원 계산 초기화

• 아래 계산내용은 직장가입자의 보수월액에 따른 모의계산결과로서 실제와 다를 수 있으며 보수(월급) 외 소득(연 3,400만원 초과)이 있으면 실제 보험료와는 차이가 있을 수 있습니다.

구분	총액	근로자 부담액	사업주 부담액
건강보험료	원	원	원
장기요양보험료	원	원	원

구분	기준액	보험료율	근로자	사업주
건강보험료	보수월액	6.99%	3.495%	3.495%
장기요양보험료	건강보험료	12.27%	가입자 부담 50%	사업주 부담 50%

• 예) 보수월액이 2,000,000원일 때, 계산방법(2022년 기준)

✓직장가입자 **본인 부담금**(건강보험료 + 장기요양보험료) 78,470원

· 건강보험료 : 2,000,000(보수월액) x 3.495% = 69,900원

· 장기요양보험료 : 69,900원(건강보험료) x 12.27% = 8,570원(원단위 절사)

⇨ 사업장에서 납부할 보험료 = 본인 부담금(50%) + 사업장 부담금(50%)

= 78,470원 + 78,470원 = 156,940원

건강보험료 산정기준 알아보기 | 건강보험료 (지역,직장,임의계속) 계산하기(상세) | 최근 5년간 건강보험료율

전체	국민연금	건강보험	고용보험	산재보험

고용보험 2022년 기준(계산내용은 모의계산이기 때문에 실제와 다를 수 있습니다.)

월 급여 [ ] 원 계산 초기화

근로자수 ◉150인 미만 ○150이상(우선지원대상기업) ○1,000인 이상 ○150인 이상 1,000인 미만

총액	근로자 부담액 (실업급여 부담금)	사업주 부담액 (실업급여+고용안정직능개발 부담금)
원	원	원

구분		근로자	사업자
실업급여 (2022. 7. 1 기준)		0.9%	0.9%
고용안정, 직업능력 개발사업	150인 미만기업	-	0.25%
	150이상(우선지원대상기업)	-	0.45%
	150인 이상 1,000인 미만 기업	-	0.65%
	1,000인 이상기업, 국가 지방자치단체	-	0.85%

• 우선지원대상기업이란?
제조업 500명 이하/ 건설업,운수 및 창고업 300명 이하/ 도·소매업, 숙박 및 음식점 등 200명 이하/ 그 밖의 업종 100명 이하

• 고용보험 실업급여요율이 1.6%에서 1.8%로 0.2% 인상되었습니다.(2022. 7. 1. 부터)
(단, 예술인·노무제공자의 경우 1.4%에서 1.6%로 0.2% 인상)

월급여(임금) 총액이란?

전체	국민연금	건강보험	고용보험	산재보험

1. 산재보험료

= 보수총액(월 평균보수) X 보험료율 ÷ 1000

* 산재보험료율

'사업종류별 산재보험료율 및 사업종류 예시'를 기준으로 적용하고 있으며 이는 매년 6월 30일 현재, 과거 3년간의 보수총액에 대한 보험급여 총액의 비율을 기초로 재해 발생의 위험성에 따라 분류된 사업종류별 보험료율을 세분화하여 동년 12월 31일 경에 고시하여 다음 년도에 적용하고 있습니다.

2. 산재보험료율 결정은 근로복지공단에서 사업장성립신고서가 접수된 후 관할지사 담당자가 사업장실태확인 후 적용하며 처리기한은 5일 정도 소요됩니다.

3. 산재보험료율 적용의 기본원칙

- 하나의 적용사업장에 대하여는 하나의 보험료율을 적용한다.
- 하나의 사업장 안에서 보험료율이 다른 2종이상의 사업이 행해지는 경우에는 다음 순서에 따라 주된 사업을 결정하여 적용한다.

① 근로자수가 많은 사업

② 근로자수가 같거나 그 수를 파악할 수 없는 경우에는 보수총액이 많은 사업

③ 상기 방법에 의하여 주된 사업을 결정할 수 없는 경우에는 매출액이 많은 제품을 제조하거나 서비스를 제공하는 사업

4. 산재보험료율 문의: 근로복지공단 1588-0075

산재보험료율 및 산재보험료 알아보기

산재보험료 알아보기

부과고지 사업장 | 자진신고 사업장

알아두세요!

저희 공단에서는 고객 여러분의 업무편의를 위하여 보험료계산 서비스를 제공하오니 아래사항을 참고하시기 바라며
추가 문의사항이 있으시거나 더 자세한 사항에 대해서는 해당지사로 연락하여 주시기 바랍니다.

- **보험료 식: 보수총액(월평균보수) × 보험료율 ÷ 1,000**
- **산재보험료율은 천분위로 표시됩니다.**

※ 산재보험 가입사업장은 "우리회사 보험관리번호조회하기"에서 업종을 확인할 수 있습니다.
※ 개별실적요율(예방요율) 혹은 임금채권부담금경감 사업장인 경우 산재보험요율이 달라질 수 있습니다.

구분			요율
산재요율	업종 요율	[ ] 보험료율 찾기	[ ]
	출퇴근재해요율	전업종 동일요율 적용	1.0
임금채권부담금비율 내용확인		◉해당 / ○비해당	0.6
석면피해구제분담금 내용확인		◉해당 / ○비해당	0.03
산재보험료율			1.63

보수총액(월평균보수)1	보험료율	산재보험료1
[ ]원	1.63	[ ]원
보험료 총액		[ ]원

행추가 | 행삭제 | 보험료 계산하기 | 초기화

지금까지 설명한 급여, 제수당, 4대 사회보험에 관한 회계처리를 제시하면 다음과 같다.

[급여, 제수당, 4대 사회보험의 회계처리]

① 급여 지급일

(차)		(대)	
급여	×××	예금_관리계좌	×××
제수당	×××	소득세예수금	×××
국민연금예수금	×××		
고용보험예수금	×××		
국민건강보험예수금	×××		
(차) 국민연금*	×××	(대) 미지급보험료	×××
고용보험료*	×××		
국민건강보험료*	×××		
산재보험료*	×××		

* 사업주(입주자등)부담분, 납부일이 아니라 발생한 날에 분개함.

② 세금 및 보험료 납부일

(차)		(대)	
소득세예수금	×××	예금_관리계좌	×××
국민연금예수금	×××		
고용보험예수금	×××		
국민건강보험예수금	×××		
미지급보험료	×××		

이 분개에서 보듯이 4대 사회보험료 중 근로자부담분은 이미 관리비로 처리된 급여에서 공제되는 것이므로 급여 지급 시 예수금으로 처리했다가 다음달 법정 마감일(매월 10일) 전에 납부하고, 사업주(입주자등)부담분은 납부하는 달이 아니라 근로가 발생한 달, 즉 급여를 지급하는 달의 관리비에 포함시키고 미지급보험료로 처리했다가 다음달 법정 마감일 전에 근로자부담분과 함께 납부한다는 사실에 주의하여야 한다. 4대 사회보험 납부에 대해 자동이체를 신청하면, 귀속월에 대한 보험료는 다음달 10일에 처리된다.

5. 퇴직금

퇴직금이란「근로기준법」제34조와「근로자퇴직급여보장법」제8조에 의거하여 근로자 퇴직 시 지급될 퇴직급여충당부채상당액을 인식하여 이를 월할 안분하여 충당부채로 설정하는 경우에 발생하는 비용을 말한다. 만약 퇴직연금을 납부한다면 납부하는 퇴직연금이 퇴직금에 포함된다.

「근로자퇴직급여보장법」에 따르면 사용자는 계속근로기간 1년에 대하여 30일분 이상의 평균임금을 퇴직금으로 퇴직근로자에게 지급하는 제도를 설정하여야 하며(제8조), 근로자가 퇴직한 경우에는 특별한 사정이 있는 경우를 제외하고 그 지급사유가 발생한 날부터 14일 이내에 퇴직금을 지급하여야 한다(제9조).

퇴직금을 지급하는 사용자는 주택관리업자이고 퇴직금이 주로 입찰금액(도급금액)에 포함되어 있지만 아파트 관리사무소에서 퇴직금을 적립하고 회계처리하는 것이 일반적이다.

퇴직금의 회계처리방법은 연차수당과 동일하다. 퇴직금에 대해서는 퇴직금을 지급할 때 전액 비용처리하는 것이 아니라 근로를 제공하고 있는 현재를 기준으로 1년분 퇴직금을 충당부채로 월할 안분하여 설정하고, 가능한 한 같은 금액을 예치금으로 별도 적립할 필요가 있다.

[퇴직금의 회계처리]

최초 1년 계속근로자 1인에게 지급할 퇴직금이 1,200,000원일 경우(①~③)

① 최초 근무일로부터 1개월 경과한 날

(차) 퇴직금	100,000*	(대) 퇴직급여충당부채	100,000

* ₩1,200,000÷12=₩100,000

② 관리비 부과일

(차) 미수관리비	100,000	(대) 관리수익	100,000

③ 관리비가 관리계좌로 입금된 날

(차) 예금_관리계좌	100,000	(대) 미수관리비	100,000
(차) 퇴직급여충당예치금	100,000	(대) 예금_관리계좌	100,000

④ 연말 결산일

연말에 전체 직원의 퇴직금 총액을 추계하여 퇴직급여충당부채 잔액과 비교하여 부족하면 추가로 설정하고, 초과하면 환입하여 감소시킨다.

ⓐ 전체 직원의 퇴직금추계액이 5,000,000원인데 퇴직급여충당부채 잔액이 4,800,000원인 경우

(차) 퇴직금	200,000	(대) 퇴직급여충당부채	200,000

ⓑ 전체 직원의 퇴직금추계액이 5,000,000원인데 퇴직급여충당부채 잔액이 5,200,000원인 경우

(차) 퇴직급여충당부채	200,000	(대) 퇴직금	200,000

⑤ 퇴직금 지급일

ⓐ 퇴직금이 2,000,000원이고 퇴직급여충당부채가 이 금액을 초과할 경우, 단 퇴직소득세가 50,000원이라고 가정

(차) 퇴직급여충당부채	2,000,000	(대) 퇴직급여충당예치금	1,950,000
		소득세예수금	50,000

ⓑ 퇴직금이 2,000,000원이고 퇴급여충당부채가 1,800,000원일 경우, 단 퇴직소득세가 50,000원이라고 가정

(차) 퇴직급여충당부채	1,800,000	(대) 퇴직급여충당예치금	1,950,000
퇴직금	200,000*	소득세예수금	50,000

* 퇴직금 200,000원은 관리비를 부과할 때 미수관리비(관리수익)에 포함하여 부과처리

✪ 회계기준 개선방안

충당금인가? 충당부채인가?

현재 공동주택회계처리기준에서 제시한 [별지 제1호 서식] 재무상태표를 보면 어떤 계정과목은 충당부채로 표시하는 반면 어떤 계정과목은 충당금으로 표시하고 있다. 예를 들어, 퇴직급여충당부채, 하자보수충당부채. 장기수선충당금 등으로 일관성 없이 사용하고 있다. 장기수선충당금의 경우 「공동주택관리법」에 따라 충당금으로 표시하고 있는 것으로 보이지만 계정과목의 성격상 한국채택국제회계기준을 준용하여 장기수선충당부채로 표시하도록 통일할 필요가 있다.

6. 복리후생비

복리후생비란 관리사무소 직원의 근로환경 개선과 근무의욕의 향상 등을 위

해 지출하는 비용 등을 말한다. 복리후생비에는 식대, 회식비, 경조사비, 체력단련비, 명절떡값, 하계 휴가비 등을 포함한다. 이외에도 관리규약에서 지급하도록 규정하고 있는 것으로 상해보험료, 안전보건대행료, 유류지원비, 의료비, 자차운전보조금, 교통보조비, 근로복지비, 명절선물비, 비상약품 및 진료비, 위로금, 품위유지비 등도 복리후생비에 해당한다.

그런데 이러한 복리후생비를 관리외수익(잡수입)에서 지출하도록 공동주택관리규약으로 정할 수 있는지 여부에 대해 법제처에서는 가능하다고 해석하고 있다. 다음은 법제처의 법령해석 사례이다.

✪ 관리사무소 직원에 대한 복리후생비를 잡수입에서 지출하도록 공동주택관리규약으로 정할 수 있는지 여부(「공동주택관리법」 제18조 제2항 관련)

국토교통부 질의 : 국토교통부 주택건설공급과-2811(2019. 4. 11.)

법제처 회신 : 안건번호 법제처-19-0213, 회신일자 2019. 09. 06.

1. 질의요지

「공동주택관리법」 제23조 제2항, 같은 법 「시행령」 제23조 제1항 제1호 및 [별표 2] 제1호 가목에 따른 인건비에 포함되는 관리사무소 직원에 대한 복리후생비를 잡수입(각주 : 재활용품의 매각 수입, 복리시설의 이용료 등 공동주택을 관리하면서 부수적으로 발생하는 수입을 말하며(「공동주택관리법 시행령」 제23조 제8항 후단 참조))에서 지출할 수 있도록 「공동주택관리법」 제18조 제2항에 따른 관리규약에서 규정할 수 있는가?

※ 질의배경

민원인은 아파트 관리사무소 직원의 복리후생비(명절떡값이나 하계휴가비)를 잡수입에서 지출할 수 있도록 관리규약으로 정하는 것이 부당하다는 입장으로 국토교통부를 통해 법제처에 법령해석을 요청함.

2. 회답

이 사안의 경우 관리사무소 직원에 대한 복리후생비를 잡수입에서 지출할 수 있도록 관리규약에서 규정할 수 있습니다.

3. 이유

「공동주택관리법」 제23조에서는 의무관리대상 공동주택(각주 : 해당 공동주택을 전문적으로 관리하는 자를 두고 자치 의결기구를 의무적으로 구성하여야 하는 등 일정한 의무가 부과되는 공동주택을 말함(「공동주택관리법」 제2조 제1항 제2호 참조))의 입주자등(각주 : 입주자와 사용자를 말하며(「공동주택관리법」 제2조 제1항 제7호 참조), 이하 같음)은 그 공동주택의 유지관리를 위하여 필요한 관리비를 관리주체에게 납부해야 한다고 규정하면서(제1항) 관리비의 내용 등에 필요한 사항은 대통령령으로 정하도록 규정하고 있고(제2항), 같은 법 「시행령」 제23조 제1항 제1호 및 [별표 2] 제1호 가목에서는 복리후생비를 포함한 인건비를 관리비의 항목 중 하나인 일반관리비의 세부항목으로 규정하고 있습니다.

그런데 「공동주택관리법」 제23조에서는 입주자등의 관리비 납부의무와 관리비에 포함될 내용 등을 규정하고 있을 뿐, 같은 법 「시행령」 제23조 제1항 각 호 및 [별표 2]에서 규정하고 있는 관리비의 세부항목을 반드시 입주자등이 납부한 관리비로만 지출해야 한다는 별도의 의무규정을 두고 있지 않습니다.

그리고 「공동주택관리법」 제18조에서는 특별시장・광역시장・특별자치시장・도지사 또는 특별자치도지사는 공동주택의 관리 또는 사용에 관하여 준거가 되는 관리규약의 준칙을 정하고(제1항), 입주자등은 이를 참조하여 해당 공동주택의 관리규약을 정하도록 규정하고 있는바(제2항), 같은 법 「시행령」 제19조 제1항에서는 "관리 등으로 인하여 발생한 수입의 용도 및 사용절차(제18호)" 등을 관리규약의 준칙에 포함되어야 하는 사항으로 규정하고 있는데, "관리 등으로 인하여 발생한 수입"에 잡수입이 포함되며, 달리 공동주택관리 법령상 잡수입의 용도를 제한하고 있는 규정이 없다는 점을 고려하면 입주자등은 관리규약의 준칙을 참조하여 잡수입의 "용도"를 자율적으로 관리규약에서 규정할 수 있다고 보아야 합니다(각주 : 법제처 2011. 10. 27. 회신 11-0289 해석례 참조).

그렇다면 관리외수익(잡수입)에서 지출한 복리후생비를 법인세법상의 손비(비용)로 인정할 수 있느냐 하는 문제가 있다. 이에 관해서는 제4장 4.4 고유목적사업준비금에서 상세히 설명하겠지만 국세청의 해석에 따르면 손비로 인정받을 수 있다고 본다.

2.1.2 제사무비

제사무비란 관리사무소에서 직접 사용하는 행정 또는 사무용품 구입비용 등을 말하며, 일반사무용품비, 도서인쇄비, 교통통신비(여비교통비), 소모품비 등이 있다.

1) 일반사무용품비

일반사무용품비는 관리사무소에서 사용하는 행정 또는 사무용품비를 말한다. 한국부동산원(이전 한국감정원)에서 발간한 '표준분류'에 따르면 일반사무용품비는 비품 등 구입비와 사무용품소모품비가 있다.

(1) 비품 등 구입비

비품 등은 관리사무소에서 사용하는 비교적 내용연수가 길고, 중요성의 원칙에 비추어서 금액이 큰 물품이다. 예를 들어, 컴퓨터, 복사기, 프린터, 사무가구류(책상, 테이블, 캐비닛 등) 등이 있다. 이러한 물품은 취득시점에 유형자산으로 인식한 후 입주자대표회의가 결정한 내용연수에 걸쳐 정액법으로 월별로 감가상각하여 비용처리한다(공동주택회계처리기준 제36조). 이때 사용하는 계정과목은 비품감가상각비이다. 다만, 운영성과표에는 '비품감가상각비'라는 독립된 계정과목으로 표시하거나 '유형자산감가상각비'에 포함하여 표시하는 것도 가능하다. 유형자산에 관해서는 제8절에서 다시 설명한다.

비품의 회계처리를 제시하면 다음과 같다.

[비품의 회계처리]

데스크탑 PC(모니터 제외) 1대를 720,000원에 취득하였는데 내용연수는 3년, 잔존가치는 0이다. 정액법으로 감가상각할 경우 취득시점과 월말 감가상각시점에 필요한 분개는 다음과 같다.

① 취득시점 (차) 비품_컴퓨터 720,000 (대) 예금_관리계좌 720,000

② 월말 감가상각시점 (차) 비품감가상각비 20,000* (대) 비품감가상각누계액 20,000

* ₩720,000÷36개월=₩20,000/월

✪ 비품감가상각비의 회계처리와 공시방법

한국부동산원(이전 한국감정원)이 발간한 '표준분류'에서 비품의 감가상각비를 '사무용품감가상각비'라는 계정과목으로 처리하고 이를 일반사무용품비의 하위 계정과목으로 신설, 추가하는 것도 가능하다고 설명하고 있다. 그러나 공동주택회계처리기준 [별지 제2호 서식] 운영성과표에는 일반관리비의 하위 계정과목인 '그 밖의 부대비용'에 관리용품구입비와 유형자산감가상각비를 예시하고 있다. 또한 공동주택회계처리기준 [별지 제1호 서식] 재무상태표에 유형자산으로서 비품계정과 감가상각누계액계정이 제시되어 있다. 이에 따라 비품감가상각비는 유형자산감가상각비에 포함시키고, 운영성과표에는 일반관리비 → 그 밖의 부대비용 → 유형자산감가상각비로 공시하는 것이 바람직하다.

(2) 사무용품소모품비

사무용품소모품은 복사지, 문구류, 프린터 또는 복사기의 토너 등과 같이 오래 사용할 수 없거나 일회성 사용으로 소모되고, 금액도 소액인 물품이다. 사무용품소모품의 회계처리방법은 두 가지이다. 물론 이 경우에도 운영성과표에서는 일반사무용품비계정에 포함하여 공시할 수 있다.

첫째, 사무용품소모품을 취득 즉시 사용하는 경우에는 취득시점에서 사무용품소모품비로 비용처리한다.

둘째, 사무용품소모품을 수개월에 걸쳐 사용하는 경우에는 취득시점에 재고자산으로 인식한 후 사용시점에 사용된 금액을 측정하여 비용처리한다. 재고자산 회계처리는 제7절에서 자세하게 설명한다.

사무용품소모품비의 회계처리를 제시하면 다음과 같다.

[사무용품소모품비의 회계처리]

(1) 복사지를 100,000원에 취득하고 즉시 사용한 경우

(차) 사무용품소모품비*	100,000	(대) 예금_관리계좌	100,000

* 관리용품소모품비계정도 사용가능

(2) 복사지를 300,000원에 취득하고 첫 달에 200,000원어치를 사용한 경우

① 취득시점	(차) 사무용품소모품	300,000	(대) 예금_관리계좌	300,000
② 사용시점	(차) 사무용품소모품비	200,000	(대) 사무용품소모품	200,000

✪ 공동주택회계처리기준 개선방안
공동주택회계처리기준 제31조에서는 재고자산의 범위로 연료용 유류, 소비성 공구, 수선용 자재, 보일러 청관제 등 재고약품 등을 예시하고 있다. 이에 따르면 사무용품소모품은 재고자산으로 분류할 수 없다고 해석할 수 있다. 그러나 사무용품소모품의 경우에도 그 성격에 따라 얼마든지 재고자산으로 회계처리할 수 있다고 본다.

관리사무소에서 물품을 구입할 때 여기서 설명하는 '사무용품소모품비'와 2.1.7에서 설명하는 '관리용품구입비'를 명확하게 구분하지 않고 회계처리하는 경우가 있다. 올바른 회계처리는 물품의 용도에 따라 관리사무소에서 사용하는 물품구입비는 '사무용품소모품비'계정을, 기계 · 전기실 또는 경비실에서 사용하는 물품구입비는 '관리용품구입비'계정을 사용하는 것이다.

2) 도서인쇄비

도서인쇄비는 전산 프로그램(회계 프로그램, 관리비고지서 인쇄 등 포함) 사용료, 인쇄비, 신문구독료, 도서구입비, 인장제작비, 사진현상비, 복사비 등을 말한다.

3) 여비교통비

여비교통비는 관리사무소 업무 수행을 위해 외부 출장 시 지급된 여비와 교통비 발생액을 말하며, 일반적으로는 대중교통비 등을 말한다. 개인차량을 업무용으로 이용한 경우에도 주차비와 연료비 상당액 등을 여비교통비로 처리할 수 있다.

이 경우에도 여비교통비를 지급하기 위해서는 출장에 관한 내부결재를 받아야 하며, 지급규정에 따라 정액으로 지급하는 경우를 제외하고는 지출사실과 지출목적을 입증할 증빙서류를 갖추어 비치해야 할 것이다.

간혹 입주자대표회의 구성원들에게 여비교통비를 지급하는 경우가 있는데 이는 관리규약에 규정이 없는 한 지급할 수 없다는 점에 유의하여야 한다. 실제로 지급한다면 이는 입주자대표회의운영비로 처리해야 한다.

2.1.3 제세공과금

제세공과금이란 관리기구가 사용한 전기료, 통신료, 우편료 및 관리기구에 부과된 세금과 공과금 등을 말한다. 여기서 관리기구란 일반적으로 관리사무소를 의미한다.

1) 전기료

전기료란 공동전기료에 포함되지 않는 관리사무소의 전기료 등을 말한다. 따라서 실무상으로는 거의 없으며, 공동전기료에 포함되는 경우에는 관리비가 아니라 사용료 중 전기료로 처리해야 한다.

2) 통신료

통신료란 관리사무소의 업무용 전화료, 인터넷 사용료, 무전기 이용 시 전파사용료 등을 말한다. 따라서 개별세대별로 직접 관련 업체에서 부과하는 전화료나 인터넷 사용료는 통신료가 아닐 뿐만 아니라 공동전기료 등에도 포함하지 않아야 한다.

3) 우편료

우편료란 관리사무소에서 사용한 우편등기료, 택배비 등을 말한다.

4) 기타 제세공과금

전기료, 통신료, 우편료 등을 제외한 세금과 공과금 등이다.

5) 일반관리용역의 부가가치세 과세 여부

공동주택의 관리방법은 자치관리와 위탁관리로 구분된다(「공동주택관리법」 제5조 제1항). 공동주택은 자치관리와 위탁관리 모두 일반관리용역의 제공자에게 인건비를 지급하게 된다. 인건비는 앞서 설명한 바와 같이 일반관리비에 속하는데 관리방법이 자치관리인지 위탁관리인지에 따라 부가가치세 과세 여부가 다르다.

(1) 자치관리

자치관리의 경우 일반관리비에 속하는 일반관리용역의 대가인 인건비에 대해 부가가치세가 과세되지 않는다(「부가가치세법」 제12조 제3항).

(2) 위탁관리

위탁관리는 대체로 도급계약방식을 취하는데 도급계약방식의 경우 세대별 주거전용면적에 따라 일반관리용역의 대가인 인건비에 대한 부가가치세 과세 여부가 달라진다. 일반관리용역의 대가인 인건비는 주거전용면적이 국민주택 규모인 85㎡(비수도권 읍면지역 100㎡) 이하인 경우에는 항구적으로 면세이고(「조세특례제한법」 제106조 제1항 제4호의3), 주거전용면적이 85㎡ 초과 135㎡ 이하이거나 비수도권 읍면지역인 경우에는 2025년까지 일몰제를 적용하여 한시적으로 면세이며(「조세특례제한법」 제106조 제1항 제4호의2), 주거전용면적이 135㎡ 초과인 경우에는 과세이다(「조세특례제한법」 제106조 제1항 제4호의2).

만약 입주자대표회의가 주택관리업자에게 위탁관리수수료만 지급하고, 주택관리업자 소속의 인력에게 인건비를 직접 지급하더라도 그 인건비에 대해서는 주거전용면적에 따라 부가가치세 과세 여부가 결정된다.

따라서 부가가치세가 과세되는 위탁관리인 경우 일반관리용역에 지급하는 용역대가와 관련하여 과세대상 주택규모에 해당하는 세대에 대해서는 용역대가의 10%를 가산하여 관리비로 부과하고 징수하여야 한다.

수도권을 제외한 도시지역이 아닌 읍 또는 면지역에 소재하는 공동주택의 위탁관리 일반관리용역은 주거전용면적이 135㎡를 초과하더라도 2025년까지 부가가치세가 면세된다(「조세특례제한법」 제106조 제1항 제4호의2).

(3) 회계처리

위탁관리를 하는 일반관리용역에 대해 공동주택의 입주자등이 부담하는 부가가치세 10%에 대해 어떤 계정과목을 사용할 것인가? 계정과목은 제세공과금계정을 사용할 수도 있고, 인건비계정에 포함하여 처리할 수도 있다. 주의할 점은 공동주택 입주자등이 부가가치세를 부담하더라도 비영리법인이기 때문에 부가가치세 매입세액을 공제받을 수 없고 이에 따라 부가가치세 대급금(부가가치세 매입세액)계정을 사용하지 않아야 한다는 사실이다.

일반관리용역에 대한 부가가치세 과세 여부를 요약하면 [표 3-11]과 같다. 이는 뒤에서 설명하는 경비용역과 청소용역의 경우에도 동일하게 적용된다.

표 3-11 일반관리용역에 대한 부가가치세 과세 여부

관리방법	주택 규모(주거전용면적)	과세 여부	근거 법령
자치관리	규모 불문	과세대상 아님	「부가가치세법」 제12조 제3항
위탁관리	국민주택(주거전용면적 85㎡ 또는 비수도권 읍면지역 100㎡ 이하)	항구적 면세	「조세특례제한법」 제106조 제1항 제4호의3
	주거전용면적 135㎡ 이하 또는 비수도권 읍면지역**	2025년까지 면세(일몰제*)	「조세특례제한법」 제106조 제1항 제4호의2
	주거전용면적 135㎡ 초과**	과세	「조세특례제한법」 제106조 제1항 제4호의2

* 일몰제 : 법률이나 각종 규제의 효력이 일정 기간이 지나면 자동으로 없어지게 하는 제도이다. 이 조항은 여러 번 일몰기한이 연장되어 왔다.

** 비수도권 읍면지역은 일몰제에 따라 2025년까지 주거전용면적 135㎡를 초과해도 부가가치세가 면세된다.

2.1.4 피복비

피복비란 관리업무 수행에 필요한 동절기와 하절기의 근무복과 작업복 등을 구입하는 데 소요되는 비용을 말한다. 급여와 마찬가지로 미화원과 경비원의 피복비는 청소비와 경비비에 각각 포함된다.

피복비는 대개 계절별로 근무복이나 작업복을 구입하여 지급하므로 금액이 큰 경우에는 구입시점에 선급비용으로 처리하고 3개월에 걸쳐 비용으로 회계처리하는 것이 합리적이다. 예를 들어, 11월 말에 관리사무소 직원용으로 방한복 3벌을 1,500,000원에 구입하였다면 다음과 같이 분개한다.

① 구입시점

(차) 선급비용	1,500,000	(대) 예금_관리계좌	1,500,000

② 12월, 1월, 2월 말

(차) 피복비	500,000	(대) 선급비용	500,000

2.1.5 교육훈련비

교육훈련비란 관리사무소 직원에 대한 법정교육 참가비 및 관리효율, 관리비 절감 등을 위한 직무향상교육 등에 소요되는 비용을 말한다. 따라서 「공동주택관리법」 제17조에 따라 입주자대표회의 구성원을 대상으로 입주자대표회의의 운영과 관련하여 필요한 교육과 윤리교육을 실시하면서 지출하는 비용은 교육훈련비에 포함하지 않고 (개별)사용료 중의 하나인 입주자대표회의운영비로 처리하여야 한다.

「공동주택관리법」에 규정된 법정교육으로는 관리사무소장에 대한 장기수선계획의 비용 산출 및 공사방법 등에 관한 교육(제29조 제4항), 경비업무종사자의 방범교육, 안전관리자 및 안전관리책임자의 소방교육과 시설물 안전교육(제32조), 관리사무소장의 공동주택관리에 관한 교육 및 윤리교육(제70조 제3항) 등이 있다. 법정교육이 아니지만 경리직원의 직무향상교육에 소요되는 비용도 교육훈련비로 처리한다.

2.1.6 차량유지비

차량유지비란 관리기구에서 운영하는 차량에 소요되는 비용으로서 연료비, 수리비, 보험료, 주차료, 통행료, 검사료 등을 말한다. 차량유지비는 세부항목의 금액이 작을 경우에는 차량유지비 단일 계정에 포함하여 처리하고, 세부항목의 금액이 큰 경우에는 각각 별도로 연료비계정, 수리비계정, 보험료계정을 사용하고 나머지는 기타 차량유지비계정으로 처리할 수도 있다.

차량유지비 중에서 차량보험료는 대개 1년분을 한꺼번에 보험회사에 납부하기 때문에 선급보험료계정을 사용하여 회계처리한다. 차량보험료는 납부시점에 보험료 총액을 선급보험료로 인식한 다음 12개월로 나눈 금액을 매달 차량유지비 또는 차량보험료계정으로 처리하여 관리비로 부과하여야 한다. 이에 관한 회계처리는 후술하는 3.9 건물보험료에서 건물보험료를 선급한 경우와 같은 방법으로 하면 된다.

2.1.7 그 밖의 부대비용(기타 일반관리비)

그 밖의 부대비용은 위에서 설명한 일반관리비에 포함되지 않는 관리용품구입비, 전문가자문비, 잡비 등을 말한다. 이 경우 '그 밖의 부대비용'보다는 '그 밖의 일반관리비'로 명칭을 변경하는 것이 바람직하다고 본다.

1) 관리용품구입비

관리용품구입비는 기계, 전기실 또는 경비실에서 사용하는 물품구입비를 말한다. 관리용품구입비에는 공구 · 기구 등 구입비와 관리용품소모품구입비가 있다.

(1) 공구 · 기구 등 구입비

공구 · 기구 등은 기계, 전기실 또는 경비실에서 사용하는 비교적 내용연수가 길고 중요성의 원칙에 비추어서 금액이 큰 물품이다. 예를 들어, 제설기와 조경

소독기구 등이 있다. 이러한 물품은 취득시점에 유형자산으로 인식한 후 입주자대표회의가 결정한 내용연수에 걸쳐 정액법으로 월별로 감가상각하여 비용처리한다(공동주택회계처리기준 제36조). 이때 사용하는 계정과목은 공구기구감가상각비이다. 다만, 운영성과표에는 공구기구감가상각비로 표시하거나 관리용품구입비에 포함시켜 표시하는 것도 가능하다.

공구기구의 취득시점과 월말 감가상각시점의 회계처리를 제시하면 다음과 같다.

[공구기구의 회계처리]

월초에 조경용 분무기를 500,000원에 취득하고 운반비가 7,600원 지출된 경우에 취득과 감가상각에 대한 분개를 제시하면 다음과 같다. 단, 내용연수는 9년이고 잔존가치는 0, 정액법으로 상각한다.

① 취득시점	(차) 공구기구	507,600	(대) 예금_관리계좌	507,600
② 월말 감가상각시점	(차) 공구기구감가상각비	4,700*	(대) 공구기구감가상각누계액	4,700

* ₩507,600÷108개월=₩4,700/월

✪ 회계기준 개선방안

한국부동산원(이전 한국감정원)이 발간한 '표준분류'에서는 공구기구의 감가상각비를 '관리용품감가상각비'계정으로 처리하고 이를 관리용품구입비의 하위 계정과목으로 추가, 신설하는 것도 가능하다고 설명하고 있다. 그러나 공동주택회계처리기준 [별지 제1호 서식] 재무상태표에는 유형자산으로서 기계장치계정과 비품계정만 예시되어 있고, [별지 제2호 서식] 운영성과표에는 일반관리비의 하위 계정과목인 '그밖의 부대비용'에 관리용품구입비 계정과 유형자산감가상각비계정을 예시하고 있다. 공구기구의 감가상각비에 대한 '표준분류'의 내용과 '공동주택회계처리기준'의 내용이 서로 상이한데 이러한 불일치는 개선될 필요가 있다. 따라서 공구기구계정과 공구기구감가상각비계정을 신설하고, 공구기구감가상각비는 유형자산감가상각비에 포함시켜 공시하는 것이 적절할 것으로 판단된다.

(2) 관리용품소모품구입비

관리용품소모품은 장갑, 공용부분 전등, 제설용 염화칼슘, 공구용 오일 등과 같이 일회성 사용으로 소모되거나 오래 사용할 수 없고, 금액도 소액인 물품이다. 관리용품소모품의 회계처리방법은 두 가지이다.

첫째, 관리용품소모품을 취득 즉시 사용하는 경우에는 취득시점에서 관리용품구입비 또는 관리용품소모품비로 비용처리한다.

둘째, 관리용품소모품을 수개월에 걸쳐 사용하는 경우에는 취득시점에 재고자산으로 인식한 후 사용시점에 사용된 금액을 측정하여 비용처리한다. 공동주택회계처리기준 제31조에서는 재고자산의 범위로 연료용 유류, 소비성 공구, 수선용 자재, 보일러 청관제 등 재고약품 등을 예시하고 이 종류 중 어느 하나에 포함되지 않는 것은 그 밖의 재고물품으로 분류하고 있다.

관리용품소모품의 구입과 사용에 대한 회계처리를 제시하면 다음과 같다.

[관리용품소모품의 회계처리]

(1) 수선용자재를 100,000원에 취득하고 즉시 사용한 경우

	(차) 관리용품구입비*	100,000	(대) 예금_관리계좌	100,000

* 관리용품소모품비계정도 사용가능

(2) 수선용자재를 300,000원에 취득하고 첫 달에 120,000원어치를 사용한 경우

① 취득시점	(차) 수선용자재	300,000	(대) 예금_관리계좌	300,000
② 사용시점	(차) 수선유지비	120,000	(대) 수선용자재	120,000

2) 전문가자문비 등

전문가자문비 등이란 회계감사비, 변호사 · 법무사 · 노무사 수임료 등 전문가의 자문(감사)비용을 말한다. 만약 세무업무를 외부전문가에게 위탁하고 수수료를 지급한다면 전문가자문비로 분류하여야 할 것이다.

3) 잡비

잡비란 송금수수료, 인지대, 문자서비스료, 공인인증수수료, 금융결제수수료, 카드사수수료, 세탁비, 운반비 등 기타 발생하는 지출을 말한다.

2.2 청소비

청소비란 공동주택단지의 공용부분에 대한 청소업무를 수행하는 데 소요되는 비용이다. 위탁의 경우에는 위탁용역업체와 체결한 계약에 따라 지급하는 비용이며, 직영의 경우에는 미화원의 인건비, 피복비, 청소용품비 등 청소작업에 직접 소요되는 비용이다. 직영으로 청소업무를 수행하는 공동주택단지의 경우, 미화원에 대한 4대 사회보험의 사업주(입주자등)부담분 등은 청소비에 포함한다.

여기서 '청소'란 「공중위생관리법」 제2조 제1항 제7호에서 규정하고 있는 '건물위생관리업'을 말한다. '건물위생관리업'이라 함은 공중이 이용하는 건축물·시설물 등의 청결유지와 실내공기정화를 위한 청소 등을 대행하는 영업을 말한다. 그러니까 청소란 보통 우리가 알고 있는 계단 청소, 복도 청소, 엘리베이터 청소, 도로 청소 등 미화원이 하는 청소를 말한다고 볼 수 있다.

따라서 청소비계정으로 처리해야 하는 청소는 저수조(물탱크) 청소, 오배수관 청소, 정화조 청소 등과는 다르다. 이와 같은 종류의 청소는 법률에 의무화되어 있고, 대부분 외부 전문 대행업체가 실시한다. 저수조(물탱크) 청소는 「수도법」에 따라 의무적으로 실시해야 하며, 지출된 용역대금(「부가가치세법」에서는 이 금액을 '공급가액'이라고 함)과 부가가치세 매입세액을 더한 금액을 수선유지비계정으로 처리한다. 오배수관 청소는 「하수도법」에 따라 의무적으로 실시해야 하며, 지출된 용역대금((「부가가치세법」에서는 이 금액을 '공급가액'이라고 함)과 부가가치세 매입세액을 더한 금액을 수선유지비계정으로 처리한다. 정화조 청소는 「하수도법」에 따라 의무적으로 실시해야 하지만, 부가가치세가 면세되는 용역이기 때문에 지출된 용역대금만 수선유지비계정으로 처리한다.

청소용역은 일반관리용역과 마찬가지로 세대별 주거전용면적에 따라 부가가치세 과세 여부가 결정되는데 이에 관해서는 제4장 제3절 부가가치세에서 상세하게 설명한다.

이때 부담하는 부가가치세 10%에 대해 사용하는 계정과목은 제세공과금을 사용할 수도 있고, 인건비계정에 포함하여 처리할 수도 있다. 주의할 점은 공동주택 입주자등이 부가가치세를 부담하더라도 비영리법인이기 때문에 부가가치세 매입세액을 공제받을 수 없고 이에 따라 부가가치세대급금(부가가치세 매입세액)계정을 사용하지 않아야 한다는 사실이다.

2.3 경비비

경비비란 공동주택단지의 공용부분에 대한 경비업무 수행에 소요되는 비용이다. 위탁의 경우에는 위탁용역업체와 체결한 계약에 따라 지급하는 비용이며, 직영의 경우에는 경비원의 인건비, 피복비, 경비용품비 등 경비에 직접 소요되는 비용을 말한다. 직영으로 경비업무를 수행하는 공동주택단지의 경우, 경비원에 대한 4대 사회보험의 사업주(입주자등)부담분 등은 경비비에 포함한다.

경비용역은 일반관리용역과 마찬가지로 세대별 주거전용면적에 따라 부가가치세 과세 여부가 결정되는데 이에 관해서는 제4장 제3절 부가가치세에서 상세하게 설명한다.

2.4 소독비

소독비란 공동주택단지의 공용부분에 대한 소독작업을 수행하는 데 소요되는 비용이다. 위탁의 경우에는 위탁용역업체와 체결한 계약에 따라 지급하는 비용이며, 직영의 경우에는 소독요원의 인건비, 피복비, 약품비, 소독용품 등 소독작업에 직접 소요되는 비용을 말한다. 직영으로 소독업무를 수행하는 공동주택단지의 경우, 소독요원에 대한 4대 사회보험의 사업주(입주자등)부담분 등은 소독비에 포함한다.

「감염병의 예방 및 관리에 관한 법률」 제51조 제3항에서는 300세대 이상 공동주택을 관리 · 운영하는 자는 같은 법 「시행규칙」 제36조 제4항의 [별표 7] 소독횟수 기준에 따라 정기적으로 소득을 실시하도록 의무화하고 있다. 4월부터 9월까지는 3개월에 1회 이상, 10월부터 3월까지는 6개월에 1회 이상 실시하여야 한다. 따라서 300세대 이상 공동주택에서는 1년에 3회 이상 소독을 실시하여야 한다. 이를 간단히 요약하면 [표 3-12]와 같다.

표 3-12 공동주택의 소독의무

구분	내용
의무소독대상 공동주택	300세대 이상 공동주택
소독횟수 기준	• 4월~9월(6개월) : 3개월마다 1회 이상 • 10월~3월(6개월) : 6개월마다 1회 이상

따라서 외부위탁업체와 소독용역계약을 체결하는 경우에는 대개 1년에 3회 소독을 실시하기로 하고 용역대금을 지급하게 된다. 이 경우에 관리비를 세대별·기간별로 공평하게 부과·징수하기 위해서는 1회에 지급하는 소독비를 3개월 또는 6개월로 균등하게 나누어 비용처리하는 것이 바람직하다. 물론 소독비가 큰 금액이 아니라면 지급시점에 한꺼번에 비용처리하여 관리비로 부과할 수도 있다. 따라서 소독비를 일정 기간에 걸쳐 비용처리할 것인지 한꺼번에 비용처리할 것인지에 대해서는 관리규약에 그 근거규정을 명확히 마련할 필요가 있다.

소독비는 「부가가치세법」에서 면세대상으로 분류하고 있기 때문에 부가가치세가 부과되지 않는다. 소독비의 회계처리를 제시하면 다음과 같다.

[소독비의 회계처리]

- 외부위탁업체와 소독용역계약을 체결하고 「감염병의 예방 및 관리에 관한 법률」에 따라 6월, 8월, 10월에 각각 실내외 소독을 실시하고 1회당 1,200,000원의 소독비를 지급하기로 하였다.
- 6월과 8월에 실시하는 소독의 원인과 혜택은 4월~9월의 6개월간인데, 다시 6월의 소독은 4월~6월의 3개월간, 8월의 소독은 7월~9월의 3개월간에 원인이 있고 혜택을 받게 된다. 만약 관리규약에서 소독비를 매월 균등하게 비용처리하도록 규정하고 있다면 매월 소독비로 비용처리하고 관리비로 부과 · 징수할 금액은 400,000원(=₩1,200,000÷3개월)이다. 그런데 소독비를 지급하는 시점에 따라 회계처리는 다르다.
  ① 6월에 소독을 실시하고 용역대금 1,200,000원을 일시불로 지급한 경우 월별 회계처리는 다음과 같다. 4월, 5월은 6월에 실시하는 소독의 원인이 발생한 달이므로 소독비충당부채계정을 사용한다.

4월	(차)	소독비	400,000	(대)	소독비충당부채	400,000
5월	(차)	소독비	400,000	(대)	소독비충당부채	400,000
6월	(차)	소독비	400,000	(대)	예금_관리계좌	1,200,000
		소독비충당부채	800,000			

  ② 8월에 소독을 실시하고 용역대금 1,200,000원을 일시불로 지급한 경우 월별 회계처리는 다음과 같다. 7월은 8월에 실시하는 소독의 원인이 발생한 달이므로 소독비충당부채계정을 사용하고, 8월에 일시불로 지급한 1,200,000원 중 선급한 400,000원은 선급소득비계정을 사용한다.

7월	(차)	소독비	400,000	(대)	소독비충당부채	400,000
8월	(차)	소독비	400,000	(대)	예금_관리계좌	1,200,000
		소독비충당부채	400,000			
		선급소독비	400,000			
9월	(차)	소독비	400,000	(대)	선급소독비	400,000

- 10월에 실시하는 소독의 원인과 혜택은 10월~3월의 6개월간이다. 따라서 매월 소독비로 비용처리하고 관리비로 부과 · 징수할 금액은 200,000원(=₩1,200,000÷6개월)이다. 10월에 소독을 실시하고 용역대금 1,200,000원을 일시불로 지급한 경우 월별 회계처리는 다음과 같다.

10월	(차)	소독비	200,000	(대)	예금_관리계좌	1,200,000
		선급소독비	1,000,000			
11월~3월	(차)	소독비	200,000	(대)	선급소독비	200,000

2.5 승강기유지비

2.5.1 승강기란

승강기란 「승강기안전관리법」 제2조에 따르면 건축물이나 고정된 시설물에 설치되어 일정한 경로에 따라 사람이나 화물을 승강장으로 옮기는 데에 사용되는 설비(「주차장법」에 따른 기계식주차장치 제외)이다. 「승강기안전관리법 시행령」 제3조에 따르면 이러한 설비에는 엘리베이터, 에스컬레이터, 휠체어리프트가 있다.

2.5.2 승강기의 자체점검과 안전검사

승강기는 안전한 관리가 매우 중요하므로 「승강기안전관리법」에서는 자체점검과 안전검사를 의무화하고 있다.

1) 승강기의 자체점검

「승강기안전관리법」 제31조에 따르면 관리주체는 승강기의 안전에 관한 자체점검을 월 1회 이상 실시하고, 그 결과를 승강기안전종합정보망에 입력하여야 한다(제1항). 또한 관리주체는 자체점검 결과 승강기에 결함이 있다는 사실을 알았을 경우에는 즉시 보수하여야 하며, 보수가 끝날 때까지 해당 승강기의 운행을 중지하여야 한다(제2항). 만약 관리주체가 자체점검을 스스로 할 수 없다고 판단하는 경우에는 승강기의 유지관리를 업으로 하기 위하여 등록을 한 자로 하여금 이를 대행하게 할 수 있다(제3항).

2) 승강기의 안전검사 : 정기검사, 수시검사, 정밀안전검사

관리주체는 승강기에 대하여 행정안전부장관이 실시하는 정기검사, 수시검사, 정밀안전검사 등의 안전검사를 실시하여야 한다(「승강기안전관리법」 제32조 제1항).

정기검사는 설치검사 후 정기적으로 하는 검사이며 검사주기는 2년 이하로 하되 승강기별로 검사주기를 다르게 할 수도 있다.

수시검사는 다음 ①~④의 경우에 하는 검사이다.

① 승강기의 종류, 제어방식, 정격속도, 정격용량 또는 왕복운행거리를 변경한 경우

② 승강기의 제어반 또는 구동기를 교체한 경우

③ 승강기에 사고가 발생하여 수리한 경우

④ 관리주체가 요청하는 경우

정밀안전검사는 다음 ①~④의 경우에 하는 검사이다.

① 정기검사 또는 수시검사 결과 결함의 원인이 불명확하여 사고 예방과 안전성 확보를 위하여 행정안전부장관이 정밀안전검사가 필요하다고 인정하는 경우

② 승강기의 결함으로 「승강기안전관리법」 제48조 제1항에 따른 중대한 사고 또는 중대한 고장이 발생한 경우

③ 설치검사를 받은 날부터 15년이 지난 경우

④ 그 밖에 승강기 성능의 저하로 승강기 이용자의 안전을 위협할 우려가 있어 행정안전부장관이 정밀안전검사가 필요하다고 인정한 경우

정밀안전검사 사유 ③에 해당할 때에는 정밀안전검사를 받고, 그 후 3년마다 정기적으로 정밀안전검사를 받아야 한다. 현실적으로 15년 넘게 사용한 승강기는 정밀안전검사를 받으면 불합격판정을 받을 가능성이 높기 때문에 전면교체하는 것이 바람직하다. 「공동주택관리법 시행규칙」 [별표 1] '장기수선계획의 수립기준'에서도 승강기 수선주기를 15년으로 하여 15년마다 전면교체하도록 규정하고 있다.

관리주체는 안전검사를 받지 아니하거나 안전검사에 불합격한 승강기를 운행할 수 없으며, 운행을 하려면 안전검사에 합격하여야 한다. 이 경우 관리주체

는 안전검사에 불합격한 승강기에 대하여 행정안전부령으로 정하는 기간에 안전검사를 다시 받아야 한다(「승강기안전관리법」 제32조 제2항).

2.5.3 승강기유지비

승강기유지비란 승강기 수선유지에서 발생하는 비용이다. 승강기 유지업무를 외부에 위탁하는 경우에는 위탁용역업체와 체결한 계약에 따라 지급하는 비용이며, 직영의 경우에는 자재비 및 인건비, 제부대비 등을 말한다. 다만, 승강기 운행에 소요되는 전기료는 사용료로서 승강기유지비가 아닌 공동으로 사용되는 시설의 전기료(공동전기료)에 포함한다.

승강기의 효율성을 높이거나 고장이 발생하여 수리하거나 부품을 교체하는데 지출되는 비용을 실무에서 수선유지비로 처리하는 경우가 많으나, 승강기유지비로 처리하는 것이 올바른 회계처리이다. 또한 장기수선계획 총론에 포함되어 있는 긴급을 요하는 부품교체와 「공동주택관리법 시행규칙」 [별표 1]의 장기수선계획 수립기준에 포함된 항목의 수선공사비용은 승강기유지비가 아니라 장기수선충당금의 감소로 처리하는 것이 올바른 회계처리이다. 「공동주택관리법 시행규칙」 [별표 1]에 규정된 장기수선계획 수립기준을 보면 승강기는 기계장치, 와이어로프, 쉬브(도르레), 제어반, 조속기, 도어개폐장치의 전면교체를 규정하고 있으므로 이들 부품의 전면교체는 승강기유지비가 아니라 장기수선충당금의 감소로 처리해야 한다. 승강기 부품을 교체할 때 장기수선충당금을 사용해야 하는지의 여부는 제4절에서 설명하는 장기수선계획과 부록 3에 제시된 '2022 장기수선계획 실무가이드라인'을 참고하기 바란다.

한편, 승강기의 정기검사, 수시검사, 정밀안전검사 등의 안전검사를 실시하고 지출하는 수수료비용은 수선유지비계정으로 처리하여야 한다.

승강기와 관련하여 발생하는 비용을 회계처리할 때 사용하는 계정과목을 요약하면 [표 3-13]과 같다.

▌표 3-13▐ 승강기 관련 발생비용 항목별 계정과목

발생비용 항목	계정과목
일상적인 수선유지	승강기유지비계정
안전검사(정기검사, 수시검사, 정밀안전검사)	수선유지비계정
전기료	공동 사용시설의 전기료계정
장기수선계획에 포함된 부품의 교체	장기수선충당금계정

2.5.4 종합수선유지계약에 따른 월사용료

승강기는 잦은 고장으로 인한 안전관리의 어려움 때문에 현실적으로 외부업체와 위탁관리계약을 체결하는 경우가 많다. 이때 승강기의 일상적인 수선유지 업무, 안전검사, 부품교체까지 일괄해서 위탁계약을 체결하는 경우가 있는데 이를 대개 종합수선유지계약(Full Maintenance : FM)이라고 부른다.

승강기에 대한 종합수선유지계약을 체결하고 매월 일정 금액을 지급할 때 차변계정을 무엇으로 해야 하느냐 하는 문제가 있다. 차변계정은 승강기유지비계정인가? 아니면 장기수선충당금계정인가?

국토교통부에서는 승강기 운행 정지, 긴급 상황 발생 등 승강기 사용자의 안전을 위한 긴급한 경우에 한정해 장기수선계획 총론에 긴급을 요하는 부품교체를 승강기 유지관리용역과 함께 계약해 집행하는 방식을 반영했다면 승강기 종합수선유지계약을 허용하는 것으로 유권해석하고 있다. 그러나 승강기 종합수선유지계약비용 지출 시 발생하지 않은 공사비용을 매월 일정액 장기수선충당금으로 지출하는 것은 공동주택관리법령에서 정하는 장기수선충당금 사용방법에 적합하지 않은 것이라고 해석하고 있다.

또한 승강기 종합수선유지계약에 따른 비용 중 「공동주택관리법 시행규칙」 [별표 1](장기수선계획의 수립기준)에 포함된 승강기 기계장치, 와이어로프, 쉬브(도르레), 제어반, 조속기, 도어개폐장치를 교체하는 경우 해당 공동주택의 장기수선계획에 따라 그 시기에 장기수선충당금을 지출해 수선공사를 집행할 수 있다고 해석하고 있다.

요약하면, 승강기 종합수선유지계약은 허용하되 그에 따라 발생하는 비용 전체를 장기수선충당금으로 사용하는 것은 제한하며, 장기수선계획 총론에 규정한 긴급을 요하는 부품교체와 「공동주택관리법 시행규칙」 [별표 1](장기수선계획의 수립기준)에 포함된 항목의 수선공사비용은 그 금액을 별도로 구분하여 장기수선충당금에서 지출할 수 있다고 정리할 수 있다.

따라서 승강기 종합수선유지계약에 따라 용역사업자에게 정기적으로 지출하는 약정액 중 일상적인 승강기 수선유지활동과 관련된 부분은 승강기유지비계정으로 처리하고 관리계좌에서 지출하며, 장기수선계획에 포함된 부분의 교체는 장기수선충당금계정으로 처리하고 장기수선충당예치금계좌에서 지출하여야 할 것이다. 이에 따라 종합수선유지계약을 체결할 때 이를 명백히 구분하여 계약조항에 반영할 필요가 있다.

✪ 승강기 종합수선유지계약에 관한 국토교통부의 질의회신

"2015년 1월 1일부터 승강기 종합계약으로 승강기 유지관리용역은 관리비로, 부품교체공사는 장기수선충당금으로 집행가능하다고 하였는데 "안전을 위한 긴급한 경우에 한정"하여 "장기수선계획 총론에 긴급을 요하는 부품교체를 승강기 유지관리용역과 함께 계약하여 집행하는 방식을 반영하였다면 이를 허용하는 것으로 본다. 장기수선충당금은 장기수선계획에 따라 공동주택의 주요 시설의 교체 및 보수에 필요한 비용을 소유자로부터 징수해 적립하는 것이므로(「공동주택관리법」 제30조 제1항), 승강기 유지관리용역비를 장기수선계획에 포함해 장기수선충당금으로 사용하는 것은 바람직하지 않으며, 총론에 긴급사유를 명시한 경우에도 긴급부품교체 시 매월 고정액으로 지출하는 것은 타당하지 않을 것으로 판단된다. 〈국토교통부 주택건설공급과-2020. 3.〉"

승강기 수선유지를 위한 단순수선유지계약과 종합수선유지계약을 비교하면 [표 3-14]와 같다.

▌표 3-14▐ 승강기 수선유지계약의 비교

<table>
<tr><th>계약의 종류</th><th>단순수선유지계약
(Parts Oil Grease)</th><th>종합수선유지계약
(Full Maintenance : FM)</th></tr>
<tr><td>계약의 성격</td><td>일상적인 승강기 수선유지비용을 매월 고정적으로 지출하는 계약</td><td>일상적인 승강기 수선유지비용과 언제 발생할지 모를 긴급부품교체비용을 매월 고정적으로 지출하는 계약</td></tr>
<tr><td rowspan="2">계약의 범위</td><td>• 정기점검
• 조정 및 급유
• 자체점검
• 고장대응(상시)
• 소모성부품의 교환
• 소액부품의 교환</td><td>좌동</td></tr>
<tr><td>–</td><td>• 고액부품의 교환
• 수리공사
• 법정 정기검사의 수검</td></tr>
<tr><td rowspan="2">계약에서 배제되는 항목</td><td>• 고액부품의 교환
• 수리공사
• 법정 정기검사의 수검</td><td>–</td></tr>
<tr><td>• 사용 또는 관리부주의에 의한 손상의 수리
• 천재지변에 의한 손상의 수리
• 의장부품의 교체, 수리 등</td><td>좌동</td></tr>
<tr><td>장점</td><td>• 월 유지관리비용 낮음
• 유지관리업체의 변경 용이</td><td>• 예산수립 용이
• 예방정비 철저
• 수리기간 짧음
• 고장 또는 사고의 책임소재 분명
• 엘리베이터의 수명, 특성 유지 확실
• 장기적 유지관리비용 낮음</td></tr>
<tr><td>단점</td><td>• 중대 고장 시 절차적 문제로 수리지연가능성
• 고장 또는 사고의 책임소재 불분명
• 불시에 많은 수리비 발생가능성
• 예방정비 허술가능성
• 종합계약에 비해 수명 단축 우려
• 장기적인 유지관리비용 높음</td><td>• 월 유지비 상대적으로 높음
• 유지관리업체의 변경 어려움</td></tr>
<tr><td>계약기간</td><td>1~3년</td><td>5년</td></tr>
<tr><td>결론</td><td colspan="2">설치 후 7~8년까지는 단순계약이 유리, 그 이후에는 종합계약이 유리</td></tr>
</table>

2.6 지능형홈네트워크설비유지비

지능형 홈네트워크 설비란 공동주택의 성능과 주거의 질 향상을 위하여 세대 또는 주택단지 내 지능형 정보통신 및 가전기기 등의 상호 연계를 통하여 통합된 주거서비스를 제공하는 설비를 말한다.

지능형홈네트워크설비유지비란 지능형 홈네트워크 설비를 수선, 유지하는 데 소요되는 비용을 말한다. 설비유지용역을 외부업체에 위탁하는 경우에는 위탁용역업체와 체결한 계약에 따라 지급하는 비용이며, 자체관리(직영)하는 경우에는 지능형 홈네트워크 설비 관련 인건비, 자재비 등 지능형 홈네트워크 설비의 유지 및 관리에 직접 소요되는 비용이다.

다만, 지능형 홈네트워크 설비의 관리에 사용하는 전기료는 사용료로서 지능형홈네트워크설비유지비가 아닌 공동으로 사용되는 시설의 전기료(공동전기료)에 포함한다.

지능형 홈네트워크 설비와 관련하여 발생하는 비용을 회계처리할 때 사용하는 계정과목을 요약하면 [표 3-15]와 같다.

표 3-15 지능형 홈네트워크 설비 관련 발생비용 항목별 계정과목

발생비용 항목	계정과목
일상적인 수선유지	지능형홈네트워크설비유지비계정
전기료	공동 사용시설의 전기료계정

2.7 수선유지비

2.7.1 수선유지비란

수선유지비란 장기수선계획에 제외되는 공용부분의 수선유지비, 공동으로 이용하는 시설의 수선유지비 및 제반 검사비, 재난 및 재해를 예방하기 위해 지출하는 비용을 말한다.

한국부동산원(이전 한국감정원)의 '표준분류'에 따르면 수선유지비를 ① 용역금액 또는 자재 및 인건비, ② 보수유지비 및 제반 검사비, ③ 건축물의 안전점검비용, ④ 재난 및 재해 등의 예방에 따른 비용 등으로 구분하고 있으나 공동주택회계처리기준의 [별지 제2호 서식] 운영성과표에 따르면 수선유지비를 ① 수선비, ② 시설유지비, ③ 안전점검비, ④ 재해예방비로 나누고 있다. 본서에서는 공동주택회계처리기준의 운영성과표에 예시된 수선유지비계정과목이 한국부동산원의 '표준분류'와 거의 동일하면서도 계정과목의 명칭을 간단명료하게 표시하고 있다는 점을 고려하여 공동주택회계처리기준의 계정과목에 따라 순차적으로 설명하기로 한다.

1) 수선비

수선비는 장기수선계획에서 제외되는 공용부분의 수선·보수에 소요되는 비용이다. 수선유지활동을 외부용역사업자에 위탁하는 경우에는 사업자와 체결한 계약에 따라 지급하는 비용이며, 자체관리(직영)할 경우에는 자재비, 인건비이다.

수선비에 포함되는 항목으로는 구동기보수비, 방재수선비, 설비자재비, 소방자재비, ES밸브설치비,[1] LED공사비, LED조명교체비, OH자동이송설비비,[2] 가스경보기교체비, 감압밸브교체비, 경비실증축공사비, 계량기교체비, 도시가스호스교체비, 도어락설치비, 바닥왁스작업비, 수도계량기설치비, 열교환세관비, 열량계교체비, 온도조절기교체비, 주차수선비, 중앙정수휠터교체비, 지역난방공사비, 에어컨보수비 등이 있다.

1) ES밸브는 난방수 절약 자동온도조절밸브(Energy Saving Valve)로서 수온을 자동으로 감지하여 자동으로 밸브를 개폐시켜 줌으로써 난방효율을 극대화하고 에너지를 절약하는 밸브이다.

2) OH자동이송설비는 오에이치시스템(주)(현재, ㈜비움)이 생산하여 설치한 것으로 각 세대 내나 층별 공용공간 그리고 옥외장소 등에 투입구를 설치하고, 전용배관을 통해 지하의 집하시설로 음식물쓰레기를 이동시키는 설비를 말한다.

2) 시설유지비

시설유지비는 공동으로 이용하는 시설의 수선유지비 및 제반 검사비이다. 시설유지비에 해당하는 항목으로는 어린이놀이시설안전검사비, 수질검사비, 승강기안전검사비, 전기안전관리비(대행료), 소방안전관리비(대행료), 전기시설물안전검사비, 정화조시설 유지관리대행비, 냉난방시설청소비, 소화기충약비, 방청약품비, CCTV대여료(유지관리비), 기계식주차장 법정검사비, 주차타워점검비, 오배수폐기물처리비, 저수조(물탱크)청소비, 쓰레기처리비, 대형폐기물처리비, 제초작업비, 방화관리대행료, 소방시설유지관리용역비, 열교환기청소비, 청관제투입비, 소방종합정밀점검비, 지하주차장청소비용, 조경관리비, 주차시설유지비, 실내공기질측정비, 케이블유지보수비(CATV선로유지비), TV시설유지보수료, 가스시설정기검사비, 가스안전관리자선임료, 계단청소비, 계량기유지보수비, 공용면적사용료, 공유부지보수유지비, 공조기청소비, 난방수 수질관리비, 난방안전대행관리비, 난방용설비보호제, 냉난방유지비, 녹지관리비, 무인택배유지관리비, 문화시설관리비, 발전기유지보수료, 방송안내시스템임대료, 방재업무대행료, 배관보호약품비, 보일러세관청소비, 부스터펌프유지비, 분뇨탱크유지비, 쓰레기이송설비유지관리비, 연수기유지비, 오수처리시설관리비, 운동시설관리비, 원격검침시스템유지보수비, 음용수유지관리비, 자동문유지보수비(점검대행료), 자동제어유지비, (중앙)정수기유지비, 정화조안전대행료, 주민공동시설운영비, 집수정처리비, 출입카드리더기유지비, 카리프트안전관리비, 통합관제유지비, 편의시설유지비, 하수구세정비, 화장실유지관리비, 환경개선비, 정화조약품비 등이 있다.

3) 안전점검비

안전점검비는 건축물의 안전점검비용과 정밀안전진단비용이다.

「공동주택관리법」 제33조 제1항에 따르면 의무관리대상 공동주택의 관리주체는 그 공동주택의 기능유지와 안전성 확보로 입주자등을 재해 및 재난 등으로부터 보호하기 위하여 「시설물의 안전 및 유지관리에 관한 특별법(이하 「시설물안전법」)」 제21조에 따른 지침에서 정하는 안전점검의 실시 방법 및 절차 등에 따라 반기마다 공동주택의 안전점검을 실시하여야 한다. 다만, '16층 이상의 공동주택' 및 사용연수, 세대수, 안전등급, 층수 등을 고려하여 '대통령령으로 정하는 15층 이하의 공동주택'에 대하여는 대통령령으로 정하는 자로 하여금 안전점검을 실시하도록 하여야 한다.

여기서 '대통령령으로 정하는 15층 이하의 공동주택'은 다음 ①, ② 중 어느 하나에 해당하는 공동주택을 말한다(「공동주택관리법 시행령」 제34조 제2항).

① 사용검사일부터 30년이 경과한 공동주택

② 「재난 및 안전관리 기본법 시행령」 제34조의2 제1항에 따른 안전등급이 C등급, D등급 또는 E등급에 해당하는 공동주택

또한 '16층 이상의 공동주택' 및 '대통령령으로 정하는 15층 이하의 공동주택'에 대해 안전점검을 실시할 수 있는 자는 다음 ①~④ 중 어느 하나에 해당하는 자이다(「공동주택관리법 시행령」 제34조 제3항).

① 「시설물안전법 시행령」 제9조에 따른 책임기술자로서 해당 공동주택단지의 관리직원인 자

② 주택관리사 등이 된 후 국토교통부령으로 정하는 교육기관에서 「시설물안전법 시행령」 제7조에 따른 안전점검교육을 이수한 자 중 관리사무소장으로 배치된 자 또는 해당 공동주택단지의 관리직원인 자

③ 「시설물안전법」 제28조에 따라 등록한 안전진단전문기관

④ 「건설산업기본법」 제9조에 따라 국토교통부장관에게 등록한 유지관리업자

「시설물안전법」 제2조 제5호에 따르면 '안전점검'이란 경험과 기술을 갖춘 자가 육안이나 점검기구 등으로 검사하여 시설물에 내재되어 있는 위험요인을 조사하는 행위를 말하며, 점검목적 및 점검수준을 고려하여 국토교통부령으로

정하는 바에 따라 정기안전점검 및 정밀안전점검으로 구분하고 있다. 「공동주택관리법」 제33조 제1항에서 말하는 안전점검이란 「시설물안전법」 제2조 제5호에 따른 정기안전점검을 말한다.

의무관리대상 공동주택의 정기안전점검 실시의무를 요약하면 [표 3-16]과 같다.

표 3-16 의무관리대상 공동주택의 정기안전점검 실시의무

구분	내용
실시주체	의무관리대상 공동주택의 관리주체
실시주기	반기마다
실시방법 및 절차	「시설물의 안전 및 유지관리에 관한 특별법」 제21조에 따른 지침에서 정하는 안전점검의 실시방법 및 절차 등

또한 「공동주택관리법」 제33조 제2항에 따르면 의무관리대상 공동주택의 관리주체는 안전점검의 결과 건축물의 구조 · 설비의 안전도가 매우 낮아 재해 및 재난 등이 발생할 우려가 있는 경우에는 지체 없이 입주자대표회의(임대주택은 임대사업자를 말함)에 그 사실을 통보한 후 대통령령으로 정하는 바에 따라 시장 · 군수 · 구청장에게 그 사실을 보고하고, 해당 건축물의 이용 제한 또는 보수 등 필요한 조치를 하여야 한다.

「공동주택관리법」 제102조 제3항 제14호에 따르면 같은 법 제33조 제1항에 따라 안전점검을 실시하지 아니하거나 같은 조 제2항에 따라 입주자대표회의 또는 시장 · 군수 · 구청장에게 통보 또는 보고하지 아니하거나 필요한 조치를 하지 아니한 자에 대해서는 500만 원 이하의 과태료를 부과한다.

한편, '정밀안전진단'은 앞서 설명한 '안전점검'과 구분되는데, 「시설물안전법」 제2조 제6호에 따르면 '정밀안전진단'이란 시설물의 물리적 · 기능적 결함을 발견하고 그에 대한 신속하고 적절한 조치를 하기 위하여 구조적 안전성과 결함의 원인 등을 조사 · 측정 · 평가하여 보수 · 보강 등의 방법을 제시하는 행위를 말한다.

「시설물안전법」 제11조 제1항에 따른 안전점검(정기안전점검과 정밀안전점검)과 제12조 제1항에 따른 정밀안전진단의 실시시기를 같은 법 「시행령」 [별표 3]에서는 [표 3-17]과 같이 규정하고 있다.

▌표 3-17 ▌ 시설물의 안전점검, 정밀안전진단 실시시기(「시설물안전법 시행령」 제8조 제2항, 제10조 제1항)

안전등급	안전점검			정밀안전진단
	정기안전점검	정밀안전점검		
		건축물	건축물 외 시설물	
A등급	반기에 1회 이상	4년에 1회 이상	3년에 1회 이상	6년에 1회 이상
B · C등급	반기에 1회 이상	3년에 1회 이상	2년에 1회 이상	5년에 1회 이상
D · E등급	1년에 3회 이상	2년에 1회 이상	1년에 1회 이상	4년에 1회 이상

「시설물안전법」의 안전점검과 정밀안전진단에 관한 다음 ①~③의 설명을 제외한 나머지 내용은 같은 법 「시행령」 [별표 3]을 참고하기 바란다.

① 공동주택의 정기안전점검은 「공동주택관리법」 제33조에 따른 안전점검(지방사치단체의 장이 의무관리대상이 아닌 공동주택에 대하여 같은 법 제34조에 따라 안전점검을 실시한 경우에는 이를 포함)으로 갈음한다.

② 최초로 실시하는 정밀안전점검은 시설물의 준공일 또는 사용승인일(구조형태의 변경으로 시설물로 된 경우에는 구조형태의 변경에 따른 준공일 또는 사용승인일)을 기준으로 3년 이내(건축물은 4년 이내)에 실시한다. 다만, 임시사용승인을 받은 경우에는 임시사용승인일을 기준으로 한다.

③ 최초로 실시하는 정밀안전진단은 준공일 또는 사용승인일(준공 또는 사용승인 후에 구조형태의 변경으로 제1종 시설물로 된 경우에는 최초 준공일 또는 사용승인일) 후 10년이 지난 때부터 1년 이내에 실시한다. 다만, 준공 및 사용승인 후 10년이 지난 후에 구조형태의 변경으로 인하여 제1종 시설물로 된 경우에는 구조형태의 변경에 따른 준공일 또는 사용승인일부터 1년 이내에 실시한다.

이러한 안전점검이나 정밀안전진단을 실시하고 대행업체에게 안전점검비를 지급하는 경우에는 지급시점에 선급비용으로 처리하고 일정 기간에 걸쳐 분할하여 안전점검비로 비용처리하여 매월 균등액을 관리비로 부과하는 것이 바람직하다. 물론 앞서 소독비에서도 설명했듯이 안전점검비를 일정 기간에 걸쳐 비용처리할 것인지 한꺼번에 비용처리할 것인지에 대해서는 관리규약에 그 근거규정을 명확히 마련할 필요가 있다.

시설물(건축물)의 안전점검비에 관한 회계처리를 제시하면 다음과 같다.

[시설물(건축물) 안전점검비의 회계처리]

건축물에 대한 정밀안전점검을 실시한 결과 A등급을 받았고, 용역대금으로 2,880,000원(부가가치세 포함)을 지급하여, 48개월로 분할하여 비용처리하기로 한 경우

① 지급시점	(차) 선급안전점검비	2,880,000	(대) 예금_관리계좌	2,880,000
② 매월 관리비 부과시점	(차) 안전점검비	60,000*	(대) 선급안전점검비	60,000

* ₩2,880,000÷48개월=₩60,000/월. A등급을 받은 건축물은 대체로 법정 최소기준인 4년에 1회 점검하므로 48개월로 분할하여 비용처리하는 것이 합리적이다.

---

4) 재해예방비

재해예방비는 재난 및 재해를 예방하기 위해 지출하는 비용이다. 재해예방비에 해당하는 항목으로는 소화기구입비, 가스경보기구입비, 제설작업비, 제설용품비 등이 있다.

2.7.2 수선유지비와 장기수선충당금의 구분

수선유지비에 관해 회계처리하고자 할 때 우선적으로 고려할 사항은 지출에 따른 차변 계정과목을 수선유지비계정으로 처리할지, 장기수선충당금계정으로 처리할지를 결정하는 것이다. 앞서 설명한 내용을 다시 한번 상기시키면, 수선유지비란 장기수선계획에 제외되는 공용부분의 수선유지비, 공동으로 이용하는 시설의 수선유지비 및 제반 검사비, 재난 및 재해를 예방하기 위해 지출하는 비

용을 말한다. 반면, 장기수선충당금이란 관리주체가 장기수선계획에 따라 공동주택의 공용부분 주요 시설의 교체 및 보수에 필요한 금액을 해당 주택의 소유자(입주자)로부터 징수하여 적립하는 금액을 말한다.

이러한 정의에 따르면 수선유지비와 장기수선충당금의 결정적인 차이는 공용부분의 수선이 장기수선계획에 포함되어 있느냐 없느냐 하는 것이다. 장기수선계획에 포함되어 있지 않은 공용부분 수선은 차변에는 수선유지비, 대변에는 예금_관리계좌에서 지출하는 회계처리를 해야 하고, 장기수선계획에 포함되어 있는 공용부분 수선은 차변에는 장기수선충당금, 대변에는 장기수선충당예치금계좌에서 지출하는 회계처리를 해야 한다.

이를 요약하면 [표 3-18]과 같다.

표 3-18 수선유지비와 장기수선충당금의 구분

구분	수선유지비	장기수선충당금
지출 용도	장기수선계획에 포함되지 않은 공용부분의 수선	장기수선계획에 포함된 공용부분의 수선
지출 회계처리(분개)	(차) 수선유지비 ××× (대) 예금_관리계좌 ×××	(차) 장기수선충당금 ××× (대) 장기수선충당예치금 ×××

2.7.3 수선유지비의 회계처리

1) 부정기적 수선

수선유지의 사유가 발생할 때마다 수선을 하고 용역대금을 지급하는 경우에는 지급과 동시에 같은 금액을 수선유지비계정으로 회계처리한다. 예를 들어, 경비실 문이 고장이 나서 수리하고 50,000원을 지출한 경우에는 다음과 같이 분개한다.

(차) 수선유지비 50,000 (대) 예금_관리계좌 50,000

2) 정기수선

(1) 매월 일정액을 지급하는 정기수선계약

용역사업자와 매월 일정액을 지급하기로 위탁계약을 체결한 경우에는 부정기적 수선과 마찬가지로 지급과 동시에 같은 금액을 수선유지비계정으로 회계처리한다.

(2) 수개월에 한 번씩 지급하는 정기수선계약 : 수선충당부채의 사용

용역사업자와 일정 기간마다 정기적으로 수선유지활동을 하고 수선유지활동을 하는 시점에 일정 금액을 지급하기로 위탁계약을 체결한 경우에는 매월 일정액을 지급하는 정기수선계약과 다르게 회계처리한다. 이 경우에는 수선유지비를 지급하는 시점에 전액 비용처리하는 것이 아니라 수선유지에 소요될 금액을 미리 추정하고 이 추정액을 일정 기간에 걸쳐 안분하여 수선유지비로 인식함과 동시에 같은 금액을 수선충당부채로 적립하여야 한다. 이렇게 해야 매월 관리비 부과 · 징수가 공평하게 되고, 수선유지에 필요한 비용을 적립하여 모을 수 있다.

앞서 연차수당충당부채에서도 설명했듯이 충당부채로 회계처리되기 위해서는 ① 과거사건의 결과로 현재의무가 존재해야 하며, ② 당해 의무를 이행하기 위해 경제적효익을 가진 자원의 유출가능성이 높아야 하며, ③ 당해 의무의 이행에 소요되는 금액을 신뢰성 있게 추정할 수 있어야 한다.

이러한 관점에서 볼 때 수선충당부채계정을 사용할 수 있는 근거는 다음과 같다.

① 특정시설이나 설비를 일정 기간 계속 사용하고 있기 때문에 수선유지를 해야 할 현재의무(주로 법적 의무)가 존재한다.

② 정기적인 수선유지활동을 이행하기 위해 적립된 자금을 지출하여야 하므로 경제적효익을 갖는 자원의 유출가능성이 높다

③ 수선유지의무의 이행에 소요되는 금액은 그동안 반복된 수선유지활동이나 계약을 통해 신뢰성 있게 추정할 수 있다.

따라서 일정 기간마다 정기적 수선유지활동을 하고 정기적으로 용역대금을 지급하는 경우에는 지급할 때 전액 비용처리하는 것이 아니라 특정시설을 이용하고 있는 현재를 기준으로 미래에 지급할 수선유지비 총액을 월할 안분하여 비용처리하고 같은 금액을 수선충당부채로 인식하여야 한다. 또한 관리비로 부과 · 징수한 수선유지비는 입주자등이 관리계좌에 납부하게 되는데 이때 관리주체는 같은 금액을 관리계좌에서 수선충당예치금으로 이체하여 적립하여야 한다. 이렇게 하는 이유는 입주자등이 일정 기간 공용부분의 특정시설을 이용하여 혜택을 누렸고 그 결과 수선유지의 원인이 발생하여(원인) 입주자등이 수선유지비를 부담하기(결과) 때문이다. 이렇게 하면 수익자부담원칙에 따라 원인과 결과를 대응시킬 수 있고, 월별 관리비를 공평하게 부과할 수 있다.

구체적인 회계처리는 다음에 설명하는 적용사례에 제시되어 있다.

3) 수선유지비 회계처리 적용사례

(1) 어린이놀이시설

① 어린이놀이시설 안전점검

「어린이놀이시설 안전관리법」 제15조 제1항과 같은 법 「시행령」 제11조 제1항에 따르면 관리주체는 어린이놀이시설 '안전점검'을 매월 1회 이상 실시하여야 한다. 또한 관리주체가 해당 어린이놀이시설에 대하여 안전점검을 실시할 수 없는 경우에는 서면계약에 의한 대리인을 지정하여 안전점검을 하게 할 수 있다(「어린이놀이시설 안전관리법」 제15조 제2항). 만약, 안전점검을 실시하지 않는 관리주체에게는 「어린이놀이시설 안전관리법」 제31조 제2항 제1호에 따라 300만 원 이하의 과태료가 부과된다. 이에 따라 관리주체는 자신이 직접 안전점검을 실시할 수 없는 경우에는 입주자대표회의의 의결을 거쳐 안전점검용역사업자와 계약을 체결할 수 있다.

만약 어린이놀이시설 안전점검에 관한 계약기간이 1년이고, 매월 1회 안전점검을 실시하고 100,000원의 안전점검비를 지급하는 계약을 체결한다면 앞에서 설명한 '부정기적 수선'의 회계처리와 마찬가지로 다음과 같이 용역대금 지급시점에 수선유지비계정으로 회계처리한다.

(차) 수선유지비 100,000 (대) 예금_관리계좌 100,000

② 어린이놀이시설 정기시설검사

「어린이놀이시설 안전관리법」 제12조 제2항에 따르면, 어린이놀이시설은 같은 법 「시행령」 제8조에서 정하는 방법 및 절차에 따라 안전검사기관으로부터 2년에 1회 이상 '정기시설검사'를 받아야 한다. 이를 위반한 자는 같은 법 제29조에 따라 1년 이하의 징역 또는 1천만 원 이하의 벌금에 처하게 된다.

여기서 설명하는 어린이놀이시설 '정기시설검사'는 앞에서 설명한 어린이놀이시설 '안전점검'과 성격이 다르다. '안전점검'은 관리주체가 실시할 수도 있는 자체 점검이지만 '정기시설검사'는 반드시 지정검사기관에서 실시하고 그 목적이 합격판정 여부에 있다. 정기시설검사에서 불합격판정을 받은 경우에는 어린이놀이시설 이용이 금지된다. 또한 '안전점검'을 실시하지 않은 경우에는 행정벌인 과태료규정이 적용되지만 '정기시설검사'를 받지 않은 경우에는 형사벌인 벌금규정이 적용된다.

어린이놀이시설 '정기시설검사'와 관련하여 발생한 비용을 회계처리할 때에는 대변에 수선충당부채계정을 사용한다는 점에 유의하여야 한다. 어린이놀이시설 안전점검과 정기시설검사의 차이를 비교하면 [표 3-19]와 같다.

표 3-19 어린이놀이시설 안전점검과 정기시설검사의 비교

구분	안전점검	정기시설검사
실시주체	관리주체 또는 외부용역사업자	자격 있는 안전검사기관
실시횟수	매월 1회 이상	2년에 1회 이상
미실시의 처벌	300만 원 이하의 과태료	1년 이하의 징역 또는 1천만 원 이하의 벌금
비용발생시점 회계처리	(차) 수선유지비 ××× (대) 예금_관리계좌 ×××	(차) 수선유지비 ××× (대) 수선충당부채 ×××

어린이놀이시설 정기시설검사를 용역사업자와 계약을 체결하고 용역대금을 지급하는 경우의 회계처리를 이해하기 위해 다음 사례를 보자.

[수선충당부채의 회계처리]

어린이놀이시설 정기시설검사를 2년에 1회 실시하고 용역대금으로 960,000원을 지급하기로 계약을 체결한 경우를 가정한다. 이 경우에는 24개월 동안 매월 관리비를 균등하게 부과 · 징수하려면 매월 ₩40,000(=₩960,000÷24개월)을 부과 · 징수하여야 한다. 이에 따른 분개는 다음과 같다.

① 매월 초

(차) 수선유지비	40,000*	(대) 수선충당부채	40,000

* ₩960,000÷24개월=₩40,000/월

② 관리비 부과

(차) 미수관리비	40,000	(대) 관리수익	40,000

③ 관리비 납부

(차) 예금_관리계좌	40,000	(대) 미수관리비	40,000

④ 납부된 관리비를 수선충당예치금계좌로 대체

(차) 수선충당예치금	40,000	(대) 예금_관리계좌	40,000

⑤ 2년째 되는 달에 어린이놀이시설 정기시설검사를 실시하고 960,000원을 지급한 경우

ⓐ 960,000원의 수선충당부채와 예치금이 적립되어 있는 경우

(차) 수선충당부채	960,000	(대) 수선충당예치금	960,000

ⓑ 900,000원의 수선충당부채와 예치금이 적립되어 있는 경우

(차) 수선충당부채	900,000	(대) 수선충당예치금	900,000
수선유지비	60,000*	예금_관리계좌	60,000

* 이처럼 수선충당부채의 잔액이 실제 지급액에 미달할 경우 미달액 60,000원을 수선유지비계정으로 처리하여야 한다. 만약 수선충당부채계정으로 처리하면 수선충당부채계정이 음수(−)가 되는데 이는 잘못된 회계처리이다.

ⓒ 980,000원의 수선충당부채와 예치금이 적립되어 있는 경우*

(차) 수선충당부채	960,000	(대) 수선충당예치금	960,000

* 이렇게 회계처리하면 수선충당부채계정에 20,000원이 남게 되는데 다음달 수선유지비와 수선충당부채를 20,000원만큼 적게 설정하면 된다.

이와 같은 회계처리는 용역사업자와 계약을 맺고 정기적인(3개월, 6개월, 1년, 2년 등) 점검이나 수선을 하고 수선시점에 수선용역대금을 한꺼번에 지급하

는 저수조(물탱크) 청소비, 소방안전점검비, 냉난방시설 청소비 등의 경우에도 동일하게 적용된다.

(2) 저수조(물탱크) 청소비

「수도법」 제33조 제2항에 따르면 수돗물을 다량으로 사용하는 아파트의 소유자나 관리사무소장은 급수설비에 대한 '소독등위생조치'를 하여야 한다. 소독등위생조치란 수도에 관하여 소독 및 수질검사, 그 밖의 위생에 필요한 조치를 말한다(「수도법」 제33조 제1항). 또한 「수도법」 제33조 제3항에 따르면 아파트의 소유자나 관리사무소장은 급수관을 주기적으로 검사하고, 그 결과에 따라 세척·갱생·교체 등 필요한 조치(이하 '세척등조치')를 하여야 한다. 만약 이 규정을 위반하여 소독등위생조치 또는 세척등조치를 하지 아니한 아파트의 소유자 또는 관리사무소장은 2년 이하의 징역 또는 2천만 원 이하의 벌금에 처하게 된다(「수도법」 제83조 제6호).

한편, 「수도시설의 청소 및 위생관리 등에 관한 규칙」에서는 「수도법」 제33조의 내용을 좀 더 구체적으로 규정하고 있다. 이 「규칙」 제6조에 따르면 아파트의 소유자나 관리사무소장은 아파트 및 그 복리시설의 저수조를 6개월마다 1회 이상 청소하고, 그 위생상태를 [별표 3]의 기준에 따라 매월 1회 이상 점검하여야 한다. 만약 저수조가 신축되었거나 1개월 이상 사용이 중단된 경우에는 사용 전에 청소를 하여야 한다. 이와 같은 청소 등을 하는 경우에는 저수조의 물을 뺀 후 저수조의 천정·벽 및 바닥 등에 대한 청소를 하고, 청소 후에는 소독을 하며, 소독 후에는 저수조에 물을 채운 다음에 수질에 대한 위생상태를 점검하여야 한다.

또한 이 「규칙」 제6조에 따르면 아파트의 소유자나 관리사무소장은 매년 1회 이상 수돗물의 안전한 위생관리를 위하여 「먹는물관리법 시행규칙」 제35조에 따라 지정된 먹는물 수질검사기관에 의뢰하여 수질검사를 하고, 아파트 입주자 등에게 그 수질검사 결과를 공지하여야 한다. 「수도시설의 청소 및 위생관리 등에 관한 규칙」 제8조에 따르면 아파트의 소유자나 관리사무소장, 저수조청소업자는 저수조의 청소, 위생점검 또는 수질검사를 하거나 수질기준위반에 따른 조치를 하면 각각 그 결과를 기록하고, 2년간 보관하여야 한다. 이 경우 청소, 위생점검, 수질검사 및 수질기준위반에 따른 조치 결과를 전산에 의한 방법으로 테이프·디스켓 등에 기록·보관할 수 있다.

저수조 등 급수시설관리에 관한 법적 의무사항을 요약하면 [표 3-20]과 같다.

표 3-20 저수조 등 급수시설관리에 관한 법적 의무사항

구분	내용	관련 법령
의무사항	• 저수조를 6개월마다 1회 이상 청소 • 저수조의 위생상태를 매월 1회 이상 점검 • 매년 1회 이상 수돗물 수질검사 및 수질검사의 결과 공지 • 저수조의 청소, 위생점검, 수질검사의 결과를 기록하고 2년간 보관	•「수도법」 제33조 제2항, 같은 법 「시행령」 제50조 제1항 제9호 •「수도시설의 청소 및 위생관리 등에 관한 규칙」 제6조 및 제8조
벌칙	• 2년 이하의 징역 또는 2천만 원 이하의 벌금	•「수도법」 제83조 제6호

이에 따라 공동주택에서는 저수조 청소대행회사와 연간 위탁계약을 맺고 저수조 청소를 한다. 그런데 대금지급방식은 매월 일정 금액을 청소대행회사에 지급할 수도 있고, 청소시점에 한꺼번에 지급할 수도 있다. 매월 일정 금액을 지급하는 경우에는 앞에서 설명한 '부정기적 수선'과 어린이놀이시설 '안전점검'과 마찬가지로 지급시점에 전액을 수선유지비계정으로 회계처리한다. 만약 청소시점에 한꺼번에 지급하는 경우에는 어린이놀이시설 '정기시설검사'와 마찬가지로 수선충당부채계정을 설정하여 회계처리한다.

4) 선급비용계정이 아니라 수선충당부채계정의 사용

수선충당부채는 앞으로 특정시설물에 대한 수선유지활동을 하고 수선비를 지출할 것에 대비하여 수선의 원인이 발생하는 시점, 즉 특정시설물을 사용하는 현재시점에 비용으로 인식하여 관리비등으로 부과·징수하여 적립하고 이에 상응하는 금액을 부채로 설정하는 계정과목이다. 그런 후, 실제 지출하는 시점에는 비용을 인식하는 대신 부채를 감소시키는 것이다. 이렇게 하면 지금 시설물을 사용하는 입주민등이 시설물 이용으로 혜택을 받았으므로 미래에 지출하는 수선유지비를 부담하게 되어 원인과 결과가 맞고 이로써 수익자부담원칙이 지켜지는 것이다.

그런데 많은 공동주택에서 수선충당부채를 설정하지 않고 있다가 수선유지활동이 실제로 일어나는 시점에 수선유지비를 지출하고 이를 선급비용으로 처리한 후 수개월에 걸쳐 나누어 비용으로 처리하고 관리비로 부과 · 징수하는 경우가 있다. 이러한 회계처리는 올바르지 못한 것이다. 왜냐하면 선급비용으로 회계처리하면 수선의 원인을 제공한 입주자등이 수선유지비를 부담하는 것이 아니라 특정시설물을 사용하지도 않은 입주자등이 수선유지비를 떠안게 되어 형평성 차원에서 맞지 않기 때문이다.

2.7.4 공용부분 시설물의 교체, 유지보수 및 하자보수 실적의 등록

「공동주택관리법 시행령」 제32조 제2항은 "의무관리대상 공동주택의 관리주체는 공용부분에 관한 시설의 교체, 유지보수 및 하자보수 등을 한 경우에는 그 실적을 시설별로 이력관리하여야 하며, 공동주택관리정보시스템(K-apt)에도 등록하여야 한다"고 규정하고 있다. 이 규정은 공동주택의 공용부분 시설물의 체계적인 유지관리를 위한 것으로 의무관리대상 공동주택의 공용부분 시설물의 교체, 유지보수 및 하자보수 등을 한 경우에는 금액에 상관없이 그 실적을 모든 시설별로 이력관리하여야 한다는 것을 의미한다.

2.8 위탁관리수수료

위탁관리수수료란 공동주택의 관리를 주택관리업자에게 위탁하여 관리하는 경우에 입주자대표회의와 주택관리업자 사이의 계약에 따라 주택관리업자에게 위탁관리의 대가로 매월 지급하는 비용을 말한다. 위탁관리수수료는 부가가치세 부담 여부에 따라 지급액이 달라지게 되는데 이에 관해서는 제4장 제3절 부가가치세에서 상세하게 설명한다.

제3절 | 사용료

(개별)사용료는 가스, 전기, 수도, 열 등을 사용한 대가로 각 세대에게 부과하는 비용을 말한다. (개별)사용료에는 급탕비, 가스사용료, 전기료, 수도료, 정화조오물수수료, 생활폐기물수수료, 입주자대표회의운영비, 건물보험료, 선거관리위원회운영비 등이 있다.

3.1 난방비

난방비란 중앙난방이나 지역난방을 사용하는 공동주택에서 발생하는 비용으로 난방 및 급탕에 소요된 원가에서 급탕비를 뺀 금액을 말한다. 개별난방인 경우에는 난방에 사용된 가스의 사용료를 가스회사에서 세대별로 직접 부과하므로 관리비고지서에는 난방비가 표시되지 않는다.

3.2 급탕비

급탕비란 중앙난방이나 지역난방으로 급탕을 하는 경우에 발생하는 급탕용 유류대 및 급탕 용수비를 말한다. 개별난방인 경우에는 관리비고지서에 급탕비가 표시되지 않는다. 대신 급탕에 사용된 가스의 사용료는 가스회사에서 세대별로 직접 부과하고, 급탕에 사용된 물은 수도료로 관리비고지서에 표시된다.

3.3 가스사용료

가스사용료란 취사에 사용하는 가스나 개별난방에 사용하는 가스에 대한 사용료를 말한다. 일반적으로 가스사용료는 가스회사에서 세대별로 직접 부과하므로 관리비고지서에서는 사용료 항목으로 표시되지 않는다.

3.4 전기료

3.4.1 전기료의 종류

전기료란 한전에서 부과하는 전기요금이다. 한전에 따르면 공동주택의 전력계약은 주택용 전력, 산업용 전력, 가로등용 전력 세 종류로 분류된다. 따라서 한전에서 발송하는 전기요금고지서도 세 가지 종류이다. 주택용 전력은 세대별 사용 전력과 공용부분에 속하는 승강기, 지하주차장, 계단, 복도, 조경 등 공용시설물에서 사용되는 전력이다. 산업용 전력은 급수용과 정화조용에 사용되는 전력이다. 가로등용 전력은 가로등에 사용되는 전력이다.

공동주택 전기료의 용도별 부과체계를 간단하게 요약하면 [그림 3-4]와 같다.

공동주택 전기료 중 가장 관심을 가져야 할 부분은 주택용 전력([그림 3-4]의 ⓐ+ⓑ)이다. 주택용 전력은 한전과의 계약을 종합계약으로 할지 단일계약으로 할지 선택할 수 있다. 종합계약이란 아파트 1구내에 고압 이상의 전압으로 전기를 공급하게 되는데, 세대별 사용량은 단독주택과 동일하게 주택용 저압요금을 적용하고, 공용시설물 사용량은 일반용(갑) 고압요금을 적용하여 요금을 계산하는 방법이다. 단일계약이란 공용시설물 사용량을 포함한 전체 사용전력량을 주택용 전력 적용대상 호수로 나누어서 평균사용량을 산출하고 이에 대한 기본요금 및 전력량요금에 주택용 전력 적용대상 호수를 곱한 것을 주택용 전력 적용대상 전체 기본요금 및 전력량요금으로 하는 방법이다.

[그림 3-4] 공동주택 전기료의 용도별 부과체계

<table>
<tr><th>전기 용도</th><th>전기계약명칭</th><th colspan="2">전기요금 부과</th></tr>
<tr><td>세대</td><td rowspan="2">주택용 전력*
(종합계약, 단일계약)</td><td colspan="2">세대별 전기요금(ⓐ)</td></tr>
<tr><td>승강기/지하주차장/계단/
복도/조경 등
공용시설물</td><td rowspan="3">공용
전기요금</td><td>공용시설물
(ⓑ)</td></tr>
<tr><td>급수용/정화조용</td><td>산업용 전력</td><td rowspan="2">산업용/
가로등용
전력(ⓒ)</td></tr>
<tr><td>가로등용</td><td>가로등용 전력</td></tr>
<tr><td>인터넷/이동통신 등**</td><td>외부업체 분리</td><td colspan="2"></td></tr>
</table>

* 한전에서는 주택용 전력의 경우 종합계약과 단일계약 이외에 호별계약도 허용하고 있으나 호별계약은 현실적으로 거의 없으므로 생략하였다.

** 인터넷/이동통신 등은 외부업체가 사용하는 전기이므로 한전에서는 이 전기요금을 원천적으로 분리하여 외부업체에 직접 청구하게 된다.

주택용 전력의 전기요금은 한전에서 세대별로 청구하는 것이 아니라 아파트별로 청구하고 아파트 관리주체가 이를 바탕으로 세대별 요금을 산정하여 관리비로 청구하게 된다.

이때 종합계약을 체결하면 한전에서 주택용 전력의 세대별 전기요금([그림 3-4]의 ⓐ)과 공용시설물의 전기요금([그림 3-4]의 ⓑ)을 분리해서 부과하기 때문에 관리사무소에서 세대별로 전기요금을 부과하기가 비교적 쉽다. 관리사무소에서는 주택용 전력의 공용시설물 전기요금([그림 3-4]의 ⓑ), 산업용 전력과 가로등용 전력으로 청구된 전기요금([그림 3-4]의 ⓒ)을 합하여 공용부분의 전기요금을 세대별로 배분하면 된다.

이에 비해 단일계약을 체결하면 한전에서 주택용 전력의 세대별 전기요금과 공용시설물의 전기요금을 총량기준([그림 3-4]의 ⓐ+ⓑ)으로 함께 부과하기 때문에 관리사무소에서는 한전에서 고지한 주택용 전기요금 총액을 세대별 전기요금([그림 3-4]의 ⓐ)과 공용시설물 전기요금([그림 3-4]의 ⓑ)으로 다시 분리하는 작업을 거쳐야 한다. 그런 다음 주택용 전력의 공용시설물 전기요금과 산업용 전기요금, 가로등용 전기요금을 합하여 전체 공용부분의 전기요금을 관리규약에서 정한 배분기준에 따라 세대별로 배분하여야 한다. 이 과정에서 부과차액이 발생한다. 이유는 한전에서 주택용 전력의 전기요금을 부과할 때 적용한 전기요금 단가와 관리사무소에서 개별세대에 부과할 때 적용하는 전기요금 단가에서 차이가 발생할 수 있기 때문이다.

한전과의 계약은 1년에 한 번 변경할 수 있으므로 관리주체는 연간 전기요금을 종합계약과 단일계약으로 비교분석하여 어느 계약으로 하는 것이 전체 공동주택에 유리한지를 파악하고, 이러한 내용을 입주자대표회의에 보고하여 계약변경의 기초자료로 활용할 수 있도록 함으로써 공동주택 관리비를 절감하도록 노력해야 할 것이다. 공동주택 전기요금을 어떤 종류로 계약할지에 관한 정보를 얻고자 한다면 한전 홈페이지를 방문하여 [표 3-21]과 같은 순서로 클릭하면 된다.

❚ 표 3-21 ❚ 전기요금 계약방법에 관한 정보

① 한전 홈페이지(https://home.kepco.co.kr) 방문 ② 사이버지점 → 제도·약관 → 전기요금제도 → 주요 전기요금제도 → 아파트 전기요금제도

대법원 판례에 따르면 관리주체는 선량한 관리자의 주의로써 업무를 수행해야 할 것이므로 전기요금 산정방식의 변경 여부에 관하여 검토하여 입주자대표회의에 알려주는 등 합리적인 선택을 할 수 있도록 조치를 취할 의무가 있다. 다음은 이와 관련된 대법원 판례이다.

✪ 관리주체의 전기요금 산정방식 검토의무(대법원 판례)

아파트와 관리회사 사이의 법률관계는 민법상의 위임관계와 같으므로, 관리회사는 아파트를 안전하고 효율적으로 관리하고 입주자의 권익을 보호하기 위하여 선량한 관리자의 주의로써 관리업무를 수행하여야 하는바, 아파트 관리회사가 아파트를 관리함에 있어서 공동설비 부분에 대한 전기요금 산정방식이 변경되어 입주자가 다시 선택할 여지가 있음을 알게 되었으면, 비록 전기요금 산정방식의 선택에 관한 최종적인 결정은 아파트 입주자대표회의가 책임질 사항이라고 하더라도, 어떤 방식이 입주자들에게 유리한지 검토하여 그 내용을 입주자대표회의에 알려주는 등 입주자대표회의로 하여금 공동설비 부분에 대한 전기요금 산정방식의 변경 여부에 관하여 합리적인 선택을 할 수 있도록 조치를 취할 의무가 있다. 〈대법원 1997. 11. 28. 선고, 96다22365 판결〉

3.4.2 전기잉여금이라는 이상한 계정과목

많은 공동주택에서 전기료를 처리하면서 '전기잉여금'과 같은 아주 이상한 계정을 사용하고 있다. 전기잉여금계정은 관리주체가 한전에서 공동주택에 청구한 전기료를 초과하여 개별세대에게 전기료를 부과 · 징수함으로써 발생하는 차액, 즉 초과 부과 · 징수액을 처리하기 위해 실무에서 사용하고 있다. 전기잉여금계정은 올바른 계정과목이 아니며, 공동주택회계처리기준이나 '표준분류'에서도 예시되지 않고 있다. 이러한 관행은 공동주택에서 거액의 전기잉여금을 입주자등으로부터 거두어서 적립해 놓고 별다른 통제 없이 마음대로 사용할 수 있는 눈먼 돈을 만들어 내기도 한다. 이에 따라 전기잉여금은 자금 횡령이나 배임의 원천이 될 수도 있고 입주자등 사이에 갈등의 불씨가 될 수 있다는 문제가 있다.

이러한 전기잉여금 문제를 해결하기 위해서 두 가지 방안을 제시한다.

첫째, 관리규약에 전기료 부과 · 징수차액의 처리에 관해 명확하게 규정할 필요가 있다. 「공동주택관리법」 제18조에서는 특별시장 · 광역시장 · 특별자치시장 · 도지사 또는 특별자치도지사는 공동주택의 관리 또는 사용에 관하여 준거가 되는 관리규약의 준칙을 정하고(제1항), 입주자등은 이를 참조하여 해당 공동주택의 관리규약을 정하도록 규정하고 있으며(제2항), 같은 법 「시행령」 제19조 제12항에서는 '관리비등의 세대별 부담액 산정방법, 징수, 보관, 예치 및 사용절차' 등을 관리규약의 준칙에 포함되어야 하는 사항으로 규정하고 있다.

둘째, 공동주택의 관리주체는 선량한 관리자의 주의로써 부과차액(전기잉여금)이 발생하지 않도록 전기료의 부과·징수를 철저히 관리하여야 한다. 불가피하게 부과차액이 발생하면 과대 부과·징수된 금액은 선수전기료계정으로, 과소 부과·징수된 금액은 미수전기료계정으로 각각 처리한 후, 발생시점에 즉시 반환 또는 추가 징수하거나 다음달 전기료에서 가감하는 등 정산을 하여야 한다.

3.4.3 임대시설에서 발생하는 전기료

한 가지 유의할 점은 공동주택 시설물에 이동통신사의 중계기나 은행의 ATM을 설치하고 임대하는 경우 이로 인한 전기료가 발생할 수 있다. 이 경우 전기료는 다음 두 가지 상황에 따라 다르게 회계처리할 필요가 있다.

첫째, 임대차계약체결 당시 전기료를 분리해서 임대료와 별도로 받기로 한 경우이다. 이 경우에는 우선 해당 임대시설에서 사용되는 전기료를 측정하기 위한 계량기를 설치해야 한다. 전기료에 포함된 부가가치세는 수익사업과 관련하여 부담하는 매입세액이므로 수취하는 전기료 중 부가가치세에 해당하는 금액은 부가가치세예수금계정을 사용하고, 이를 제외한 나머지 금액은 관리주체가 관리비를 부과하면서 미리 설정해 놓은 미수전기료계정을 감소시키는 회계처리를 한다.

둘째, 임대차계약체결 당시 전기료를 포함해서 임대료를 받기로 한 경우이다. 이 경우에는 전기요금에 포함된 부가가치세는 따로 구분할 필요가 없고 수취하는 임대료 중에서 부가가치세에 해당하는 금액은 부가가치세예수금계정을 사용하고 이를 제외한 나머지 금액을 관리외수익(임대료수익)으로 처리한다. 이러한 방법은 임대시설에서 발생한 전기료가 세대별 전기료에 포함되어 부과·징수되는 문제가 있다. 이때는 임대료수익의 일부분을 관리비에서 차감하는 규정을 관리규약에 마련할 필요가 있다.

이 두 가지 경우에 따른 임대시설 전기료 회계처리를 제시하면 다음과 같다.

[임대시설 전기료의 회계처리]

① 이동통신사로부터 임대료와 분리하여 전기료 110,000원을 받은 경우

(차) 예금_관리외수익(잡수입)계좌	110,000	(대)	미수전기료	100,000
			부가가치세예수금	10,000

② 이동통신사로부터 전기료를 포함해서 임대료 1,100,000원을 받은 경우

(차) 예금_관리외수익(잡수입)계좌	1,100,000	(대)	중계기임대수입	1,000,000
			부가가치세예수금	100,000

3.4.4 전기요금 결제전용카드 캐시백의 회계처리

최근에 한전은 전기요금 결제전용카드로 전기요금을 납부하면 전기요금 납부금액의 일정 비율에 해당하는 금액을 캐시백 형태로 결제계좌로 입금해 주는 전기요금할인 서비스를 제공하고 있다. 이러한 할인액은 전기요금을 납부한 당일 또는 다음날에 다시 관리계좌(결제계좌)로 입금되기 때문에 충분히 예상할 수 있는 금액이다. 따라서 매월 각 세대에게 전기요금을 부과 · 징수할 때 미리 캐시백 할인액을 제외한 금액을 부과 · 징수하여야 한다.

이에 따라 관리주체는 부과 · 징수한 전기요금을 체크카드로 납부할 때는 캐시백 할인액을 '전기료캐시백미수금'계정으로 처리한 후 관리계좌(결제계좌)로 입금되면 이를 감소시키는 방법으로 회계처리하여야 한다. 전기료와 전기료캐시백의 회계처리를 제시하면 다음과 같다.

[전기료와 전기료캐시백의 회계처리]

한전의 전기료 청구금액이 1,000,000원이고 캐시백 비율이 전기료 납부금액의 0.9%라면 세대에게 부과·징수할 금액은 캐시백 9,000원을 제외한 991,000원이다. 이에 관한 회계처리를 시점별로 제시하면 다음과 같다.

① 전기요금 청구서를 받은 시점

(차)	전기료	991,000	(대) 미지급전기료	1,000,000
	전기료캐시백미수금	9,000		

② 관리비 부과시점

(차)	미수전기료	991,000	(대) 관리수익	991,000

③ 관리비 납부시점

(차)	예금_관리계좌	991,000	(대) 미수전기료	991,000

④ 한전에 납부시점

(차)	미지급전기료	1,000,000	(대) 예금_관리계좌	1,000,000

⑤ 캐시백 입금시점

(차)	예금_관리계좌	9,000	(대) 전기료캐시백미수금	9,000

만약 ② 관리비 부과시점에 999,000원을 부과하여 8,000원을 과대 부과·징수하고 다음달에 이를 정산하기로 한 경우 ②, ③의 회계처리는 다음과 같다.

② 관리비 부과시점

(차)	미수전기료	999,000	(대) 관리수익	999,000

③ 관리비 납부시점

(차)	예금_관리계좌	999,000	(대) 미수전기료	999,000
	관리수익	8,000	선수전기료	8,000

간혹 어떤 아파트에서는 캐시백 9,000원을 가수금계정으로 처리하는 경우가 있는데 이는 올바른 계정과목이 아니다. 가수금은 돈을 받기는 받았는데 어떤 이유로 그 돈을 받았는지 돈의 출처를 알 수 없는 경우에 그 출처를 확인할 때까지 임시로 사용하는 계정이다.

또한 캐시백 할인액을 당월에 바로 공제하지 않고 다음달로 이월시켜서 다음달 전기료 부과에서 공제하는 경우도 있는데 이것도 올바른 회계처리가 아니다. 당월에 할인받은 캐시백은 당월에 거주하고 있는 세대에게 혜택이 돌아가도록 처리하는 것이 전기료를 공평하게 부과·징수하는 방법이다.

3.5 수도료

수도료란 지방자치단체 산하의 상하수도사업소에서 부과하는 상하수도요금과 물이용부담금을 합한 금액이다. 실제로 상하수도사업소에서 발급하는 요금청구서에는 수도료, 하수도료, 물이용부담금을 구분하고 있지만 하나의 요금청구서에 이 3개 항목이 합산되어 있다. 그래서 이 3개 항목을 모두 합하여 통상 수도료라고 부른다. 공동주택 수도요금은 지방자치단체 산하의 상하수도사업소에서 공동주택 총사용량에 대한 요금을 청구하면 공동주택 관리주체가 세대별 사용량을 검침하여 부담액을 산정한 뒤 관리비로 부과 · 징수하고 이를 상하수도사업소에 납부하는 과정을 거치게 된다.

그런데 이 과정에서 문제가 발생하고 있다. 지방자치단체는 지역별 취수여건에 따라 수도요금 단가, 부과체계 등을 수도급수조례에 규정하고 있으며, 상하수도사업소에서는 물사용량에 따라 3단계의 요금구간으로 나누고 누진제 요금방식으로 수도료를 부과 · 징수한다. 상하수도사업소가 공동주택에 수도료를 부과할 때는 수도급수조례에 따라 총사용량을 세대수로 나눈 평균사용량을 기준으로 요금단가를 결정하고 이 요금단가를 모든 세대에 동일하게 적용한다.

그러나 관리사무소가 입주자등에게 수도요금을 부과할 때에는 상하수도사업소의 방식과 달리 세대별 물사용량에 따라 다른 요금단가를 적용한다. 이렇게 하면 상하수도사업소에서는 누진요금을 적용하지 않고 평균사용량에 따른 요금단가가 적용되었는데도 세대별 물사용량에 따라 누진요금이 적용되는 세대가 생겨 관리사무소가 부과 · 징수한 세대별 수도요금이 상하수도사업소가 고지한 수도요금보다 많아지게 된다. 이 때문에 상하수도사업소의 요금단가보다 더 높은 단계의 요금단가를 적용받은 입주자등과 관리주체 간에 민원 및 분쟁이 지속적으로 발생하고 있다.

이러한 초과 수도료 부과 · 징수액을 전기료와 마찬가지로 실무에서 수도잉여금이라고 부르고 있다. 현행 수도요금 부과 · 징수체계를 요약하면 [그림 3-5]와 같다.

[그림 3-5] 현행 수도요금 부과 · 징수체계

각 지방자치단체 상하수도사업소는 공동주택의 총사용량에 대해 상하수도요금을 부과하고, 해당 공동주택 관리주체가 각 세대별 사용량 검침을 통해 요금을 산정 · 부과 · 징수하여 상하수도사업소에 납부한다.

상하수도사업소	⟷	공동주택 관리주체	⟷	공동주택 개별세대
• 공동주택 단일 주계량기 검침		• 개별계량기 검침, 세대부담액 산정		• 관리비 납부
• 총사용량에 대한 수도요금 부과		• 관리비 부과 및 수도요금 대납		

상하수도사업소와 관리주체의 수도요금 산정방식 차이를 요약하면 [표 3-22]와 같다.

▌표 3-22 ▌ 상하수도사업소와 관리주체의 수도요금 산정방식 차이

요금청구	상하수도요금	물이용부담금	구경별 정액요금
상하수도사업소 ⇨ 공동주택 관리주체	총사용량 × 평균사용량에 따른 동일요금단가*	총사용량 × 물이용부담금 요금	계량기 구경에 따른 요금
공동주택 관리주체 ⇨ 개별세대	세대사용량 × 세대사용량에 따른 누진요금단가	세대사용량 × 물이용부담금 요금	계량기 구경에 따른 요금/세대수

* 상하수도 요금 산정을 위한 요금단가를 결정할 때 상하수도사업소는 공동주택 총사용량을 세대수로 나눈 평균사용량을 기준으로 모든 세대에게 동일한 요금단가를 적용하는 반면, 대부분의 공동주택 관리주체는 세대사용량을 기준으로 누진요금단가를 적용한다. 그 결과 어떤 세대에게는 상하수도사업소의 요금단가보다 더 높은 단계의 요금단가가 적용되어 수도요금이 초과 부과 · 징수되는 문제가 발생한다.

이와 같은 문제점을 해결하기 위하여 국민권익위원회는 2019년 4월 1일에 관리주체가 수도요금 징수대행 시에 수도잉여금이 발생하지 않도록 세대사용량에 요금단가를 곱할 때 수도사업소에서 적용한 평균사용량에 따른 요금단가를 적용하고, 수도잉여금이 발생하는 때에는 즉시 반환하거나 다음달 사용료에서 차감하도록 관리규약준칙을 개정하도록 의결하였다.

불가피하게 수도료 부과차액이 발생하면 과대 부과 · 징수된 금액은 선수수도료계정으로, 과소 부과 · 징수된 금액은 미수수도료계정으로 각각 처리한 후,

발생시점에 즉시 반환 또는 추가 징수하거나 다음달 수도료에서 가감하는 등 정산을 하여야 한다.

수도료에 대한 회계처리를 제시하면 다음과 같다.

[수도료의 회계처리]

지방자치단체의 상수도사업소로부터 상·하수도요금 100,000원의 고지서를 받았을 경우

① 수도요금 고지서를 받은 시점

(차) 수도료	100,000	(대) 미지급수도료	100,000

② 관리비 부과시점

(차) 미수관리비	100,000	(대) 관리수익	100,000

③ 관리비 납부시점

(차) 예금_관리계좌	100,000	(대) 미수관리비	100,000

④ 상수도사업소에 납부시점

(차) 미지급수도료	100,000	(대) 예금_관리계좌	100,000

3.6 정화조오물수수료

정화조오물수수료란 매년 정화조 청소 시에 발생하는 수수료를 말한다. 이에 따라 정화조 시설 유지관리 대행비용은 정화조오물수수료계정이 아니라 수선유지비계정으로 처리하여야 한다.

✪ 정화조 관련 비용의 계정과목 구분

- **정화조오물수수료**: 매년 정화조 청소 시 발생하는 수수료
- **수선유지비**: 정화조 시설 유지관리 대행비용

「하수도법 시행규칙」 제33조 제1항 제2호에 따르면 정화조는 연 1회 이상 내부 청소를 하여야 한다. 정화조오물수수료는 1년에 한 번 정화조를 청소할 때

지출하는 비용이므로 지출시점에 한꺼번에 관리비로 부과하면 전출입세대가 있을 경우 세대별로 월별 관리비가 공정하게 부과되지 않는다. 월별 관리비를 공정하게 부과하기 위해서는 정화조오물수수료에 대한 연간 예산을 편성하고, 이에 따른 월별 할당액을 매월 충당부채로 설정하고, 이에 상당하는 금액을 세대별로 배분하여 부과 · 징수하여야 한다.

정화조오물수수료에 대한 회계처리를 제시하면 다음과 같다.

[정화조오물수수료의 회계처리]

1월 초에 외부용역업체와 정화조 청소용역계약을 체결하고 12월 말에 정화조 청소를 실시한 후 정화조오물수수료 1,200,000원을 지급한 경우에 다음 ①~⑤의 순서에 따라 회계처리한다.

① 1월부터 매월 100,000원씩 비용처리하면서 정화조오물수수료충당부채를 설정
② 관리비 부과
③ 관리비 수취(납부)
④ 별도의 예치금(정화조오물수수료예치금)계정으로 적립
⑤ 지출시점에 예치금과 충당부채의 차감

구체적인 회계처리는 다음과 같다.

① 매월 초

(차) 정화조오물수수료	100,000	(대) 정화조오물수수료충당부채	100,000

② 관리비 부과시점

(차) 미수관리비	100,000	(대) 관리수익	100,000

③ 관리비 수취(납부)시점

(차) 예금_관리계좌	100,000	(대) 미수관리비	100,000

④ 예치금 적립시점

(차) 정화조오물수수료예치금	100,000	(대) 예금_관리계좌	100,000

⑤ 12개월 적립 후 지출시점

(차) 정화조오물수수료충당부채	1,200,000	(대) 정화조오물수수료예치금	1,200,000

한편, 「주택관리업자 및 사업자 선정지침」 [별표 2]에 따르면 분뇨의 수집 · 운반(정화조 청소 포함)과 같이 타 법령이나 자치법규에서 수수료율 등을 정하고 있는 경우는 수의계약이 가능하다.

3.7 생활폐기물수수료

생활폐기물수수료란 음식물 수거업체의 음식물쓰레기 수거비용을 말한다. 수거비용은 「폐기물관리법」 제14조 제5항의 규정에 의해 음식물류 폐기물의 수집 · 운반 · 처리에 소요되는 수수료로서 종량제방식과 배출자부담원칙을 적용하여 부과 · 징수하고 있다.

3.8 입주자대표회의운영비

입주자대표회의운영비는 관리규약으로 정한 입주자대표회의 운영비용으로서 회의경비, 업무추진비, 직책수당, 출석수당, 업무 관련 출장비(사실 출장은 동대표가 아니라 관리사무소장이 가야 할 것이지만 만약 간다면!), 입주자대표회의 회장의 보증보험 가입비용, 윤리교육 수강비 등이 포함된다.

최근에 입주자대표회의운영비를 둘러싸고 입주자등의 민원제기가 많고 분쟁이 발생하기도 한다. 이러한 문제를 해결하기 위해서는 관리규약에 입주자대표회의운영비 지출규정을 명확하게 마련해 둘 필요가 있다.

입주자대표회의운영비의 회계처리와 관련하여 다음 몇 가지 사항에 주의를 기울여야 한다.

(1) 회의경비는 적격증빙서류를 구비한다

회의경비는 회의에 필요한 다과, 음료, 소모품 등의 구입비용으로서 물품구입을 증명할 수 있는 적격증빙서류를 갖추어야 한다.

(2) 업무추진비는 월급이 아니다

업무추진비는 입주자대표회의 구성원(회장, 이사, 감사, 동대표 등)에게 지급하는 실비변상적 성격의 금액으로서 업무용도로 사용된 비용에 한해 증빙서류에 의해 정산해야 한다. 그럼에도 불구하고 업무추진비의 회계처리와 관련하여 잘못 알고 있는 부분이 있다. 많은 공동주택에서 업무추진비를 매월 정액으로 지급하고 있는데 이는 경비가 아니라 지급받는 입주자대표회의 임원의 소득에 해당하므로 소득세 부과대상이 된다는 사실이다. 직책수당 또한 소득이기는 마찬가지다.

입주자대표회의 임원에게 지급하는 업무추진비나 직책수당이 실제로 사용한 금액을 한도로 증빙서류를 갖추어 정산하는 방식이 아니라 매달 일정 금액을 꼬박꼬박 지급하는 경우에는 입주자대표회의 임원이 상시 근무자가 아닌 점을 고려하면 소득세법상 기타소득에 해당하므로 과세대상이 될 수 있다.

예를 들어, 많은 공동주택에서 입주자대표회의 회장의 업무추진비 또는 직책수당을 월 30만 원 또는 40만 원 지급하고 있는데 연간으로 환산하면 360만 원에서 480만 원이 되어 2023년 현재의 「소득세법」을 기준으로 볼 때 소득세 면세점을 넘어서는 소득이 된다. 소득세에 대해서는 제4장 제2절에서 상세하게 설명한다.

공공기관의 경우 기관장이 지출하는 업무추진비는 엄격한 사용지침에 따르고 증빙서류를 갖추어서 공개하고 있다는 점을 고려한다면 공동주택에서도 지출의 투명성과 관리비 절감을 위해 이와 같이 개선해야 할 것이다.

(3) 입주자대표회의 회장과 동대표의 직무대행자에게도 업무추진비 지급이 가능하다

일부 아파트에서 동대표 자격이 없는 자가 입주자대표회의 회장이나 동대표 업무를 수행하는 경우 업무추진비의 수령 자격이 있는지를 놓고 분쟁을 겪고 소송까지 가기도 한다. 또한 입주자대표회의 회장과 동대표의 직무대행자가 통상적인 업무만을 수행하는 데 업무추진비를 전액 지급하는 것이 타당한지를 놓고 다투기도 한다. 법원은 대체로 입주자대표회의 회장과 동대표의 자격이 없더라도 업무를 수행했다면 업무추진비를 지급하는 것을 인정하는 추세이다.

(4) 회의출석수당에 월 한도 규정이 필요하다

대부분의 공동주택에서 입주자대표회의에 출석하는 동별 대표자에게 회의출석수당을 지급하고 있다. 입주자등을 위해 봉사시간을 할애하는 데 대한 수고비 정도로 이해할 수 있다. 그런데 회의가 잦은 경우에는 지급금액이 많을 수도 있다. 이에 따라 1회 출석수당에 대한 규정 이외에도 매월 지급하는 횟수 또는 금액에 대해 한도를 설정하는 것이 합리적이다. 상식을 뛰어넘는 수준의 회의출석수당을 받게 되면 입주자등을 위한 봉사라고 말하기 어렵다. 관리규약에 정한 금액을 초과하여 회의출석수당을 지급하는 경우에 그 초과지급액은 횡령에 해당한다는 것이 법원의 판단이다

(5) 회의출석수당이 과도할 경우 소득세 과세대상이 된다

「소득세법」에 따르면 회의출석수당은 인적용역소득으로서 기타소득에 해당한다. 2023년 기준으로 회의출석수당에 대한 기타소득 면세점은 건당 125,000원이다. 따라서 회의출석수당에 대한 과세를 피하기 위해서는 면세점인 125,000원 이내에 지급하는 것이 바람직하다.

기타소득의 소득세는 제4장 제2절에서 상세하게 설명한다.

(6) 회의 후 회식비를 별도로 지급하면 업무상 횡령 또는 업무상 배임이다

입주자대표회의운영비의 용도, 특히 회식비와 관련하여 분쟁을 겪고 소송에 이르기도 한다. 입주자대표회의를 개최한 후 동대표들이 모여서 회식을 하고 지출한 비용(술값 포함)을 입주자대표회의운영비로 처리하는 것이 타당할까?

법원은 회식비를 입주자대표회의운영비로 결제하는 것을 업무상 배임이나 업무상 횡령으로 보고 벌금형을 선고하였다. 그 이유는 관리규약에 회식비 지급에 관한 규정이 없고, 업무추진비를 따로 지급받고 있으며, 회식자리는 회의의 연속으로 볼 수 없고, 회식비가 입주자대표회의 운영에 반드시 필요한 비용으로 보이지 않기 때문이라고 판시하였다.

따라서 입주자대표회의 회장이나 동대표가 개인적으로 받은 업무추진비나

회의출석수당으로 회식비를 결제하면 문제가 없을 것이다. 한 가지 생각해야 할 점이 있다면 입주자대표회의 회장과 동대표는 입주자등이 거주하는 마을공동체를 위한 봉사와 헌신의 자리이기 때문에 기본적으로 무보수로 일하는 것이 타당하지 않을까?

배임죄란

- 인천지법 형사14단독(2018. 7.)의 판결
  "배임죄에서 임무위배행위는 처리하는 사무의 내용, 성질 등 구체적 상황에 비춰 법령의 규정, 계약내용 또는 신의성실의 원칙상 당연히 해야 할 것으로 기대되는 행위를 하지 않거나 당연히 하지 않아야 할 것으로 기대되는 행위를 함으로써 본인과 맺은 신임관계를 저버리는 일체의 행위"
- 대법원 판례(2009도14464)
  "법령의 규정, 계약내용 또는 신의성실의 원칙상 구체적 상황과 자신의 역할·지위에서 당연히 해야 할 것으로 기대되는 행위를 하지 않거나 하지 않아야 할 것으로 기대되는 행위를 함으로써 재산상 이익을 취득하거나 제3자로 하여금 이를 취득하게 하고 본인에게 손해를 가했다면 고의 내지 불법이득의 의사는 인정된다."

(7) 입주자대표회의 구성원에 대한 경조사비는 입주자대표회의운영비에서 지급할 수 없다

어떤 공동주택에서는 입주자대표회의 구성원에 대한 경조사비를 지급하고 이를 입주자대표회의운영비로 회계처리하는 경우가 있는데 이는 잘못된 회계처리이다. 경조사비는 상호부조 차원에서 부담하는 지극히 개인적인 지출이다. 따라서 입주자대표회의 구성원의 경조사비를 입주자등이 부담한 관리비등에서 지급하는 것은 입주자등의 개인 재산을 침해하는 결과로 횡령이 될 수가 있다.

(8) 운영비 사용내역은 공개하여야 한다

입주자대표회의운영비는 「공동주택관리법 시행령」 제23조 제3항 제8호에 따라 사용료에 해당한다. 따라서 관리주체는 「공동주택관리법」 제23조 제4항 제2호에 따라 사용료 등의 내역을 대통령령으로 정하는 바에 따라 해당 공동주택단지의 인터넷 홈페이지 및 동별 게시판과 공동주택관리정보시스템(K-apt)에 공개하여야 하며, 같은 법「시행령」제23조 제8항에서 관리비등을 입주자등에게 부과한 관리주체는 그 명세를 다음달 말일까지 해당 공동주택단지의 인터넷 홈페이지 및 동별 게시판과 공동주택관리정보시스템(K-apt)에 공개하도록 규정하고 있음을 명심해야 할 것이다.

(9) 입주자대표회의운영비를 입주자대표회의에서 자체관리하는 것은 바람직하지 않다

위에서 설명한 바와 같이 입주자대표회의운영비는 세금문제가 있을 뿐만 아니라 목적에 맞게 엄격하게 사용하고, 사용에 관한 증빙서류를 갖추어 공개하여야 한다. 이에 따라 일정한 회계와 세무지식이 있는 전문가가 입주자대표회의운영비를 관리할 필요성이 있다. 또한 자금의 지출부서와 사용부서는 업무가 엄격히 분리되어 관리되어야 회계오류와 부정을 막을 수 있다. 이것은 올바른 자금관리를 위한 내부통제의 기본이다.

그런데 일부 공동주택에서는 입주자대표회의운영비를 아예 관리사무소로부터 입금받아 입주자대표회의에서 자체관리하고 증빙서류도 제대로 챙기지 않는 경우가 있다. 이는 입주자등이 납부한 관리비등의 개인 재산을 함부로 사용하는 결과가 되며 자칫하면 횡령의혹을 받을 수도 있다. 많은 공동주택에서 입주자대표회의운영비 지출과 관련하여 갈등과 분쟁을 겪고 있다. 이에 따라 입주자대표회의운영비는 관리사무소에서 관리사무소장의 감독을 받아 회계담당자가 중앙관리할 것을 권고한다.

3.9 건물보험료

건물보험료란 건물의 화재보험과 승강기, 어린이놀이시설, 지하주차장, 독서실, 운동시설 등에 소요되는 보험료를 말한다. 아파트 입주자등은 화재로 인한 피해보상을 위해 통상 '입주자대표' 명의(보험계약자)로 단체화재보험에 가입한다. 단체화재보험은 아파트 등의 화재 · 폭발로 발생한 건물 및 가재도구에 입은 손해 및 타인의 인적 · 물적 피해에 대한 손해배상책임을 보장한다. 16층 이상 고층아파트는 「화재보험법」에 따라 의무적으로 가입해야 하며, 15층 이하 아파트도 인적 · 물적 피해보상을 위해 대부분 가입한다.

공동주택에 대한 단체화재보험은 반드시 입찰을 통해 계약을 체결하고 보험조건 등을 꼼꼼히 따져 보아야 한다. 보통 공동주택 단체화재보험은 보험에 대해 전문지식이 없는 사람들이 가입하기 때문에 보험회사에서 보험료를 부풀려 계약을 하는 일이 잦다고 한다. 화재보험은 크게 주택피해, 가재도구, 영업배상책임 등으로 나눈다. 이 중에서 가장 중요한 부분은 주택피해에 대한 보상인데 이에 대한 보험료는 보험회사 사이에 큰 차이가 없고, 이를 제외한 가재도구와 영업배상책임에 대한 보험료에서 차이가 많이 발생하므로 보험계약을 체결할 때 주의 깊게 살펴보아야 한다. 화재보험에 가입할 때는 풍수해나 재난으로부터 보호받기 위한 선택권이 있는데 가능하면 함께 가입할 필요가 있다.

단체화재보험의 보험료는 아파트 각 세대의 입주자등에게 매월 관리비로 부과된다. 그러나 사용자(임차인) 과실로 화재가 발생할 때 보험회사는 건물 소실액을 소유자에게 보상한 뒤 임차인에게 대위권을 행사하므로 임차인에게 경제적 피해가 발생하게 된다. 이는 현행 화재보험계약상 임차인은 보험계약자 또는 피보험자가 아닌 제3자로 분류되기 때문이다. 이에 따라 금융감독원은 2020년 6월 4일 화재보험약관에 임차인이 보험료를 부담하는 경우 보험회사가 대위권을 행사하지 않도록 예외조항을 신설하기로 하였다고 발표하였다.

건물보험계약을 체결하고 보험회사에 1년분 보험료를 한꺼번에 납부하는 경우에는 선급비용(선급보험료)으로 처리한 다음 12개월로 나누어 분할하여 비용처리하고 동시에 관리비로 부과하여야 한다. 건물보험료에 대한 회계처리를 제시하면 다음과 같다.

[건물보험료의 회계처리]

1년치 건물보험료로 1,200,000원을 납부한 경우

① 보험료 납부시점

(차) 선급보험료	1,200,000	(대) 예금_관리계좌	1,200,000

② 매월 관리비 부과시점

(차) 건물보험료	100,000	(대) 선급보험료	100,000

3.10 선거관리위원회운영비

선거관리위원회운영비란 관리규약에서 정한 선거관리위원회 운영비용이다. 「공동주택관리법 시행령」 제15조 제5항 및 제19조 제1항 제4호에 따르면 선거관리위원회의 구성 · 운영 · 업무 · 경비, 위원의 선임 · 해임 및 임기 등에 관한 사항은 해당 공동주택관리규약으로 정한다. 따라서 선거관리위원회운영비의 범위와 금액은 관리규약에 구체적이고 명시적으로 규정하고 이에 따라 집행하여야 한다. 또한 관리주체는 선거용 물품구입, 식대 및 음료와 다과 구입비 등 소요비용에 관한 적격증빙서류를 포함한 회계장부를 별도로 작성하여 보관하고, 입주자등에게 공개해야 한다.

경기도의 공동주택관리규약준칙(제17차 개정, 2022. 12. 9.) 중 선거관리위원회운영비에 관한 규정을 소개하면 다음과 같다.

✪ 선거관리위원회운영비에 관한 경기도의 공동주택관리규약준칙(제17차 개정, 2022. 12. 9.)]

제38조(운영경비) ① 영 제15조 제5항에 따라 구성하는 위원회의 운영경비는 예산에 편성하여 다음 각 호에 따라 사용한다.

1. 회의 출석수당 : 1회당 ○만원(1회당 최대 10만원 이내로 하되, 월 20만원을 초과할 수 없다.)
2. 투표・개표 업무수당 : 1회 ○만원(1회 최대 10만원 이내) – 하나의 안건에 대한 투표・개표 완료 시까지를 1회로 본다. 다만, 회의출석수당과 중복지급할 수 없으며, 전자투표의 경우는 투・개표 업무 수당을 지급하지 아니한다.

3. 투표·개표 참관인수당 : 1회 ○만원(1회 최대 5만원 이내)
4. 전자투표 시 소요되는 비용
5. 선거홍보물 인쇄비
6. 「선거관리위원회법」 제2조 제1항 제3호에 따라 해당 소재지를 관할하는 시·군·구 선거관리위원회에 투표 및 개표관리 등 선거관리지원을 요청한 경우 그 소요비용
7. 회의 및 투·개표에 소요되는 식대와 간식
8. 후보자 자격 확인 등에 소요되는 교통비

② 제1항 제7호 및 제8호의 비용은 반드시 사용목적, 참석자를 명기한 적격지출증빙 등을 관리주체에 제출하여야 하며, 관리주체는 제1항의 비용에 대한 수당, 그 밖에 소요되는 비용의 사용내역을 별도의 장부(증빙자료를 포함한다)로 작성하여 보관하고, 관리비 부과명세서 배부 시 기재 또는 첨부하여 전체 입주자등에게 알려야 한다.

여기에서 표준으로 삼을 만한 특징 몇 가지를 살펴보면 다음과 같다.

① 수당 지급에서 1회당 한도와 월 한도 규정을 설정하였다.

② 투표·개표 수당에서 1회의 정의를 명확히 하였다.

③ 비용처리절차와 적격증빙서류의 구비를 구체적으로 명시하였다.

선거관리위원회운영비에 관한 회계처리를 제시하면 다음과 같다.

[선거관리위원회운영비의 회계처리]

관리규약 또는 선거관리위원회 운영규정에 따라 선거관리위원회 위원 5명에게 각각 50,000원의 회의출석수당을 지급한 경우

(차) 선거관리위원회운영비 250,000 (대) 예금_관리계좌 250,000

제4절 | 장기수선충당금

장기수선충당금을 부과 · 징수 · 적립 · 사용하기 위해서는 먼저 장기수선계획을 수립하고 정기적으로 검토 · 조정하는 절차를 거쳐야 한다. 따라서 먼저 장기수선계획을 설명하고, 이후 장기수선충당금에 대해서 설명하기로 한다.

4.1 장기수선계획

4.1.1 장기수선계획이란

1) 장기수선계획의 개념과 수립목적

장기수선계획이란 공동주택을 장기간 안전하고 효율적으로 사용하기 위하여 「공동주택관리법」 제29조 제1항에 따라 공용부분 주요 시설물의 교체 및 보수 등에 대하여 수립하는 계획을 말한다.

장기수선계획을 수립하면 다음과 같은 목적을 달성할 수 있다(장기수선계획 실무가이드라인, 2015. 9. 국토교통부).

① 시설물의 내용연수와 상태에 따라 언제 어떠한 수선을 해야 하는지를 미리 계획하여 이에 따른 비용을 적립함으로써 시설물의 수명을 제대로 유지할 수 있다.

② 시설물에 대한 계획수선이 이루어져야 공동주택의 쾌적한 환경이 구현되며, 소유자의 자산가치가 보존된다.

③ 장기수선계획에 입각한 비용이 적립되어야 비용적립을 둘러싼 분쟁을 줄일 수 있으며, 수선공사 실시에 대한 원활한 합의 형성을 기대할 수 있다.

2) 장기수선계획의 적용대상 공동주택

장기수선계획의 적용대상 공동주택은 의무관리대상 공동주택과 약간의 차이가 있으므로 구분해서 파악해 두어야 혼란을 피할 수 있다. 장기수선계획 적용대상 공동주택은 300세대 이상 또는 세대수에 관계없이 승강기를 설치했거나, 중앙집중식(또는 지역) 난방방식의 공동주택이거나 주상복합건물인 경우이다. 반면 의무관리대상 공동주택은 해당 공동주택을 전문적으로 관리하는 자를 두고 자치 의결기구를 의무적으로 구성하여야 하는 등 일정한 의무가 부과되는 공동주택으로서, 300세대 이상이거나 세대수가 150세대 이상이면서 승강기 설치 또는 중앙집중식(또는 지역) 난방방식의 공동주택이거나 주택이 150세대 이상인 주상복합건물인 경우이다. 그러니까 장기수선계획은 의무관리대상 공동주택보다 훨씬 광범위하게 적용되는데 이는 공동주택의 안전을 그만큼 중요하게 바라보는 입법 취지라고 할 수 있다. 이상에서 설명한 장기수선계획 적용대상 공동주택과 의무관리대상 공동주택을 비교해 보면 [표 3-23]과 같다.

표 3-23 장기수선계획 적용대상과 의무관리대상 공동주택의 구분

장기수선계획 적용대상 공동주택 (「공동주택관리법」 제29조 제1항)	의무관리대상 공동주택 (「공동주택관리법」 제2조 제1항 제2호)
① 300세대 이상의 공동주택	① 300세대 이상의 공동주택
② 승강기가 설치된 공동주택	② 150세대 이상으로서 승강기가 설치된 공동주택
③ 중앙집중식 난방방식 또는 지역난방방식의 공동주택	③ 150세대 이상으로서 중앙집중식 난방방식(지역난방방식을 포함)의 공동주택
④ 「건축법」 제11조에 따른 건축허가를 받아 주택 외의 시설과 주택을 동일 건축물로 건축한 건축물(주상복합건물을 말함)	④ 「건축법」 제11조에 따른 건축허가를 받아 주택 외의 시설과 주택을 동일 건축물로 건축한 건축물(주상복합건물을 말함)로서 주택이 150세대 이상인 건축물
	⑤ ①~④에 해당하지 아니하는 공동주택 중 전체 입주자등의 3분의 2 이상이 서면으로 동의하는 방법으로 정하는 공동주택(2020. 4. 24. 개정)

장기수선계획은 사업주체(또는 리모델링하는 자)가 수립하여 사용검사(또는 사용승인)를 신청할 때 사용검사권자에게 제출하고, 사용검사권자는 그 적정성을 확인하여 제출자에게 보완요구를 한 다음, 관리주체에게 인계하여야 한다(「공동주택관리법」 제29조 제1항). 장기수선계획을 인수받은 관리주체는 사업계획서가 부실하거나 인수받은 사업계획서가 없는 경우에는 직접 작성하여야 한다.

입주자대표회의와 관리주체는 장기수선계획을 3년마다 검토하고, 필요한 경우 이를 조정하여야 하는데 관리주체가 조정안을 작성하고 입주자대표회의가 의결하는 방법으로 한다(「공동주택관리법 시행규칙」 제7조 제2항). 물론 주요 시설을 신설하는 등 관리 여건상 필요하여 전체 입주자 과반수의 서면동의를 받은 경우에는 3년이 지나기 전에 장기수선계획을 조정할 수 있다(「공동주택관리법」 제29조 제3항). 또한 입주자대표회의와 관리주체는 장기수선계획에 대한 검토사항을 기록하고 보관하여야 한다(「공동주택관리법」 제29조 제2항). 입주자대표회의와 관리주체는 수립 또는 조정된 장기수선계획에 따라 주요 시설을 교체하거나 보수하여야 한다(「공동주택관리법」 제29조 제2항).

이상에서 설명한 장기수선계획의 수립부터 실행까지 수행단계별 내용을 요약하면 [표 3-24]와 같다.

표 3-24 장기수선계획의 수행단계별 내용

수행단계	수행주체	수행내용	관련 법령
수립 및 제출	사업주체 또는 리모델링하는 자	• 사업주체가 장기수선계획 수립	「공동주택관리법」 제29조 제1항
검토 및 인계	사용검사권자	• 장기수선계획 적정성 확인 • 사업주체에게 보완요구	「공동주택관리법」 제29조 제1항
인수	관리주체	• 사업주체가 작성한 장기수선계획서가 없거나 부실한 경우 직접 작성	「공동주택관리법」 제29조 제1항
정기검토	입주자대표회의 관리주체	• 3년마다 검토 • 검토사항의 기록, 보관	「공동주택관리법」 제29조 제2항

조정	입주자대표회의 관리주체	• 검토 후 필요한 경우 조정, 관리주체가 조정안 작성 후 입주자대표회의가 의결 • 관리 여건상 필요하여 전체 입주자 과반수의 서면동의 받는 경우 3년 경과 전 조정가능	• 「공동주택관리법」 제29조 제2항, 제3항 • 「공동주택관리법 시행규칙」 제7조 제2항
실행	입주자대표회의 관리주체	주요 시설의 교체, 보수	「공동주택관리법」 제29조 제2항

4.1.2 장기수선계획의 수립기준

「공동주택관리법 시행규칙」 제7조 제1항에서는 '장기수선계획 수립기준'(이하 '수립기준')을 [별표 1]로 제시하고 있으며, 「시행규칙」 제9조에서는 장기수선계획에 따라 장기수선충당금을 적립할 때 고려할 주요 시설의 범위, 교체·보수의 시기 및 방법 등을 '수립기준'에 따르도록 규정하고 있다. 이 '수립기준'은 2016년 8월 12일 「공동주택관리법」이 「주택법」에서 분리되어 제정·시행되면서 「주택법 시행규칙」 [별표 5]에 있는 수선항목을 주요 항목 중심으로 147개 항목에서 73개 항목으로 대폭 축소한 것이다.

주요 시설은 건물외부, 건물내부, 전기·소화·승강기 및 지능형 홈네트워크 설비, 급수·가스·배수 및 환기설비, 난방 및 급탕설비, 옥외 부대시설 및 옥외 복리시설 등 총 여섯 가지로 구분하고 있다.

주요 시설은 다시 공사종별, 수선방법, 수선주기, 수선율에 대해 규정하고 있다. 수선주기는 건축물 또는 설비 등에 대한 부분 및 전체 수선공사의 시기의 간격을 말하는 것으로서 공사종별과 수선방법에 따라 5년, 9년, 10년, 15년, 20년, 25년, 30년 등을 제시하고 있다. 수선율은 전체 수선금액에 대한 부분수선 금액의 비율을 말한다. 부분수선의 비율이 전체 물량기준이 아니라 금액기준이라는 점에 유의하여야 한다. 이에 관한 자세한 내용은 뒤에서 다시 설명하고 부록 2에서도 제시한다.

여기서, 한 가지 짚고 넘어갈 사항이 있다. 장기수선계획 '수립기준' [별표 1]에 명시되지 않은 공사항목을 장기수선계획에 반영할 수 있느냐 하는 것이다.

이에 관한 판단은 다음에 제시하는 국토교통부의 민원회신에 나타나 있다.

✪ '수립기준' [별표 1]에 명시되지 않은 공사항목의 장기수선계획 반영 여부

1. 국토교통부 주택건설공급과 민원회신(2019. 10. 18. 접수)
   (1) 「공동주택관리법 시행규칙」 '수립기준' [별표 1]의 공사항목(수선방법 등)은 전국의 공동주택에서 가장 빈번하게 수선하는 항목 중 시설물의 중요도, 수선비용 등을 고려해 규정한 것으로 장기수선계획에 반드시 반영해야 한다.
   (2) 다만, '수립기준' [별표 1]에 명시되어 있지 않은 공사항목의 장기수선계획 반영 여부는 해당 공동주택에서 공사의 성격, 소요비용, 관리규약, 부담주체 의사 등 제반 사정을 고려해 자율적으로 결정할 사항이며, 장기수선계획 수립기준(「공동주택관리법 시행규칙」 [별표 1])은 공동주택의 장기수선계획을 수립하는 기준으로 수선방법(전체수선, 부분수선), 수선율, 수선주기 등은 당해 공동주택의 실정에 맞춰 장기수선계획을 조정할 수 있다.
2. 판단

따라서 '수립기준' [별표 1]에 명시되어 있지 않은 공사항목이더라도 해당 공동주택의 제반 사정에 따라 자율적으로 결정하여 장기수선계획에 반영할 수 있다.

4.1.3 장기수선계획의 수선범위 : 전면수선과 부분수선의 구분

앞서 언급하였듯이 2016년 8월 12일부터 시행된 「공동주택관리법 시행규칙」 [별표 1]의 '수립기준'은 당초 「주택법 시행규칙」 [별표 5]에 있던 수선항목을 대폭 축소하고, 다수의 부분수선 해당 여부를 삭제하였다.

이에 따라 일선 공동주택관리 현장에서 당초 부분수선이 있었으나 전면수선만 남은 항목을 중심으로 "어디까지 전면수선으로 인정할 것인지"에 대한 혼란이 발생하였다. 이러한 문제를 해결하기 위해 국토교통부에서는 '2022 장기수선계획 실무가이드라인'을 발행하여 전면수선만 있고, 부분수선이 없는 항목을 포함하여 장기수선계획 수립기준상의 항목(주요 시설)에 대해 '전면수선 인정기준'을 명확히 설정하는 한편, 공사종별을 정의하고 이에 해당하는 공사범위를 예시하였다.

이렇게 장기수선계획 수선범위를 명확히 정의하는 목적은 장기수선충당금을 사용할 수 있는 기준을 제시하는 데 있다. 「공동주택관리법 시행규칙」 제7조 제1항 및 제9조와 관련된 [별표 1]의 '수립기준'에서는 공동주택의 수선항목과 공사종별을 구분한 다음 공사종별로 수선방법을 전면수선(전면교체, 전면도장)과 부분수선(부분교체)으로 나누고 있다. 그리고 '2022 장기수선계획 실무가이드라인'에서는 각 공사종별 최소단위를 정의하고 최소단위 이상인 경우에는 전면수선으로, 그렇지 않은 경우에는 부분수선으로 처리함으로써 장기수선충당금을 사용할 수 있는 기준을 설정하고 있다. 그래서 '수립기준'에 따라 장기수선계획을 수립하고 있다면 장기수선계획에서 제시된 전면수선이나 부분수선의 범위에 해당하지 않은 경우에는 장기수선충당금을 사용할 수 없고 수선유지비를 사용하여야 한다.

1) 전면수선과 부분수선

전면수선이란 내구연한(내용연수)이 도래한 제품 및 사용에 따른 노후화로 인한 교체로서 생활불편 또는 안전상을 이유로 기능회복을 위해 수선하는 행위를 말한다. 단순 고장이거나 일부 부품의 교체로 수리가 가능하면 수선유지비를 사용하도록 하고, 전체 교체가 유일한 방법일 경우 전면수선 최소단위를 확인하여 장기수선충당금을 사용한다.

부분수선이란 내구연한이 도래하지 않은 설비 등의 일부를 수리·수선하는 행위를 말한다. 「공동주택관리법 시행규칙」 [별표 1]의 장기수선계획 수립기준에서 전면교체만 해당되는 공용부분의 주요 시설에 대한 부분수선공사는 반드시 장기수선계획에 반영해야 하는 것은 아니다. 부분수선공사를 장기수선계획에 추가할지 여부는 각 공동주택에서 자율적으로 결정할 수 있으며, 장기수선계획에 반영되지 않은 부분수선공사는 수선유지비로 집행할 수 있다. 따라서 전면수선을 판단하는 기준을 설정하여 각 항목에 대해 전면수선의 '최소단위'를 정의하고, 최소단위 이하는 부분수선에 해당하는 것으로 처리한다.

이를 간단히 요약하여 장기수선충당금의 사용기준을 제시하면 [그림 3-6]과 같다.

[그림 3-6] 장기수선충당금의 사용기준

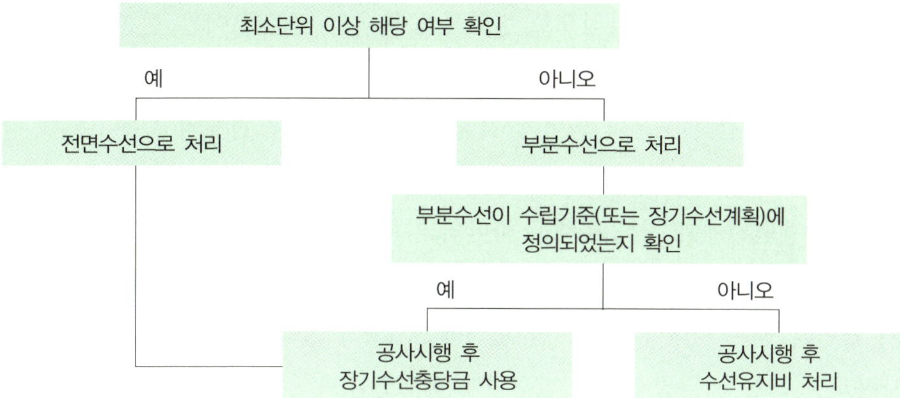

2) 전면수선의 인정기준

전면수선 인정기준이 되는 '전면수선 최소단위'는 주요 시설의 공간적 · 기능적 독립성을 고려하여 A타입, B타입, C타입으로 구분한다.

(1) A타입 : 공간적 구분

① 정의

A타입은 해당 항목의 공사가 명확히 구분되는 동, 동의 특정부위, 지하주차장 등의 공간에 부속되는 경우이다. 이 경우 단지 전체가 수선범위가 아니더라도, 구분된 공간 내 해당 항목의 수선공사는 전면수선으로 인정한다. 주로 건물의 도장이나 방수 등 건축분야의 주요 시설에 적용된다.

② 적용례

옥상방수 공법의 '각 건물의 옥상(라인별로 구분된 경우에는 각 라인별 옥상)', 지붕잇기 공법의 '각 건물의 지붕(라인별로 구분된 경우에는 각 라인별 지붕)' 등이 해당하고, 계단 논슬립(미끄럼 방지)은 별도 제품이지만 도장과 같이 계단의 일부로 보아 '계단실' 공간을 전면수선의 최소단위로 적용한다.

예를 들어, 10개 동이 있는 공동주택단지에서 옥상 고분자도막방수(우레탄방

수)공사를 실시하는 경우에 전체 10개 동이 아니라 1개 동의 옥상만 방수공사를 하더라도 각 동이 공간적으로 명확히 구분되기 때문에 이는 전면수선에 해당한다. 반면에 누수가 발생해 옥상 일부분만 방수공사를 하는 경우에는 해당 누수부분이 공간적 구분이 되어 있지 않으므로 10개 동 전체의 누수부분을 각각 보수하더라도 부분수선에 해당한다.

공동주택단지에서 지하 전체를 하나의 지하주차장으로 만들었다면 내부도장이나 바닥공사의 전면수선 단위는 지하주차장 전체가 1개소가 되고, 몇 개 동씩 묶어서 만든 지하주차장이 한 단지에 3개소가 있다면, 지하주차장 1개소의 내부도장 또는 바닥공사는 전면수선에 해당한다.

이외에도 각 동의 하부 돌붙이기, 각 동의 수성페인트칠, 각 동의 계단실 내부도장, 분리된 지하주차장의 내부도장, 분리된 지하주차장의 바닥공사 등이 A타입에 해당한다.

또한 전기 · 소화 · 승강기 및 지능형 홈네트워크 설비 중 동단위로 설치된 피뢰설비, 보일러실 및 기계실 등 여러 실에 설치된 동력반도 A타입에 해당한다.

급수 · 가스 · 배수 및 환기설비, 난방 및 급탕설비에서 급수관, 배수관, 오배수관, 난방관, 급탕관, 소화수관 등 각종 배관은 배관의 설치 부위에 따라 수직배관(입상관)은 라인별로 교체가 가능한 A타입으로, 수평배관의 경우도 A타입으로 적용하여 동 또는 구역 내 수평배관을 교체하는 경우 전면수선으로 인정한다.

③ 회계처리

이에 따라 「공동주택관리법 시행규칙」 '수립기준' [별표 1]에 따라 장기수선계획을 수립했다면 옥상(지붕)의 고분자도막방수 항목에는 부분수선이 제외되어 있으므로 전면수선에 해당하면 장기수선충당금을 사용하고, 부분수선에 해당하면 수선유지비를 사용하여야 한다. 그러나 지하주차장 도색의 경우에는 전면수선과 부분수선이 모두 [별표 1]에 포함되어 있으므로 장기수선계획이 이에 따라 수립되었다면 전면수선과 부분수선 모두 장기수선충당금을 사용한다.

(2) B타입 : 기능적 구분(제품이나 시설)

① 정의

B타입은 하나의 제품이 여러 개의 부품을 결합하여 만들어졌고 그 제품이 독립적으로 기능하는 경우에 하나의 제품을 최소단위로 보아 하나의 제품 교체를 전면수선으로 인정하는 것이다. 이 경우 해당 제품이 동일한 공간에 여러 개가 있거나, 공동주택단지 전체에 분포하고 있더라도 이러한 사정은 최소단위의 고려대상이 아니다. 주로 전기·정보통신분야, 기계분야에 해당한다.

② 적용례

승강기의 구성품 중 기계장치는 제품 1개가 최소단위이며, 급수설비 중 여러 개의 펌프가 설치되는 급수펌프도 1개가 최소단위이기 때문에 1개 단위의 교체를 전면수선으로 인정한다.

승강기의 각 구성품, 자동화재감지설비 구성품 중 감지기, 소화설비 중 스프링클러헤드, 보안·방범시설 중 영상정보처리기기(CCTV카메라), 여러 개의 펌프가 공동주택단지 차원에서 설치되는 각종 펌프(소화설비 중 소화펌프, 배수설비 중 펌프, 급수설비 중 급수펌프, 난방설비 중 난방순환펌프, 급탕설비 중 순환펌프)도 B타입이다.

③ 회계처리

B타입에 해당하면 제품 1개의 교체도 장기수선충당금을 사용하여야 한다. 만약 제품 1개의 금액이 소액이어서 제품 1개를 교체할 때마다 장기수선계획서를 수시조정하기가 어렵다면 장기수선계획 총론에 소액지출 근거를 마련하여 교체나 보수를 먼저 실시하고, 최초 도래하는 정기검토 또는 수시검토할 때 장기수선계획서를 조정하여 장기수선계획에 반영하면 된다.

(3) C타입 : 공동주택단지 전체에 걸쳐 하나의 단위를 적용

① 정의

C타입은 공간적으로 구분되는 특정부위(A타입)도 아니고, 독립적 기능을 하는 제품이 설치된 것(B타입)도 아닌 경우 공동주택단지를 기준으로 전체를 교체하는 것을 전면수선으로 인정하는 것이다. 따라서 공동주택단지를 기준으로 전체를 교체하지 않는 수선은 부분수선으로 본다.

② 적용례와 회계처리

기계분야에서 부위별 배관(수평배관), 단지 전체에 걸쳐 있는 도로의 아스팔트 포장, 단지 구획 울타리, 보도블록 등이 C타입에 해당한다. 물론 아스팔트 포장이나 보도블록의 경우에는 '수립기준'에 전면수선과 부분수선이 모두 있으므로 이에 따라 장기수선계획을 수립했다면 전면수선, 부분수선 모두 장기수선충당금을 사용한다. 그러나 울타리의 경우는 전면교체(전면수선)만 장기수선충당금을 사용하고 부분교체(부분수선)의 경우에는 수선유지비로 처리해야 한다.

4.1.4 장기수선계획의 수선범위 : 소방시설에 대한 적용

앞서 설명한 전면수선과 부분수선의 구분을 소방시설에 대해 적용해 보기로 한다.

1) 소방시설법상의 자체점검의무

(1) 소방대상물에 설치된 소방시설의 자체점검의무

「화재예방, 소방시설 설치 · 유지 및 안전관리에 관한 법률」(이하 「소방시설법」)에서는 소방대상물에 설치된 소방시설에 대해 자체점검의무를 부과하고 있다. 「소방시설법」 제22조 제1항 및 「소방시설법 시행규칙」 제17조에 따르면 소방대상물의 소유자 · 관리자 또는 점유자(이하 '관계인')는 그 대상물에 설치되어 있는 소방시설과 비상구, 방화문 및 방화셔터(이하 '소방시설등')에 대해 정기적으로 자체점검을 하거나 다음의 어느 하나에 해당하는 사람으로 하여금 정기적으로 점검하게 해야 한다.

① 소방시설관리업자

② 소방안전관리자로 선임된 자

③ 소방기술사

(2) 자체점검의 구분 및 대상

자체점검은 작동기능점검과 종합정밀점검으로 구분되며 [표 3-25]와 같이 실시한다(「소방시설법」 제25조 제3항, 「소방시설법 시행규칙」 제18조 제1항 및 [별표 1] 참조).

표 3-25 소방시설법상 자체점검의 실시내용

구분	작동기능점검	종합정밀점검
의미	소방시설등을 인위적으로 조작하여 정상적으로 작동하는지를 점검하는 것	소방시설등의 작동기능점검을 포함하여 소방시설 설비별 주요 구성 부품의 구조기준이 화재안전기준 및 관련 법령에서 정하는 기준에 적합한지 여부를 점검하는 것
점검자 자격	특정소방대상물의 관계인·소방안전관리자 또는 소방시설관리업자(소방시설관리사를 포함하여 등록된 기술인력을 말함)	소방시설관리업자 또는 소방안전관리자로 선임된 소방시설관리사 및 소방기술사
점검횟수	연 1회 이상	연 1회 이상, 단, 특급 소방안전관리대상물인 50층 이상(지하층 제외)이거나 지상으로부터 높이가 200미터 이상인 아파트는 반기 1회 이상 ※ 우수 특정소방대상물에 대해서는 예외 있음
점검시기	종합정밀점검대상인 경우: 종합정밀검점 실시 6개월이 되는 달에 실시	
	건축물의 사용승인일이 속하는 달의 말일까지 실시	건축물의 사용승인일이 속하는 달에 실시
	신규로 건축물의 사용승인을 받은 건축물: 그 다음 해부터 실시(단, 예외 있음)	신규로 건축물의 사용승인을 받은 건축물: 그 다음 해 건축물의 사용승인일에 속한 말일까지 실시(단, 예외 있음)

	그 밖의 점검대상: 연중 실시	하나의 대지경계선 안에 2개 이상의 점검대상 건축물이 있는 경우: 그 건축물 중 사용승인일이 가장 빠른 건축물의 사용승인일을 기준으로 점검가능
위반 시 제재	이를 위반하여 소방시설등에 대한 자체점검을 하지 않거나 관리업자 등으로 하여금 정기적으로 점검하게 하지 않으면 1년 이하의 징역 또는 1천만 원 이하의 벌금에 처함(「소방시설법」 제49조 제4호).	

(3) 자체점검 결과의 보고

자체점검 결과에 대해서는 [표 3-26]과 같이 보고한다.

▌표 3-26 ▌자체점검 결과 보고

구분	내용	법령
제출대상	소방본부장이나 소방서장	「소방시설법」 제25조 제2항
제출시기	점검 완료일 기준 7일 이내	「소방시설법 시행규칙」 제19조 제1항 전단
제출처	온라인: 소민터(www.somin.go.kr) 오프라인: 관할 소방관서	「소방시설법 시행규칙」 제19조 제1항
위반 시 제재	점검 결과 미보고 또는 거짓 보고 시 200만 원 이하 과태료	「소방시설법」 제53조 제2항 제10호
서류보관	소방시설등 자체점검 실시 결과 보고서, 2년	「소방시설법 시행규칙」 제19조 제3항

2) 자체점검 지적사항의 시정조치에서 장기수선충당금을 사용할 수 있는 경우

「소방시설법」 제2조 제1항 제1호에 따르면 소방시설은 소화설비, 경보설비, 피난구조설비, 소화용수설비, 소화활동설비 다섯 가지로 나눈다. 이들 소방시설 중에서 장기수선계획 수립대상은 소화설비와 경보설비 구성요소 중 일부이다. 「소방시설법」의 소화설비 중에서도 소화펌프, 스프링클러헤드, 소화수관(강관)의 전면교체만 해당하고, 경보설비 중에서는 자동화재감지설비의 전면교체만 해당한다.

'수립기준'과 '2022 장기수선계획 가이드라인'에 따르면 구체적인 공사범위는 소화펌프는 펌프, 전동기, 스프링클러설비(가압송수장치, 펌프, 전동기 및 밸브(준비작동식밸브, 드라이파이프밸브 등))이고, 스프링클러헤드는 그 자체이며, 소화수관은 배관(강관), 보온재, 배관지지금구 등을 열거하고 있다. 또한 자동화재감지설비로는 열감지기 또는 연기감지기, 수신기를 열거하고 있다.

앞에서 설명한 소방시설 종류별 장기수선계획 수립기준 해당 여부를 요약하면 [표 3-27]과 같다.

표 3-27 소방시설 종류별 장기수선계획 수립기준 해당 여부

소방시설의 종류	장기수선계획 수립기준 해당 소방시설
소화설비	• 소화펌프, 전동기 • 스프링클러설비 : 가압송수장치, 펌프, 전동기 및 밸브(준비작동식밸브, 드라이파이프밸브 등) • 스프링클러헤드 • 소화수관으로서 배관, 보온재, 배관지지금구 등
경보설비	자동화재감지설비로서 열감지기 또는 연기감지기, 수신기
피난구조설비	해당 없음
소화용수설비	해당 없음
소화활동설비	해당 없음

따라서 자체점검에서 지적받은 사항이 있는 경우 그 시정조치에 소요되는 비용은 장기수선계획 수립대상인 항목에 한해 장기수선충당금을 사용할 수 있고 나머지는 수선유지비를 사용하여야 한다.

이처럼 소방시설에 대해 별도로 상세하게 설명하는 이유는 상당수 공동주택에서 자체점검 지적사항을 시정조치하기 위해 비용을 지출하면서 장기수선충당금과 수선유지비를 구분하지 않고 전체 금액을 장기수선충당금에서 집행하고 있기 때문이다.

예를 들어, 「소방시설법」에 따른 소화설비 중 소화기의 교체는 장기수선계획 수립기준에 포함되지 않으므로 장기수선충당금을 사용할 수 없다. 소화기는 구입하면 공구 · 기구(유형자산)로 처리하여 물품관리대장에 등록하고 내용연수에 걸쳐 감가상각하여야 한다. 소화기의 내용연수는 원칙적으로 10년이며, 성능확인 검사에 합격한 소화기는 추가로 3년 더 사용할 수 있고 그 기간이 지나면 교체해야 한다(「소방시설법」 제9조의5, 같은 법 「시행규칙」 제2조의2).

또한 「소방시설법」에 따른 피난구조설비는 어떤 것도 장기수선계획 수립기준에 포함되지 않으므로 완강기나 유도등의 수리나 교체는 수선유지비를 사용해야 한다.

4.1.5 긴급공사와 소액지출

예기치 못한 사정이 발생하여 장기수선계획의 수선주기가 도래하지 않았음에도 장기수선충당금을 사용해야 하는 경우, 그리고 장기수선계획에 포함되어 있지만 금액이 소액이어서 장기수선충당금을 사용해야 할지 아니면 수선유지비로 처리해야 할지 고민이 되는 경우가 있다. 이에 관해 국토교통부에서는 유권해석으로 전기, 승강기, 급수시설 등 중요시설에 대하여 예측이 불가능한 사고 등이 발생하여 공사가 불가피한 경우에 한해 법령에서 정한 장기수선계획의 조정 및 장기수선충당금의 사용에 예외적 집행을 인정하고 있다. 이에 따라 각 공동주택은 장기수선계획서 총론에 긴급공사와 소액지출에 관해 규정할 필요가 있다. 다음에 설명하는 긴급공사와 소액지출에 관한 내용의 대부분은 국토교통부가 발간한 '2022 장기수선계획 실무가이드라인'에서 발췌한 것이다.

1) 긴급공사

(1) 긴급공사란

긴급공사란 공용부분 주요 시설이나 설비가 갑작스런 사고 등 예기치 못한 사정에 따라 수선주기가 도래하지 않았음에도 장기수선충당금을 사용해야 할 경우 총론에 마련한 장기수선충당금 사용근거에 따라 입주자대표회의 의결 후 장기수선충당금을 사용하고 추후 장기수선계획을 변경하는 공사를 말한다.

(2) 수선대상

수선대상은 장기수선계획에 반영되어 있는 항목 또는 「공동주택관리법 시행규칙」 [별표 1]의 항목이다. 주로 누수, 단전, 승강기 고장, 급수설비 고장, 난방·급탕설비 고장, 옥외시설 안전문제 발생 등이다. 수선대상을 예시하면 다음과 같다.

[긴급공사대상(예시)]

- 건물외부의 지붕이나 외부 등의 문제로 누수가 발생한 경우
- 변전설비의 고장으로 수전할 수 없거나 전원 공급이 어려운 경우
- 승강기 고장으로 안전에 위험이 있거나 사용이 불가능하여 긴급히 보수해야 하는 경우
- 급수설비 고장으로 급수공급이 불가능한 경우
- 난방·급탕설비 고장으로 공급이 불가능하거나 배관 및 밸브류 고장으로 누수가 발생하는 경우
- 옥외 부대시설·복리시설에 문제가 발생하여 안전에 위험이 발생한 경우

※ 장기수선계획에 포함되어 있어야 하고 입주자대표회의 의결을 통해 승인을 받을 것

---

(3) 근거 마련

장기수선충당금의 사용은 장기수선계획에 따라야 하므로(「공동주택관리법」 제30조 제2항) 장기수선계획 총론에 긴급공사에 대해 규정을 마련해야 한다.

(4) 긴급공사 후 장기수선계획의 조정시기

긴급공사에 따른 교체나 보수를 먼저 실시하고 최초 도래하는 정기검토 또는 수시검토를 할 때 장기수선계획에 반영한다.

(5) 사용절차

장기수선계획서 총론에 긴급공사로 집행이 가능한 시설(급수·전기·승강기 등), 처리방법 및 절차를 명시하여 입주자대표회의 의결 후 사용한다.

2) 소액지출

(1) 소액지출이란

소액지출이란 갑작스런 배관의 누수, 배수펌프의 고장, 승강기 고장 등 예기치 못한 경우로서 장기수선계획의 수선주기에 따라 수선이나 보수를 할 수 없는 경우 예외적으로 소액의 범위 내에서 장기수선 대상범위와 사용요건, 금액한도를 정하여 사용이 가능하도록 총론에 마련한 규정에 따라 지출하는 것을 말한다.

(2) 수선대상

수선대상은 장기수선계획에 반영되어 있는 항목 또는 「공동주택관리법 시행규칙」 [별표 1]의 항목이다. 「공동주택관리법 시행규칙」 [별표 1] 공사항목 중에서 단지에 설치된 단위 개수가 많고 단가가 소액인 항목을 일부 교체 또는 수리가 필요할 경우 장기수선공사 관리대장에 기록한 후 장기수선충당금 소액지출을 먼저 집행하고, 차기 장기수선계획을 검토 및 조정할 때 장기수선계획에 반영하여 해당 업무의 편의를 도모하고자 하는 것이다. 수선대상의 예로는 화재감지기, 스프링클러헤드, 세대 내 설치된 스피커, CCTV, 모니터 등이 있다.

(3) 근거 마련

장기수선충당금의 사용은 장기수선계획에 따라야 하므로(「공동주택관리법」 제30조 제2항) 장기수선계획 총론에 소액지출에 대한 규정을 마련해야 한다.

(4) 소액지출 후 장기수선계획의 조정시기

교체나 보수를 먼저 실시하고 최초 도래하는 정기검토 또는 수시검토를 할 때 조정하여 장기수선계획에 반영한다.

(5) 사용절차

장기수선계획서 총론에 소액지출로 집행이 가능한 긴급공사 내용, 처리방법 및 절차를 명시하여 입주자대표회의 의결 후 사용한다.

소액지출 사용요건 및 사용범위를 예시하면 다음과 같다.

[소액지출 사용요건 및 사용범위(예시)]

1. 입주자대표회의 의결을 통하여 승인을 받을 것
2. 장기수선계획에 포함되어 있어야 하고, 소액일 것
3. 소액이고 지속적이고 반복적일 것
4. 사용금액의 범위 설정(예시) : ①, ②중 적은 금액
   ① 300만 원 미만
   ② 항목별 장기수선공사비의 10% 이내
   ☞ 연간 총 ○○○만 원 미만(해당 단지에서 협의하여 결정)

※ 「주택관리업자 및 사업자 선정지침」 제4조 제3항 [별표 2]의 제5호, 제6호 참조

4.2 장기수선충당금

4.2.1 장기수선충당금이란

장기수선충당금이란 관리주체가 장기수선계획에 따라 공동주택 공용부분 주요 시설의 교체 및 보수에 필요한 금액을 해당 주택의 소유자(입주자)로부터 징수하여 적립하는 금액을 말한다. 장기수선충당금의 성격을 좀 더 상세히 알아보기로 하자.

첫째, 장기수선충당금은 공동주택의 장수명화를 위하여 수립된 장기수선계획에 따라 주요 시설물을 수리 · 교체하는 데 필요한 금액을 징수하여 적립하는 금액이다.

둘째, 장기수선계획은 공용부분 주요 시설물의 교체 및 보수 등에 대하여 수립하는 계획이므로 장기수선충당금을 전유부분의 교체 및 보수에 사용하지 않아야 한다. 장기수선충당금을 법정 용도 외의 목적으로 사용하면 주택관리업자에게는 등록말소나 영업정지 처분이 내려지고 관리주체나 입주자대표회의의 구

성원에게는 과태료가 부과될 수 있다.

셋째, 장기수선충당금은 소유자(입주자)로부터 징수하여 적립하는 금액이므로 사용자(세입자)가 대신하여 납부하는 경우에는 소유자가 그 금액을 사용자에게 반환하여야 한다(「공동주택관리법 시행령」 제31조 제8항). 물론 공동주택의 소유권을 상실한 소유자가 장기수선충당금을 미납한 때에는 관리비예치금에서 정산할 수 있다(「공동주택관리법」 제24조 제2항).

장기수선충당금으로 적립할 수 있는 자금의 원천은 대개 다음 3가지이다.

① 장기수선계획기간 중의 수선비 총액(장기수선충당금 총액)에 관리규약에서 규정한 적립요율을 적용하여 월간 세대별 장기수선충당금을 계산하고 이를 세대별로 부과하여 징수하는 금액

② 적립한 장기수선충당금을 금융기관에 예치하여 발생한 이자수익

③ 관리외수익(잡수입) 중에 입주자기여분을 관리규약에 따라 이익처분하여 장기수선충당금으로 적립한 금액

4.2.2 업무수행 단계별 장기수선충당금의 처리

1) 장기수선충당금의 징수 · 적립

관리주체는 장기수선계획에 따라 공동주택의 주요 시설의 교체 및 보수에 필요한 장기수선충당금을 해당 주택의 소유자로부터 징수하여 적립하여야 한다(「공동주택관리법」 제30조 제1항). 따라서 장기수선충당금을 징수하여 적립하기 위해서는 몇 가지 단계의 산출과정을 거쳐야 한다.

(1) 1단계 : 장기수선계획기간의 장기수선충당금 산출

먼저, 장기수선계획에 따른 장기수선계획기간의 장기수선충당금을 산출해야 한다. 이는 매우 전문적인 영역이다. 장기수선충당금의 추정은 기본적으로 사업주체가 하는 것이지만 장기수선계획이 없을 경우에는 관리주체가 직접 하거나 외부전문가의 도움을 받아야 한다. 또한 관리주체가 장기수선계획을 조정하

는 경우에는 장기수선충당금도 함께 조정하여야 한다.

(2) 2단계 : 장기수선충당금의 요율 결정

장기수선계획기간의 장기수선충당금이 결정되면 장기수선충당금의 요율을 결정해야 한다. 장기수선충당금의 요율이란 장기수선계획기간 중의 연차별 적립비율을 말한다. 요율은 해당 공동주택 공용부분의 내구연한(내용연수) 등을 감안하여 관리규약으로 정한다(「공동주택관리법 시행령」 제31조 제1항). 장기수선계획은 내구연한을 40년으로 설정하고 있으므로 대부분의 공동주택관리규약에서는 공동주택관리규약준칙을 참고하여 40년을 몇 개의 구간으로 나누고 구간별 적립요율을 차등화하여 규정하고 있다.

장기수선충당금의 요율에 관한 서울시의 공동주택관리규약준칙(제16차 개정, 2022. 8. 17.)을 제시하면 다음과 같다.

✪ 장기수선충당금의 요율에 관한 서울시 공동주택관리규약준칙(제16차 개정, 2022. 8. 17.)

제65조(장기수선충당금의 세대별 부담액 산정방법) ① 영 제31조 제1항에 따른 "장기수선충당금의 요율"은 사용검사(사용승인)를 받은 날로부터 1년이 경과한 날부터 적립해야 하는 장기수선충당금의 연차 구간별 적립요율을 말한다(구간 수, 구간별 기간, 요율은 단지 특성에 따라 변경가능).

1. 20 년 월부터~20 년 월까지 : ○○퍼센트 (○○%)
2. 20 년 월부터~20 년 월까지 : ○○퍼센트 (○○%)
3. 20 년 월부터~20 년 월까지 : ○○퍼센트 (○○%)
4. 20 년 월부터~20 년 월까지 : ○○퍼센트 (○○%)

장기수선충당금의 요율은 기간별 누적요율로 설정하여 마지막 기간의 요율이 100%가 되도록 하는 것이 바람직하다. 기간별 단순요율, 예를 들어, 1기간 10%, 2기간 20%, 3기간 30%, 4기간 40%로 하여 그 합이 100%가 되게 할 경우 이전 기간에 과소 또는 과대 설정된 금액을 수정하기 어렵다는 문제가 있다.

그런데 임대주택의 경우에는 분양전환한 이후 관리업무를 인계하기 전까지 장기수선충당금의 적립요율을 다르게 규정하고 있다. 건설임대주택을 분양전환한 이후 관리업무를 인계하기 전까지의 장기수선충당금 요율은 「민간임대주택에 관한 특별법 시행령」 제43조 제3항 또는 「공공주택 특별법 시행령」 제57조 제4항에 따른 특별수선충당금 적립요율에 따른다(「공동주택관리법 시행령」 제31조 제2항).

✪ 「민간임대주택에 관한 특별법 시행령」 제43조 제3항

③ 제1항에 따라 장기수선계획을 수립하여야 하는 민간임대주택의 임대사업자는 법 제53조 제1항에 따른 특별수선충당금(이하 "특별수선충당금"이라 한다)을 사용검사일 또는 임시사용승인일부터 1년이 지난 날이 속하는 달부터 「주택법」 제15조 제1항에 따른 사업계획 승인 당시 표준건축비의 1만분의 1의 요율로 매달 적립하여야 한다. 〈개정 2016. 8. 11.〉

✪ 「공공주택 특별법 시행령」 제57조 제4항

④ 공공주택사업자는 법 제50조의4 제1항에 따른 특별수선충당금(이하 "특별수선충당금"이라 한다)을 사용검사일(임시사용승인을 받은 경우에는 임시사용승인일을 말한다)부터 1년이 지난 날이 속하는 달부터 매달 적립하되, 적립요율은 다음 각 호의 비율에 따른다. 〈개정 2016. 8. 11., 2020. 9. 8.〉

1. 영구임대주택, 국민임대주택, 행복주택, 통합공공임대주택 및 장기전세주택 : 국토교통부장관이 고시하는 표준건축비의 1만분의 4
2. 제1호에 해당하지 아니하는 공공임대주택 : 「주택법」 제15조 제1항에 따른 사업계획승인 당시 표준건축비의 1만분의 1

(3) 3단계 : 장기수선충당금의 적립금액 결정

요율이 결정된 다음에는 장기수선충당금의 적립금액을 결정해야 하는데 이는 장기수선계획으로 정한다. 이때 국토교통부장관이 주요 시설의 계획적인 교체 및 보수를 위하여 최소 적립금액의 기준을 정하여 고시하는 경우에는 그에 맞아야 한다(「공동주택관리법 시행령」 제31조 제4항). 장기수선충당금의 적립금액은 매월 적립해야 하는 금액인데 이를 위해서는 주택공급면적당 적립단가를 계산해야 한다. 주택공급면적당 적립단가(매월 적립액/m^2)는 다음 ①과 같이 계산하고, 이렇게 계산된 ①에 세대당 주택공급면적을 곱하면 ② 월간 세대별 장기수선충당금 부과액을 구할 수 있다(「공동주택관리법 시행령」 제31조 제3항).

$$① \text{ 주택공급면적당 적립단가} = \frac{\text{장기수선계획기간 중의 수선비 총액}}{\text{총공급면적} \times 12 \times \text{계획기간(년)}}$$

② 월간 세대별 장기수선충당금 = ① × 세대당 주택공급면적

장기수선충당금의 월간 적립금액은 월간 세대별 장기수선충당금 부과액을 합산한 금액이다.

(4) 장기수선충당금의 적립시점

장기수선충당금은 해당 공동주택에 대해 사용검사(또는 사용승인)를 받은 날 또는 공동주택 전부에 대한 임시사용승인(이하 사용검사)을 받은 날부터 1년이 경과한 날이 속하는 달부터 매달 적립한다. 다만, 건설임대주택에서 분양전환된 공동주택의 경우에는 임대사업자가 관리주체에게 공동주택의 관리업무를 인계한 날이 속하는 달부터 적립한다(「공동주택관리법 시행령」 제31조 제6항).

이때 주의할 점은 장기수선충당금의 최초 적립시점이다. 사용검사를 받은 날부터 1년이 경과한 날이 속하는 달부터 매달 적립하여야 하므로 부과시점과 납부시점에 1개월의 시차가 있는 점을 고려하여 관리비를 미리 부과·징수하여야 한다는 것이다.

이를 예시하면 다음과 같다.

[장기수선충당금의 최초 적립시점(예시)]

예를 들어, 20×1년 10월 10일에 사용검사를 받았다면 그날부터 1년이 경과한 날은 20×2년 10월 10일이므로 이날이 속하는 10월부터 매달 적립하여야 한다. 따라서 관리비부과일과 납부마감일을 고려하여 20×2년 9월 또는 10월 관리비에 부과하여 징수하여야 할 것이다.

한편, 미분양 세대의 장기수선충당금은 사업주체가 부담한다(「공동주택관리법 시행령」 제31조 제7항).

2) 장기수선충당금의 예치

관리주체는 관리비등을 「공동주택관리법 시행령」 제23조 제7항에서 규정하는 금융기관 중 입주자대표회의가 지정하는 금융기관에 예치하여 관리하되, 장기수선충당금은 별도의 계좌로 예치 · 관리하여야 한다. 이 경우 계좌는 관리사무소장의 직인 외에 입주자대표회의의 회장 인감을 복수로 등록할 수 있다(「공동주택관리법 시행령」 제23조 제7항).

장기수선충당예치금을 관리하면서 다음과 같은 몇 가지 사항에 주의해야 한다.

첫째, 각 세대에서 장기수선충당금을 관리계좌로 납부하면 납부마감일을 기준으로 관리계좌에서 장기수선충당예치금계좌로 즉시 대체해서 별도 관리하여야 한다. 일부 공동주택의 사례를 보면 관리비계좌와 장기수선충당예치금계좌를 분리하여 관리하지 않고 관리비계좌에서 통합관리하는 경우가 있다. 이 경우에는 관리비와 장기수선충당금이 구분되지 않아서 장기수선충당금 적립액에 상당하는 예치금이 존재하는지를 확인할 수 없을 뿐만 아니라 장기수선충당금의 용도조차 제대로 파악할 수 없는 문제가 있다. 장기수선충당금을 법적 용도 외의 목적으로 사용하면 주택관리업자는 등록말소와 영업정지를 받을 수 있고, 관리주체는 과태료 처분대상이 되므로 주의하여야 한다.

둘째, 장기수선충당금에 대한 부과시점과 예치시점에서 월말기준으로 1개월의 차이가 나는 경우가 대부분인데 이러한 시차 때문에 장기수선충당금(부채) 월말 잔액과 장기수선충당예치금(자산) 월말 잔액에서 장기수선충당금 당월 부과액만큼 차액이 발생한다. 이렇게 차액이 발생하면 회계처리가 틀렸다고 생각하고 억지로 잔액을 일치시키려 하기도 한다. 이러한 차액은 지극히 정상적인 회계처리의 결과이므로 걱정할 필요가 없다. 회계처리의 원칙을 모르고 오해하는 일이 없어야 한다.

셋째, 장기수선충당예치금은 장기수선계획을 고려하여 계좌를 관리함으로써 자금관리의 효율성을 높일 필요가 있다. 장기수선충당예치금은 보통 정기적금으로 예치하는 경우가 많은데 장기수선계획을 고려하지 않게 되면, 막상 돈을 사용해야 하는 시점에 쓸 돈이 없거나, 쓸 돈을 마련하기 위해 만기일이 남아 있는 정기적금을 억지로 해약함으로써 이자손실을 입게 되는 문제가 있다. 앞서 예산에서도 설명했듯이 관리주체는 다음 회계연도에 관한 예산안을 매 회계연도 개시 1개월 전까지 입주자대표회의에 제출하여 승인을 받아야 하며(「공동주택관리법 시행령」 제26조 제1항, 공동주택회계처리기준 제50조 제1항), 장기수선충당금 사용계획서를 장기수선계획에 따라 작성하고 입주자대표회의의 의결을 거쳐 사용하여야 한다(「공동주택관리법 시행령」 제31조 제5항). 이에 따라 장기수선충당예치금은 장기수선계획을 고려하여 언제 어느 정도의 돈이 사용될 것인지를 예상하고, 일부는 만기를 고려하여 정기적금에, 일부는 요구불예금(보통예금)으로 구분해서 예치, 관리할 필요가 있다.

앞서 설명한 장기수선충당예치금의 관리상 주의사항을 요약하면 다음과 같다.

✪ 장기수선충당예치금의 관리상 주의사항

① 장기수선충당금을 관리계좌로 납부하면 납부마감일을 기준으로 관리계좌에서 장기수선충당예치금계좌로 즉시 대체해서 별도 관리한다.
② 장기수선충당금과 장기수선충당예치금은 부과와 예치에서 1개월의 시차가 발생한다면 월말기준으로 당월 부과액만큼 차액이 발생한다.
③ 장기수선충당예치금은 사용시점을 고려하여 일부는 정기적금, 일부는 요구불예금(보통예금)으로 구분관리한다.

3) 장기수선충당금의 사용과 공개

장기수선충당금의 사용은 장기수선계획에 따른다(「공동주택관리법」 제30조 제2항). 이때 '2022 장기수선계획 실무가이드라인'에서 설명하는 주요 시설별 전면수선과 부분수선의 구분, 공사범위 등을 세밀하게 따져서 집행할 필요가 있다.

다만, 해당 공동주택의 입주자 과반수의 서면동의가 있는 경우에는 다음 ①~③의 용도로 사용할 수 있다(「공동주택관리법」 제30조 제2항).

① 「공동주택관리법」 제45조에 따른 조정 등의 비용
② 「공동주택관리법」 제48조에 따른 하자진단 및 하자감정에 드는 비용
③ ①, ②의 비용을 청구하는 데 드는 비용

여기서 ① 「공동주택관리법」 제45조에 따른 조정 등의 비용은 국토교통부의 하자분쟁조정위원회가 조정 등의 절차를 진행할 때 발생하는 비용이며, ② 「공동주택관리법」 제48조에 따른 하자진단 및 하자감정에 드는 비용은 사업주체 등이 하자보수 청구에 이의가 있는 경우, 입주자대표회의등 또는 임차인등과 협의하여 대통령령으로 정하는 안전진단기관에 하자진단 및 하자감정을 의뢰할 때 발생하는 비용이다. 따라서 「공동주택관리법」 제30조 제2항의 법정비용에 해당하고 입주자 과반수의 서면동의를 받았을 경우에는 장기수선계획의 조정 없이 바로 장기수선충당금에서 지출할 수 있다. 그러나 해당 공동주택에서 임의로 실시하는 하자진단, 소송비용 등의 비용을 장기수선충당금에서 지출할 수는 없다.

장기수선충당금은 관리주체가 다음 ①~⑥의 내용이 포함된 장기수선충당금 사용계획서를 장기수선계획에 따라 작성하고 입주자대표회의의 의결을 거쳐 사용한다(「공동주택관리법 시행령」 제31조 제5항).

① 수선공사(공동주택 공용부분의 보수 · 교체 및 개량)의 명칭과 공사내용
② 수선공사 대상 시설의 위치 및 부위
③ 수선공사의 설계도면 등
④ 공사기간 및 공사방법
⑤ 수선공사의 범위 및 예정공사금액
⑥ 공사발주 방법 및 절차 등

입주자등에게 장기수선충당금을 부과한 관리주체는 그 명세, 적립요율, 사용한 금액을 다음달 말일까지 해당 공동주택단지의 인터넷 홈페이지 및 동별 게시판(통로별 게시판이 설치된 경우에는 이를 포함)과 공동주택관리정보시스템

(K-apt)에 공개해야 한다(「공동주택관리법 시행령」 제23조 제8항).

✪ 외부전문가에게 장기수선계획서 작성용역을 의뢰할 경우 장기수선충당금을 사용할 수 있는가?

국토교통부의 유권해석

「공동주택관리법 시행규칙」 제7조 제2항에서 "제29조 제2항에 따른 장기수선계획 조정은 관리주체가 조정안을 작성하고, 입주자대표회의가 의결하는 방법으로 한다"고 규정하고 있다. 즉, 법 제29조 제2항에 따라 장기수선계획을 조정하려는 경우 장기수선계획 조정안의 작성자는 '관리주체'이다. 단 장기수선계획을 조정(「공동주택관리법」 제29조 제2항 또는 제3항에 따른 조정)하는 업무가 해당 공동주택의 장수명화를 견인하는 중요한 업무이므로 이러한 중요한 업무에 대해 보다 전문적인 업체의 조정안을 통해 공동주택을 관리해 나가고자 하는 경우에는 해당 내용을 **장기수선공사에 부대되는 용역으로 보아 장기수선계획에 반영**(소유자의 의견을 수렴해 장기수선계획 조정절차를 거쳐야 함)**한 후에 그 비용을 장기수선충당금으로 집행하는 방법은 가능**할 것으로 사료된다. 〈국토교통부 주택건설공급과-2018. 11.〉

4) 장기수선충당금을 납부한 사용자의 권리 등

(1) 장기수선충당금을 납부한 사용자의 권리

공동주택의 소유자는 장기수선충당금을 사용자가 대신하여 납부한 경우에는 그 금액을 반환하여야 한다(「공동주택관리법 시행령」 제31조 제8항). 관리주체는 공동주택의 사용자가 장기수선충당금의 납부 확인을 요구하는 경우에는 지체 없이 확인서를 발급해 주어야 한다(「공동주택관리법 시행령」 제31조 제9항).

(2) 미분양 세대의 장기수선충당금 부담주체

공동주택 중 분양되지 아니한 세대의 장기수선충당금은 사업주체가 부담한다(「공동주택관리법 시행령」 제31조 제7항).

위에서 설명한 장기수선충당금의 부과 · 징수, 적립, 예치, 사용에 관한 내용을 요약하면 [표 3-28]과 같다.

▌표 3-28▐ 장기수선충당금의 징수, 적립, 예치, 사용 요약

수행단계	수행주체	수행내용	관련 법령*
부과 · 징수 및 적립	입주자대표회의와 관리주체	• 관리주체: 장기수선계획에 따라 장기수선충당금을 소유자로부터 징수 적립 • 적립요율(연차별 적립비율)은 관리규약에 정함 • 적립요율에 따른 적립금액은 장기수선계획에 정함 • 사용검사 받은 날부터 1년이 경과한 날이 속하는 달부터 매달 적립	법 제30조 제1항 영 제31조 제1항 영 제31조 제4항 영 제31조 제6항
예치	관리주체	• 입주자대표회의가 지정하는 금융기관에 예치 · 관리 • 관리비등과 구분되는 별도의 계좌로 예치 · 관리 • 관리사무소장 직인 외에 입주자대표회의 회장 인감 복수 등록가능	영 제23조 제7항
사용	입주자대표회의와 관리주체	• 장기수선계획에 따른 장기수선충당금의 사용 • 관리주체: 장기수선충당금 사용계획서의 작성 • 입주자대표회의: 사용계획서의 의결	법 제30조 제2항 영 제31조 제5항
공개	관리주체	• 공개내용: 부과명세, 적립요율, 사용한 금액 • 공개장소: 홈페이지, 동별 게시판, K–apt	영 제23조 제8항

* 관련 법령에서 '법'은 「공동주택관리법」, '영'은 「공동주택관리법 시행령」임.

4.2.3 장기수선충당금의 회계처리

장기수선충당금은 법적 충당금으로서 부채의 성격을 지닌다. 최근 기업회계 실무나 회계이론에서는 '충당금'이라는 용어 대신에 '충당부채'라는 용어를 사용한다. 「공동주택관리법」에서는 법률용어로서 장기수선충당금이라고 표현하고 있으나 장기수선충당부채라고 표현하는 것이 올바르다. 장기수선충당부채는 전형적인 발생기준 회계가 반영된 계정과목이다. 공용부분 주요 시설의 교체 및 보수를 시행하는 시점에 비용처리하는 것이 아니라 교체 및 보수에 소요

될 금액을 미리 추정하여 이를 비용으로 인식함과 동시에 같은 금액을 충당부채로 설정하는 것이다.

충당부채로 처리되기 위해서는 ① 과거사건의 결과로 현재의무가 존재해야 하고, ② 당해 의무를 이행하기 위해 경제적효익을 갖는 자원의 유출가능성이 높아야 하며, ③ 당해 의무의 이행에 소요되는 금액을 신뢰성 있게 추정할 수 있어야 한다. 이를 장기수선충당부채에 적용하면 그 이론적 근거는 ① 공용부분 주요 시설을 일정 기간 계속 사용하고 있기 때문에 교체 및 보수를 해야 할 현재의무(주로 법적 의무)가 존재하고, ② 장기수선계획에 따라 정기적인 교체 및 보수활동을 이행하기 위해 적립된 자금을 지급하여야 하므로 경제적효익을 갖는 자원의 유출가능성이 높으며, ③ 교체 및 보수의 실행에 소요되는 금액은 장기수선계획을 통해 신뢰성 있게 추정할 수 있다는 점에 있다.

따라서 공용부분 주요 시설을 교체하거나 보수하고 지출하는 시점에 비용처리하는 것이 아니라 해당 시설을 이용하고 있는 현재시점을 기준으로 미래에 지출할 비용을 월할 안분하여 미리 비용으로 인식함과 동시에 이를 충당부채로 처리하여야 한다. 이렇게 회계처리하는 이유는 장기수선충당부채가 일정 기간 특정시설을 이용하여 혜택을 누린 것에 대한 대가로 미래의 수선활동에 대해 지급해야 할 의무가 발생함으로써 인식하는 부채이기 때문이다. 이번 달에 특정시설을 사용하는 혜택을 누림으로써(원인) 수선활동을 초래하여 비용을 지출하게 되기(결과) 때문이다. 이렇게 하면 장기수선충당금의 수익자부담원칙이 지켜지고, 장기수선충당금을 공정하게 부과 · 징수할 수 있게 되는 것이다.

장기수선충당금의 시점별 회계처리를 제시하면 다음과 같다.

[장기수선충당금의 시점별 회계처리]

① 장기수선충당금의 설정

(차) 장기수선충당금전입액	×××	(대) 장기수선충당금	×××

② 장기수선충당금의 부과

(차) 미수관리비_장기수선충당금	×××	(대) 관리수익	×××

③ 장기수선충당금의 관리계좌 입금

(차) 예금_관리계좌	×××	(대) 미수관리비_장기수선충당금	×××

④ 장기수선충당금의 별도 계좌 예치

(차) 장기수선충당예치금	×××	(대) 예금_관리계좌	×××

⑤ 장기수선충당예치금 이자발생

(차) 장기수선충당예치금	×××	(대) 장기수선충당예치금이자수익	×××
선납법인세*	×××		
선납지방소득세*	×××		

* 법인세와 지방소득세를 고려한 이자수익의 회계처리는 제4장 제4절 법인세에서 다시 설명한다.

(차) 장기수선충당금전입이자비용*	×××	(대) 장기수선충당금	×××

* 장기수선충당금예치금이자수익과 동일한 금액을 비용으로 처리한다.

⑥ 장기수선충당금의 사용

(차) 장기수선충당금	×××	(대) 장기수선충당예치금	×××

위에서 설명한 6개의 분개 중에서 ⑤ 장기수선충당예치금 이자발생에 대한 분개는 이자수익과 같은 금액을 이자비용으로 회계처리하고 있는데 그 이유는 이자수익과 이자비용을 같은 금액으로 만들어 이자수익이 이익처분의 대상이 되지 않도록 하려는 것이다.

4.3 장기수선계획 및 장기수선충당금 관련 행정처분 및 과태료

4.3.1 국가 또는 지방자치단체인 관리주체가 관리하는 공동주택의 체납된 장기수선충당금의 강제징수

국가 또는 지방자치단체인 관리주체가 관리하는 공동주택의 장기수선충당금 또는 관리비가 체납된 경우 국가 또는 지방자치단체는 국세 또는 지방세 체납처분의 예에 따라 해당 장기수선충당금 또는 관리비를 강제징수할 수 있다(「공동주택관리법」 제91조).

4.3.2 주택관리업자의 등록말소와 영업정지

주택관리업자가 관리비 · 사용료와 장기수선충당금을 「공동주택관리법」에 따른 용도 외의 목적으로 사용한 경우에 자치단체의 장은 그 등록을 말소할 수 있으며, 1년 이내의 기간을 정하여 영업의 전부 또는 일부의 정지를 명하여야 한다(「공동주택관리법」 제53조 제1항 제8호). 등록말소는 선택사항이지만 영업정지는 강제사항이다.

4.3.3 1천만 원 이하의 과태료

사업주체 또는 의무관리대상 전환 공동주택의 관리인은 해당 관리주체에게 공동주택의 관리업무를 인계하여야 한다(「공동주택관리법」 제13조 제1항). 공동주택의 관리주체가 변경되는 경우에도 기존 관리주체는 새로운 관리주체에게 해당 공동주택의 관리업무를 인계하여야 한다(「공동주택관리법」 제13조 제2항). 관리업무의 인계에는 입주자대표회의의 회장 및 1명 이상의 감사의 참관하에 인계자와 인수자가 인계 · 인수서에 각각 서명 · 날인하여 다음 ①~⑥의 서류를 인계해야 한다(「공동주택관리법 시행령」 제10조 제4항).

✪ 관리업무의 인계 · 인수에 포함할 장기수선계획 관련 서류

① 설계도서, 장비의 명세, 장기수선계획 및 안전관리계획
② 관리비 · 사용료 · 이용료의 부과 · 징수현황 및 이에 관한 회계서류
③ 장기수선충당금의 적립현황
④ 관리비예치금의 명세
⑤ 세대 전유부분을 입주자에게 인도한 날의 현황
⑥ 관리규약과 그 밖에 공동주택의 관리업무에 필요한 사항

이와 같은 관리업무를 인계하지 않은 자에 대해서는 1천만 원 이하의 과태료를 부과한다. 따라서 장기수선계획과 장기수선충당금 적립현황을 인계하지 않은 관리주체는 1천만 원 이하의 과태료를 부과받게 된다(「공동주택관리법」 제102

조 제2항 제1호). 또한 수립 또는 조정된 장기수선계획에 따라 주요 시설을 교체하거나 보수하지 않은 자(「공동주택관리법」 제102조 제2항 제4호)와 장기수선충당금을 「공동주택관리법」에 따른 용도 외의 목적으로 사용한 자(「공동주택관리법」 제102조 제2항 제9호)에 대해서 1천만 원 이하의 과태료를 부과한다.

4.3.4 5백만 원 이하의 과태료

장기수선계획의 미수립 · 미검토, 검토사항의 미기록 · 미보관의 경우에는 1차로 2백만 원 이하, 2차로 3백만 원 이하, 3차로 5백만 원 이하의 과태료를 부과한다(「공동주택관리법」 제102조 제3항 제10호와 같은 조 제4항, 같은 법 「시행령」 제100조와 [별표 9]). 장기수선충당금을 적립하지 않은 경우에는 2백만 원 이하의 과태료를 부과한다(「공동주택관리법」 제102조 제3항 제11호).

위에서 설명한 장기수선계획, 장기수선충당금과 관련한 행정처분이나 과태료에 관한 내용을 요약하면 [표 3-29]와 같다.

▌표 3-29 ▌ 장기수선계획과 장기수선충당금 관련 행정처분과 과태료

위반사유	행정처분 또는 과태료	관련 법령*
주택관리업자의 장기수선충당금 법적 용도 외 목적에 사용	• 등록말소(선택) • 1년 내 영업의 일부 또는 전부 정지(강제)	법 제53조 제1항 제8호
관리업무의 인계 시 장기수선계획 또는 장기수선충당금 적립현황 미인계	1천만 원 이하의 과태료	법 제102조 제2항 제1호
장기수선계획에 따른 주요 시설의 미교체 · 미보수		법 제102조 제2항 제4호
장기수선충당금의 법적 용도 외 목적에 사용		법 제102조 제2항 제9호
장기수선계획의 미수립 · 미검토, 검토사항의 미기록 · 미보관	2백만 원(1차) → 3백만 원(2차) → 5백만 원(3차) 이하의 과태료	법 제102조 제3항 제10호 영 제100조 [별표 9]
장기수선계획에 따른 장기수선충당금의 미적립	2백만 원 이하의 과태료	법 제102조 제3항 제11호

* 관련 법령에서 '법'은 「공동주택관리법」, '영'은 「공동주택관리법 시행령」임.

제5절 | 관리외수익(잡수입)과 관리외비용

5.1 관리외수익(잡수입)과 관리외비용의 종류

잡수입은 「공동주택관리법 시행령」 제23조 제8항에서 재활용품의 매각 수입, 복리시설의 이용료 등 공동주택을 관리하면서 부수적으로 발생하는 수입이라고 규정하고 있다. 그런데 공동주택회계처리기준 [별지 제2호 서식] 운영성과표에서는 「공동주택관리법」상의 잡수입 대신 관리외수익이라는 용어를 사용하고 있으며, 관리외수익을 입주자기여수익과 공동기여수익으로 구분하고 있다.

입주자기여수익으로는 중계기임대수입, 어린이집임대수입, 장기수선충당예치금이자수입, 하자보수충당예치금이자수입, 기타의 입주자기여수입 등을 예시하고 있다. 이외에도 은행이 공동주택에 현금자동입출금기(Automated Teller Machine : ATM)를 설치해서 운영하며 사용료를 내고 있는데 이것도 시설임대수입으로서 입주자기여수익에 속한다. 공동기여수익은 입주자와 사용자가 수익의 발생에 공동으로 기여한 수익이라는 의미인데 주차수입, 승강기수입, 운동시설사용수입, 독서실사용수입, 재활용품수입, 알뜰시장수입, 광고수입, 검침수입, 이자수입, 연체료수입, 부과차익, 공동주택지원금수익, 고용안정사업수익, 기타의 공동기여수익 등을 예시하고 있다.

한편 잡지출이라는 용어는 잡수입과 달리 「공동주택관리법」에는 없는 용어이다. 대신 공동주택회계처리기준 [별지 제2호 서식] 운영성과표에서는 관리외수익에 대응하는 비용으로서 관리외비용이라는 용어를 사용하고 있다. 충당금전입이자비용, 시설(승강기, 주차장, 독서실)운영비용, 알뜰시장비용, 재활용품비용, 검침비용, 공동주택지원금비용, 고용안정사업비용, 부과차손, 자치활동비, (경비비, 청소비의)차감관리비, 기타의관리외비용 등을 예시하고 있다.

관리외수익(잡수입)의 획득은 공동주택 내부의 입주자등으로부터 발생하는 것도 있지만 중계기임대수입과 같이 공동주택 외부의 사업자로부터 발생하는 것도 있다. 공동주택 외부의 사업자로부터 발생하는 잡수입은 관리주체가 사업자를 선정하고 집행하여야 하는 항목이므로 「주택관리업자 및 사업자 선정지침」에 따라 계약을 체결해야 한다. 사업자를 선정하기 위해서는 「주택관리업자 및 사업자 선정지침」 [별표 2]에 해당하여 수의계약을 체결하여야 하는 경우를 제외하고는 경쟁입찰에 따라야 한다.

관리외수익(잡수입)과 관리외비용의 종류를 요약하면 [표 3-30]과 같다.

▌표 3-30 ▌관리외수익(잡수입)과 관리외비용의 종류

관리외수익(잡수입)		관리외비용
입주자기여수익	공동기여수익	
• 중계기임대수입, 현금자동입출금기임대수입, 어린이집임대수입 • 장기수선충당예치금이자수입, 하자보수충당예치금이자수입 • 기타의 입주자기여수입	• 주차수입, 승강기수입, 운동시설사용수입, 독서실사용수입 • 재활용품수입, 알뜰시장수입, 광고수입, 검침수입 • 이자수입, 연체료수입, 부과차익 • 공동주택지원금수익, 고용안정사업수익 • 기타의 공동기여수익	• 시설(승강기, 주차장, 독서실)운영비용 • 충당금전입이자비용 • 재활용품비용, 알뜰시장비용, 검침비용 • 부과차손, 자치활동비, (경비비, 청소비의)차감관리비 • 공동주택지원금비용, 고용안정사업비용 • 기타의 관리외비용

✪ 수입이냐, 수익이냐 용어의 혼란과 통일 필요성

일반적으로 '수입'은 '지출'과 짝을 이루고, '수익'은 '비용'과 짝을 이루는 용어이다. 수입과 지출은 단식부기와 현금주의 회계에서 사용하는 반면, 수익과 비용은 복식부기와 발생주의 회계에서 사용한다. 이에 따라 회계 교과서나 기업회계기준에서는 '수입'이라는 용어 대신 '수익'이라는 용어를 사용한다. 대표적으로 이자수익, 임대수익, 용역수익 등이 있다. 그런데 공동주택회계처리기준에서조차 수익과 수입을 혼용하여 사용하고 있다. 공동주택회계처리기준 [별지 제2호 서식] 운영성과표에는 관리외수익을 입주자기여수익과 공동기여수익으로 나누면서도 그 하위 계정과목에는 대부분 ○○수입이라는 용어를 사용하는 반면, 공동주택지원금수익, 고용안정사업수익, 기타의공동기여수익은 '수익'이라는 용어를 사용하고 있다. 이는 계정과목 표시에서 일관성이 없다는 문제 이외에도 실무적으로도 혼란을 초래하는 원인이 될 수 있다. 따라서 관리외수익의 계정과목을 '수입'이라는 용어 대신 모두 '수익'으로 통일할 필요가 있다.

본서에서는 독자들이 '수입'이라는 용어에 이미 익숙해 있다는 점을 고려하여 '수입'과 '수익'을 경우에 따라 적절히 섞어서 사용하였다.

5.2 관리외수익(잡수입)의 용도

앞서 제1장 2.8.2 '재무제표'에서 설명한 이익잉여금의 처분은 관리외수익(잡수입)에 바탕을 두고 있다. 이에 따라 「공동주택관리법 시행령」 제19조 제1항 제15호에서는 '회계관리 및 회계감사에 관한 사항', 제18호에서는 '관리 등으로 인하여 발생한 수입의 용도 및 사용절차'를 관리규약으로 정하도록 규정하고 있다. 이에 따라 관리규약에서는 관리외수익(잡수입)의 용도와 사용방법, 관리외수익(잡수입)의 회계기간 중 우선 지출항목 및 우선 지출 후 잔액의 처리 등을 구체적으로 규정할 필요가 있다.

이와 같은 필요에 따라 대부분의 공동주택은 관리규약에 '관리외수익(잡수입)의 집행 및 회계처리'에 관한 규정을 두고 있다. 그런데 대부분의 관리규약에서는 관리외수익(잡수입)의 용도나 처분에 관한 규정만 있을 뿐 이익처분을 거쳐 사용해야 한다는 규정은 없다. 이에 따라 관리외수익(잡수입)은 회계기간 중에도 관리규약에서 규정하는 용도에 해당하면 입주자대표회의의 의결을 거쳐 사용할 수 있다. 그러나 연말 결산과 입주자대표회의의 이익처분절차를 거치지 않고 관리외수익(잡수입)을 사용할 경우에는 다음과 같은 문제점이 있다.

첫째, 잡수입은 관리외수익이다. 만약 관리외수익보다 관리외비용이 많은 회계연도에 회계기간 중에 잡수입을 사용하게 되면 적자가 발생할 수 있다. 이렇게 적자가 생기면 영리를 목적으로 하지 않은 공동주택으로서는 이러한 적자를 메울 새로운 수입 원천을 발굴하기가 쉽지 않다.

둘째, 관리외수익(잡수입)이 법인세 과세대상이라면 법인세 납부도 예상해야 한다. 물론 수익사업과 관련된 관리외비용이 있다면 이를 차감한 관리외수익(잡수입)에 대해 법인세를 납부하게 된다. 이 경우에는 법인세 부담액이 줄어들거나 아예 없을 수도 있다. 그러나 그렇지 않은 경우에는 관리외수익(잡수입) 중 법인세 납부예상액만큼 남겨두고 사용할 필요가 있다. 만약 법인세를 납부할 돈이 없으면 입주자등이 부담하는 관리비로 부과·징수해서 법인세를 납부해야 할 수도 있는데 관리규약 규정의 미비, 관리주체의 업무미숙이나 관리부실을 입주자등에게 떠넘길 수는 없는 것이다.

셋째, 제4장 제4절 법인세에서 설명하겠지만 관리외수익(잡수입)에 법인세가 부과된다면 법인세 절감을 위해 고유목적사업준비금을 설정해서 관리해야 한다. 그런데 고유목적사업준비금의 원천은 관리외수익(잡수입)이기 때문에 회계기간 중에 관리외수익(잡수입)을 마음대로 사용하면 고유목적사업준비금으로 이익처분할 관리외수익(잡수입)이 없는 문제가 발생할 수 있다.

물론 회계기간 중에 관리외수익(잡수입)을 사용할 때 고유목적사업 등에 지출한 금액이 직전 사업연도 종료일 현재의 고유목적사업준비금의 잔액을 초과한 경우 초과하는 금액은 그 사업연도에 계상할 고유목적사업준비금에서 지출한 것으로 본다는 「법인세법」의 규정이 있다. 그러나 이 경우에도 당해 연도에 계상할 고유목적사업준비금을 초과하여 지출하는 경우에는 그 지출이 법인세법상의 손비(비용)로 인정받지 못하는 문제가 있다.

이와 같은 문제점이 있기 때문에 관리외수익(잡수입)은 매년 반복되는 경향이 있으므로 회계기간 중에는 직전 회계연도의 이익처분에서 결정된 용도에 따르고, 가능하면 그 한도 내에서 사용하고, 반드시 결산 후 이익처분을 거쳐 사용하도록 관리규약에 규정하는 것이 바람직하다.

국토교통부 질의회신에 따르면 관리외수익(잡수입)의 사용은 공동주택 입주자등 전체의 이익에 부합하는 경우로서 다음과 같은 용도를 제시하고 있다.

✪ 관리외수익(잡수입)의 용도(국토교통부 질의회신 FAQ - 2013. 12. 31.)

공동주택 입주자등 전체의 이익에 부합하는 경우로서

① 관리규약으로 정하거나(「공동주택관리법 시행령」 제19조 제1항 제18호)

② 관리비등의 사업계획 및 예산안을 편성하여 입주자대표회의의 승인을 받거나(「공동주택관리법 시행령」 제26조 제1항)

③ 공동체 활성화에 관한 사항 등으로 입주자대표회의 의결을 받은 경우(「공동주택관리법 시행령」 제14조 제2항 제16호)

국토교통부의 질의회신에 따르면 관리외수익(잡수입)의 용도는 관리규약으로 정하는 것이 원칙이지만, 관리규약에 없더라도 관리비등의 사업계획 및 예산안을 편성하여 입주자대표회의의 승인을 받거나, 공동체 활성화에 관한 사항 등으로 입주자대표회의 의결을 받은 경우에도 사용할 수 있다는 것이다.

이에 따라 대부분의 공동주택에서는 관리외수익(잡수입)의 집행과 회계처리에 관해 관리규약에서 규정하고 있는데 공통적인 내용을 보면 다음과 같다.

첫째, 관리외수익(잡수입) 중 입주자기여분은 장기수선충당금으로 적립한다.

둘째, 관리외수익(잡수입) 중 입주자와 사용자의 공동기여분은 당해 회계연도 잡수입 예산금액의 일정 범위(예 : 40%) 내에서 특정항목에 우선적으로 지출하며, 나머지 금액은 입주자대표회의의 결산승인을 받아 이익처분하되 다음 회계연도의 관리비 절감을 위해 관리비 예비비로 적립(예비비적립금)하거나 매월 일정액을 공용관리비에서 차감(관리비차감적립금)한다.

경기도의 공동주택관리규약준칙(제17차 개정, 2022. 12. 9.)에서는 관리외수익(잡수입)의 집행 및 회계처리에 대해 다음과 같이 규정하고 있다.

✪ 관리외수익(잡수입)에 관한 경기도의 공동주택관리규약준칙(제17차 개정, 2022. 12. 9.)

제63조(잡수입의 집행 및 회계처리) ① 영 제25조 제1항 제1호 나목에 따른 잡수입은 전체 입주자 및 사용자의 공평한 이익을 위하여 사용하며, 관리비등의 회계처리와 같은 방법으로 처리한다. 다만, 잡수입은 제5항 각 호의 용도 외에는 영 제23조에 따른 관리비 및 사용료 등 항목에 사용할 수 없다.

② 입주자가 적립에 기여한 다음 각 호의 잡수입은 장기수선충당금으로 적립하는 것을 원칙으로 한다.

1. 중계기 설치에서 발생한 잡수입
2. 공동주택 어린이집 운영에 따른 임대료 등 잡수입
3. 그 밖에 입주자가 적립에 기여한 잡수입

③ 제2항에 따라 장기수선충당금으로 적립하여야 함에도 불구하고 입주자대표회의 의결 후 입주자 과반수의 동의를 얻은 경우 다음 각 호의 용도로 편성하여 사용할 수 있다. 다만, 법 제30조 제2항 각 호의 용도로는 사용할 수 없다.

1. 제19조의2 제1항에 따른 자문 중 입주자가 부담하여야 하는 자문비, 공용부분의 하자조사비용(하자보수청구, 하자보수보증금 청구, 하자소송)과 이에 따른 소송비용

2. 관리비 예치금 적립(관리비 예치금이 회계연도 말 기준으로 관리비등 연간 월 평균액의 150%에 미달하는 경우에 한함)

④ 입주자와 사용자가 함께 적립에 기여한 다음 각 호의 수입은 당해 회계연도에 잡수입 예산금액의 40% 이내에서(다만, 세대당 연간 ○만 원을 초과하지 못한다), 제5항 각 호의 용도로 편성하여 사용할 수 있다.

1. 재활용품 판매에서 발생한 잡수입
2. 알뜰시장 운영에서 발생한 잡수입
3. 광고판 게시 등에서 발생한 잡수입
4. 단지 내 시설의 이용 등으로 발생한 수입(주차장, 승강기, 주민공동시설 등)
5. 검침수입
6. 그 밖에 입주자와 사용자가 적립에 함께 기여한 잡수입

⑤ 제4항 각호에 따른 당해 회계연도 잡수입 중 다음 각 호에 따라 사용한 금액을 제외한 나머지 금액은 영 제14조 제2항 제7호에 따른 입주자대표회의의 결산승인 시 공동주택회계처리기준 제48조 제3호의 이익잉여금처분액 중 관리비 차감을 목적으로 하는 계정과목으로 처분하고, 다음 회계연도 기간 중 매월 ○○(주택공급면적 등 단지 여건에 맞게 기준을 정할 것)에 따라 공용관리비에서 관리비차감금으로 차감한다.

1. 공동체 활성화 단체 지원비용 : 연간 ○만 원
2. 주민자치 활동비용(자율방범대 운영, 경로잔치 등) : 연간 ○만 원
3. 투표 참여 촉진 비용 : 연간 ○만 원

3의2. 층간소음 관리위원회 및 제55조의5 제5항에 따른 자치조직 운영비(수당, 교육비용, 자문료 등) : 연간 ○만 원

4. 전기검침 업무수행자 및 재활용품 분리수거자의 노무인력지원 비용(단, 용역업체 소속직원에게 용역비와 별도로 지급할 때에는 연말정산 시 해당 소득을 사업자에게 통지하고 직영인 경우 근로소득에 포함하여 매월 원천징수하여야 한다) : 연간 ○만 원
5. 소송비용(단, 전체 입주자등의 이익에 부합하여야 하며 소송 대상자, 목적, 소요비용, 손익계산 등에 대해 사전 공지 후 입주자등 과반수의 동의를 얻은 경우에 한함) : 연간 ○만 원
6. 커뮤니티(주민공동시설 등)시설 운영에 소요되는 비용 : 연간 ○만 원
7. 관리비 예비비(예산이 책정되지 않은 예측할 수 없는 긴급 상황에 한하여 발생 건당 100만 원 미만의 소액지출)
8. 제19조의2 제1항에 따른 자문 중 입주자등이 부담하여야 하는 자문비 : 연간 ○만 원
9. 수수익사업에 따른 법인세 등 세금에 소요되는 비용 : 연간 ○만 원
10. 「주택관리업자 및 사업자 선정지침」 제13조 제1항 제2호에 따른 관리주체가 선정한 평가위원(입주자등) 수당. 다만, 선정된 평가위원이 동별 대표자일 경우 회의출석수당과 중복지급할 수 없다. : 연간 ○만 원

11. 그 밖에 입주자대표회의가 필요하다고 인정하여 의결하고 입주자등의 과반수 동의를 받은 경우: 연간 ○만 원

⑥ 분양주택과 임대주택이 혼합된 단지의 잡수입은 각 세대수에 비례하여 분배한 후, 제2항부터 제4항에 따라 처리한다.

⑦ 관리주체가 예비비를 집행하고자 할 때에는 관리비의 지출비목·지출사유·금액 등을 작성하여 입주자대표회의의 의결을 얻어야 한다.

⑧ 관리주체는 잡수입에 대하여 1년 단위로 수입 및 지출계획을 입주자대표회의에 제출하여 승인을 받아야 하며(다만, 승인사항에 변경이 있는 때에는 변경승인을 받아야 한다), 잡수입의 발생 및 지출내역과 집행잔액에 대한 적립내역 등은 매월 공동주택의 인터넷 홈페이지와 게시판에 게시하고, 관리비부과명세서 배부 시 기재 또는 첨부하여 전체 입주자등에게 알려야 한다.

이와 같이 관리규약에 관리외수익(잡수입)의 집행과 회계처리에 관한 명백한 규정이 존재함에도 불구하고 많은 공동주택에서 잘못된 회계처리를 답습하거나 규정을 위반하여 관리외수익(잡수입)을 사용함으로써 관리외수익(잡수입)과 관련하여 민원과 분쟁이 발생하고 있는 것이 현실이다. 가능하면 관리규약에 관리외수익(잡수입)의 사용에 관한 조항을 제정하거나 입주자대표회의의 의결에 따라 집행하여 회계투명성을 유지함으로써 입주자등 상호 간의 신뢰를 통해 마을공동체정신을 함양해야 할 것이다.

관리외수익(잡수입)과 관련된 부가가치세와 법인세의 회계처리에 대해서는 제4장에서 상세하게 설명한다.

관리외수익(잡수입) 중에서 가장 논란이 많고 비교적 금액이 큰 항목에 대해서 좀 더 자세히 설명하고자 한다. 관리외수익(잡수입) 중에서 주차수입, 재활용품수입, 광고수입, 중계기임대수입, 알뜰시장수입, 승강기수입, 고용안정사업수익(일자리안정자금수입)에 대해 설명한다. 또한 관리외비용 중에서는 주민공동시설 운영비용, 공동체활성화비용에 대해 설명한다.

5.3 관리외수익(잡수입)의 관리와 공개

5.3.1 관리외수익(잡수입)의 구분관리

앞서 1.3 '관리비등 계정과목 분류의 중요성'에서 핵심적인 내용을 설명했지만 여기서 관리외수익(잡수입)을 구분관리하는 것이 중요하다는 점을 상기시키기 위해 다시 한번 상세하게 설명한다.

현재 많은 공동주택에서 관리외수익(잡수입)을 별도의 계좌에서 구분관리하지 않고 관리비계좌에서 통합관리하고 있는데 이는 상당한 문제를 불러일으킬 수 있기 때문에 구분관리할 것을 권고한다. 그 이유는 다음과 같다.

먼저 관리수익(관리비수입)과 관리외수익(잡수입)을 하나의 계정이나 통장에 관리하면 원천별 자금관리와 손익계산이 어렵게 된다. 특히 관리외수익(잡수입)은 어떤 경우에는 법인세와 부가가치세를 신고 · 납부해야 하고, 관리규약과 입주자대표회의 의결에 따른 이익처분의 대상이 되므로 구분해서 관리할 필요성이 있다. 공동주택 입주 초기에는 내용이 단순하여 하나의 계정이나 통장으로 관리해도 관리수익(관리비수입)과 관리외수익(잡수입)을 구분하는 데 큰 어려움이 없을 수도 있다. 그러나 오래된 공동주택은 통장이나 장부가 제대로 이월되지 않거나 관리되지 않은 경우가 많아서 그 세부내역을 제대로 파악할 수가 없고 오직 잔액만 확인할 수 있게 된다. 이렇게 되면 그 잔액의 구성이 어떻게 되어 있는지 확인하기가 거의 불가능하여 관리수익(관리비수입) 잔액과 관리외수익(잡수입)의 잔액을 구분할 수 없다.

다음으로 일부에서는 관리외수익(잡수입)을 구분관리해야 한다는 명확한 법률규정이 없기 때문에 관리비수입(관리수익)과 관리외수익(잡수입)을 하나의 통장이나 계좌로 통합관리해도 문제가 없지 않느냐고 주장한다. 그러나 이는 법률규정을 잘못 해석하는 것에 원인이 있다고 본다. 「공동주택관리법」 제25조에서는 「공동주택관리법」 제23조 제4항 제1호부터 제3호까지의 어느 하나(제1호는 관리비, 제2호는 사용료, 제3호는 장기수선충당금)에 해당하는 금전 또는 「공동주택관리법」 제38조 제1항에 따른 하자보수보증금과 그 밖에 해당 공동주택단지에서 발생하는 모든 수입에 따른 금전, 이 다섯 가지를 모두 묶어 '관리비등'이라는 용어로 표현하고 있다. 또한 이미 계정과목의 분류에서 설명했듯이 공동주택의 수입은 크게 나누어 (공용)관리비, (개별)사용료, 장기수선충당금, 잡수입, 하자보수보증금 다섯 가지 종류로 구성된다.

「공동주택관리법」에서는 이 다섯 가지 중에서 (공용)관리비, (개별)사용료, 장기수선충당금, 하자보수보증금에 대해서는 법정 용도 외의 목적으로 사용하지 못하도록 금지하고 있고, 이를 위반할 경우 처벌규정을 두고 있다. 따라서 (공용)관리비, (개별)사용료, 장기수선충당금, 하자보수보증금을 법정 용도에 맞게 사용하기 위해서는 이를 통합관리해서는 안 되고, 구분관리할 때만 가능하다는 것을 삼척동자라도 알 수 있지 않겠는가? 이는 너무나도 자명하다. 공동주택의 다섯 가지 수입원천 중에서 네 가지를 구분관리하는데 나머지 관리외수익(잡수입)을 구분관리하지 않고 통합관리하는 것이 가능하겠느냐 하는 것이다. 불가능하다.

좀 더 쉽게 이해하기 위해 하나의 예를 들어보자, 구분관리한다는 것은 음식을 각각 다른 그릇에 담아서 관리하는 것과 같다. 다섯 가지의 음식이 있는데 그 중에서 네 가지를 각각 다른 그릇에 담아서 관리해야 한다면 나머지 한 가지를 별도의 그릇에 담아서 관리하지 않을 재간이 있는가? 관리외수익(잡수입)을 관리비수입(관리수익)과 통합관리해도 문제가 없지 않느냐는 주장은 다른 비유를 들자면 자금의 원천을 무시하고 하나의 주머니에 여러 원천의 돈을 섞어 넣어 놓고 자신이 원하는 원천에서 발생한 돈을 가려내어 쓰겠다는 무모한 발상과 다를 바가 없다.

이러한 문제를 명확히 해결하는 방법은 공동주택관리규약준칙에 관리외수익(잡수입)을 별도의 계좌에서 관리하도록 근거규정을 마련하는 것이다. 「공동주택관리법 시행령」 제23조에서 잡수입의 경우에도 관리비 · 사용료 · 장기수선충당금과 동일한 방법으로 공개하도록 하고 있으므로 잡수입을 제대로 공개하기 위한 방안으로 관리규약준칙에 별도 계좌로 구분관리하는 조항을 설정하는 것이다. 이렇게 되면 대부분의 공동주택에서 관리규약준칙의 내용을 수용하여 관리규약에 반영함으로써 잡수입의 관리에 관한 실무지침이 만들어지고, 이에 따라 관리외수익(잡수입)이 좀 더 투명하고 정확하게 관리될 것이라고 본다.

5.3.2 관리외수익(잡수입)의 공개

잡수입은 관리비등과 마찬가지로 의무관리대상 공동주택의 관리주체가 그 명세를 다음달 말일까지 해당 공동주택단지의 인터넷 홈페이지 및 동별 게시판(통로별 게시판이 설치된 경우에는 이를 포함)과 공동주택관리정보시스템(K-apt)에 공개해야 한다(「공동주택관리법」 제23조 제4항 제4호, 「시행령」 제23조 제8항).

의무관리대상이 아닌 공동주택으로서 100세대(주상복합건물인 경우 주택기준) 이상인 공동주택의 관리인은 잡수입의 내역을 다음달 말일까지 해당 공동주택단지의 인터넷 홈페이지 및 동별 게시판(통로별 게시판이 설치된 경우에는 이를 포함)에 공개하여야 한다. 이 경우 공동주택관리정보시스템(K-apt) 공개는 생략할 수 있다(「공동주택관리법」 제23조 제5항, 「시행령」 제23조 제10항 제4호).

만약 이를 위반하여 잡수입의 내역을 공개하지 아니하거나 거짓으로 공개한 관리주체나 관리인에 대해서는 5백만 원 이하의 과태료를 부과한다(「공동주택관리법」 제102조 제3항 제5호).

관리외수익(잡수입)의 공개를 요약하면 다음 [표 3-31]과 같다.

표 3-31 관리외수익(잡수입)의 공개

공개대상	공개주체	공개장소	공개기한
의무관리대상	관리주체	• 인터넷 홈페이지 • 동별 게시판(통로별 게시판 포함) • 공동주택관리정보시스템(K-apt)	다음달 말일
의무관리대상 아니면서 100세대 이상	관리인	• 인터넷 홈페이지 • 동별 게시판(통로별 게시판 포함)	

5.4 주차수입

주차수입은 입주자와 사용자가 공동으로 적립에 기여한 관리외수익(잡수입)이다. 대개 관리규약에 세대별 차량소유 대수에 따른 주차료 부과·징수금액이 명시되어 있다. 그 용도 역시 관리규약에 명시되어 관리비 예비비로 적립하거나 공용관리비를 차감하도록 규정하고 있다.

그런데 문제는 많은 공동주택에서 주차수입을 관리외수익(잡수입)으로 회계처리하지 않고 '공유부지충당금'이라는 기상천외한 계정과목을 사용하고 있다는 점이다. 그 금액 또한 계속 적립되어 거액에 이른 상태이지만 용도가 마땅치 않은 관계로 '눈먼 돈'이 되어 횡령과 부정의 원천이 되고 지속적으로 주민 갈등과 민원의 대상이 되고 있다.

이미 여러 번 설명했듯이 충당금은 부채이며, 이는 장래에 지출할 용도가 분명히 예정되어 있고 그 지출금액 또한 신뢰성 있게 추정할 수 있기 때문에 미리 동일한 금액을 비용처리하면서 상대계정과목으로 부채계정을 설정하는 경우에만 사용할 수 있다. 따라서 주차수입이 발생할 때 차변에 예금의 증가로 처리하면서 대변에 부채인 공유부지충당금의 증가로 처리하는 회계처리는 정상적이라고 할 수 없다.

이러한 이론적 근거를 별개로 하더라도 공유부지충당금이라면 자금을 적립하는 본래의 목적이 있을 것이다. 그 목적이 앞으로 주차장을 추가로 만들거나 대규모 수선을 하는 데 있다고 하는데 다음과 같은 이유로 합리적이라고 볼 수 없다.

첫째, 주차수입은 입주자와 사용자가 공동으로 기여한 관리외수익(잡수입)이다. 따라서 공동기여 관리외수익(잡수입)은 입주자에게만 혜택을 주는 용도로 사용할 수 없다. 이러한 점을 고려한다면 입주자의 소유재산이 되는 주차장을 추가로 건설하는 데 주차수입을 사용하는 것은 사용자의 기여와 권리를 무시하는 것이다.

둘째, 주차장의 대규모 수선에 사용하는 경우에도 문제는 있다. 「공동주택관리법 시행규칙」 [별표 1] 장기수선계획의 수립기준을 보면 주차장(주로 지하주차장)은 장기수선계획 대상에 포함되어 있다. 이는 주차장의 수선에는 장기수선충당금을 사용한다는 의미인데, 장기수선충당금은 입주자가 부담하는 것이다. 이러한 점을 고려하면 입주자와 사용자의 공동기여 관리외수익(잡수입)인 주차수입을 주자장의 수선에 사용하기 위해 적립해 두는 것은 타당하지 않다는 논리로 자연스럽게 귀결된다.

셋째, 공동주택에서 현실적으로 주차장을 추가로 신설할 정도의 공간이 있는지 매우 의문스럽고, 신설할 수 있는 공간이 있는 경우에도 「공동주택관리법」 제35조에 따라 지방자치단체장의 허가를 받거나 지방자치단체장에게 신고를 해야 하는 등 절차가 매우 까다롭다. 이는 자금을 적립하더라도 이를 사용할 여건이 조성되어 있지 않다는 현실적인 한계를 말해주는 것이다.

만약 공유부지충당금계정(대변)을 사용할 경우 제대로 된 회계처리를 한다면 상대계정과목이 비용계정(차변)인 공유부지충당금전입액이 되고, 이 비용이 관리외수익인 주차수입과 상계되어 처분할 이익이 없어지게 된다. 다시 말해 주차수입과 공유부지충당금전액입이 같은 금액이 되어 그 차액(이익)이 0이 되어 주차수입이 이익처분의 대상이 되지 않는다는 문제가 있다. 대부분의 관리규약에 따르면 입주자와 사용자의 공동기여분인 주차수입은 관리규약에서 규정한 당해 회계연도의 예산범위 내에서 특정용도에 사용하고 그 잔액은 입주자대표회의의 결산승인을 받아 이익처분하되 다음 회계연도의 관리비 절감을 위해 관리비 예비비로 적립(예비비적립금)하거나 매월 일정액을 공용관리비에서 차감(관리비차감적립금)하는 용도로 사용하여야 한다.

지금까지 적립해 둔 공유부지충당금은 사용목적이 있다면 용도에 맞게 사용하고, 그렇지 않으면 관리규약에 근거규정을 마련하고, 입주자대표회의의 의결을 거쳐 이익처분에 포함하여 처리하는 것이 타당할 것이다.

주차수입의 회계처리를 제시하면 다음과 같다.

[주차수입의 회계처리]

① 주차수입 발생시점

(차) 예금_관리외수익계좌*	×××	(대) 주차수입_관리외수익	×××

② 관리규약에 따른 지출시점(예: 공동체활성화단체지원비용)

(차) 공동체활성화단체지원비_관리외비용	×××	(대) 예금_관리외수익계좌*	×××

③ 결산승인을 받아 이익처분하여 관리비예비비로 적립시점

(차) 미처분이익잉여금	×××	(대) 관리비예비비적립금	×××
(차) 관리비예비비예치금	×××	(대) 예금_관리외수익계좌*	×××

* 잡수입계좌 사용가능

5.5 재활용품수입, 광고수입, 중계기임대수입, 알뜰시장수입

재활용품수입은 공동주택의 각 세대에서 배출하는 폐지, 헌옷, 빈병, 철물 등을 매각하여 얻는 수입이다. 광고물설치수입은 공동주택단지 내에 광고물을 게시하거나 설치하도록 허용하고 받는 수수료수입이다. 중계기임대수입은 이동통신회사에게 공동주택단지 내에 중계기를 설치하도록 허용하고 받는 임대수입이다. 공동주택단지 내에 금융기관의 ATM(현금자동인출기)을 설치하도록 허용하고 받는 임대료는 중계기임대수입과 그 성격이 동일하다. 알뜰시장수입은 알뜰시장 상인으로부터 얻는 임대수입 또는 알뜰시장 중개업체로부터 받는 수수료수입이다.

재활용품수입, 광고물설치수입, 중계기임대수입, ATM임대수입, 알뜰시장수입은 외부사업자에게 재화를 판매하거나 용역을 제공함으로써 발생하는 수입이다. 따라서 사업자 선정을 위해 「주택관리업자 및 사업자 선정지침」을 준수해야 하며, 이 선정지침 [별표 2]에 해당하여 수의계약을 체결하여야 하는 경우를 제외하고는 경쟁입찰방식에 따라야 한다.

관리외수익(잡수입)이 발생하는 경우 해당 수입이 「부가가치세법」상의 과세대상이면 거래대금(「부가가치세법」에서는 이 금액을 '공급가액'이라고 한다) 이

외에 거래대금의 10%에 해당하는 부가가치세(「부가가치세법」에서는 이 금액을 '매출세액'이라고 한다)를 반드시 받아야 하고, 「부가가치세법」상의 전자세금계산서를 발행해 주어야 한다. 그리고 거래대금(공급가액)과 부가가치세(매출세액)는 현금으로 받는 것이 아니라 금융기관을 통해 받음으로써 거래대금 수취와 거래발생 사실에 대한 객관적인 증명이 가능하도록 거래관행을 정착시켜야 한다.

관리외수익(잡수입)이 발생하는 공동주택은 법인사업자로서 사업자등록번호를 발급받아야 하고, 사업자로부터 받은 부가가치세를 국세청에 신고하고 납부하여야 한다. 재활용품을 매각하고 거래대금 50만 원과 부가가치세 5만 원을 받은(이를 「부가가치세법」에서는 '거래징수'라고 한다) 경우에 회계처리를 제시하면 다음과 같다.

[관리외수익(잡수입)과 부가가치세 수취의 회계처리]

재활용품매각대금 550,000원(부가가치세 포함)을 받은 경우

(차) 예금_관리외수익계좌*	550,000	(대) 재활용품수입_관리외수익	500,000
		부가가치세예수금	50,000

* 잡수입계좌 사용가능

물론 관리외수익(잡수입)이 발생하는 경우에는 법인세도 신고하고 납부해야 한다. 관리외수익(잡수입)과 관련된 세금에 대해서는 제4장에서 상세하게 설명한다.

5.6 승강기수입

승강기수입은 관리규약의 규정에 따라 외부사업자 또는 전출입자가 물건운반용으로 승강기를 빌려 사용할 경우에 받는 사용료수입이다. 최근 국세청은 승강기사용료의 경우에는 매월 반복적으로 발생되는 것이 아니고 이사 등으로

간헐적으로 발생되고, 이 금액도 차후 관리비 차감 등으로 입주자등에게 귀속되어 시설유지 등으로 사용된다면 실비상당액으로 보아서 부가가치세가 면제된다고 보고 있다. 다만 이삿짐센터, 인테리어업체로부터 받는 승강기사용료의 경우 과세사업자로부터 받는 것이므로 부가가치세 과세대상이라고 보았다(서면부가-3424, 2016. 5. 18.).

승강기수입도 승강기수입명세와 전출입세대관리대장을 작성하여 그 징수근거와 발생내역을 명확히 파악할 수 있도록 문서화하여야 한다. 또한 승강기이용자가 이용료를 납부할 때 반드시 공동주택이 관리하는 금융계좌로 입금하도록 안내하여 현금거래를 방지함으로써 승강기수입을 투명하게 관리하도록 노력하여야 한다.

승강기수입에 관한 회계처리를 제시하면 다음과 같다.

[승강기수입의 회계처리]

① 입주자등으로부터 5,000원을 받는 경우

(차)	예금_관리외수익계좌*	5,000	(대) 승강기수입_관리외수익	5,000

② 외부사업자로부터 55,000원을 받는 경우

(차)	예금_관리외수익계좌*	55,000	(대) 승강기수입_관리외수익	50,000
			부가가치세예수금	5,000

* 잡수입계좌 사용가능

5.7 일자리안정자금(고용안정사업수익과 비용)

일자리안정자금이란 최저임금 인상에 따른 소상공인 및 영세중소기업의 경영부담을 완화하고 노동자의 고용불안을 해소하기 위해 정부가 근로복지공단을 통해 인건비를 지원하는 사업이다. 일자리안정자금사업은 2018년 1월 1일부터 시행되고 있다. 이하에서는 2023년의 지원대상과 지원요건, 지원금액, 지원방식을 소개한다. 이 내용 중 지원요건과 지원금액은 2023년의 최저임금 상승

(시간급 9,620원)에 따라 변경될 수 있다.

5.7.1 지원대상과 지원요건

지원대상은 사업주 요건과 근로자 요건을 모두 충족하여야 한다.

사업주 요건은 사업주가 지급을 희망하는 월을 기준으로 직전 3개월간 매월 말일 평균 노동자 수가 30인 미만인 모든 사업장이다. 다만 공동주택 경비 · 청소원은 30인 이상인 경우에도 지원한다.

근로자 요건은 월평균 보수액 230만 원 미만 상용근로자, 단시간근로자, 일용근로자이다. 신청대상 근로자는 모두 1개월 이상 고용을 유지하고 있어야 한다. 고용보험 가입대상인 근로자는 고용보험에 가입되어 있어야 하고, 최소한 전년도 임금수준을 유지하여야 한다. 월평균 보수액에는 비과세 소득(월 10만 원 이하 식대, 실비변상적 금품 등)을 제외하고 근로자에게 지급된 모든 보수의 총액(기본급+통상적 수당+연장근로수당 등)을 포함한다. 일용근로자는 1일 8시간 기준 105,600원 미만(시간급 9,160원 이상)이며, 단시간(시간제)근로자의 경우에는 소정근로시간에 비례하여 월 보수액이 최저임금 100% 이상 120% 미만 범위 내에 있으면 지원한다.

5.7.2 지원금액

지원금액은 월 보수 230만 원 미만 상용근로자에게는 1인당 월 최대 3만 원(2022년 기준임. 2023년은 6월 현재 미정), 단시간근로자(소정근로시간 주 40시간 미만)는 근로시간 구간별로, 일용근로자는 월 근로일수 구간별로 각각 18,000원에서 30,000원까지 차등해서 지급한다.

5.7.3 지급방식

지급시기를 보면 최초분(지급희망월~신청월 전월분) 지급은 지급결정일로부터 최대 3일 내 지급하되, 불가피한 사유가 없을 경우 신속히 지급한다. 2회분(신청월분 이후) 이후 지급은 매월 15일에 지급한다.

지급방식은 직접 수령만 가능한데 개인은 개인 사업주, 법인은 법인, 공동주택 경비 · 청소원은 입주자대표회의 통장으로 입금된다.

5.7.4 회계처리

공동주택에서 일자리 안정자금을 지원받게 되면 입주자대표회의에서 지원금을 수령한 뒤 경비 · 청소원의 임금 인상에 반영해서 전액을 지급해야 한다. 따라서 일자리 안정자금을 수령하면 관리외수익(잡수입)인 일자리안정자금수익으로, 경비 · 청소원에게 임금으로 지급하면 관리외비용인 일자리안정자금비용으로 회계처리하여 수익과 비용이 일치하여 잔액이 남지 않도록 유의하여야 한다.

일자리안정자금의 회계처리를 제시하면 다음과 같다.

[일자리안정자금의 회계처리]

① 일자리안정자금 50,000원 수령시점

(차) 예금_관리외수익계좌*	50,000	(대) 일자리안정자금수익_관리외수익	50,000

② 경비 · 청소원들에게 임금 3,000,000원(일자리안정자금 포함) 지급시점

(차) 경비비(또는 청소비)	2,950,000	(대) 예금_관리계좌	2,950,000
(차) 일자리안정자금비용_관리외비용	50,000	(대) 예금_관리외수익계좌*	50,000

* 잡수입계좌 사용가능

만약 일자리안정자금을 수령한 뒤, 경비 · 청소원의 임금 인상에 반영하여 지급하지 않으면 ① 해당 공동주택에 지원할 금액이 남아 있는 경우에는 지원금에서 차감하고, ② 지급할 금액이 없는 경우에는 부정수급 환수 및 처리절차와 동일하게 처리한다. 부정수급금은 근로복지공단에서 전액 반환하도록 명령하며, 보조금 수령자가 근로복지공단에서 정한 기한 내에 이를 납부하지 않은 경우에는 '국세 체납처분의 예'에 따라 강제징수하고 부정수급액의 5배에 해당하는 금액에 대해 제재부가금을 부과받을 수도 있다. 다만, 사업주별 월 단위 환

수대상금액이 1만 원 미만인 경우 환수결정대상에서 제외된다.

5.8 주민공동시설 운영비용

주민공동시설이란 해당 공동주택의 거주자가 공동으로 사용하거나 거주자의 생활을 지원하는 시설이다(「주택건설기준 등에 관한 규정」 제2조 제3호). 이 규정에 열거된 주민공동시설로는 경로당, 어린이놀이터, 어린이집, 주민운동시설, 도서실, 주민교육시설, 청소년 수련시설, 주민휴게시설, 독서실, 입주자집회소, 공용취사장, 공용세탁실, 사회복지시설, 다함께돌봄센터, 공동육아나눔터 그 밖에 이에 준하는 시설이 있다.

주민공동시설은 관리주체가 직영할 수 있지만 입주자등의 이용을 방해하지 아니하는 한도에서 주민공동시설을 관리주체가 아닌 자에게 위탁하여 운영할 수도 있다(「공동주택관리법 시행령」 제29조 제1항). 주민공동시설을 위탁운영하려면 관리주체가 입주자대표회의의 의결 또는 입주자등 10분의 1 이상의 요청(임대주택의 경우에는 임대사업자의 요청 또는 임차인 10분의 1 이상의 요청)의 방법으로 제안하고, 이 제안에 대해 입주자등 과반수의 동의를 얻는 절차를 거쳐야 한다(「공동주택관리법 시행령」 제29조 제2항). 이와 함께 관리주체가 외부 위탁운영사업자를 선정하기 위해서는 「주택관리업자 및 사업자 선정지침」에 따라야 한다.

관리주체는 주민공동시설의 이용료를 해당 시설의 이용자에게 따로 부과할 수 있다. 주민공동시설의 운영을 위탁한 경우에 주민공동시설 이용료는 주민공동시설의 위탁에 따른 수수료 및 주민공동시설 관리비용 등의 범위에서 정하여 부과·징수하여야 한다(「공동주택관리법 시행령」 제23조 제4항). 이 조항이 가진 주민공동시설 운영상의 의미를 주민운동시설에 적용하여 해석하면 다음과 같다.

첫째, 관리주체는 주민운동시설의 이용료를 초과하여 입주자등에게 관리비 등으로 부과할 수 없으며, 외부 위탁운영사업자에게 임대료 및 보증금을 받고 운영하거나, 입주민이 아닌 외부인에게 이용료를 받고 운영하는 등 영리적인 목적으로 운영할 수 없다.

둘째, 외부 위탁운영사업자에게 위탁하여 운영할 수는 있지만 운동기구, 관리비등을 부담하는 조건으로 위탁업체를 선정하는 것은 인정되지 않는다.

셋째, 운동기구를 렌탈하여(빌려와서) 이용자에게 이용료를 부담하게 하는 것은 가능하다.

넷째, 외부 위탁운영사업자의 트레이너에게 입주자등 개인이 자발적으로 레슨비를 부담하고 운동을 배우고자 할 경우, 즉 해당 시설의 이용 등에 전문가의 지도만 필요하다면 트레이너 등과의 노무계약(급여지급)을 체결하여 운영하는 방법 등은 가능하지만 입주민이 직접 레슨비를 트레이너에게 지급하는 것은 위법이다.

주민운동시설 운영비용의 부담방법은 관리규약에서 규정하거나(「공동주택관리법 시행령」 제19조 제1항 제23호) 관리규약에서 위임한 경우에는 입주자대표회의의 의결로 결정한다(「공동주택관리법 시행령」 제14조 제2항 제2호). 이에 따라 주민운동시설 운영비용의 회계처리는 다음과 같이 그 부담방법에 따라 달라진다.

[주민운동시설 운영비용의 부담방법과 회계처리]

① 운영비용의 전부를 모든 세대에게 일정 배부기준에 따라 부과하는 경우
- 47개 계정과목을 이용하여 관리비로만 처리
- 계정과목 예시 : 전기료, 가스료 등

② 운영비용의 일부는 관리비로, 나머지는 수익자부담원칙에 따라 이용료로 부과하는 경우
- 관리비는 47개 계정과목으로 처리
- 이용료는 관리외수익(잡수입)과 관리외비용으로 처리

③ 운영비용의 전부를 수익자부담원칙에 따라 이용료로 부과하는 경우
- 운영비용 전부를 관리외수익(잡수입)과 관리외비용으로 처리

이 경우 주민공동시설 이용료를 부과 · 징수한 금액(수입)이 지출되는 비용보다 많은 경우에는 자연히 이익이 발생할 것이다. 주민공동시설 이용료(예 : 전

기료)의 부과 · 징수와 납부, 지급에 관한 회계처리를 제시하면 다음과 같다.

[주민공동시설 이용료의 회계처리]

(1) 관리비로 부과하는 경우

① 비용 발생시점

(차) 전기료	×××	(대) 미지급전기료	×××

② 관리비 부과시점

(차) 미수관리비	×××	(대) 관리수익	×××

③ 관리비 납부시점

(차) 예금_관리계좌	×××	(대) 미수관리비	×××

④ 관리비 관련 업체(한전)에 지급시점

(차) 미지급전기료	×××	(대) 예금_관리계좌	×××

(2) 관리외비용으로 부과하는 경우

① 비용 발생시점

(차) 전기료_관리외비용	×××	(대) 미지급전기료	×××

② 이용료 부과시점

(차) 미수전기료	×××	(대) 관리외수익	×××

③ 이용료 납부시점

(차) 예금_관리외수익(잡수입)계좌*	×××	(대) 미수전기료	×××

④ 이용료 관련 업체(한전)에 지급시점

(차) 미지급전기료	×××	(대) 예금_관리외수익(잡수입)계좌*	×××

* 관리외비용으로 부과하여 징수하는 것이므로 관리외수익(잡수입)계좌로 받는 것이 원칙이지만 관리비계좌로 받는다면 예금_관리계좌계정으로 처리해야 한다.

5.9 공동체활성화단체지원비용

공동체활성화단체가 무엇인지에 관해 「공동주택관리법」에는 명확한 규정이 없다. 대신 대부분의 지방자치단체 관리규약준칙에는 공동체활성화단체에 관해 규정하고 있다. 이 관리규약준칙에 따르면 공동체활성화단체란 공동주택단지 내 입주자등(필요시 전문가, 시민단체, 주변지역주민 구성원을 포함) 10인 이상으로 구성된 자생단체 중 입주자대표회의로부터 사업비를 지원받아 공동체활성화사업을 추진하는 자생단체를 말한다. 자생단체란 보통 법정단체 이외의 단체인 ○○봉사회, ○○청년회, ○○부녀회, ○○노인회 등을 말한다.

국토교통부의 유권해석에 따르면 「공동주택관리법 시행령」 제14조 제2항 제16호에 근거하여 입주자대표회의 의결을 받은 경우에 관리외수익(잡수입)을 공동체 활성화에 관한 사항 등에 사용할 수 있다고 본다. 이에 따라 대부분의 지방자치단체 관리규약준칙에는 공동체활성화단체지원에 관한 규정을 두고 있다. 서울시의 공동주택관리규약준칙(제16차 개정, 2022. 8. 17.) 중 공동체활성화단체지원에 관한 규정을 예시하면 다음과 같다.

✪ 공동체활성화단체지원에 관한 서울시의 공동주택관리규약준칙(제16차 개정, 2022. 8. 17.)

제56조(공동체활성화단체 활동지원) ① 제54조 제2항에 따라 구성 승인된 공동체활성화단체가 활동지원을 받고자 할 때에는 사업의 목적, 대상, 기간, 추진방법, 기대효과 및 소요비용 등이 포함된 [별지 제5-2호 서식] "사업비 지원신청서"를 입주자대표회의에 제출하고 승인을 받아야 한다.

② 입주자대표회의는 해당 공동체활성화단체의 활동이 공동체 활성화와 부합하지 않는 특별한 사정이 없는 한 그 활동을 지원하여야 한다. 사업비지원 여부 및 지원액이 결정되면 결정일로부터 7일 이내에 [별지 제5-3호 서식] "사업비 결정통지서"를 해당 단체에 교부하여야 하며, 동일한 내용을 게시판 등에 공지하여야 한다.

③ 입주자대표회의는 공동체활성화단체가 추진하는 사업에 필요한 비용을 제62조 제4항의 규정에 따른 잡수입으로 사업계획 및 추진실적 등에 따라 집행할 수 있다.

④ 공동체활성화단체는 활동별 사업실적 및 결과보고서를 매월 입주자대표회의에 제출하여야 한다.

⑤ 공동체지원 이사는 제54조에 따른 공동체활성화단체 구성 시 사업계획 수립을 지원하여야 하며, 위 제1항에 따른 사업비지원 신청 시 관련 서류의 적정성 및 구비 여부 등을 확인하여 보완·정정을 요구할 수 있다.

⑥ 관리사무소장은 공동체활성화단체 구성 및 활동지원 관련하여 소요비용 정산에 대한 회계사무(장부작성, 지출증빙, 결산 등)를 지원한다. 이 경우 공동체활성화단체는 적격지출증빙서류(신용카드매출전표, 현금영수증, 세금계산서 등)를 관리사무소에 제출하여야 한다.

이 관리규약준칙에 따르면 공동체활성화단체지원은 입주자대표회의의 승인을 받아야 하고, 공동체활성화단체는 활동별 사업실적 및 결과보고서를 매월 입주자대표회의에 제출하여야 한다. 또한 관리사무소장은 공동체활성화단체 구성 및 활동지원 관련하여 소요비용 정산에 대한 회계사무(장부작성, 지출증빙, 결산 등)를 지원하며, 공동체활성화단체는 적격지출증빙서류(신용카드매출전표, 현금영수증, 세금계산서 등)를 관리사무소에 제출하여야 한다.

이렇게 관리규약준칙에 별도로 공동체활성화단체활동을 관리외수익(잡수입)에서 지원하도록 규정하고 있음에도 불구하고 일부 지방자치단체 관리규약준칙에는 입주자대표회의운영비 항목에 공동체활성화단체지원비용을 매월 일정금액 이내로 지원할 수 있도록 규정하고 있다. 입주자대표회의운영비는 (개별)사용료의 하나로서 관리비등으로 부과되는 관리비용인 반면, 관리외수익(잡수입)에서 사용하면 관리외비용이 되기 때문에 자금의 원천이 완전히 다르고 회계처리 또한 다르다. 공동체활성화단체지원비용을 입주자대표회의운영비로 회계처리하는 관리규약준칙 또는 관리규약의 규정은 공동체활성화단체지원에 관한 이중규정이고 입주자등의 관리비부담을 증가시킬 수 있기 때문에 시급히 개선할 필요가 있다.

공동체활성화단체지원비용의 회계처리를 제시하면 다음과 같다.

[공동체활성단체지원비용의 회계처리]

관리외수익(잡수입)에서 공동체활성화단체지원비용으로 100,000원을 지출하고 적격지출증빙서류를 받은 경우

(차) 공동체활성화단체지원비용_관리외비용* 100,000

(대) 예금_관리외수익(잡수입)계좌 100,000

* 공동체활성화단체지원비용은 운영성과표에서 관리외비용으로 분류된다.

5.10 기타의 관리외수익과 관리외비용

5.10.1 부과차익과 부과차손

'발생한 관리비'와 '부과하는 관리비'는 일치하는 것이 정상적이다. 따라서 발생한 관리비만큼 부과해야 한다. 그러나 관리비를 각 세대에 안분하여 부과할 때 1원 미만의 단수 차이로 인해 발생 관리비가 부과 관리비보다 많거나 적은 경우가 발생할 수 있다. 발생 관리비가 부과 관리비보다 많은 경우에는 부과차익계정으로, 작은 경우에는 부과차손계정으로 회계처리한다.

거액의 부과차손이나 부과차익이 생기는 것은 매우 비정상적이지만 만약 생긴다면 회계처리나 부과과정에서 오류가 없는지 잘 살펴보아야 한다.

제6절 | 하자보수보증금

6.1 하자보수와 하자보수절차

6.1.1 하자의 의미

하자(瑕疵)란 어려운 한자어로서 국어사전에 따르면 옥의 얼룩진 흔적이라는 뜻으로, '흠'을 이르는 말이다. 그런데 「공동주택관리법」에서 규정하는 하자의 의미는 사전의 설명과 차이가 있다. 「공동주택관리법」 제36조 제4항에 따르면 "하자는 공사상 잘못으로 인하여 균열 · 침하(가라앉아 내림) · 파손 · 들뜸 · 누수 등이 발생하여 건축물 또는 시설물의 안전상 · 기능상 또는 미관상의 지장을 초래할 정도의 결함을 말한다"라고 규정하고 있다.

또한 「공동주택관리법 시행령」 제37조에서는 하자의 범위를 내력구조부별 하자와 시설공사별 하자로 구분하고 그 내용에 대해 다음과 같이 구체적으로 규정하고 있다.

① **내력구조부별 하자**: 다음 ⓐ와 ⓑ 중 어느 하나에 해당하는 경우
  ⓐ 공동주택 구조체의 일부 또는 전부가 붕괴된 경우
  ⓑ 공동주택의 구조안전상 위험을 초래하거나 그 위험을 초래할 우려가 있는 정도의 균열·침하 등의 결함이 발생한 경우

② **시설공사별 하자**: 공사상의 잘못으로 인한 균열·처짐·비틀림·들뜸·침하·파손·붕괴·누수·누출·탈락, 작동 또는 기능불량, 부착·접지 또는 전선 연결 불량, 고사(말라 죽음) 및 입상(서 있는 상태) 불량 등이 발생하여 건축물 또는 시설물의 안전상·기능상 또는 미관상의 지장을 초래할 정도의 결함이 발생한 경우

✪ 내력구조부란

「공동주택관리법 시행령」 제36조 제1항 제1호에서 '내력구조부'란 「건축법」 제2조 제1항 제7호에 따른 건물의 '주요구조부'를 말하는데 이에 대해 다음과 같이 정의하고 있다.
'주요구조부'란 내력벽(건물의 무게와 수직하중을 지탱하도록 만든 벽), 기둥, 바닥, 보, 지붕틀 및 주계단을 말한다. 다만, 사이 기둥, 최하층 바닥, 작은 보, 차양, 옥외 계단, 그 밖에 이와 유사한 것으로 건축물의 구조상 중요하지 아니한 부분은 제외한다.

6.1.2 하자에 대한 담보책임기간

「공동주택관리법 시행령」 제36조 제1항에서는 내력구조부별, 시설공사별 하자에 대한 담보책임기간을 설정하고 있다. 내력구조부별은 10년, 시설공사별은 공사의 종류에 따라 2년, 3년, 5년으로 구분하고 있다. 시설공사별 하자에 대한 담보책임기간은 「공동주택관리법 시행령」 제36조 제1항 제2호에 규정하는 [별표 4](부록 4 참고)에 제시되어 있다.

하자에 대한 담보책임기간은 하자의 중대성, 시설물의 사용가능 햇수 및 교체 가능성 등을 고려하여 공동주택의 내력구조부별 및 시설공사별로 10년의 범위에서 정하고 있으며, 이 경우 담보책임기간은 기산일(시작일)을 다음과 같이

전유부분과 공용부분으로 구분하고 있다(「공동주택관리법」 제36조 제3항).

① **전유부분** : 입주자(공공임대주택 담보책임의 경우에는 임차인)에게 인도한 날

② **공용부분** : 「주택법」 제49조에 따른 사용검사일(같은 법 제49조 제4항 단서에 따라 공동주택의 전부에 대하여 임시사용승인을 받은 경우에는 그 임시사용승인일을 말하고, 같은 법 제49조 제1항 단서에 따라 분할 사용검사나 동별 사용검사를 받은 경우에는 그 분할 사용검사일 또는 동별 사용검사일을 말한다) 또는 「건축법」 제22조에 따른 공동주택의 사용승인일

6.1.3 하자보수 청구주체

하자보수는 공동주택의 건축물 또는 시설물의 결함을 수선하는 행위이다. 「공동주택관리법」에서는 공동주택에 하자가 있는 경우에 하자보수절차를 상세히 규정하고 있다. '입주자대표회의등' 또는 '임차인등'은 공동주택에 하자가 발생한 경우에는 담보책임기간 내에 사업주체에게 하자보수를 청구하여야 한다(「공동주택관리법 시행령」 제38조 제1항).

하자보수 청구주체

- **입주자대표회의등** : 다음 ①~④ 중 어느 하나 해당자(「공동주택관리법」 제37조 제1항 제1호~제4호)

① 입주자
② 입주자대표회의
③ 하자보수청구 등에 관하여 입주자와 입주자대표회의를 대행하는 관리주체
④ 「집합건물법」에 따른 관리단

- **임차인등** : 다음 ①~② 중 어느 하나 해당자(「공동주택관리법」 제37조 제1항 제5호)

① 공공임대주택의 임차인
② 임차인대표회의

전유부분의 경우 입주자 또는 공공임대주택의 임차인이 하자보수를 청구하

는 것이 원칙이지만 때에 따라서 입주자는 관리주체가 그 청구를 대행하도록 할 수도 있다. 공용부분의 경우 입주자는 입주자대표회의 또는 공공임대주택의 임차인대표회의, 관리주체, 「집합건물법」에 따른 관리단 중 어느 하나에 해당하는 자에게 하자보수의 청구를 요청할 수 있다(「공동주택관리법 시행령」 제38조 제2항). 따라서 입주자는 전유부분의 하자보수에 대해서는 사업주체에게 직접 청구할 수 있지만 공용부분의 하자보수에 대해서는 간접 청구할 수 있을 뿐이다.

하자보수 부분별 청구주체를 요약하면 [표 3-32]와 같다.

표 3-32 하자보수 부분별 청구주체

하자보수 부분	하자보수 청구주체
전유부분	• 입주자 또는 공공임대주택의 임차인 • 관리주체(입주자의 청구 대행)
공용부분	• 다음 ①~③ 중 어느 하나 해당자 ① 입주자대표회의 또는 공공임대주택의 임차인대표회의 ② 관리주체(하자보수청구 등에 관한 대행) ③ 「집합건물법」에 따른 관리단 • 입주자는 위 ①~③에게 청구 요청가능

6.1.4 사업주체의 의무

사업주체는 하자보수를 청구받은 날(또는 안전진단기관의 하자진단 결과를 통보받은 날)부터 15일 이내에 그 하자를 보수하거나 하자보수계획을 입주자대표회의등 또는 임차인등에 서면(또는 전자문서)으로 통보하고 그 계획에 따라 하자를 보수하여야 한다. 다만, 하자가 아니라고 판단되는 사항에 대해서는 그 이유를 서면으로 통보하여야 한다(「공동주택관리법 시행령」 제38조 제3항).

하자보수계획에는 다음 사항들이 포함되어야 한다.

① 하자부위, 보수방법 및 보수에 필요한 상당한 기간(동일한 하자가 2세대 이상에서 발생한 경우 세대별 보수 일정을 포함)

② 담당자 성명 및 연락처

③ 그 밖에 보수에 필요한 사항

하자보수를 실시한 사업주체는 하자보수가 완료되면 즉시 그 보수 결과를 하자보수를 청구한 입주자대표회의등 또는 임차인등에 통보하여야 한다(「공동주택관리법 시행령」 제38조 제4항). 하자보수절차를 간단하게 요약하면 [그림 3-7]과 같다.

[그림 3-7] 하자보수절차

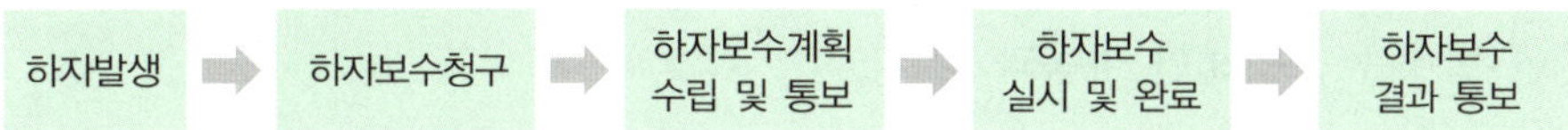

6.1.5 관리주체의 서류의 기록 · 보관 · 유지 의무

「공동주택관리법」 제31조에 따르면 의무관리대상 공동주택의 관리주체는 공동주택의 체계적인 유지관리를 위하여 공동주택의 설계도서 등을 보관하고, 공동주택 시설의 교체 · 보수 등의 내용을 기록 · 보관 · 유지하여야 한다.

「공동주택관리법 시행령」 제32조와 「시행규칙」 제10조에서는 이에 관해 다음과 같이 더욱 상세히 규정하고 있다.

첫째, 의무관리대상 공동주택의 관리주체는 다음 ①~④의 서류를 기록 · 보관 · 유지하여야 한다(「공동주택관리법 시행령」 제32조 제1항, 시행규칙 제10조 제1항).

① 사업주체로부터 인계받은 설계도서 및 장비의 명세
② 「시설물의 안전 및 유지관리에 관한 특별법」 제21조에 따른 시설물 안전점검 결과보고서
③ 「주택법」 제44조 제2항에 따른 감리보고서
④ 공용부분 시설물의 교체, 유지보수 및 하자보수 등의 이력관리 관련 서류 · 도면 및 사진

둘째, 이와 함께 의무관리대상 공동주택의 관리주체는 공용부분 시설물의 교체, 유지보수 및 하자보수 등을 한 경우에는 다음 ①~③의 서류를 공동주택관리정보시스템(K-apt)에 등록하여야 한다(「공동주택관리법 시행령」 제32조 제2항, 「시행규칙」 제10조 제2항).

① 이력 명세

② 공사 전·후의 평면도 및 단면도 등 주요 도면

③ 주요 공사 사진

위에서 설명한 관리주체의 하자와 관련한 서류의 기록·보관·유지 의무에 관한 법령을 요약하면 다음과 같다.

✪ 관리주체의 하자 관련 서류의 기록·보관·유지 의무에 관한 법령

•「공동주택관리법」

제31조(설계도서의 보관 등) 의무관리대상 공동주택의 관리주체는 공동주택의 체계적인 유지관리를 위하여 대통령령으로 정하는 바에 따라 공동주택의 설계도서 등을 보관하고, 공동주택 시설의 교체·보수 등의 내용을 기록·보관·유지하여야 한다.

•「공동주택관리법 시행령」

제32조(설계도서의 보관 등) ① 법 제31조에 따라 의무관리대상 공동주택의 관리주체는 국토교통부령으로 정하는 서류를 기록·보관·유지하여야 한다.

② 법 제31조에 따라 의무관리대상 공동주택의 관리주체는 공용부분에 관한 시설의 교체, 유지보수 및 하자보수 등을 한 경우에는 그 실적을 시설별로 이력관리하여야 하며, 공동주택관리정보시스템에도 등록하여야 한다.

•「공동주택관리법 시행규칙」

제10조(설계도서의 보관) ① 영 제32조 제1항에서 "국토교통부령으로 정하는 서류"란 다음 각 호의 서류를 말한다.

1. 영 제10조 제4항에 따라 사업주체로부터 인계받은 설계도서 및 장비의 명세
2. 법 제33조 제1항에 따른 안전점검 결과보고서
3. 「주택법」 제44조 제2항에 따른 감리보고서
4. 영 제32조 제2항에 따른 공용부분 시설물의 교체, 유지보수 및 하자보수 등의 이력관리 관련 서류·도면 및 사진

② 의무관리대상 공동주택의 관리주체는 영 제32조 제2항에 따라 공용부분 시설물의 교체, 유지보수 및 하자보수 등을 한 경우에는 다음 각 호의 서류를 공동주택관리정보시스템에 등록하여야 한다.

1. 이력 명세
2. 공사 전·후의 평면도 및 단면도 등 주요 도면
3. 주요 공사 사진

6.1.6 안전진단에 대한 지방자치단체장의 권한

시장 · 군수 · 구청장은 담보책임기간에 공동주택의 구조안전에 중대한 하자가 있다고 인정하는 경우에는 안전진단기관에 의뢰하여 안전진단을 할 수 있다(「공동주택관리법」 제37조 제4항). 안전진단에 드는 비용은 하자의 원인이 사업주체 외의 자에게 있는 경우를 제외하고는 사업주체가 부담한다(「공동주택관리법 시행령」 제40조 제2항). 시장 · 군수 · 구청장은 입주자대표회의등 및 임차인등이 하자보수를 청구한 사항에 대하여 사업주체가 정당한 사유 없이 따르지 아니할 때에는 시정을 명할 수 있다(「공동주택관리법」 제37조 제5항).

6.2 하자보수보증금이란

하자보수보증금이란 사업주체가 하자보수를 보장하기 위하여 담보책임기간 동안 은행에 예치하는 금액을 말한다. 이 경우에 사업주체는 은행에 현금을 예치하는 대신 주택도시보증공사(또는 건설 관련 공제조합, 보증보험업자, 기타 금융기관)가 취급하는 보증으로서 하자보수보증금 지급을 보장하는 보증에 가입할 수도 있다. 하자보수보증금의 예치명의 또는 가입명의는 사용검사권자(또는 사용승인권자)로 하여야 한다. 다만, 사업주체가 국가 · 지방자치단체 · 한국토지주택공사 및 지방공사인 경우에는 예치의무가 없다(「공동주택관리법」 제38조 제1항, 「시행령」 제43조 제1항).

하자보수 보증기간은 공용부분을 기준으로 기산한다(「공동주택관리법」 제38조 제1항).

6.3 현금예치증서 또는 보증서의 인계와 보관

사업주체는 사용검사신청서(또는 사용승인신청서, 임시사용승인신청서 등)를 사용검사권자에게 제출할 때에 하자보수보증금에 상당하는 현금예치증서 또는 보증서를 함께 제출하여야 한다(「공동주택관리법 시행령」 제41조 제2항). 사용검사권자는 입주자대표회의가 구성된 때에는 지체 없이 하자보수보증금 예치명의 또는 가입명의를 해당 입주자대표회의로 변경하고 입주자대표회의에 현금예치증서 또는 보증서를 인계하여야 한다(「공동주택관리법 시행령」 제41조 제3항). 입주자대표회의는 사용검사권자로부터 인계받은 현금예치증서 또는 보증서를 해당 공동주택의 관리주체(의무관리대상 공동주택이 아닌 경우에는 「집합건물법」에 따른 관리인)로 하여금 보관하게 하여야 한다(「공동주택관리법 시행령」 제41조 제4항).

입주자대표회의가 사용검사권자로부터 현금예치증서 또는 보증서를 인계받거나 관리주체가 보관하는 경우에 별도의 회계처리는 불필요하다.

6.4 하자보수보증금의 범위

사업주체가 하자보수보증금으로 예치하여야 하는 금액의 범위는 다음과 같다.

① 「주택법」 제15조에 따른 대지조성사업계획과 주택사업계획승인을 함께 받아 대지조성과 함께 공동주택을 건설하는 경우: (ⓐ−ⓑ)×100분의 3

ⓐ 사업계획승인서에 기재된 해당 공동주택의 총사업비[간접비(설계비, 감리비, 분담금, 부담금, 보상비 및 일반분양시설경비를 말한다)는 제외한다. 이하 동일]

ⓑ 해당 공동주택을 건설하는 대지의 조성 전 가격

② 「주택법」 제15조에 따른 주택사업계획승인만을 받아 대지조성 없이 공동주택을 건설하는 경우: 사업계획승인서에 기재된 해당 공동주택의 총사업비에서 대지가격을 뺀 금액의 100분의 3

③ 「공동주택관리법」 제35조 제1항 제2호에 따라 공동주택을 증축·개축·대수선하는 경우 또는 「주택법」 제66조에 따른 리모델링을 하는 경우: 허가신청서 또는 신고서에 기재된 해당 공동주택 총사업비의 100분의 3

④ 「건축법」 제11조에 따른 건축허가를 받아 분양을 목적으로 공동주택을 건설하는 경우: 사용승인을 신청할 당시의 「공공주택 특별법 시행령」 제56조 제7항에 따른 공공건설임대주택 분양전환가격의 산정기준에 따른 표준건축비를 적용하여 산출한 건축비의 100분의 3

다만, 건설임대주택이 분양전환되는 경우의 하자보수보증금은 위 ① 또는 ②에 따른 금액에 건설임대주택 세대 중 분양전환을 하는 세대의 비율을 곱한 금액으로 한다.

6.5 하자보수보증금의 용도

입주자대표회의등은 하자보수보증금을 입주자대표회의가 직접 보수하거나 제3자에게 보수하게 하는 데 사용되는 경우로서 다음의 법정 용도로만 사용하여야 한다(「공동주택관리법」 제38조 제2항, 「시행령」 제43조).

① 하자분쟁조정위원회가 송달한 하자여부판정서(재심의 결정서 포함) 정본에 따라 하자로 판정된 시설공사 등에 대한 하자보수비용
② 하자분쟁조정위원회가 송달한 조정서 정본에 따른 하자보수비용
③ 법원의 재판 결과에 따른 하자보수비용
④ 입주자대표회의등 또는 임차인등의 하자보수 청구에 이의가 있는 경우 안전진단기관의 하자진단의 결과에 따른 하자보수비용

따라서 하자보수보증금은 변호사비용과 같은 소송비용에 사용할 수 없으며, 법정 용도 외의 목적으로 사용하는 경우에는 2천만 원 이하의 과태료 부과대상이 된다(「공동주택관리법」 제102조 제1항).

다음은 하자보수보증금의 용도에 관한 국토교통부의 질의회신 내용이다.

✪ 하자보수보증금의 용도에 관한 국토교통부의 질의회신

• 질의 : 하자보수보증금의 용도

하자소송으로 수령한 하자보수보증금이 존재한다면 장기수선계획서상의 장기수선충당금을 사용하지 않고, 하자소송으로 수령한 그 하자보수보증금으로 공사를 집행할 수 있는가? 반대로 하자보수보증금으로 공사를 하려고 하나 공사비가 부족한 경우 장기수선충당금을 공사비에 충당해 사용할 수 있는가?

• 회신 : 재판 결과에 따른 하자보수보증금은 정해진 용도로만 사용

「공동주택관리법 시행령」 제42조 및 제43조에 의한 하자보수보증금은 보증서 발급기관에서 지급된 비용이며, 사업주체에게서 받는 비용은 하자보수보증금에 해당되지 않는다.

따라서 법원의 재판 결과에 따른 판결금이 「공동주택관리법」 제38조 제1항에 따른 하자보수보증금이라면 「공동주택관리법」 제38조 제2항에 따라 입주자대표회의등은 하자보수보증금을 같은 법 「시행령」 제43조에서 정하는 용도로만 사용해야 하며, 판결금이 사업주체에게서 받는 비용이라면 청구소송 판결 취지 및 내용 등을 법원에 문의해서 그 결과에 따라 손해배상 판결금의 하자보수비용은 그 용도에 맞게 사용해야 할 것이다.

또한 장기수선계획은 해당 공동주택 공용부분 주요 시설물의 신설·교체·보수를 위한 것으로, 이 계획에 따라 적립한 장기수선충당금을 하자보수보증금으로 사용하는 것은 부적정한 것으로 판단된다.

아울러 판결금을 장기수선충당금으로 적립가능한지 여부 등의 구체적인 사항은 해당 공동주택관리규약 및 재판 결과 등 관련 자료를 첨부해 「공동주택관리법」 제93조에 따라 귀 공동주택의 지도·감독권자인 시장·군수·구청장에게 문의해 주기 바란다. 〈국토교통부 주택건설공급과-전자민원, 2019. 4. 10.〉

위에 제시된 하자보수보증금의 용도에 관한 국토교통부의 질의회신은 다음과 같이 요약·정리할 수 있다.

첫째, '「공동주택관리법」에 따른 하자보수보증금'은 '사업주체에게서 받는 비용'과 다르다.

둘째, 법원의 재판 결과에 따른 판결금은 그 성격에 따라 용도가 구분된다.

① 「공동주택관리법」에 따른 하자보수보증금인 경우: 「공동주택관리법 시행령」 제43조에서 정하는 용도로만 사용

② 사업주체에게서 받는 비용인 경우: 청구소송 판결 취지 및 내용 등을 법원에 문의해서 용도에 맞게 사용

셋째, 장기수선충당금을 하자보수보증금으로 사용할 수 없다.

넷째, 판결금을 장기수선충당금으로 적립가능한지 여부는 공동주택 관리규약 및 재판 결과 등 관련 자료를 첨부해 지방자치단체장에게 문의하여 결정한다.

6.6 하자보수보증금의 지급 청구 및 관리

입주자대표회의는 사업주체가 하자보수를 이행하지 아니하는 경우에는 하자보수보증서 발급기관에 하자보수보증금의 지급을 청구할 수 있다. 이 경우 다음 각 서류를 첨부하여야 한다(「공동주택관리법 시행령」 제44조 제1항).

① 「공동주택관리법 시행령」 제43조에서 규정한 서류로서 하자여부판정서(제1호), 조정서 정본(제2호), 판결서(제3호), 하자진단 결과통보서(제4호)

② 「공동주택관리법 시행령」 제47조 제3항에 따른 기준을 적용하여 산출한 하자보수비용 및 그 산출명세서(영 제43조 각 호의 절차에서 하자보수비용이 결정되지 아니한 경우만 해당)

입주자대표회의로부터 하자보수보증금을 청구받은 하자보수보증서 발급기관은 청구일부터 30일 이내에 하자보수보증금을 지급하여야 한다. 다만, 하자여부판정서(「공동주택관리법 시행령」 제43조 제1호) 및 하자진단 결과통보서(「공동주택관리법 시행령」 제43조 제4호)를 받은 경우 하자보수보증서 발급기관이 청구를 받은 금액에 이의가 있으면 하자분쟁조정위원회에 분쟁조정을 신청한 후 그 결과에 따라 지급하여야 한다(「공동주택관리법 시행령」 제44조 제2항).

하자보수보증서 발급기관은 하자보수보증금을 지급할 때에는 다음의 금융계좌로 이체하는 방법으로 지급하여야 하며, 입주자대표회의는 그 금융계좌로 해당 하자보수보증금을 관리하여야 한다(「공동주택관리법 시행령」 제44조 제3항).

① 의무관리대상 공동주택 : 입주자대표회의의 회장의 인감과 관리사무소장의 직인을 복수로 등록한 금융계좌

② 의무관리대상이 아닌 공동주택 : 「집합건물법」에 따른 관리인의 인감을 등

록한 금융계좌(같은 법에 따른 관리위원회가 구성되어 있는 경우에는 그 위원회를 대표하는 자 1명과 관리인의 인감을 복수로 등록한 계좌)

하자보수보증금을 예치받은 자(하자보수보증금의 보증서 발급기관)는 하자보수보증금을 의무관리대상 공동주택의 입주자대표회의에 지급한 날부터 30일 이내에 지급내역을 국토교통부령으로 정하는 바에 따라 관할 시장 · 군수 · 구청장에게 통보하여야 한다(「공동주택관리법」 제38조 제3항).

입주자대표회의는 하자보수보증금을 지급받기 전에 미리 하자보수를 하는 사업자를 선정해서는 안 된다(「공동주택관리법 시행령」 제44조 제4항). 많은 공동주택에서 이 조항을 위반하는 경우가 발생하고 있으므로 특히 유의할 필요가 있다. 입주자대표회의가 하자보수보증금을 사용해 직접 보수하는 공사는 「주택관리업자 및 사업자 선정지침」에 따라 사업자를 선정해야 하나, 하자진단업체 선정은 「주택관리업자 및 사업자 선정지침」을 적용하지 않는 것으로 운용하고 있으므로 공동주택 제반 사정 등에 따라 자체적으로 결정해 관련 업체를 선정하면 된다(국토교통부 주택건설공급과-전자민원, 2015. 8. 3).

입주자대표회의는 하자보수보증금을 사용한 때에는 그 날부터 30일 이내에 그 사용명세를 사업주체에게 통보하여야 하며(「공동주택관리법 시행령」 제44조 제5항), 의무관리대상 공동주택의 경우에는 하자보수보증금의 사용 후 30일 이내에 그 사용내역을 국토교통부령으로 정하는 바에 따라 시장 · 군수 · 구청장에게 신고하여야 한다(「공동주택관리법」 제38조 제2항).

시장 · 군수 · 구청장은 하자보수보증금 사용내역과 하자보수보증금 지급내역을 매년 국토교통부령으로 정하는 바에 따라 국토교통부장관에게 제공하여야 한다(「공동주택관리법」 제38조 제4항).

6.7 하자보수보증금의 반환

입주자대표회의는 사업주체가 예치한 하자보수보증금을 다음 각 호의 구분에 따라 순차적으로 사업주체에게 반환하여야 한다(「공동주택관리법 시행령」 제45조 제1항).

① 사용검사일(사용승인일, 임시사용승인일)부터 2년이 경과된 때 : 하자보수보증금의 100분의 15
② 사용검사일부터 3년이 경과된 때 : 하자보수보증금의 100분의 40
③ 사용검사일부터 5년이 경과된 때 : 하자보수보증금의 100분의 25
④ 사용검사일부터 10년이 경과된 때 : 하자보수보증금의 100분의 20

하자보수보증금을 반환할 경우 하자보수보증금을 사용한 경우에는 이를 포함하여 반환 비율을 계산하되, 이미 사용한 하자보수보증금은 반환하지 아니한다(「공동주택관리법 시행령」 제45조 제2항). 하자보수보증금을 반환하는 경우에도 하자보수보증금에 상당하는 현금예치증서 또는 보증서를 인계받은 경우와 마찬가지로 별다른 회계처리가 필요 없다.

6.8 하자보수보증금의 회계처리

입주자대표회의가 하자보수보증서 발급기관에 하자보수보증금의 지급을 청구하여 하자보수보증금을 지급받은 경우에는 별도 계좌로 구분해서 관리하여야 한다. 그래야만 하자보수보증금이 제대로 사용되었는지, 사용하고 남은 잔액이 얼마인지를 확인할 수 있다. 하자보수보증예치금은 자산에 해당하고, 하자보수보증금은 부채에 해당한다. 실무에서 하자보수보증금계정이 아닌 하자보수충당부채계정을 사용하는 경우가 있는데 이는 잘못된 계정과목이다. 왜냐하면 앞서도 설명했듯이 충당부채는 차변에 공동주택의 비용으로 인식하는 경우에 그것에 대응하기 위해 대변에 인식하는 부채계정인데 하자보수보증금은 하자보수보증서 발급기관으로부터 수취한 금액으로서 자산이기 때문에 대변에 충당부채로서 인식할 여지가 없다.

만약 하자보수보증예치금계좌에서 이자수익이 발생한 경우에는 관리외수익으로 인식함과 동시에 같은 금액을 관리외비용인 하자보수보증금전입이자비용 계정으로 인식해야 한다. 그렇지 않으면 하자보수보증금에서 발생한 이자수익이 이익처분의 대상이 되기 때문이다. 하자보수보증금에서 발생한 이자수익은 하자보수용도로만 사용하는 것이 타당하다.

하자보수보증금에 대한 회계처리를 제시하면 다음과 같다.

[하자보수보증금의 회계처리]

① 하자보수보증금의 수취시점

(차) 하자보수보증예치금	×××	(대) 하자보수보증금	×××

② 하자보수보증금의 사용시점

(차) 하자보수보증금	×××	(대) 하자보수보증예치금	×××

③ 이자수익의 발생시점

(차) 하자보수보증예치금	×××	(대) 하자보수보증예치금이자수익*	×××
선납법인세**	×××		
선납지방소득세**	×××		
(차) 하자보수보증금전입이자비용*	×××	(대) 하자보수보증금	×××

* 하자보수보증예치금이자수익은 관리외수익이고, 하자보수보증금전입이자비용은 관리외비용이다.

** 법인세와 지방소득세를 고려한 이자수익의 회계처리는 장기수선충당예치금에서 발생하는 이자수익의 회계처리와 같은데 제4장 제4절 법인세에서 상세하게 설명한다.

6.9 하자보수보증금과 손해배상판결금의 구분

앞서 설명한 바와 같이 입주자대표회의가 하자보수보증금 지급청구권을 가지는 것과 별개로 구분소유자들은 사업주체에 대한 손해배상청구권을 가진다. 「공동주택관리법」에 따르면 사업주체는 담보책임기간에 공동주택에 하자가 발생한 경우에는 하자 발생으로 인한 손해를 배상할 책임이 있으며, 이 경우 손해배상책임에 관하여는 「민법」 제667조를 준용한다(「공동주택관리법」 제37조 제2항).

이러한 권리관계를 분명히 확인하기 위해 대법원 판례를 인용하여 설명하기로 한다.

6.9.1 하자보수소송의 판결금(「공동주택관리법 시행령」 제43조 제3호)으로 받은 하자보수보증금을 소송비용으로 사용할 수 있는가?

1) 입법 취지

「공동주택관리법 시행령」 제43조 제3호(법원의 재판 결과에 따른 하자보수비용) 규정은 2013년 6월 4일 구 「주택법 시행령」 개정에 따라 삽입된 조항으로서, 국토교통부 주택건설공급과의 입법예고 보도자료를 보면 입주민들이 재판의 결과에 따라 하자보수보증금을 수령한 후에 이를 하자보수비용으로 사용하지 않고 소송비용 및 성공사례비로 활용하거나 생활비로 전용하는 등의 문제가 발생하여 하자보수보증금을 하자보수 용도로만 사용하도록 한 것임을 알 수 있다.

2) 대법원 판례

(1) 판례 1

대법원 판례(2015. 3. 20. 선고 2012다107662)에 따르면, 입주자대표회의가 구 「주택법」 및 구 「주택법 시행령」에 근거하여 하자보수보증회사에 대하여 가지는 하자보수보증금청구권과 도급인이 구 「건설산업기본법」 제28조 제1항 및 「민법」 제667조 등에 근거하여 수급인에 대하여 가지는 하자담보추급권(손해배상청구권)은 인정근거와 권리관계의 당사자 및 책임내용 등이 서로 다른 별개의 권리라고 판시하였다.

(2) 판례 2

대법원 판례(2009. 6. 23. 선고 2008다85598)에 따르면, 입주자대표회의가 하자보수보증금에 갈음하여 예치된 주택사업공제조합 발행의 의무하자보수보증서에 기하여 하자보수청구권 또는 하자보수보증금채권을 행사함에 있어서는 「집합건물법」 제9조는 적용되지 않고, 공동주택의 입주자대표회의는 법인 아닌 사단으로 입주자대표회의가 사업주체에 대하여 갖는 하자보수청구권은 입주자대표회의의 구성원들의 준총유에 속하는 재산권이라고 판시하였다.

(3) 판례 3

대법원 판례(2012. 9. 13. 선고 2009다23160)에 따르면, 「집합건물법」에 의하여 하자담보추급권으로 인정되는 손해배상청구권은 특별한 사정이 없는 한 구분소유자에게 귀속되는 것으로 입주자대표회의에는 권리가 없고, 구 「주택건설촉진법」(1997. 12. 13. 법률 제5451호로 개정되기 전의 것) 및 구 「공동주택관리령」(1998. 12. 31. 대통령령 제16069호로 개정되기 전의 것)에 의하여 입주자대표회의가 가지는 권리는 사업주체에 대하여 하자보수의 이행을 청구할 수 있는 권리일 뿐이고 그에 갈음한 손해배상을 청구할 권리는 인정되지 않는다고 판시하였다.

3) 결론

이에 따르면 하자보수에 갈음한 손해배상청구는 「집합건물법」 및 「민법」에 따라 구분소유자들이 갖는 권리인 반면 보증계약에 기한 하자보수보증금청구는 「공동주택관리법」에 따라 입주자대표회의가 갖는 권리로서 양 권리는 인정근거와 권리관계의 당사자 및 책임내용 등이 서로 다른 별개의 권리에 해당한다.
따라서 하자보수에 갈음한 손해배상청구를 통하여 손해배상금을 받았을 경우에는 「공동주택관리법」(구 「주택법」)을 적용받지 않으므로 변호사비용으로 사용할 수 있을 것이나, 보증계약에 기한 하자보수보증금을 청구하여 수령한 경우에는 「공동주택관리법」(구 「주택법」)의 적용을 받으므로 하자보수 이외의 목적에 해당하는 변호사비용이나 과태료 납부 등으로 사용할 수 없다.

6.9.2 공동주택하자에 대한 하자보수보증금청구와 손해배상청구를 동시에 할 수 있는가?

(1) 대법원 판례

대법원 판례(2012. 9. 13. 선고 2009다23160)에 따르면, 대법원은 원심이 인정한 각 책임은 그 대상인 하자가 일부 겹치는 것이고 그렇게 겹치는 범위 내에서는 결과적으로 동일한 하자의 보수를 위하여 존재하는 것이므로, 향후 원고들이 그중 어느 한 권리를 행사하여 하자보수에 갈음한 보수비용 상당이 지급되면 그 금원이 지급된 하자와 관련된 한도 내에서 다른 권리도 소멸하는 관계에 있다는 점은 상고 이유의 주장과 같지만, 이는 의무 이행 단계에서의 조정에 관한 문제일 뿐 의무의 존부를 선언하는 판결 단계에서 상호 배척관계로 볼 것은 아니므로, 원심이 위 각 청구를 함께 인용한 것이 중복지급을 명한 것이라고 할 수는 없다고 판시하였다.

(2) 결론

일반적으로 공동주택에 대한 하자소송을 진행하게 되면 하자보수에 갈음하는 손해배상청구와 입주자대표회의가 하자보수보증서 발급기관(보증사)를 상대로 하자보수보증계약에 근거한 보증금지급청구를 동시에 진행하게 된다. 대법원의 판례에 따르면 사업주체 또는 시공사가 하자보수에 갈음하는 손해배상금을 지급하면 관련된 하자에 대해서는 하자보수 보증서 발급기관(보증사)의 보증금지급의무가 소멸하게 된다.

제7절 | 재고자산

7.1 재고자산의 정의와 종류

공동주택회계처리기준에는 재고자산의 종류만 예시되어 있을 뿐 재고자산의 정의가 무엇인지에 대해서는 명시하지 않고 있다. 공동주택관리에서 재고자산이란 공동주택의 관리에 사용하거나 각 세대에 배부 내지 판매하기 위해 보유하고 있는 자산이라고 정의할 수 있다. 이러한 성격의 재고자산에는 공동주택의 관리에 사용되는 사무용품소모품과 관리용품소모품이 있고, 각 세대에 배부 내지 판매하기 위해 보유하는 물품이 있다.

공동주택회계처리기준 제31조에 예시되어 있는 재고자산은 연료용 유류, 소비성 공구, 수선용 자재, 보일러 청관제 등 재고약품, 그 밖의 재고물품으로서 주로 관리용품소모품에 해당하는 것이다. 공동주택회계처리기준에는 예시되어 있지 않지만 재고자산에 해당하는 것으로는 관리사무소에 사용하는 종량제봉투, 각 세대에게 배부하는 동출입카드나 'RFID 방식 음식물쓰레기 개별종량제카드' 등이 있다. 참고로 RFID(Radio Frequency IDentification) 방식이란 무선전파에 의한 배출자 식별 카드를 사용하여 계량 후 버린 만큼 음식물쓰레기수수료를 부담하는 방식이다.

✪ 재고자산 회계기준 개선방안

현재 공동주택회계처리기준에는 재고자산에 대한 정의가 없으며, 소모품과 재고자산을 구분하고 있다. 소모품은 사무용품소모품과 관리용품소모품으로 구분하고, 이 중 관리용품소모품을 재고자산으로 보고 있다. 그런데 현실적으로 공동주택에서는 각 세대에 무상 제공 내지 판매목적으로 보유하고 있는 재고자산도 있는데 공동주택회계처리기준에서는 이를 고려하지 않고 있다. 이에 따라 공동주택회계처리기준을 다음과 같이 개선할 필요가 있다.

첫째, 재고자산의 정의를 명확히 규정하여야 한다.
둘째, 구입과 동시에 소비되는 소모품을 제외한 나머지 사무용품소모품과 관리용품소모품 뿐만 아니라 각 세대에 공급할 목적으로 보유하는 물품도 재고자산에 포함하여야 한다.

7.2 재고자산의 취득원가

재고자산의 취득원가는 취득에 직접적으로 관련된 원가와 취득과정에서 정상적으로 발생한 기타 원가를 포함한다(공동주택회계처리기준 제32조 제2항). 따라서 재고자산의 취득원가에는 구입원가, 택배비, 운반비, 부가가치세 매입세액 등이 포함된다.

재고자산의 취득과정에서 발생한 매입할인, 매입에누리 등은 취득원가에서 차감한다(공동주택회계처리기준 제32조 제3항). 매입할인이란 재고자산을 외상으로 매입한 후 외상매입금을 약정기일 전에 지급함으로써 지급일부터 약정기일까지의 일수에 따라 할인을 받는 것이다. 매입에누리란 상품 거래를 할 때 수량부족, 품질불량, 파손 등의 이유로 인하여 매매대금에서 깎는 금액을 말한다.

재고자산의 취득원가를 간단하게 요약하면 다음과 같다.

재고자산의 취득원가

재고자산의 취득원가=①+②
① 취득에 직접적으로 관련된 원가
② 취득과정에서 정상적으로 발생한 기타 원가
※ 취득원가의 예: 구입원가, 택배비, 운반비, 부가가치세 매입세액 등

7.3 수량파악과 출고가격산정

7.3.1 수량파악과 출고가격산정방법

같은 종류의 재고자산을 여러 번에 걸쳐 다른 가격으로 취득하여 보관하고 있는 상태에서 사용하는 경우 언제 취득한 얼마짜리가 몇 개 사용되었으며, 얼마짜리가 몇 개 남아 있는가를 파악하는 것이 중요하다. 그렇게 해야만 재고자산의 사용액(비용)과 남은 금액(자산)을 정확하게 알 수 있기 때문이다.

재고자산의 수량파악을 위한 입고 및 출고기록은 특별한 경우를 제외하고는 계속기록법을 따라 관리하여야 한다(공동주택회계처리기준 제33조). 계속기록법이란 재고자산을 취득할 때마다 단가와 수량을 재고수불부에 기록해 두고, 사용할 때에도 계속해서 단가와 수량을 기록해 두는 방법이다. 계속기록법을 사용하면 언제든지 재고자산의 사용량과 소비액, 사용되지 않은 재고자산의 수량과 금액을 파악할 수 있는 장점이 있다.

사용되는 재고자산의 출고가격산정은 선입선출법 또는 평균법을 따르되 한 번 선택하면 계속성을 유지하여야 하고 정당한 사유 없이 함부로 변경할 수 없다(공동주택회계처리기준 제33조). 선입선출법이나 평균법은 재고자산의 원가흐름에 관한 '가정'으로서 실제로 사용된 재고자산이 무엇인지는 무시하고 일정한 부분이 사용, 소비되었다고 가정하는 방법이다. 이러한 가정을 사용함으로써 회계오류와 회계부정을 방지할 수 있다.

선입선출법(First-In First-Out : FIFO)은 먼저 취득한 자산을 먼저 사용한다고 가정하는 방법이다. 따라서 남아 있는 재고자산은 취득한 시점별로 다른 단가의 재고자산 층(layer)으로 구성되며, 취득 당시의 단가가 계속 유지된다.

평균법(average cost method)에는 총평균법과 이동평균법이 있지만 공동주택회계처리기준 제33조 제2항에서는 수량파악방법으로서 특별한 경우를 제외하고는 계속기록법만을 따르도록 규정하고 있기 때문에 이와 함께 짝을 이루어 사용할 수 있는 것은 이동평균법뿐이다.

이동평균법(moving average cost method)은 취득할 때마다 이동하면서 재고자산 단가를 새로 산정하는 방법인데 취득한 재고자산의 금액과 남아 있는 재고자산의 금액을 합계하여 평균단가를 구하고 이 새로운 단가를 재고자산의 단가로 산정하는 방법이다. 따라서 재고자산을 취득할 때마다 재고자산의 단가가 갱신되는 것이다.

7.3.2 관리사무소에서 소비하는 경우의 회계처리

위에서 설명한 재고자산의 수량파악과 출고가격산정방법을 적용하여 관리사무소에서 사무용 또는 관리용으로 소비하는 경우와 세대에게 배부 내지 판매하는 경우의 회계처리로 나누어 알아보기로 한다. 먼저, 관리사무소에서 사무용 또는 관리용으로 소비하는 경우이다.

다음은 5월 한 달의 재고자산 취득과 사용에 관한 내용이다. 수량을 파악하기 위해 계속기록법을 사용할 경우 선입선출법과 이동평균법에 따른 5월 말 재고자산과 5월 중 재고자산 사용액을 계산하고, 이에 필요한 회계처리(분개)를 제시하면 다음과 같다.

일자	취득		사용	잔량
	수량	원가		
5월 1일		₩200		100개
8일	500개	212		600
12일			400개	200
15일	300	220		500
20일			350	150
23일	450	228		600
28일			400	200
	1,250개		1,150개	

* 5월 한 달의 취득원가는 총 ₩294,600이다.

(1) 선입선출법

일자	취득			사용			잔액		
	수량	원가	금액	수량	원가	금액	수량	원가	금액
5월 1일							100개	₩200	₩20,000
8일	500개	₩212	₩106,000				100 500	200 212	20,000 106,000
12일				100개 300	₩200 212	₩20,000 63,600	200	212	42,400
15일	300	220	66,000				200 300	212 220	42,400 66,000
20일				200 150	212 220	42,400 33,000	150	220	33,000
23일	450	228	102,600				150 450	220 228	33,000 102,600
28일				150 250	220 228	33,000 57,000	200	228	45,600
합계	1,250개	–	₩274,600	1,150개	–	₩249,000	200	228	₩45,600

① 5월 말 재고자산 잔액 : ₩45,600

② 5월 중 재고자산 사용액 : ₩294,600－₩45,600＝₩249,000

③ 회계처리(분개)

5월 8일	(차) 재고자산	106,000	(대) 예금_관리계좌	106,000
5월 12일	(차) 사무용품소모품비*	83,600	(대) 재고자산	83,600
5월 15일	(차) 재고자산	66,000	(대) 예금_관리계좌	66,000
5월 20일	(차) 사무용품소모품비*	75,400	(대) 재고자산	75,400
5월 23일	(차) 재고자산	102,600	(대) 예금_관리계좌	102,600
5월 28일	(차) 사무용품소모품비*	90,000	(대) 재고자산	90,000

* 재고자산의 용도에 따라 관리용품소모품비계정이나 수선유지비계정을 사용할 수도 있다.

(2) 이동평균법

일자	취득			사용			잔액		
	수량	원가	금액	수량	원가	금액	수량	원가	금액
5월 1일							100개	₩200	₩20,000
8일	500개	₩212	₩106,000				600	210[1]	126,000
12일				400개	₩210	₩84,000	200	210	42,000
15일	300	220	66,000				500	216[2]	108,000
20일				350	216	75,600	150	216	32,400
23일	450	228	102,600				600	225[3]	135,000
28일				400	225	90,000	200	225	45,000
합계	1,250개	–	₩274,600	1,150개	–	₩249,600	–	–	–

1) [(100개×₩200)+(500개×₩212)]÷(100개+500개)=₩210
2) [(200개×₩210)+(300개×₩220)]÷(200개+300개)=₩216
3) [(150개×₩216)+(450개×₩228)]÷(150개+450개)=₩225

① 5월 말 재고자산 잔액: ₩45,000

② 5월 중 재고자산 사용액: ₩294,600−₩45,000=₩249,600

③ 회계처리(분개)

5월 8일	(차) 재고자산	106,000	(대) 예금_관리계좌	106,000
5월 12일	(차) 사무용품소모품비*	84,000	(대) 재고자산	84,000
5월 15일	(차) 재고자산	66,000	(대) 예금_관리계좌	66,000
5월 20일	(차) 사무용품소모품비*	75,600	(대) 재고자산	75,600
5월 23일	(차) 재고자산	102,600	(대) 예금_관리계좌	102,600
5월 28일	(차) 사무용품소모품비*	90,000	(대) 재고자산	90,000

* 재고자산의 용도에 따라 관리용품소모품비계정이나 수선유지비계정을 사용할 수도 있다.

7.3.3 세대에게 배부 내지 판매하는 경우의 회계처리

다음으로 세대에게 배부 내지 판매하는 경우이다. 앞의 사례에서 재고자산을 개별 세대에게 배부 내지 판매하는 경우에 5월 12일 이동평균법에 따른 회계처리(분개)를 제시하면 다음과 같다.

[세대에게 배부 내지 판매하는 경우의 이동평균법에 따른 회계처리]

① 원가 84,000원에 판매하는 경우

(차)	예금_관리계좌	84,000	(대) 재고자산처분수익_관리외수익	84,000
(차)	재고자산처분비용_관리외비용	84,000	(대) 재고자산	84,000

② 원가 84,000원에 이익 1,000원을 더하여 85,000원에 판매하는 경우

(차)	예금_관리계좌	84,000	(대) 재고자산처분수익_관리외수익	85,000
	예금_관리외수익(잡수입)계좌	1,000		
(차)	재고자산처분비용_관리외비용	84,000	(대) 재고자산	84,000

재고자산을 판매하면서 이익을 남기는 경우 부가가치세, 법인세 과세문제가 있고 수입금액도 관리계좌와 관리외수익(잡수입)계좌로 구분해서 처리해야 하므로 가능한 한 원가로 판매하는 것이 바람직할 것이다.

7.4 재고자산의 실사

공동주택회계처리기준 제39조에서는 관리사무소장이 매 회계연도 말일을 기준으로 하여 재고자산을 실사하여야 하고, 재고자산을 실사하는 경우에는 출납업무와 관계없는 직원 중 관리사무소장이 지정하는 직원과 1명 이상의 입주자대표회의 감사 또는 입주자대표회의가 지정한 입주자가 참관할 수 있도록 규정하고 있다. 또한 관리사무소장은 자산출납부에 자산실사 일자, 자산실사 참여자, 실사 결과 등의 자산실사 내용을 기록하여 보관하여야 한다.

공동주택회계처리기준 제40조에서는 자산관리담당자가 매월 마감시점의 장부상 재고자산 잔액과 재고자산 관리대장상의 잔액이 일치하도록 관리하도록 규정하고 있다.

8.1 유형자산의 정의와 종류

공동주택회계처리기준에는 유형자산의 종류만 예시되어 있을 뿐 유형자산의 정의가 무엇인지에 대해서는 명시하지 않고 있다. 유형자산의 종류는 공동주택회계처리기준 [별지 제1호 서식] 재무상태표에 예시되어 있는데 이로 미루어 어렴풋이 유형자산이 어떤 것이지 추측할 수 있을 뿐이다.

공동주택에서 유형자산이란 공동주택의 관리활동에 사용할 목적으로 장기간 보유하는 물리적 형태가 있는 자산이라고 정의할 수 있다. [별지 제1호 서식] 재무상태표에 예시되어 있는 유형자산의 종류는 토지, 건물, 구축물, 기계장치, 비품, 차량운반구, 기타유형자산이다.

8.2 유형자산의 취득원가

유형자산의 취득원가는 구입원가와 관리주체가 의도하는 방식으로 자산을 가동하는 데 필요한 장소와 상태에 이르게 하는 데 직접 관련되는 원가를 포함한다(공동주택회계처리기준 제35조). 구입원가는 유형자산을 취득하면서 판매자에게 지급한 금액이다. 관리주체가 의도하는 방식으로 자산을 가동하는 데 필요한 장소와 상태에 이르게 하는 데 직접 관련되는 원가의 대표적인 예로는 운반비, 설치비, 부가가치세 매입세액 등이 있다. 유형자산을 취득한 후 공동주택에 설치할 장소까지 운반하는 데 소요된 금액은 비용이 아니라 유형자산의 취득원가이며, 취득한 유형자산의 사용 목적에 맞도록 특정장소에 설치하는 데 소요된 금액도 비용이 아니라 유형자산의 취득원가이다. 부가가치세의 경우 관리외수익(잡수입)을 발생시키는 데 사용되는 유형자산을 취득하면서 부담하였다면 이는 매입세액 공제대상이 되므로 취득원가에 포함되지 않는다.

만약 중고를 구입한 경우에 사용을 위해 수선비가 들었다면 그 수선비도 비용이 아니라 유형자산의 취득원가이다. 물론 자산을 보유하면서 소요된 수선비는 자산의 취득원가가 아니라 수선유지비(비용)로 처리해야 한다. 예를 들어, 관리사무소에서 공동주택 순찰용으로 중고 오토바이를 취득하면서 수리를 해서 사용하겠다는 의도가 있었다면 이때 지출하는 수리비는 수선유지비가 아니라 오토바이의 취득원가에 포함해야 한다.

유형자산의 취득원가를 요약하면 다음과 같다.

유형자산의 취득원가

유형자산의 취득원가 = ① + ②

① 구입원가

② 관리주체가 의도하는 방식으로 자산을 가동하는 데 필요한 장소와 상태에 이르게 하는 데 직접 관련되는 원가 : 운반비, 설치비, 부가가치세 매입세액, 취득시점에 지출한 수리비 등

유형자산의 취득원가에 대한 회계처리를 제시하면 다음과 같다.

[유형자산 취득원가의 회계처리]

① 신품 취득의 경우

관리사무소에서 아파트단지 순찰용으로 최신형 오토바이를 취득하면서 구입원가 2,000,000원, 부가가치세 매입세액 200,000원, 운반비 10,000원을 지급한 경우

(차) 차량운반구	2,210,000	(대) 예금_관리계좌	2,210,000

② 중고품 취득의 경우

관리사무소에서 아파트단지 순찰용으로 중고 오토바이를 취득하면서 구입원가 1,000,000원, 부가가치세 매입세액 100,000원, 운반비 10,000원을 지급하고 취득과 동시에 정상 운행을 위해 오토바이 수리점에서 불량부품을 교체하고 80,000원을 지급한 경우

(차) 차량운반구	1,190,000	(대) 예금_관리계좌	1,190,000

8.3 감가상각

8.3.1 감가상각이란

감가상각은 감가상각대상금액을 체계적이고 합리적인 방법으로 기간별로 배분하는 것이다. 감가상각대상금액은 취득원가에서 잔존가치를 차감한 금액인데 공동주택회계처리기준 제36조에서 잔존가치를 영(0)으로 규정하고 있으므로 감가상각대상금액은 취득원가와 같은 금액이 된다. 여기서 체계적이라고 함은 감가상각방법이 임의적인 방법이 아니라 논리적인 계산구조를 가져야 한다는 의미이고, 합리적이라고 함은 감가상각방법이 유형자산의 미래경제적효익이 소비되는 형태를 반영해야 한다는 의미이다.

감가상각을 하기 위해서는 취득원가, 잔존가치, 내용연수, 감가상각방법을 알아야 한다. 앞에서 설명한 취득원가를 제외하고 감가상각에 필요한 나머지 개념들을 차례로 살펴보자.

(1) 잔존가치

잔존가치(salvage value, residual value)란 자산이 이미 오래되어 내용연수 종료시점에 도달하였다는 가정하에 자산 처분으로부터 획득할 금액에서 추정 처분부대원가를 차감한 금액의 추정치이다. 공동주택회계처리기준 제36조에서는 잔존가치를 0으로 규정하고 있다.

(2) 내용연수

내용연수(useful life, service life)란 유형자산이 사용가능할 것으로 기대되는 기간 또는 유형자산에서 얻을 것으로 기대되는 생산량이나 이와 유사한 단위 수량이다. 이에 따라 내용연수는 대개 시간단위인 연수로 측정하지만 제품생산량, 운행거리 등과 같은 활동단위나 산출량단위로 측정하기도 한다. 공동주택관리실무에서는 비품과 차량운반구의 내용연수를 「법인세법 시행규칙」 [별표 5]에 따라 5년으로 설정하는 경우가 많은데 내용연수는 전적으로 공동주택에서 결정할 사항이므로 유형자산의 종류별로 관리규약에 규정하는 것이 바람직하다.

(3) 감가상각방법과 감가상각비

감가상각방법은 여러 가지 방법이 있지만 공동주택회계처리기준 제36조에서는 정액법에 따른다고 규정하고 있다. 정액법이란 취득원가에서 잔존가치를 차감한 금액을 내용연수에 걸쳐 정액으로 상각하는 방법이다. 공동주택회계처리기준에서는 잔존가치를 0으로 규정하고 있으므로 취득원가를 내용연수에 걸쳐 정액으로 상각하게 된다.

매번 감가상각을 실시할 때 유의할 사항은 이번이 내용연수의 마지막 기간인지를 확인하여야 한다는 점이다. 이를 확인하지 않고 예전처럼 계속 감가상각을 하게 되면 감가상각의 결과 대변계정에 나타나는 감가상각누계액이 유형자산의 취득원가를 초과하게 된다. 그 결과 유형자산의 취득원가에서 감가상각누계액을 차감한 금액, 즉 장부금액이 음수(−)가 되는데 이는 잘못된 회계처리이다.

8.3.2 감가상각의 회계처리

관리비가 세대별로 공평하게 부과되기 위해서는 매월 감가상각을 실시해야 한다. 감가상각은 유형자산을 취득하는 데 사용된 자금의 원천에 따라 관리비로 부과하는 경우와 관리비로 부과하지 않은 경우로 구분하여 회계처리할 필요가 있다.

(1) 관리비로 부과하는 감가상각비

유형자산을 관리비로 취득한 후 감가상각을 하게 되면 감가상각비에 해당하는 금액을 매월 관리비로 부과하게 된다. 관리비로 취득한 유형자산의 감가상각비에 대한 회계처리를 제시하면 다음과 같다.

[관리비로 부과하는 유형자산의 감가상각]

차량운반구를 관리비로 1,200,000원에 취득하고, 내용연수가 5년인 경우 취득시점과 월말 감가상각시점의 분개는 다음과 같다. 정액법으로 상각하고, 잔존가치는 0이다.

① 취득시점

(차) 차량운반구	1,200,000	(대) 예금_관리계좌	1,200,000

② 월말 감가상각시점

(차) 감가상각비	20,000*	(대) 차량운반구감가상각누계액	20,000

* ₩1,200,000÷60개월=₩20,000/월

(2) 관리비로 부과하지 않는 감가상각비

유형자산을 예비비적립금 또는 관리비차감적립금으로 취득하거나 입주자 또는 제3자로부터 기증(기부)을 받는 경우에는 감가상각비를 관리비로 부과하지 않아야 하므로 관리비로 부과하는 경우와 다르게 회계처리하여야 한다.

① 예비비적립금 또는 관리비차감적립금으로 취득한 경우

유형자산을 예비비적립금 또는 관리비차감적립금으로 취득한 경우에는 감가상각비를 관리비로 부과하지 않아야 하므로 감가상각비계정을 사용하지 않고 취득시점에 전액 예비비적립금계정 또는 관리비차감적립금계정에서 차감하여 회계처리한다. 이를 제시하면 다음과 같다.

[예비비적립금 또는 관리비차감적립금으로 취득한 유형자산의 감가상각]

차량운반구를 예비비적립금으로 1,200,000원에 취득하고, 내용연수가 5년인 경우 취득시점과 월말 감가상각시점의 분개는 다음과 같다. 정액법으로 상각하고, 잔존가치는 0이다.

① 취득시점

(차) 차량운반구	1,200,000	(대) 예비비적립예치금계좌*	1,200,000
(차) 예비비적립금**	1,200,000	(대) 차량운반구감가상각누계액	1,200,000

* 만약 예비비적립금을 별도 계좌에서 관리하지 않고 있으면 예금_관리계좌이다.

** 지출의 성격이 자산취득임에도 불구하고 예비비적립금을 차감하는 이유는 감가상각비라는 비용계정을 대신하기 때문이다. 자세한 내용은 제16절 이익처분의 16.2 회계처리에서 설명한다.

② 월말 감가상각시점: 분개 없음

② 기증받은 경우

유형자산을 기증받은 경우에는 감가상각비를 관리비로 부과하지 않아야 하므로 감가상각비계정을 사용할 수 없다. 그런데 이 경우에는 유형자산을 기증받는 시점에 관리외수익인 자산수증이익계정으로 회계처리해야 하므로 취득시점에 전액 관리외비용인 기타의 감가상각비계정으로 회계처리함으로써 관리외수익과 관리외비용의 차액이 없도록 한다. 이를 제시하면 다음과 같다.

[기증받은 유형자산의 감가상각]

공정가치가 1,200,000원인 차량운반구를 무상으로 기증받고, 내용연수가 5년인 경우 취득시점과 월말 감가상각시점의 분개는 다음과 같다. 정액법으로 상각하고, 잔존가치는 0이다.

① 취득시점

(차) 차량운반구	1,200,000	
(대) 자산수증이익_관리외수익		1,200,000
(차) 기타의감가상각비_관리외비용	1,200,000	
(대) 차량운반구감가상각누계액		1,200,000

② 월말 감가상각시점 : 분개 없음

8.3.3 유형자산과 감가상각누계액의 공시

이렇게 감가상각을 실시한 결과 나타나는 감가상각누계액계정은 대변계정이지만 재무상태표에 표시(공시)할 때는 유형자산의 취득원가에서 차감하는 형식으로 공시(표시)한다. 앞서 언급했지만 간혹 실무에서 감가상각누계액이 유형자산의 취득원가를 초과하여 장부금액을 음수(−)로 나타내기도 하는데 이는 잘못된 공시이다. 재무상태표에 표시하게 되는 유형자산의 공시형식을 제시하면 다음과 같다.

[유형자산의 공시]

차량운반구의 취득원가가 1,200,000원이고 결산일 현재 감가상각누계액이 120,000원일 경우에 재무상태표에는 다음과 같이 공시(표시)한다.

차량운반구	1,200,000	
감가상각누계액	(120,000)	1,080,000

8.4 유형자산의 처분

사용 중이던 유형자산을 처분하는 때에는 유형자산처분손익에 관해 회계처리하여야 한다. 유형자산처분손익은 유형자산의 장부금액과 처분대가의 차이이다. 유형자산의 장부금액은 취득원가에서 처분시점의 감가상각누계액을 차감한 금액이다. 유형자산의 장부금액보다 처분대가가 크면 그 차이만큼 유형자산처분이익이 발생하고, 반대로 작으면 유형자산처분손실이 발생한다. 유형자산처분손익은 관리외손익에 속한다. 이를 제시하면 다음과 같다.

[유형자산처분의 회계처리]

사용하던 취득원가 1,200,000원인 차량운반구를 300,000원에 처분하였는데 처분일 현재 감가상각누계액이 1,000,000원이라고 할 경우의 회계처리는 다음과 같다.

① 처분대가 ₩300,000

② 장부금액

ⓐ 취득원가 ₩1,200,000

ⓑ 감가상각누계액 (1,000,000) (200,000)

③ 유형자산처분이익 : ①－②＝ ₩100,000

④ 분개

(차)	예금_관리외수익(잡수입)계좌	300,000	(대) 유형자산	1,200,000
	감가상각누계액	1,000,000	유형자산처분이익_관리외수익	100,000

사용하던 유형자산을 처분할 때 부가가치세나 법인세와 같은 세금을 부담하느냐 하는 문제가 있다.

첫째, 부가가치세는 사업목적이 영리이든 비영리이든 관계없이 부가가치를 창출해 낼 수 있는 정도의 사업형태를 갖추고 계속적이고 반복적으로 재화 또는 용역을 공급하는 경우에 과세된다. 따라서 일시적으로 재화나 용역을 공급하는 경우에는 부가가치세가 과세되지 않는다. 이에 따라 비영리법인으로 보는 단체인 입주자대표회의는 유형자산을 계속적이고 반복적으로 처분하지는 않으므로 사용하던 유형자산을 처분하더라도 이와 관련하여 부가가치세를 신고납부할 의무는 없다.

둘째, 「법인세법」에 따르면 고유목적사업(관리활동)에 직접 사용하는 유형자산으로서 처분일 현재 3년 이상 계속하여 법령 또는 정관에 규정된 고유목적사업에 직접 사용한 것은 그 처분으로 인하여 생기는 수입에 대하여 과세하지 않는다(「법인세법」 제4조 제3항 제5호, 같은 법 「시행령」 제3조 제2항). 그러나 처분일 현재 3년 미만 사용하였거나 수익사업에 사용한 유형자산의 처분으로 인하여 생기는 수입은 법인세 과세대상이 된다. 따라서 공동주택 관리활동에 3년 이상 계속 사용하던 유형자산을 처분했을 때 발생하는 유형자산처분이익은 법인세 과세대상이 아니다.

위에서 설명한 유형자산 처분수입의 과세 여부를 요약하면 다음과 같다.

✪ 공동주택 관리활동(수익사업 제외)에 사용하던 유형자산의 처분에 따른 수입의 과세 여부

① 부가가치세: 비과세

② 법인세: 3년 이상 계속 사용한 경우에 비과세

8.5 유형자산의 실사

공동주택회계처리기준 제39조에서는 관리사무소장이 매 회계연도 말일을 기준으로 하여 유형자산을 실사하여야 하며, 유형자산을 실사하는 경우에는 출납업무와 관계없는 직원 중 관리사무소장이 지정하는 직원과 1명 이상의 입주자대표회의 감사 또는 입주자대표회의가 지정한 입주자가 참관할 수 있다고 규정하고 있다. 또한 관리사무소장은 자산출납부에 자산실사 일자, 자산실사 참여자, 실사 결과 등의 자산실사 내용을 기록하여 보관하여야 한다.

공동주택회계처리기준 제40조에서는 자산관리담당자가 매년 마감시점의 장부상 유형자산 잔액과 유형자산 관리대장상의 잔액이 일치하도록 관리하여야 한다고 규정하고 있다.

제9절 | 관리비예치금

9.1 관리비예치금이란

관리비예치금이란 해당 공동주택의 공용부분의 관리 및 운영 등에 필요한 경비를 공동주택의 소유자로부터 징수하여 금융기관에 예치해 놓은 것이다(「공동주택관리법」 제24조 제1항). 공동주택에 관리비예치금이 필요한 이유는 공동주택의 공용부분 관리운영경비의 발생시점과 징수시점의 차이에서 오는 자금 부족을 예방하기 위한 것이다. 관리운영경비의 지출은 실제 필요한 경비가 징수되기 전에 일어나기 때문에 이러한 관리운영경비의 선지출, 후징수에 따른 현금 부족 문제를 해결하기 위해 도입된 제도이다.

9.2 관리비예치금의 징수와 관리

관리비예치금은 입주 초기에 사업주체가 징수한다. 사업주체는 입주예정자의 과반수가 입주할 때까지 공동주택을 직접 관리하는 경우에는 입주예정자와 관리계약을 체결하여야 하며, 그 관리계약에 따라 관리비예치금을 징수할 수 있다(「공동주택관리법」 제24조 제3항). 사업주체가 관리비예치금을 징수하는 경우에는 관리주체에게 관리업무를 인계할 때 관리비예치금도 함께 인계하여야 한다.

관리주체도 관리비예치금을 징수할 수 있으며, 관리주체는 소유자가 공동주택의 소유권을 상실한 경우에는 징수한 관리비예치금을 반환하여야 한다. 다만, 소유자가 관리비 · 사용료 및 장기수선충당금 등을 미납한 때에는 관리비예치금에서 정산한 후 그 잔액을 반환할 수 있다(「공동주택관리법」 제24조 제2항). 그런데 소유자가 전출하는 경우에 대부분의 공동주택에서는 관리규약이나 공인중개사의 안내에 따라 양도인과 양수인 간에 관리비예치금에 대한 권리를 인계 · 인수하고 있다. 이처럼 관리비예치금은 반환의무가 있다는 점에서 부채에 해당하며, 공동주택회계처리기준 [별지 제1호 서식] 재무상태표에서는 비유동부채로 분류하고 있다. 또한 반환을 위한 자금이 있어야 하므로 관리비예치금과 동일한 금액이 별도의 계좌에서 자산으로 구분관리되어야 한다.

입주 초기 관리비예치금은 공동주택 전체 세대에게 부과 · 징수해야 할 총액으로 계상하고 미납세대가 있는 경우에는 미수관리비예치금으로 회계처리한다. 관리비예치금이 관리비계좌로 납부되면 관리비계좌와는 구분되는 별도의 관리비예치금계좌에서 관리하여야 한다.

관리비예치금 총액이 부과 · 징수된 이후에는 총액이 유지되도록 잘 관리하여야 한다. 특히 전출세대에게 반환해 준 다음 전입세대에게 부과 · 징수하는 것을 놓치게 되면 일정한 금액으로 유지해야 할 관리비예치금이 감소할 수도 있다. 이를 방지하기 위해서는 전출입세대관리대장과 관리비예치금대장을 작성해서 비치할 필요가 있다.

또한 입주한 지 오래된 공동주택의 경우 물가상승이나 새로운 비용의 추가 발생으로 인하여 관리운영자금보다 관리비예치금이 부족할 수 있다. 이때에는 각 공동주택의 상황에 따라 부족분에 대한 인상을 검토할 수 있으며, 이러한 내용을 관리규약에 반영할 필요가 있다. 관리비예치금을 추가로 부과하는 경우에는 당연히 입주자(소유자)에게만 부과해야 하므로 관리비납입고지서와는 별도로 고지하고 징수해야 한다.

관리비예치금을 사용한 뒤에는 입주자등에게 관리비등으로 부과하여 징수하게 되는데 이 관리비등의 부과 · 징수금액에서 관리비예치금 사용분을 회수하여 보충함으로써 관리비예치금이 일정하게 유지되도록 관리하여야 한다. 따라서 입주 초기에는 [그림 3-8]과 같은 순환과정이 반복된다.

[그림 3-8] 관리비예치금의 순환과정

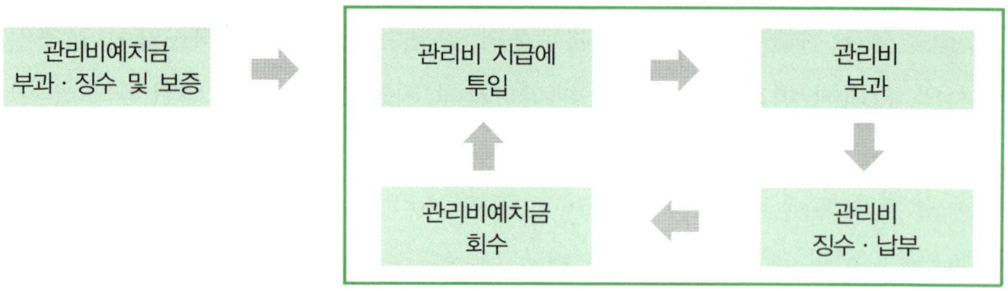

그러나 일정 기간이 지나 입주가 완료되고 관리외수익(잡수입)이 발생하는 시점에 입주자대표회의의 결산승인과 이익처분을 거쳐 관리운영경비에 사용된 관리비예치금을 관리외수익(잡수입)으로 보충하게 되면 더 이상 관리비예치금이 변동하지 않고 일정한 금액을 유지할 수 있을 것이다. 물론 관리비예치금이 입주자(소유자)에게 귀속된다는 점을 고려할 때 관리비예치금의 보충에 사용할 수 있는 관리외수익(잡수입)은 입주자기여분이어야 할 것이다. 이러한 관리비예치금의 보충에 관한 내용은 관리규약에 그 근거 규정을 명확히 마련할 필요가 있다.

9.3 회계처리

관리비예치금의 회계처리를 제시하면 다음과 같다.

[관리비예치금의 회계처리]

① 부과 징수

입주 초기	(차) 예금_관리계좌	×××	(대) 관리비예치금*	×××
	미수관리비예치금	×××		

* 총입주예정세대의 관리비예치금

미납세대 납부	(차) 예금_관리계좌	×××	(대) 미수관리비예치금	×××
별도계좌 대체	(차) 예금_관리비예치금계좌	×××	(대) 예금_관리계좌	×××
② 관리비 지급	(차) 관리비등의 비용계정	×××	(대) 예금_관리비예치금계좌	×××
③ 관리비 부과	(차) 미수관리비	×××	(대) 관리수익	×××
④ 관리비 납부	(차) 예금_관리계좌	×××	(대) 미수관리비	×××
⑤ 별도계좌 대체	(차) 예금_관리비예치금계좌	×××	(대) 예금_관리계좌	×××

⑥ 관리외수익(잡수입)으로 보충

	(차) 미처분이익잉여금	×××	(대) 관리비예치금	×××
	(차) 예금_관리비예치금계좌	×××	(대) 예금_관리외수익(잡수입)계좌	×××

관리비예치금계좌에서 이자수입이 발생하는 경우에는 관리외수익(잡수입)에 해당하는데 이에 관해서는 제4장에서 설명하기로 한다.

제10절 | 가수금과 가지급금

10.1 가수금

10.1.1 가수금이란

가수금은 현금이 입금되었으나 입금의 원인을 알 수 없어서 어떤 계정과목으로 처리해야 할지 결정할 수 없거나 거래금액이 아직 확정되지 않은 경우에 계정과목이나 거래금액이 확정될 때까지 임시적으로 설정하는 계정이다. 가수금은 회계연도 중에 임시적으로 나타나는 대변계정과목으로서 회계연도 말에 결산을 완료한 후에는 그 잔액이 없어야 하고 결산시점까지 현금수입의 원인을 파악할 수 없으면 잡수입으로 처리한다. 따라서 가수금은 재무상태표에 표시되지 않는 것이 원칙이다. 만약 재무상태표에 표시해야 하는 불가피한 사정이 있으면 그 내용을 주석으로 첨부해야 할 것이다.

공동주택에서 가수금은 관리비 납부와 관련하여 발생한다. 대표적인 것이 이중관리비가수금이다.

10.1.2 이중관리비가수금

이중관리비가수금은 동일 세대로부터 관리비가 이중으로 납부되는 경우에 발생한다. 주로 관리비를 자동이체 신청한 세대에서 실수로 다시 관리비를 납부하는 경우이다. 이중관리비에 대해 후술하는 선수관리비계정을 사용하지 않고 가수금계정을 사용하는 이유는 관리비 납부 당시에는 관리주체가 납부내역이 무엇인지 정확하게 파악할 수 없기 때문이다.

관리비가 이중으로 납부되는 경우에는 해당 세대가 관리비를 이중으로 납부한 것을 인지하지 못하고 있는 경우가 많다. 따라서 이중관리비는 해당 세대에게 반환하여 정산하여야 하므로 이를 관리하기 위한 이중관리비관리대장을 작성하여 보관하여야 한다. 이러한 내부통제절차가 없는 공동주택에서는 이중관리비에 대한 횡령이 발생할 가능성이 높다.

이중관리비를 반환하는 방법은 입주자등에게 은행계좌로 직접 이체하는 방법과 다음달 관리비에서 차감해 주는 방법이 있다. 이때 이중관리비를 실제로 반환한 일자와 회계처리한 일자가 다르지 않도록 주의를 기울여야 한다.

이중관리비에 관한 회계처리를 제시하면 다음과 같다.

[이중관리비의 회계처리]

(1) 이중관리비의 납부(100,000원)

(차) 예금_관리계좌	100,000	(대) 이중관리비가수금	100,000

(2) 이중관리비의 반환(100,000원)
① 은행계좌로 이체하는 경우
(차) 이중관리비가수금 100,000 (대) 예금_관리계좌 100,000
② 다음달 관리비에서 차감하는 경우
(차) 이중관리비가수금 100,000 (대) 미수관리비 100,000

10.2 가지급금

가지급금은 현금이 지급되었으나 지급의 원인을 알 수 없어서 어떤 계정과목으로 처리해야 할지 확정할 수 없거나 거래금액이 아직 확정되지 않은 경우에 계정과목이나 거래금액이 확정될 때까지 임시적으로 설정하는 계정이다. 가지급금은 회계연도 중에 임시적으로 나타나는 차변계정과목으로서 회계연도 말에 결산을 완료한 후에는 그 잔액이 없어야 하고 결산시점까지 현금지출의 원인을 파악할 수 없으면 잡손실(잡지출)로 처리한다. 따라서 가지급금은 재무상태표에 표시되지 않는 것이 원칙이다. 만약 재무상태표에 표시해야 하는 불가피한 사정이 있으면 그 내용을 주석으로 첨부해야 할 것이다.

공동주택에서 가지급금이 발생하는 사례로는 출장비 등을 선급하는 경우이다. 출장비를 선급하고 지출증빙서류를 바탕으로 실비 정산하는 경우의 회계처리를 제시하면 다음과 같다.

[가지급금의 회계처리]

① 관리사무소장에게 시내 출장비 50,000원을 선급한 경우
(차) 가지급금 50,000 (대) 예금_관리계좌 50,000
② 관리사무소장이 교통비 20,000원, 도서구입비 18,000원의 지출명세와 증빙서류를 제출하면서 잔액 12,000원을 반환한 경우

(차)		(대)	
예금_관리계좌	12,000	가지급금	50,000
교통통신비	20,000		
도서인쇄비	18,000		

제11절 | 선급비용과 선급금

11.1 선급비용

선급비용은 계약에 따라 일정 기간의 용역대가를 미리 현금으로 지급하고 계속해서 용역을 제공받고 있지만 아직 관련 용역을 모두 제공받지 못한 상태이기 때문에 용역제공이 완료되는 시점까지 비용을 이연시켜 처리하는 자산계정이다. 선급비용은 시간의 경과에 따라 비용으로 처리하여 감소시킨다.

공동주택에서는 주로 주택화재보험, 자동차보험, 어린이놀이시설 배상책임보험에 가입하고 1년분 보험료를 한꺼번에 지급하는 경우에 선급비용 계정과목을 사용한다. 선급비용은 시간이 지나가며 화재보험서비스, 자동차보험서비스, 배상책임서비스를 제공받게 됨에 따라 1년분 보험료를 12개월로 나눈 금액을 매월 관리비로 부과하면서 감소된다. 선급비용은 비용계정 앞에 '선급'이라는 단어를 붙여서 사용한다. 예를 들어, 화재보험료를 선급한 경우에는 선급화재보험료계정을 사용한다.

소독비와 시설물 안전점검비의 경우에도 선급비용계정을 사용할 수 있다고 이미 설명한 바가 있다. 선급비용의 회계처리를 제시하면 다음과 같다.

[선급비용의 회계처리]

1월 1일 1년간 주택화재보험료 6,000,000원을 보험회사에 납부한 경우

① 보험료를 납부한 시점(1월 1일)

(차) 선급화재보험료	6,000,000	(대) 예금_관리계좌	6,000,000

② 매월 관리비로 부과하는 시점

(차) 화재보험료	500,000*	(대) 선급화재보험료	500,000
(차) 미수관리비	500,000	(대) 관리수익	500,000

* ₩6,000,000÷12개월=₩500,000/월

위의 회계처리를 바탕으로 선급화재보험료의 월별 금액 변화를 나타내면 [그림 3-9]와 같다.

[그림 3-9] 선급화재보험료와 화재보험료의 월별 금액 변화

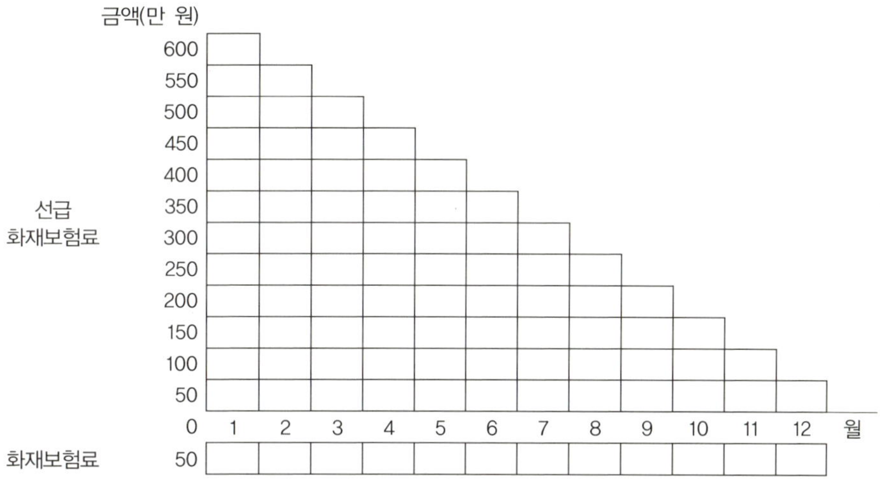

그러나 지출한 비용이 많다고 해서 입주자등의 관리비부담을 완화하기 위해 무턱대고 선급비용으로 회계처리한 다음 조금씩 비용으로 처리하는 방법은 합리화될 수 없다. 예를 들어, 승강기 보수공사를 하고 지출한 비용이 많을 경우에 1년간에 걸쳐 월별로 나누어 관리비로 부과하기 위하여 선급비용계정을 사용하는 경우이다. 승강기 보수공사는 이미 입주자등이 승강기를 이용하여 혜택을 누린 결과 실시되는 것이며, 이에 따라 발생한 비용이다. 원인은 승강기 이용이고 결과는 공사비용의 발생이다. 그러므로 이용하는 당시의 이용자에게 비용을 부담시키는 것이 공평한 방법이다.

이러한 경우에는 앞서 설명한 수선충당부채계정을 사용하는 것이 발생주의에 따른 바람직한 회계처리이다. 관리비 부과의 공평성과 회계처리의 투명성을 제고하기 위해 수선충당부채의 금액과 설정기간 등은 과거의 수선경험과 자료 또는 전문가의 자문을 바탕으로 관리규약으로 규정할 필요가 있다. 이러한 관리규약에 근거하여 수선충당부채계정을 사용하여 관리비로 부과 · 징수하기 위해서는 예산편성에 반영하여야 할 것이다.

11.2 선급금

선급금은 유형자산이나 재고자산 등과 같은 재화를 구입하기 위하여 해당 재화를 인도받기 전에 그 대금의 일부나 전부를 미리 지급하였을 경우에 사용하는 자산계정이다. 선급금은 대부분 유동자산이다.

선급금과 선급비용은 같은 점도 있고 다른 점도 있어서 잘못 사용하는 경우가 있는데 반드시 구분하여 사용하여야 한다. 선급금과 선급비용은 대금을 미리 지급한다는 점에서는 같다. 그러나 선급금은 제공되는 재화의 물리적 구분이 명확한 경우에 사용하고, 선급금이 감소하면서 자산계정으로 대체되는 반면, 선급비용은 제공되는 용역의 물리적 구분이 어려워 보통 1개월분과 같이 시간 단위로 구분되는 비용이 발생하는 경우에 사용하고, 선급비용이 감소하면서 비용계정으로 대체된다는 점에서 차이가 있다.

선급금의 회계처리를 제시하면 다음과 같다.

[선급금의 회계처리]

사무실용 컴퓨터 5대를 5,000,000원에 주문하면서 3월 1일에 선급으로 2,000,000을 지급하고, 컴퓨터를 인도받는 3월 20일에 나머지 3,000,000원을 지급한 경우

① 3월 1일 선급 2,000,000원 지급시점

(차) 선급금	2,000,000	(대) 예금_관리계좌	2,000,000

② 3월 20일 잔금 3,000,000원 지급시점

(차) 비품_컴퓨터	5,000,000	(대) 선급금	2,000,000
		예금_관리계좌	3,000,000

제12절 | 미지급비용과 미지급금

12.1 미지급비용

미지급비용은 계약에 따라 일정 시점부터 현재까지 계속해서 용역을 제공받고 비용이 발생하고 있으나 아직 지급기일이 도래하지 않아 용역대금을 지급하지 않은 상태에 있을 때 사용하는 부채계정이다. 미지급비용은 대금을 지급하면 감소한다.

공동주택에서는 통상 경비비, 청소비 등의 관리비나 전기료, 수도료 등의 사용료를 계약에 따라 후불하게 된다. 이 경우에 1개월분의 용역제공은 이미 완료된 반면, 용역대금은 월말을 기준으로 세금계산서(계산서) 또는 고지서를 받아 다음달에 납부하는 방식을 취한다. 이때 월말을 기준으로 아직 납부하지 않은 용역대금을 미지급비용으로 처리한다. 미지급비용은 비용계정 앞에 '미지급'이라는 단어를 붙여서 사용한다. 예를 들어, 수도료를 미지급한 경우에는 미지급수도료계정을 사용한다.

미지급법인세(부채)도 미지급비용에 해당한다. 미지급법인세는 관리외수익(잡수입)에 대해 납부해야 할 법인세를 결산일 현재 납부하지 않은 상태에서 당해 사업연도분 법인세비용을 인식하기 위해 사용하는 계정인데 제4장 제4절 법인세에서 상세하게 설명한다.

12.2 미지급금

미지급금은 재화의 인도가 완료되었으나 아직 재화의 대금을 지급하지 않은 상태에 있을 때 사용하는 부채계정이다. 미지급금은 대부분 유동부채이다. 미지급금은 대금을 지급하면 감소한다. 예를 들어, 유형자산이나 재고자산을 매입하면서 대금을 지급하지 않고 나중에 지급하는 경우이다.

미지급금과 미지급비용은 같은 점도 있고 다른 점도 있어서 잘못 사용하는 경우가 있는데 반드시 구분하여 사용하여야 한다. 미지급금과 미지급비용은 대금을 아직 지급하지 않았다는 점에서는 같다. 그러나 미지급금은 물리적 구분이 명확한 재화를 이미 제공받은 경우에 사용하는 반면, 미지급비용은 물리적 구분이 어려워 보통 1개월분과 같이 시간단위로 구분되는 용역을 제공받아 비용이 발생하는 경우에 사용한다는 점에서 차이가 있다.

미지급금의 회계처리를 제시하면 다음과 같다.

[미지급금의 회계처리]

사무용 책상을 100,000원에 구입하고 대금을 10일 후에 갚은 경우

① 사무용 책상 구입시점

(차) 비품	100,000	(대) 미지급금	100,000

② 대금 지급시점

(차) 미지급금	100,000	(대) 예금_관리계좌	100,000

제13절 | 선수수익과 선수금

13.1 선수수익

선수수익은 미리 현금을 받았지만 아직 계약기간이 시작되지 않아 용역을 제공하지 않은 상태에 있을 때 사용하는 부채계정이다. 선수수익은 시간의 경과에 따라 수익으로 처리하여 감소시킨다.

공동주택에서는 주로 관리비 부과과정에서 특정 관리비항목을 과대 징수한 경우에 발생하며, 관리비항목이 구분되지 않는 이중관리비가수금과는 성격이 다르다는 점에 유의할 필요가 있다. 선수수익은 수익계정 앞에 '선수'라는 단어

를 붙여서 사용한다. 이미 설명한 바 있지만 수도료를 과대 징수한 경우에는 선수수도료계정, 전기료를 과대 징수한 경우에는 선수전기료계정을 사용한다.

13.2 선수금

선수금은 유형자산이나 재고자산 등과 같은 재화를 처분하기 위하여 해당 재화를 인도하기 전에 그 대금의 일부나 전부를 미리 받았을 경우에 사용하는 부채계정이다. 선수금은 대부분 유동부채이다. 선수금은 재화를 인도하면 감소한다.

선수금과 선수수익은 같은 점도 있고 다른 점도 있어서 잘못 사용하는 경우가 있는데 반드시 구분하여 사용하여야 한다. 선수금과 선수수익은 대금을 미리 받았다는 점에서는 같다. 그러나 선수금은 제공되는 재화의 물리적 구분이 명확한 경우에 사용하고, 선수금이 감소하면서 자산계정을 감소시키는 반면, 선수수익은 제공되는 용역의 물리적 구분이 어려워 보통 1개월분과 같이 시간단위로 구분되는 수익이 발생하는 경우에 사용하고, 선수수익이 감소하면서 수익계정으로 대체된다는 점에서 차이가 있다.

제14절 | 미수수익과 미수금

14.1 미수수익

미수수익은 계약에 따라 일정 시점부터 현재까지 계속해서 용역을 제공하고 수익이 발생하고 있으나 아직 수취약정일이 도래하지 않아 용역대금을 수취하지 않은 상태에 있을 때 사용하는 자산계정이다. 미수수익은 대금을 수취하면 감소한다.

공동주택에서는 주로 관리비 부과과정에서 미수수익이 발생하고 감소한다. 미수수익은 수익계정 앞에 '미수'라는 단어를 붙여서 사용한다. 예를 들어, 관리비를 부과하는 시점에는 미수관리비계정을 사용하고, 관리비가 관리계좌로 입금되면 미수관리비를 차감시킨다. 미수관리비 회계처리는 앞의 여러 사례에서 제시되었으므로 생략한다.

14.2 미수금

미수금은 유형자산이나 재고자산 등과 같은 재화를 처분하기 위하여 해당 재화를 인도하였으나 그 대금의 일부나 전부를 아직 수취하지 않았을 경우에 사용하는 자산계정이다. 미수금은 대부분 유동자산이다. 미수금은 대금을 수취하면 감소한다.

미수금과 미수수익은 같은 점도 있고 다른 점도 있어서 잘못 사용하는 경우가 있는데 반드시 구분하여 사용하여야 한다. 미수금과 미수수익은 대금을 아직 받지 않았다는 점에서는 같다. 그러나 미수금은 인도되는 재화의 물리적 구분이 명확한 경우에 사용하고 미수금을 받으면서 감소하는 반면, 미수수익은 제공되는 용역의 물리적 구분이 어려워 보통 1개월분과 같이 시간단위로 구분되는 수익이 발생하는 경우에 사용하고, 미수수익이 감소하면서 수익계정으로 대체된다는 점에서 차이가 있다.

앞서 8.4 '유형자산의 처분'에서 제시한 사례를 이용하여 선수금과 미수금에 대한 회계처리를 제시하면 다음과 같다.

[선수금과 미수금의 회계처리]

사용하던 취득원가 1,200,000원인 차량운반구를 300,000원에 처분하였는데 처분일 현재 감가상각누계액 1,000,000원이라고 할 경우의 회계처리는 다음과 같다.

① 처분대가 ₩300,000

② 장부금액

ⓐ 취득원가 ₩1,200,000

ⓑ 감가상각누계액 (1,000,000) (200,000)

③ 유형자산처분이익 : ①－②＝ ₩100,000

④ 분개

ⓐ 차량운반구를 인도하기 전에 처분대가를 미리 받은 경우

• 처분대가 중 100,000원을 미리 받은 시점

(차)	예금_관리외수익(잡수입)계좌	100,000	(대)	선수금	100,000

• 차량운반구를 인도하고 나머지 처분대가 200,000원을 받은 시점

(차)	선수금	100,000	(대)	유형자산	1,200,000
	예금_관리외수익(잡수입)계좌	200,000		유형자산처분이익	100,000
	차량운반구감가상각누계액	1,000,000			

ⓑ 차량운반구를 인도하고 나중에 처분대가를 받은 경우

• 처분시점

(차)	미수금	300,000	(대)	유형자산	1,200,000
	차량운반구감가상각누계액	1,000,000		유형자산처분이익	100,000

• 처분대가 300,000원을 받은 시점

(차)	예금_관리외수익(잡수입)계좌	300,000	(대)	미수금	1,200,000

제15절 | 예수금

15.1 예수금이란

예수금이란 관리주체가 거래처나 입주자등으로부터 세금이나 관리비등을 받아 임시로 보관하였다가 나중에 제3자인 세무서나 지급청구자에게 납부 또는 지급하는 경우에 일시적으로 존재하는 유동부채계정이다. 예수금은 제3자에게 지급하면 감소한다.

공동주택에서 나타나는 대표적인 예수금계정으로는 4대 사회보험예수금, 소득세예수금, 부가가치세예수금, 중간관리비예수금 등이 있다.

15.2 4대 사회보험예수금과 소득세예수금

4대 사회보험은 국민건강보험, 고용보험, 국민연금, 산업재해보험을 일컫는 것이지만 이 중에서 예수금이 발생하는 것은 공동주택에서 100% 부담하는 산업재해보험을 제외한 세 가지 보험이다. 세 가지 사회보험예수금과 소득세예수금은 매월 급여를 지급할 때 근로자 개인부담분을 관리주체가 징수하여 보관하였다가 법정마감일인 다음달 10일까지 납부하게 되면 소멸한다. 4대 사회보험은 자동이체를 신청하면 납부가 편리하며, 최근에는 사회보험통합징수포털(https ://si4n.nhis.or.kr)을 구축하여 운영하고 있으므로 이와 관련된 정보를 얻을 수 있다.

사회보험예수금과 소득세예수금의 회계처리를 제시하면 다음과 같다.

[사회보험예수금과 소득세예수금의 회계처리]

이번 달에 관리사무소 직원 급여로 1,000,000원을 지급하면서 소득세 100,000원, 국민연금 45,000원, 고용보험료 15,000원, 국민건강보험료 30,000원을 원천징수하고 다음달 10일에 전액 납부한 경우의 회계처리는 다음과 같다. 다만, 4대 사회보험에 대한 사업주부담분은 국민연금 45,000원, 고용보험료 15,000원, 국민건강보험료 30,000원, 산재보험료 19,000원이다.

① 급여 지급시점

(차) 급여	1,000,000	(대)	예금_관리계좌	810,000
			소득세예수금	100,000
			국민연금예수금	45,000
			고용보험예수금	15,000
			국민건강보험예수금	30,000

(차) 국민연금*	45,000	(대) 미지급보험료	109,000
고용보험료*	15,000		
국민건강보험료*	30,000		
산재보험료*	19,000		

* 사업주(입주자등)부담분, 납부일이 아니라 발생한 날에 분개한다.

② 다음달 납부시점

(차) 소득세예수금	100,000	(대) 예금_관리계좌	299,000
국민연금예수금	30,000		
고용보험예수금	15,000		
국민건강보험예수금	45,000		
미지급보험료	109,000		

15.3 부가가치세예수금

부가가치세예수금은 관리외수익(잡수입)이 발생할 때 그 관리외수익(잡수입)이 부가가치세 과세대상이면 거래대금과 함께 부가가치세를 거래징수하게 되는데 이 거래징수한 금액을 말한다. 부가가치세예수금은 「부가가치세법」에서 규정한 법정기일에 납부하면 소멸한다. 부가가치세 과세대상 관리외수익(잡수입)으로는 재활용품수입, 광고수입, 중계기임대수입, 알뜰시장수입 등이 있다. 부가가치세예수금의 회계처리에 관해서는 앞서 관리외수익(잡수입)에서 설명했지만 후술하는 제4장 제3절 부가가치세에서 다시 상세히 다루기로 한다.

15.4 중간관리비예수금

전출세대는 관리규약에 따라 전월 부과일 이후부터 전출일까지 발생한 미수관리비(또는 미부과관리비)를 정산하고 납부하게 된다. 이를 보통 중간정산이라고 부른다. 이때 중간관리비예수금이라는 유동부채계정이 발생한다. 중간정산을 할 때 전월 부과일 이후부터 전출일까지 새로 발생한 관리비로서 전출세대가 부담할 관리비는 관리비부과명세서와 세대별 관리비조정명세서가 아직 작성되지 않은 상태이므로 얼마인지 확정할 수 없다. 이에 따라 대부분의 공동주택에서는 관리규약에 전출세대의 중간정산 규정을 두고 있다. 대부분의 지방자치단체가 공통으로 채택하고 있는 중간정산에 관한 공동주택관리규약준칙을 예시하면 다음과 같다.

중간정산

$$=\left[\frac{\text{전출 전 3개월 평균 관리비}}{\text{당월 일수}}\times\text{당월 거주일수}\right]\times\frac{5}{100}\text{(편차율) 가산}$$

이러한 관리규약에 따를 경우 전출세대는 대개 실제로 부담해야 할 관리비보다 더 많은 관리비를 납부하게 되며, 관리사무소에서는 미리 받은 관리비를 중간관리비예수금계정으로 처리하게 된다. 전출세대관리비의 정산과정에 관한 회계처리를 제시하면 다음과 같다.

[중간관리비예수금의 회계처리]

① 관리비 100,000원의 중간정산과 납부시점(전월 부과 미수관리비 70,000원 미납 가정)

차변	금액	대변	금액
(차) 예금_관리계좌	100,000	(대) 미수관리비	70,000
		중간관리비예수금	30,000

② 전출 당월 관리비 20,000원 부과시점

차변	금액	대변	금액
(차) 중간관리비예수금	20,000	(대) 관리수익	20,000

③ 예수금 잔액 10,000원의 처리시점

ⓐ 전출세대에게 반환하는 경우

차변	금액	대변	금액
(차) 중간관리비예수금	10,000	(대) 예금_관리계좌	10,000

ⓑ 전입세대가 승계하는 경우

차변	금액	대변	금액
(차) 중간관리비예수금	10,000	(대) 미수관리비	10,000

위에서 제시된 회계처리와 같이 예수금 잔액을 전입세대가 승계하는 경우 관리비고지서에 독립된 항목으로 정산금액을 표시해 주어야 한다.

전출세대의 관리비 정산이 투명하게 집행되고 회계처리가 정확하게 되기 위해서는 정산금액을 반드시 금융계좌로 이체하여 받아야 하고, 전출세대관리대장과 전출세대관리비대장(중간정산서)을 작성하여 보관하여야 한다. 또한 정산잔액에 대한 처리는 관리규약으로 정하거나, 전출세대와 전입세대 간 계약조항에 따르도록 하여야 한다. 이러한 규정이나 내부통제절차가 없는 공동주택에서는 정산잔액에 대한 횡령이 발생할 가능성이 높다.

제16절 | 이익처분

16.1 이익처분과 이익잉여금처분계산서(결손금처리계산서)

공동주택회계처리기준 제3조에서는 공동주택의 회계연도를 매년 1월 1일부터 12월 31일까지로 규정하고 있다. 이에 따라 매년 12월 31일은 결산일이면서 결산재무제표를 작성하는 기준일이 된다. 관리주체는 「공동주택관리법 시행령」 제26조 제3항에 따라 결산서를 작성하여 회계연도 종료 후 2개월 이내 입주자대표회의에 제출하여야 한다. 결산서는 앞서 설명한 바와 같이 재무상태표, 운영성과표, 이익잉여금처분계산서(또는 결손금처리계산서), 주석, 세입세출결산서로 구성된다.

결산을 하게 되면 결산수정분개를 거쳐 총계정원장이 마감되는데, 운영성과표의 손익계정이 먼저 마감되고, 다음으로 재무상태표계정이 마감된다. 이 과정에서 한 해 동안 이익이 발생했는지 손실이 발생했는지 알 수 있게 된다. 그런데 공동주택은 영리기업이 아니므로 부과·징수되는 관리수익과 지출되는 관리비용이 서로 같은 금액이 되어 이익이나 손실이 발생하지 않는 것이 원칙이다. 그러나 관리외수익(잡수입)이나 관리외비용이 있는 경우에는 이익이나 손실이 발생한다.

관리외수익(잡수입)이 발생한 경우 입주자대표회의는 그 발생원천이 입주자 기여분인지 공동기여분인지에 따라 관리규약의 규정을 바탕으로 이익처분을 달리하게 된다. 이때 이익처분과 관련된 세금문제도 함께 고려하여야 하는데 이에 관해서는 제4장 제4절 법인세에서 상세히 설명하기로 한다.

결산이 완료(손익계정의 마감)되고 나면 관리주체는 이익잉여금처분계산서(안)를 작성하여 입주자대표회의의 의결을 받기 위해 안건으로 상정하여야 한다. 입주자대표회의는 결산서를 승인할 때 이익처분, 즉 이익잉여금처분계산서도 함께 승인하므로 이 과정에서 관리외수익(잡수입)에 대한 처분이 자연스럽게 이루어지게 된다.

이익처분에 대한 입주자대표회의의 승인을 받고 나면 관리주체는 즉시 이익처분에 필요한 분개를 하고 이익처분에 해당하는 금액을 관리외수익(잡수입)계좌에서 별도의 계좌, 예를 들어 공동체활성화단체지원적립예치금계좌, 장기수선충당예치금계좌, 예비비적립예치금계좌 등으로 이체하여 구분관리하여야 한다.

결산 및 이익처분에 관한 회계처리와 이익잉여금처분계산서를 설명하기 위해 관리주체가 다음과 같은 이익잉여금처분계산서(안)를 작성하여(공동주택회계처리기준 [별지 제3호 서식] 참조) 제출하고, 다음 해 2월에 입주자대표회의가 이를 원안대로 결산승인한 경우를 보자.

이익처분에 대한 회계처리에 앞서 이익잉여금처분계산서의 구성항목에 대해서 설명한다.

이익잉여금(retained earnings)이란 당기순이익의 누적액을 말한다. 기업의 경우에는 당기순이익이 발생하면 배당을 할 수 있기 때문에 영어 표현대로 당기순이익 중 배당을 하여 기업 외부로 빠져 나가지 않고 기업 내부에 남아있는(유보되어 있는) 이익이라는 뜻이다. 공동주택은 배당이 있을 수 없으므로 당기순이익이 발생하면 이익잉여금이 늘어나고 당기순손실이 발생하면 이익잉여금이 줄어든다.

[별지 제3호 서식]

이익잉여금처분계산서

제16(당)기 : 20×1년 1월 1일부터 12월 31일까지
처분확정일 : 20×2년 2월 20일
제15(전)기 : 20×0년 1월 1일부터 12월 31일까지
처분확정일 : 20×1년 2월 19일

○○○아파트 관리사무소 (단위 : 원)

과목	제16(당)기		제15(전)기	
	금액		금액	
Ⅰ. 미처분이익잉여금		10,800,000		6,000,000
전기이월이익잉여금	800,000		1,000,000	
당기순이익	10,000,000		5,000,000	
Ⅱ. 이익잉여금이입액		1,000,000		0
기타 적립금(예비비적립금)	1,000,000		0	
합계(Ⅰ + Ⅱ)		11,800,000		6,000,000
Ⅲ. 이익잉여금처분액		10,000,000		5,200,000
예비비적립금	3,000,000		2,000,000	
공동체활성화단체지원적립금	1,500,000		500,000	
장기수선충당금	2,000,000		1,800,000	
관리비차감적립금	3,500,000		900,000	
Ⅳ. 차기이월이익잉여금(Ⅰ+Ⅱ－Ⅲ)		1,800,000		800,000

미처분이익잉여금([서식]의 Ⅰ)은 기말 현재 적립금으로 처분되지 않고 남아 있는 이익잉여금으로 전기이월이익잉여금과 당기순이익으로 구성된다. 다시 말해, 미처분이익잉여금은 전기에 특정적립금으로 처분되지 않고 당기로 넘어온 이월이익잉여금과 당기순이익을 합한 금액이다. 이를 바탕으로 당기에 이익잉여금을 처분한다.

이익잉여금이입액([서식]의 Ⅱ)은 당기 중에 적립목적이 달성되었거나 기말 현재 잔액이 과다한 적립금의 일부 또는 전부를 다른 적립금으로 재처분하기 위해 처분가능한 이익잉여금 상태로 전환하는 것을 의미한다.

이익잉여금처분액([서식]의 Ⅲ)은 미처분이익잉여금과 이익잉여금이입액을 합한 금액을 관리규약에 따라 입주자대표회의의 의결을 거쳐 각종 적립금으로

처분하는 것이다.

차기이월이익잉여금([서식]의 Ⅳ)은 미처분이익잉여금([서식]의 Ⅰ)과 이익잉여금이입액([서식]의 Ⅱ)의 합계액에서 이익잉여금처분액([서식]의 Ⅲ)을 차감한 금액이다. 따라서 재무상태표의 순자산에는 처분된 각종 적립금과 차기이월이익잉여금이 표시된다.

- 미처분이익잉여금 = 전기이월이익잉여금 + 당기순이익
- 미처분이익잉여금 + 이익잉여금이입액 = 각종 적립금 + 차기이월이익잉여금

한편, 결손금처리계산서는 당기순손실이 발생하거나 당기순손실이 누적된 경우에 결손금을 처리하는 재무제표이다. 현실적으로 공동주택에서 당기순손실이나 결손금이 발생하는 경우는 지극히 드물다. 관리외수익에 대응되는 관리외비용이 지극히 작거나 없기 때문이다. 관리주체는 이러한 경우가 발생하지 않도록 회계기간 중에 관리외비용의 발생을 잘 통제하거나 회계처리에 신중을 기하여야 한다. 이익잉여금처분계산서 또는 결손금처리계산서의 서식은 본서의 부록 1에 제시되어 있다.

16.2 회계처리

위에서 제시한 이익잉여금처분계산서의 내용을 바탕으로 제16기의 결산 및 이익처분에 관한 회계처리(분개)를 제시하면 다음과 같다.

(1) 20×1년 12월 31일 손익계정의 마감

① 당기순이익 5,000,000원 발생

(차) 집합손익	5,000,000	(대) 미처분이익잉여금	5,000,000

② 당기순손실 500,000원 발생

(차) 미처분이익잉여금	500,000	(대) 집합손익	500,000

(2) 20×2년 2월 20일 결산승인과 이익처분

① 미사용 예비비적립금 잔액 1,000,000원을 이입(이입은 미처분이익잉여금으로 옮겨 놓는다는 뜻)

(차)	예비비적립금	1,000,000	(대) 미처분이익잉여금	1,000,000

② 이익잉여금의 처분

(차)	미처분이익잉여금	11,800,000	(대) 예비비적립금	3,000,000
			공동체활성화단체지원적립금	1,500,000
			장기수선충당금	2,000,000
			관리비차감적립금	3,500,000
			이월이익잉여금	1,800,000

예비비적립금, 공동체활성화단체지원적립금, 장기수선충당금, 관리비차감적립금은 결산승인 즉시 해당 금액을 관련 예치금계좌로 이체하고 동시에 해당 예치금계정으로 대체하는 분개를 해야 한다.

(차)	예비비적립예치금	3,000,000	(대) 예금_관리외수익(잡수입)계좌	3,000,000
(차)	공동체활성화단체지원적립예치금	1,500,000	(대) 예금_관리외수익(잡수입)계좌	1,500,000
(차)	장기수선충당예치금	2,000,000	(대) 예금_관리외수익(잡수입)계좌	2,000,000
(차)	관리비차감적립예치금	3,500,000	(대) 예금_관리외수익(잡수입)계좌	3,500,000

(3) 결산승인 이후 적립금의 사용

이익처분을 하여 특정적립금으로 적립한 이후 사용목적에 해당하는 지출을 하는 경우에 지출의 성격이 비용인지, 자산취득인지에 따라 회계처리가 달라진다.

① 지출의 성격이 비용인 경우

지출의 성격이 비용인 경우에는 지출로 인해 회사의 순자산이 감소하였으므로 특정적립금을 감소시키는 회계처리를 한다. 따라서 비용계정을 사용하지 않는다. 비용계정을 사용하면 다시 관리비등으로 부과 · 징수해야 하는데 이러한 회계처리는 관리비등의 경감이라는 적립금 본래의 목적을 달성할 수 없다.

예를 들어, 갑작스러운 강풍으로 아파트 출입문이 파손되어 수리비로 100,000원을 지출하였다고 하자. 입주자대표회의는 이 지출이 예산서에 반영되지 않아서 예비비적립금에서 사용하기로 의결하였다. 이 경우의 회계처리는 다음과 같다.

(차) 예비비적립금	100,000	(대) 예비비적립예치금	100,000

② 지출의 성격이 자산 취득인 경우

지출의 성격이 자산 취득인 경우에는 자산 취득에 대한 분개와 함께 특정적립금을 별도적립금계정으로 대체시키는 분개를 한다. 별도적립금은 다음 해의 결산승인과 이익처분시점에 입주자대표회의의 의결을 거쳐 다시 미처분이익잉여금으로 이입되어 다른 특정적립금으로 처분될 때까지 계정을 유지하게 된다.

자산 취득의 경우에는 비용 지출의 경우와 회계처리가 다른데 그 이유는 자산 취득을 위해 특정적립금이 지출되었지만 자산의 형태로 모습을 바꾸어 여전히 공동주택의 순자산을 구성하고 있기 때문이다.

예를 들어, 관리사무소에서 사용하던 컴퓨터가 갑자기 작동 불능상태에 빠져 새로운 컴퓨터를 취득하면서 1,000,000원을 지출하였다고 하자. 입주자대표회의는 이 지출이 예산서에 반영되지 않아서 예비비적립금에서 사용하기로 의결하였다. 이 경우의 회계처리는 다음과 같다.

(차) 비품	1,000,000	(대) 예비비적립예치금	1,000,000
(차) 예비비적립금	1,000.000	(대) 별도적립금	1,000,000

4장

공동주택의 세금 (소득세, 부가가치세, 법인세)

제1절 세금의 중요성
제2절 소득세
제3절 부가가치세
제4절 법인세

4장

공동주택의 세금(소득세, 부가가치세, 법인세)

제1절 | 세금의 중요성

세금은 국가운영에 필요한 경비를 조달하기 위한 주요한 수입원천이다. 그래서 "소득 있는 곳에 세금이 있다"는 것을 과세의 기본원칙으로 삼고 있다. 그런데 이렇게 공익성이 강한 세금이지만 과도한 세금은 개인의 사유재산을 침해하는 결과를 초래할 수 있다. 따라서 공평과세를 실현하고 국민의 재산권을 보장하기 위해 조세법률주의가 필요하다. 조세법률주의는 법률에 근거가 없으면 국가는 조세를 부과·징수할 수 없고, 국민도 조세의 납부를 요구받지 않는다는 원칙이다. 우리 「헌법」 제38조는 "모든 국민은 법률이 정하는 바에 의하여 납세의 의무를 진다"고 규정하고, 「헌법」 제59조는 "조세의 종목과 세율은 법률로 정한다"고 규정하여 조세법률주의의 이념을 반영하고 있다.

2010년대 들어서부터 공동주택에 대한 국세청의 세금추징이 잇따르고 있다. 그동안 수면 아래에 잠겨 있던 공동주택의 세금문제가 수면 위로 드러나게 된 것이다. 공동주택의 세금문제가 현실화하게 된 원인은 몇 가지 경로로 과세원천이 노출되었기 때문이다. 국세청 입장에서는 알고서도 모르는 척할 수는 없었을 것이라고 본다.

첫째, 법인사업자인 이동통신사들의 중계기 임차비용이 이동통신사들의 부가가치세 신고에서 드러났다.

공동주택 입장에서는 이동통신사들로부터 받는 중계기임대수익이 되는데 이는 부가가치세 과세대상이다. 후술하는 부가가치세 과세구조에서 설명하겠지만 이동통신사들은 부가가치세 매입세액을 공제받아야 부가가치세를 적게 낼 뿐만 아니라 경비로 인정받아 법인세도 절약할 수 있다. 따라서 이동통신사들은 중계기임차비용을 하나도 누락하지 않을 것이다. 그러나 공동주택은 그동안 중계기임대수익과 관련된 세금을 신고·납부하지 않았던 것이다.

세금추징 사례들을 보면 금액이 만만치 않다는 것을 알 수 있다. 서울 양천구 S아파트는 법인세와 가산세 명목으로 1천2백여만 원을, 서울 강남구 H아파트는 부가가치세와 법인세, 가산세 등 모두 4천8백만 원을, 경기 성남시 A아파트는 부가가치세와 법인세, 가산세 등 모두 1억5천만 원을, 경기 수원시 B아파트는 부가가치세와 법인세, 가산세 등 모두 1억7천만 원을 각각 추징당했다(호연회계법인 이현정 회계사, 아파트조세실무, 2017. 7. 20.)

둘째, 국토교통부가 운영하는 웹사이트인 공동주택관리정보시스템(K-apt, http://www.k-apt.go.kr)에서 공동주택의 관리비 정보를 공개하고 있다.

K-apt의 관리비 메뉴에 들어가면 관리비등을 의무적으로 공개해야 하는 의무관리대상 공동주택의 공용관리비, 개별사용료, 장기수선충당금, 잡수입을 확인할 수 있다. 또한 회계감사를 받은 재무제표에는 관리외수익(잡수입)의 종류와 금액이 상세하게 제공되고 있다. 그러니까 국세청에서 관리외수익(잡수입)을 훤히 들여다볼 수 있게 된 것이다.

셋째, 시민의 탈세 제보에 힘입은 바가 크다.

탈세 신고에 대한 보상금이 증가하면서 흔히 세파라치들이 열심히 활동하고 있어서 탈세 제보가 과거에 비해 상당히 활발해지고 있다.

그렇다면 세금을 내지 않고 있으면 국가가 몇 년까지 소급해서 세금을 거둘 수 있는가? 이를 국세를 부과할 수 있는 기간, 즉 부과제척기간이라고 하는데 보통 5년이다(「국세기본법」 제26조의2 제1항). 그러나 납세자가 법정신고기한까지 과세표준신고서를 제출하지 않은 경우의 부과제척기간은 해당 국세를 부과할 수 있는 날부터 7년으로 늘어나며, 납세자가 부정행위로 국세를 포탈한 경우에는 국세를 부과할 수 있는 날부터 10년까지로 또 늘어난다(「국세기본법」 제26조의 2 제2항). 뒤에서 설명하는 가산세까지 추가되면 배(본세)보다 배꼽(가산세)이 더 클 수가 있어 세금추징 규모가 어마어마하게 커질 수도 있다.

따라서 이제는 공동주택에서 세금을 과거와 같은 관행으로 치부하고 눈감고 넘어갈 수 없는 시대가 되었다. 공동주택의 세금이 어려운 과제임은 부인할 수 없지만 관리주체는 세무전문가의 도움을 받아 성실하게 신고 · 납부함으로써 공동주택의 납세의무를 잘 이행해야 할 것이다.

공동주택에서 세무서에 신고 · 납부하는 세금에는 소득세, 부가가치세, 법인세가 있다. 다음에서는 이 세 가지 세금에 대해 자세히 설명한다.

제2절 | 소득세

소득세는 개인의 소득에 대해 부과하는 조세이다. 법인의 소득에 대해 부과하는 법인세와 구분된다. 공동주택에서 소득세 부과대상이 되는 개인의 소득에는 관리사무소 근무자에게 지급하는 근로소득과 퇴직소득이 있고 입주자대표회의 구성원에 대한 기타소득이 있을 수 있다. 따라서 이를 차례대로 설명한다.

한편, 소득세의 회계처리에 대해서는 앞서 인건비와 예수금에서 설명하였기 때문에 여기서는 생략한다.

2.1 근로소득

근로소득은 고용관계 또는 이와 유사한 계약에 의하여 근로를 제공하고 그 대가로 지급받는 소득으로서 봉급 · 급료 · 보수 · 세비 · 임금 · 상여 · 수당과 이와 유사한 성질의 급여를 말한다. 관리주체가 공동주택 근로자에게 급여를 지급할 때 급여에서 세금을 공제하고 나머지를 지급하게 되는데 이러한 관리주체의 세금징수를 원천징수라고 한다.

원천징수는 소득자가 자신의 세금을 직접 납부하지 않고, 원천징수대상 소득인 근로소득을 지급하는 원천징수의무자가 소득자로부터 세금을 미리 징수하여 국가(국세청)에 납부하는 제도이다. 공동주택에서 원천징수의무자는 급여를 지급하는 관리주체이다. 원천징수의무자가 매월분의 근로소득을 지급하는 때에는 「소득세법」 제134조 및 같은 법 「시행령」 제194조에 따라 근로소득 간이세액표에 의하여 원천징수하고, 원천징수한 소득세는 다음달 10일까지 근무지 관할세무서에 신고 · 납부하여야 한다. 근로소득 간이세액표는 근로자의 세금부담을 분산하기 위해 월급여수준과 공제대상 부양가족 수별로 매월 원천징수해야 하는 세액을 정한 표이다. 국세청에서는 근로소득에 대한 간이세액표 자동조회 프로그램을 온라인상에서 제공하고 있다.

[그림 4-1]은 간이세액표를 이용한 원천징수세액 계산과정을 예시하고 있다. 간이세액표의 월급여액과 공제대상가족의 수가 만나는 칸의 금액이 월급여에 해당하는 원천징수세액이다. 예를 들어, 월급여액이 1,500,000원이고 공제대상가족의 수가 2명이라면 원천징수세액은 4,260원이다.

이렇게 근로소득에 대해 매월 소득세를 원천징수하고 나면, 1년 동안의 급여에 대해 실제 부담할 세액을 다음 해 2월에 정산하게 되는데 이를 연말정산이라 한다. 최근 국세청은 홈택스 홈페이지(https://hometax.go.kr)에서 연말정산에 필요한 대부분의 자료를 온라인으로 제공하고 있다.

근로소득의 경우에 소득세가 부과되지 않는 항목에는 [표 4-1]과 같은 것이 있다.

[그림 4-1] 근로소득 간이세액표(「소득세법」 시행령 제189조 제1항 관련)

월급여액(천 원) [비과세 및 학자금 제외]		공제대상가족의 수										
		1	2	3	4	5	6	7	8	9	10	11
이상	미만											
⋮												
1,450	1,455	7,830	3,330	–	–	–	–	–	–	–	–	–
1,455	1,460	7,940	3,440	–	–	–	–	–	–	–	–	–
1,460	1,465	8,040	3,540	–	–	–	–	–	–	–	–	–
1,465	1,470	8,140	3,640	–	–	–	–	–	–	–	–	–
1,470	1,475	8,250	3,750	–	–	–	–	–	–	–	–	–
1,475	1,480	8,350	3,850	–	–	–	–	–	–	–	–	–
1,480	1,485	8,450	3,950	–	–	–	–	–	–	–	–	–
1,485	1,490	8,560	4,060	–	–	–	–	–	–	–	–	–
1,490	1,495	8,660	4,160	–	–	–	–	–	–	–	–	–
1,495	1,500	8,760	4,260	–	–	–	–	–	–	–	–	–
1,500	1,510	8,920	4,420	–	–	–	–	–	–	–	–	–
1,510	1,520	9,120	4,620	–	–	–	–	–	–	–	–	–
1,520	1,530	9,330	4,830	–	–	–	–	–	–	–	–	–
1,530	1,540	9,540	5,040	–	–	–	–	–	–	–	–	–
1,540	1,550	9,740	5,240	–	–	–	–	–	–	–	–	–
1,550	1,560	9,950	5,450	–	–	–	–	–	–	–	–	–
1,560	1,570	10,160	5,660	–	–	–	–	–	–	–	–	–
1,570	1,580	10,360	5,860	–	–	–	–	–	–	–	–	–
1,580	1,590	10,570	6,070	–	–	–	–	–	–	–	–	–
1,590	1,600	10,780	6,280	–	–	–	–	–	–	–	–	–
1,600	1,610	10,980	6,480	–	–	–	–	–	–	–	–	–
⋮												

▌표 4-1▐ 비과세 근로소득의 종류

비과세항목	내용
일·숙직비	관리규약에 의해 지급하는 실비변상정도의 금액
식대	월 20만 원(2022년가지는 월 10만 원) 이내의 식대(단, 현물급식은 전액 비과세)
자가운전보조금	본인의 차량을 회사업무에 이용하고 실제 여비를 받는 대신에 지급받는 월 20만 원 이내의 자가운전보조금
여비	관리규약에 의해 지급하는 실비변상 정도의 금액
자녀보육수당	근로자 또는 배우자의 자녀출산, 6세 이하(과세기간 개시일 기준으로 판단) 자녀보육과 관련하여 받는 급여로서 월 10만 원 이내의 금액
육아휴직수당	고용보험공단에서 지급하는 육아휴직급여, 출산전후 휴가급여, 육아기 근로시간 단축 급여

그런데 공동주택에서는 계속근무자 이외에도 일용근로자를 고용하는 경우도 있다. 「소득세법」에서 일용근로자란 3월 미만의 기간 동안 근로(건설공사에 종사하는 경우 1년 미만)를 제공하면서 근로를 제공한 날 또는 시간에 따라 급여를 계산하여 받는 근로자를 말한다(「소득세법 시행령」 제20조). 일용근로자가 받는 일당 15만 원 이하의 근로소득에 대해서는 소득세가 면제된다. 일용근로소득에 대해서는 급여 지급 시 원천징수를 하고 연말정산을 하지 않는다. 일용근로자의 일용근로소득에 대한 원천징수세액은 다음 공식에 따라 계산한다.

일용근로소득에 대한 원천징수세액

[{(일용근로소득 – 비과세소득) – 근로소득공제(1일 15만 원)} × 세율(6%)] – 세액공제(산출세액의 55%)

이 공식을 적용하면 일정 기간 단위로 일용직 급여를 지급할 때 원천징수세액은 일용근로자별로 매일의 하루 급여액에서 근로소득공제를 차감한 근로소득금액에 원천징수세율(6%)과 근로소득세액공제(산출세액의 55%)를 적용하여 계산한 결정세액을 합한 금액이다. 이때 원단위 미만은 절사한다. 즉, 없는 것으로 본다. 또한 원천징수세액이 1,000원 미만인 경우에는 징수하지 않는다(소액부징수). 이에 따라 일용직 급여의 하루 급여액이 187,000원인 경우 결정세액이 999원이 되므로 일당 187,000원 이하인 경우에는 소득세를 원천징수할 필요가 없다. 여기서 오해하지 않아야 하는 점은 일용근로소득의 면세점은 15만 원이지만 소액부징수를 고려하면 사실상 면세점은 187,000원이 된다는 점이다.

원천징수의무자는 일용근로소득을 지급한 후에는 분기마다 지급명세서를 세무서에 제출해야 하는데 그 제출시기는 [표 4–2]와 같다.

표 4–2 일용근로소득의 지급명세서 제출시기

지급 월	1~3월	4~6월	7~9월	10~12월
제출시기	4월 30일	7월 31일	10월 31일	다음해 1월 31일

원천징수의무자가 소득세를 원천징수할 때는 소득세의 10%에 해당하는 지방소득세도 함께 특별징수하게 된다. 지방소득세는 다음달 10일까지 근무지 관할 지방자치단체에 신고 · 납부해야 한다.

2.2 퇴직소득

퇴직소득은 퇴직을 원인으로 퇴직자가 지급받는 소득이다. 퇴직소득에 대한 소득세는 연분연승법에 따라 소득을 계산하여 기본세율을 적용한다. 연분연승법이란 지급받는 퇴직금을 근속연수로 나눈 금액에 기본세율(초과누진세율)을 적용해서 나온 세금에 다시 근속연수를 곱하여 세금을 계산하는 방법을 말한다. 퇴직소득은 근로제공기간에 누적된 소득을 한꺼번에 받게 되는데 이때 받은 누적소득에 기본세율(초과누진세율)을 적용하면 매년 퇴직금을 받는 경우보다 과도한 세금을 부과하게 되는 문제가 있다. 이러한 문제를 해결하기 위해 매년 일정 금액의 퇴직금을 나누어 받았다고 가정했을 때의 퇴직금에 기본세율(초과누진세율)을 적용하면 공평한 세금을 부과할 수 있게 된다.

국내에서 거주자에게 퇴직소득을 지급하는 자는 그 거주자에 대한 소득세를 원천징수하여 그 징수일이 속하는 달의 다음달 10일까지 세무서에 신고 · 납부해야 한다(「소득세법」 제127조 제1항 제7호, 제128조). 당연하지만 다른 소득과 마찬가지로 소득세의 10%에 해당하는 지방소득세도 함께 신고 · 납부해야 한다.

퇴직소득세 계산방법을 요약하면 [그림 4-2]와 같다.

퇴직소득세 계산은 [그림 4-2]와 같이 좀 복잡한데 간편하게 계산하기 위해서는 국세청 홈택스 홈페이지(https://hometax.go.kr)를 이용하면 된다. 홈택스 홈페이지 오른쪽 중간 '세금모의계산'을 클릭하면 '퇴직소득 세액계산'에서 프로그램을 제공하고 있다.

[그림 4-2] 퇴직소득세 계산방법

퇴직소득금액
(퇴직급여액 – 비과세소득)

↓

퇴직소득공제(근속연수공제)

↓

환산급여
(퇴직소득금액 – 근속연수공제) ÷ 근속연수 × 12

↓

퇴직소득공제(환산급여공제)

↓

퇴직소득과세표준

↓

퇴직소득산출세액
(과세표준 × 세율) ÷ 12 × 근속연수

↓

기납부(과세이연)세액

↓

차감원천징수세액

관리사무소에서 퇴직소득을 지급할 때 퇴직소득세 원천징수세액을 차감하고 실제 지급하는 금액을 계산하는 방법과 이에 따른 회계처리를 제시하면 다음과 같다.

[퇴직소득세 원천징수세액의 계산과 회계처리]

다음은 퇴직하는 관리사무소 직원의 퇴직 관련 자료이다.

(1) 근무기간 : 근무시작일 2020. 1. 1. 퇴직일 2023. 9. 1.

(2) 퇴직소득금액 : ₩10,000,000

(3) 퇴직급여충당금 잔액 : ₩50,000,000

이 자료를 이용하여 2023년 퇴직소득세 원천징수세액을 계산하고 이에 따른 회계처리를 제시하면 다음과 같다.

(1) 근속연수: 2020. 1. 1.~2023. 9. 1. → 4년

(2) 퇴직소득 산출세액

① 환산급여: (퇴직소득금액 − 근속연수공제액) × $\frac{12배}{근속연수}$

= (₩10,000,000 − ₩1,000,000 × 4년) × $\frac{12}{4}$

= ₩18,000,000

② 퇴직소득과세표준: 환산급여 − 환산급여공제액

= ₩18,000,000 − {₩8,000,000 + (₩18,000,000 − ₩8,000,000) × 60%}

= ₩4,000,000

③ 퇴직소득산출세액: 퇴직소득과세표준 × 기본세율 × $\frac{근속연수}{12배}$

= ₩4,000,000 × 6% × $\frac{4}{12}$

= ₩80,000

(3) 원천징수세액

= ₩80,000(③) + ₩80,000 × 10%(지방소득세) = ₩88,000

(4) 회계처리

(차) 퇴직급여충당부채	10,000,000	(대) 예금_관리계좌	9,912,000
		소득세예수금	88,000

위 퇴직소득세 계산에서 이용한 몇 가지 내용을 추가로 설명하면 다음과 같다.

첫째, 근속연수 계산에서 1년 미만의 기간은 1년으로 본다(「소득세법」 제48조 제1항).

둘째, 근속연수공제액은 근속연수가 5년 이하일 경우 (100만 원×근속연수)이다(「소득세법」 제48조 제1항 제1호).

셋째, 환산급여공제액은 환산급여가 800만 원 초과 7,000만 원 이하일 경우 (800만 원+800백만 원 초과분의 60%)이다(「소득세법」 제48조 제1항 제2호).

넷째, 기본세율은 과세표준이 1,400만 원 이하일 경우 6%이다(「소득세법」 제55조 제1항).

근속연수공제액, 환산급여공제액, 기본세율은 여러 구간으로 구분되어 있고

구간별 금액이나 세율이 다르므로 이에 관한 더욱 상세한 내용은 앞서 서술한 「소득세법」 규정을 참고하기 바란다.

2.3 기타소득

「소득세법」에서 규정하고 있는 기타소득은 이자소득 · 배당소득 · 사업소득 · 근로소득 · 연금소득 · 퇴직소득 및 양도소득 외의 소득 중 「소득세법」에서 과세대상으로 열거한 소득을 말한다. 이렇게 설명하면 공동주택에서 지급하는 금액 중 어떤 경우가 기타소득에 해당하는지 알 수가 없다.

공동주택에서 기타소득으로 소득세 과세대상이 될 수 있는 경우는 인적 용역을 일시적으로 제공하고 받는 대가이다. 이때 인적 용역이란 고용관계 없이 수당 또는 이와 유사한 성질의 대가를 받고 제공하는 용역을 말한다.

주로 입주자대표회의 구성원에게 지급하는 직책수당이나 회의출석수당이 해당한다. 입주자대표회의 임원에게 매월 정액의 직책수당을 지급한다면 매 건당 12만5천 원까지는 세금을 징수(원천징수)하지 않는다. 이를 조금 더 상세히 알아보자.

기타소득금액이란 총수입금액에서 필요경비를 차감한 금액이다. 필요경비란 해당 과세기간의 총수입금액에 대응하는 비용으로서 일반적으로 용인되는 통상적인 것의 합계금액인데 기타소득의 종류에 따라 필요경비를 입증하지 않더라도 총수입금액의 일정 비율을 비용으로 인정해 준다. 직책수당이나 회의출석수당은 총수입금액의 60%를 비용으로 인정해 준다.

이와 같이 산출된 기타소득금액에 22%의 세율을 적용하면 국세인 소득세와 지방소득세를 더한 기타소득세액이 산출된다. 세율 22%는 소득세 원천징수세율 20%에 이 세율의 10%인 지방소득세율 2%를 더한 세율이다. 총수입금액 기준으로 세율은 소득세율 8%에 지방소득소득세율 0.8%를 더한 8.8%가 된다. 그런데 소득세 원천징수세율 20%을 적용하여 산출된 세액, 즉 산출세액이 1만 원 이하인 경우에는 세금을 징수(원천징수)하지 않는다.

예를 들어, 직책수당이나 회의출석수당, 즉 기타소득 총수입금액이 12만5천 원일 경우 이 금액에서 필요경비 60%인 7만5천 원을 차감하면 5만 원이 되는데 이 5만 원이 기타소득금액이다. 5만 원의 기타소득금액에 원천징수세율 20%를 곱하면 1만 원의 세금이 산출되는데 1만 원 이하의 세금은 면제된다. 따라서 매 건당 직책수당이나 회의출석수당이 총수입금액기준으로는 12만5천 원, 기타소득금액기준으로는 5만 원, 산출세액기준으로는 1만 원 이하이면 소득세가 없다.

그러나 직책수당이나 회의출석수당이 매 건당 12만5천 원을 초과하면 기타소득지급액(총수입금액)의 8.8%를 소득세로 원천징수하고 나머지만 지급하게 된다. 여기서 세율 8.8%와 기타소득 면세점 12만5천 원의 산출근거를 요약하면 다음과 같다.

> ① 기타소득금액 = 총수입금액 − 필요경비(총수입금액의 60%)
> ② 소득세 원천징수세액 = 기타소득금액(①) × 22%(지방소득세 포함)
> = 총수입금액의 8.8%
> ③ 총수입금액 기준 기타소득 면세점 = ₩125,000
> ※ 이유 : ₩125,000 × 8% = ₩10,000, 10,000원 이하의 세금은 징수하지 않음

입주자대표회의 임원에게 직책수당이나 회의출석수당을 지급할 때 원천징수세액을 차감하고 실제 지급하는 금액을 계산하는 방법과 이에 따른 회계처리를 제시하면 다음과 같다.

[기타소득금액과 원천징수세액의 계산, 회계처리]

입주자대표회의 회장에게 회의출석수당으로 150,000원을 지급하는 경우

① 기타소득금액 = ₩150,000(총수입금액) − ₩90,000(필요경비 60%) = ₩60,000

② 원천징수세액 = ₩60,000(①) × 22% = ₩13,200
또는 ₩150,000 × 8.8% = ₩13,200

③ 실제 지급하는 회의출석수당 = ₩150,000 − ₩13,200 = ₩136,800

④ 회계처리

(차) 입주자대표회의운영비	150,000	(대) 예금_관리계좌	136,800
		소득세예수금	13,200

기타소득에 대해 원천징수한 소득세는 다음달 10일까지 관리직원의 원천징수납부세액과 함께 세무서에 신고 · 납부하여야 하고, 원천징수한 소득세가 없으면 신고만 하면 된다. 직책수당이나 회의출석수당을 지급할 경우에는 반드시 금융계좌로 이체하여 이체영수증과 원천징수영수증을 증빙서류로 보관하도록 한다.

한편, 기타소득은 연간 소득금액 300만 원(필요경비 60%를 고려하면 수입금액기준 750만 원) 이하일 경우에는 종합소득으로 합산되어 과세되지 않고 기타소득을 지급받을 때 원천징수를 하고 분리과세로 종결된다. 즉, 다른 기타소득(강연료, 원고료, 회의출석수당 등)이 많지 않는 한, 공동주택 입주자대표회의 임원(회장, 이사, 감사)으로서 직책수당을 받는다고 해서 종합소득에 합산되어 과세될 가능성은 극히 낮을 것이다.

입주자대표회의운영비에서 이미 설명하였지만 입주자대표회의 회장을 비롯한 임원의 업무추진비는 실제 발생한 비용을 변상해 주는 것으로 적격증빙(신용카드영수증, 현금영수증 등)을 첨부해서 관리해야 한다. 업무추진비는 개인의 소득이 아니기 때문이다.

제3절 | 부가가치세

3.1 부가가치세란

부가가치세(Value Added Tax : VAT)란 상품(재화)이나 서비스(용역)의 생산 및 유통단계에서 창출되는 부가가치에 대하여 부과되는 세금이다. 이러한 부가가치세의 정의에 따르면 부가가치세는 생산 및 유통단계에서 창출된 부가가치를 직접 계산하고 여기에 대해 세금을 부과하여야 한다. 그러나 우리나라의 부가가치세는 이러한 방법(흔히 직접법이라고 부름)을 따르지 않고 전단계세액공제법이라는 방식을 적용하여 과세한다.

전단계세액공제법을 쉽게 이해할 수 있도록 간단한 사례를 들어 설명한다.

- A제조업자가 B외부공급자로부터 제품생산에 필요한 원재료를 1,500,000원에 구입하여 가공・제조한 후 C제품을 2,000,000원에 고객에게 판매하였다.
- A제조업자가 B외부공급자에게 지불한 금액은 원재료가격 1,500,000원과 부가가치세 10%를 포함한 1,650,000원이고, 고객으로부터 받은 금액은 C제품 가격 2,000,000원과 부가가치세 10%를 포함한 2,200,000원이다.

이를 A제조업자 입장에서 그림으로 나타내면 [그림 4-3]과 같다.

[그림 4-3] A제조업자의 부가가치세(단위: 원)

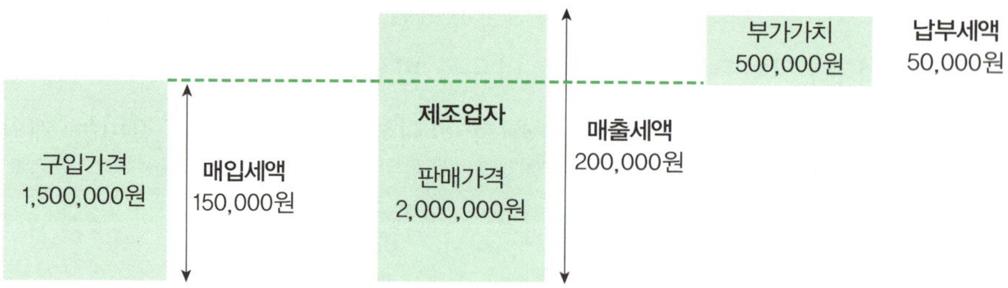

A제조업자는 원재료를 구입하면서 원재료대금뿐만 아니라 150,000원의 부가가치세를 부담하였다. 이를 부가가치세 '매입세액'이라고 한다. 그리고 C제품을 판매하면서 고객으로부터 물건대금뿐만 아니라 200,000원의 부가가치세를 받았다. 이를 부가가치세 '매출세액'이라고 하고, 고객으로부터 부가가치세를 받는 행위를 '거래징수'라고 한다. 이에 따라 A제조업자는 고객으로부터 받은(거래징수한) 매출세액 200,000원에서 B외부공급자에게 지급한(자기단계에서 부담한) 매입세액 150,000원을 차감한 50,000원을 세무서에 납부한다. 그런데 이 부가가치세 납부세액 50,000원은 A제조업자가 창출한 부가가치 500,000원(=2,000,000원-1,500,000원)의 10%에 해당하는 금액과 같다.

지금까지 설명한 전단계세액공제법에 따른 부가가치세 납부세액 계산방법을 요약하면 다음과 같다.

부가가치세 납부세액
부가가치세 납부세액 = 매출세액(매출액 × 10%) − 매입세액(매입액 × 10%)

이러한 설명에서 알 수 있듯이 부가가치세는 A제조업자의 수입이 아니라 A제조업자가 국가를 대신하여 받아 납부해야 하는 부채라는 점을 명심하여야 한다.

3.2 납세의무자

재화 또는 용역의 공급에 대한 부가가치세의 납세의무자는 사업자이다(「부가가치세법」 제3조 제1항). 「부가가치세법」상 납세의무자는 재화와 용역을 공급할 때 공급받는 자로부터 부가가치세를 거래징수하여 국가에 납부하는 사업자이다. 그러면 공동주택에서 부가가치세의 납세의무자는 누구인가? 입주자대표회의이다. 이렇게 설명하면 조금 의아할 수도 있다. 입주자대표회의가 사업자라고? 「부가가치세법」에서 말하는 사업자는 우리가 보통 알고 있는 사업자와는 개념이 다르다. 이를 조금 살펴보자.

「부가가치세법」에서 사업자란 사업목적이 영리이든 비영리이든 관계없이 사업상 독립적으로 재화 또는 용역을 공급하는 자를 말한다(「부가가치세법」 제2조). 이것만으로는 입주자대표회의가 왜 「부가가치세법」상의 납세의무자인지 완전히 이해가 되지 않으므로 조금 더 구체적으로 살펴보면 다음과 같다.

첫째, 부가가치세는 사업의 영리목적 여부는 불문한다. 따라서 비영리특수법인으로 분류되는 입주자대표회의가 영리목적이 없더라도 납세의무자가 될 수 있다.

둘째, 「부가가치세법」 자체에는 명시되어 있지 않지만 학설과 판례에 따르면 부가가치를 창출해 낼 수 있는 정도의 사업형태를 갖추고 계속적 · 반복적인 의사로 재화 또는 용역을 공급하는 경우에 사업자로 본다(「부가가치세법」 기본통칙 3-0-1 ①). 이에 따라 관리외수익(잡수입)은 입주자대표회의가 계속적 · 반복적인 의사로 용역을 공급하는 경우에 해당하므로 입주자대표회의는 납세의무자가 될 수 있다.

한편, 입주자대표회의는 법인으로 보는 단체에 해당하므로 「부가가치세법」상 간이과세자가 될 수 없고 일반과세자로 분류된다.

3.3 과세기간

사업자에 대한 부가가치세 과세기간은 1년을 2개의 과세기간으로 나눈다. 제1기 과세기간은 1월 1일부터 6월 30일까지이고, 제2기 과세기간은 7월 1일부터 12월 31일까지이다. 사업자는 이러한 각 과세기간에 대한 과세표준과 세액을 그 과세기간이 끝난 후 25일 이내 신고 · 납부해야 하는데 이것을 확정신고납부라고 한다.

일반과세자는 각 과세기간에 대한 확정신고납부에 앞서 예정신고납부를 하게 되는데, 각 과세기간마다 예정신고기간을 두고 있기 때문이다. 예정신고기간은 제1기 과세기간의 경우에 1월 1일부터 3월 31일까지이고, 제2기 과세기간의 경우에 7월 1일부터 9월 30일까지이다. 일반과세자는 예정신고기간에 대한 과세표준과 세액을 예정신고기간이 끝난 후 25일 이내에 신고 · 납부해야 하는데 이것을 예정신고납부라고 한다.

따라서 일반과세자는 부가가치세에 대한 과세표준과 세액을 1년에 4번 신고 · 납부하여야 한다. 그러면 어디에 신고 · 납부하는가? 부가가치세 납세지는 각 사업장 소재지이므로 공동주택 소재지를 관할하는 세무서이다.

입주자대표회의는 간이과세자 규정이 적용되지 않으므로 공동주택의 부가가치세는 1년에 분기별로 4번 신고 · 납부하여야 한다.

일반과세자의 과세기간과 신고납부를 간단히 요약하면 [그림 4-4]와 같다.

[그림 4-4] 일반과세자의 과세기간과 신고납부

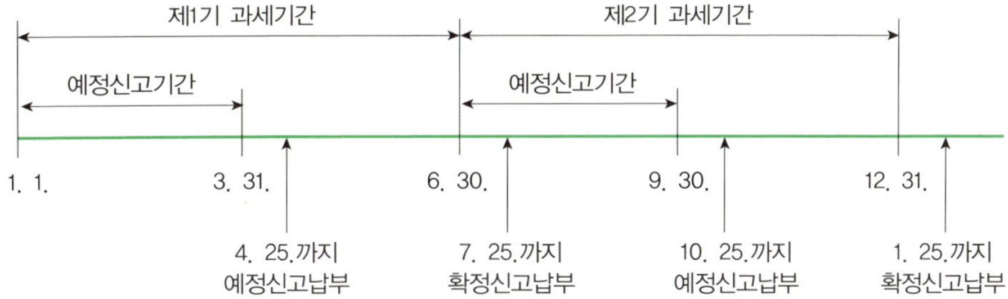

3.4 사업자등록

아파트 입주자등이 입주자대표회의를 구성하여 자치적으로 아파트를 관리하고 그 관리에 실지 소요된 비용만을 각 입주자들에게 부과하여 징수하는 경우에는 부가가치세 납세의무가 없다. 따라서 입주자대표회의는 원칙적으로 사업자등록대상이 되지 않는다. 그러나 「소득세법」에 의하여 원천징수한 소득세를 납부할 의무가 있는 경우에는 대표자 명의로 「부가가치세법 시행령」 제8조의 규정에 의하여 고유번호를 부여받을 수 있다(제도46015-12238, 2001. 7. 19.). 이에 따라 입주자대표회의는 기본적으로 고유번호를 부여받게 된다. 고유번호증의 양식은 [그림 4-5]와 같다.

그런데 이 고유번호증을 자세히 보면 아래쪽 (유의사항)에 “(2) 수익사업을 하고자 하는 경우에는 사업자등록 신청 및 수익사업개시신고를 하여야 합니다”라고 표시하고 있다. 따라서 수익사업, 즉 관리외수익(잡수입)이 발생하는 경우에 입주자대표회의는 「부가가치세법」에 따라 사업자등록을 하고 사업자등록증을 발급받아야 한다.

[그림 4-5] 고유번호증

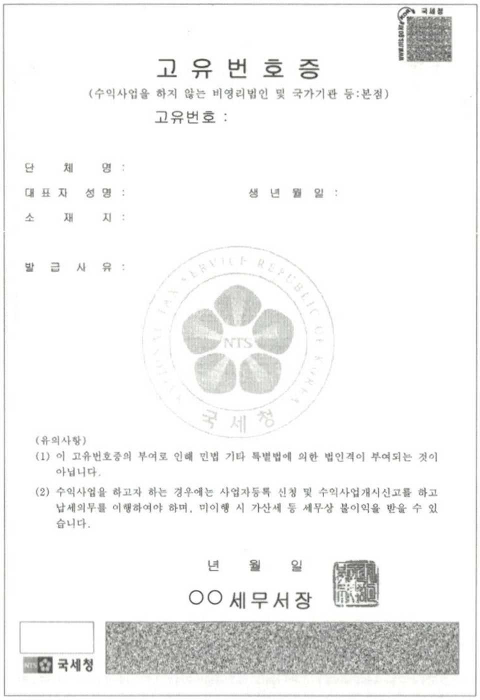

고 유 번 호 증

(수익사업을 하지 않는 비영리법인 및 국가기관 등:본점)

고유번호 :

단 체 명 :

대표자 성명 : 생 년 월 일 :

소 재 지 :

발 급 사 유 :

(유의사항)

(1) 이 고유번호증의 부여로 인해 민법 기타 특별법에 의한 법인격이 부여되는 것이 아닙니다.

(2) 수익사업을 하고자 하는 경우에는 사업자등록 신청 및 수익사업개시신고를 하고 납세의무를 이행하여야 하며, 미이행 시 가산세 등 세무상 불이익을 받을 수 있습니다.

년 월 일

○○ 세무서장

국세청

사업자등록 신청은 사업개시 전 또는 사업을 시작한 날로부터 20일 이내에 구비서류를 갖추어 관할세무서 또는 가까운 세무서 민원봉사실에 신청하여야 한다. 사업자등록신청서는 사업자 본인(입주자대표회의 회장)이 자필로 서명하여야 하지만, 대리인이 신청할 수도 있다. 대리인이 신청할 경우에는 대리인과 위임자의 신분증을 필히 지참하여야 하며 사업자등록신청서에 사업자 본인 및 대리인 모두 인적사항을 기재하고 자필 서명하여야 한다. 국세청 홈택스에 가입되어 있고 공인인증서가 있으면 세무서를 방문하지 않고 인터넷을 통하여 사업자등록 신청 및 구비서류 전자제출이 가능하며 사업자등록이 완료되면 사업자등록증 발급도 가능하다. 국세청 홈택스 홈페이지(https://hometax.go.kr)를 방문하여, 상단 메뉴 '신청/제출' → '사업자등록신청/정정 등' 순으로 클릭하면 된다.

사업자등록 신청을 할 때 공동주택 입주자대표회의는 개인이 아닌 법인사업자로 신청하여야 한다. 판례에 따르면 입주자대표회의에 대한 관할구청장의 인가는 법인으로 보는 단체에 해당하기 때문이다(국심1999서2370, 2000. 4. 18.).

사업자등록증을 발급받은 후에는 은행과 4대 사회보험에 사업자등록번호 변경을 신청하여야 한다. 입주자대표회의 회장이 새로 선출될 경우에는 관할세무서에 대표자 변경신고를 하여야 한다. 입주자대표회의의 사업자등록증 양식은 [그림 4-6]과 같다.

[그림 4-6] 사업자등록증

사 업 자 등 록 증
(법인사업자:본점)
등록번호 : 408-82-7 1

법인명(단체명) : 입주자대표회의
대 표 자 :

개 업 연 월 일 : 2015 년 07 월 01 일 법인등록번호 :
사업장 소재지 : 경기도

본 점 소 재 지 : 경기도

사 업 의 종 류 : [업태] 부동산업 도소매 [종목] 알뜰장소임대,통신중계기지임대 재활용품매각, 광고물부착

발 급 사 유 : 정정

사업자 단위 과세 적용사업자 여부 : 여( ) 부(V)
전자세금계산서 전용 전자우편주소 :

2016 년 07 월 05 일

경 기 광 주 세 무 서 장

국세청

3.5 과세대상

3.5.1 과세대상

「부가가치세법」은 사업자가 행하는 재화 또는 용역의 공급을 과세대상으로 정하고 있다. 공동주택에서 부가가치세 과세대상은 재화 또는 용역의 공급, 즉 관리외수익(잡수입)에서 발생한다. 부가가치세가 과세되는 관리외수익(잡수입)은 외부사업자와 계약을 체결하고 재화나 용역을 공급하고 얻게 되는 수입으로서 크게 4가지 종류로 구분할 수 있다.

① 재활용품매각과 같은 재화의 판매
② 알뜰시장, 중기, ATM, 승강기, 외부차량주차 등과 같은 장소임대를 통한 용역의 공급
③ 시설물이나 엘리베이터 안에 광고물을 게시하도록 허용하는 용역의 공급
④ 한전과의 계약에 따라 전기검침원이 행하는 검침용역의 공급

여기서 유의해야 할 점이 몇 가지 있다.

첫째, 승강기 사용의 경우 관리규약에 따라 전출입세대로부터 승강기 사용료를 받는 경우에는 부가가치세가 과세되지 않으며, 사업자인 이사업체나 인테리어업체로부터 승강기 이용료를 받는 경우에 부가가치세가 과세된다.

둘째, 어린이집임대용역은 장소임대용역임에도 불구하고 부가가치세가 과세되지 않는다(「부가가치세법」 제26조 제1항 제13호).

셋째, 입주민 전용부대시설의 경우 부대시설 이용용역 중 실비변상적 성격의 부분은 비수익사업으로 보아 부가가치세가 과세되지 않는다. 그러나 실비변상적 성격에 해당하지 않은 부분은 부가가치세가 과세될 수도 있으므로 질의회신을 통한 국세청의 유권해석 등을 받아 과세 여부를 명확하게 정리할 필요가 있다.

3.5.2 공급받는 용역의 부가가치세 과세 여부

공동주택에서 외부사업자와 계약을 체결하고 공급받는 용역이 관리비항목에 포함될 때 해당 용역에 부가가치세를 거래징수당했는지(부담했는지)를 파악하는 것이 중요하다. 세금계산서를 발급받지도 않았는데 부가가치세를 부담하게 되면 이러한 부가가치세 매입세액은 수익사업(잡수입)과 관련이 없을 뿐만 아니라 세금계산서도 발급받지 않았기 때문에 매입세액으로 공제받을 수 없어서 결국 관리비를 증가시키는 요인이 된다.

공동주택이 공급받는 용역 중 특별히 관심을 가져야 하는 항목은 일반관리용역, 경비용역, 청소용역이다. 이 세 가지 항목은 부가가치세 과세 여부가 동일하게 적용되므로 일반관리용역을 중심으로 살펴본다. 앞서 제1장에서 설명하였듯이 공동주택의 관리방법은 자치관리와 위탁관리로 구분되므로(「공동주택관리법」 제5조 제1항) 두 가지로 나누어 살펴본다.

1) 자치관리

자치관리의 경우 일반관리비에 속하는 일반관리용역의 대가인 인건비에 대해 부가가치세가 과세되지 않는다(「부가가치세법」 제12조 제3항). 공동주택에서 경비용역과 청소용역을 직영하는 경우에 지급하는 인건비는 각각 경비비와 청소비로 회계처리한다는 점은 제3장에서 이미 설명하였다.

2) 위탁관리

위탁관리는 대체로 도급계약방식을 취하는데 도급계약방식의 경우 세대별 주거전용면적에 따라 일반관리용역의 대가인 인건비와 위탁관리수수료에 대한 부가가치세 과세 여부가 달라진다. 도급금액에 포함된 인건비와 위탁관리수수료는 주거전용면적이 국민주택규모인 85㎡(비수도권 읍면지역 100㎡) 이하인 경우에는 항구적으로 면세이고(「조세특례제한법」 제106조 제1항 제4호의3), 주거전용면적이 85㎡ 초과 135㎡ 이하이거나 비수도권 읍면지역인 경우에는 2025년까지 일몰제를 적용하여 한시적으로 면세이고(「조세특례제한법」 제106조 제1항 제4호의2), 주거전용면적이 135㎡ 초과인 경우에는 과세이다(「조세특례제한법」 제106조 제1항 제4호의2).

만약 입주자대표회의가 주택관리업자에게 위탁관리수수료만 지급하고, 주택관리업자 소속의 인력에게 인건비를 직접 지급한다면 위탁관리수수료는 주거전용면적에 관계없이 부가가치세가 과세되고, 인건비는 주건전용면적에 따라 부가가치세 과세 여부가 결정된다. 따라서 부가가치세가 과세되는 위탁관리인 경우 과세대상 주택규모에 해당하는 세대에 대해서는 일반관리용역대가에 그 용역대가의 10%를 더한 금액을 관리비로 부과·징수하여야 한다.

수도권을 제외한 도시지역이 아닌 읍 또는 면지역에 소재하는 공동주택의 위탁관리 일반관리용역은 주거전용면적이 135㎡를 초과하더라도 2025년까지 부가가치세가 면세된다(「조세특례제한법」 제106조 제1항 제4호의2).

표 4-3 공동주택에서 공급받는 용역의 부가가치세 과세 여부

<table>
<tr><th colspan="3">관리비 항목</th><th>과세 및 면세</th><th>관련 법령</th></tr>
<tr><td rowspan="4">• 일반
• 관리비
• 경비비
• 청소비*</td><td colspan="2">자치관리</td><td>과세대상 아님</td><td>「부가가치세법」 제12조 제3항</td></tr>
<tr><td rowspan="3">위탁관리</td><td>국민주택(주거전용면적 85㎡ 또는 비수도권 읍면지역 100㎡ 이하)</td><td>영구 면세</td><td>「조세특례제한법」 제106조 제1항 제4호의3</td></tr>
<tr><td>주거전용면적 135㎡ 이하 또는 비수도권 읍면지역**</td><td>2025년까지 면세(일몰제***)</td><td>「조세특례제한법」 제106조 제1항 제4호의2</td></tr>
<tr><td>주거전용면적 135㎡ 초과**</td><td>과세</td><td>「조세특례제한법」 제106조 제1항 제4호의2</td></tr>
<tr><td colspan="3">정화조오물수수료, 소독비, 생활폐기물수수료</td><td>면세</td><td>「부가가치세법」 제26조,
「시행령」 제35조 제10,11,12호</td></tr>
<tr><td colspan="3">난방비, 급탕비, 전기료</td><td>과세</td><td>「부가가치세법」 제26조</td></tr>
<tr><td colspan="3">수도료, 보험료</td><td>면세</td><td></td></tr>
</table>

* 「수도법」에 따른 저수조 청소용역과 「하수도법」에 따른 오배수관 청소용역을 공동주택에 공급하는 경우에는 부가가치세가 과세된다.

** 비수도권 읍면지역은 일몰제에 따라 2025년까지 주거전용면적 135㎡를 초과해도 부가가치세가 면세된다.

*** 일몰제 : 법률이나 각종 규제의 효력이 일정 기간이 지나면 자동으로 없어지게 하는 제도이다. 이 조항은 여러 번 일몰기한이 연장되어 왔다.

경비용역과 청소용역을 외부용역업체에게 위탁하는 경우에도 부가가치세 과세 여부는 일반관리용역과 같다. 일반관리용역, 경비용역, 청소용역과 기타 다양한 용역에 대한 부가가치세 과세 여부를 요약하면 [표 4-3]과 같다.

3.6 세금계산서

3.6.1 세금계산서

공동주택에서 외부사업자에게 재화를 판매하거나 용역을 제공하고 대금을 받게 되면 관리외수익(잡수입)이 발생한다. 이때 거래를 책임지는 관리주체는 입주자대표회의를 대신하여 공급가액을 수취하고 이와 함께 공급가액의 10%에 해당하는 부가가치세 매출세액을 거래징수하고, 세금계산서를 발행하여야 한다. 세금계산서(tax invoice)란 사업자가 재화 또는 용역을 공급할 때 부가가치세를 거래징수하고 이 사실을 증명하기 위하여 공급받는 자에게 발급하는 세금영수증이다.

사업자는 재화 또는 용역을 공급할 때 이 세금계산서를 발급함으로써 공급받는 자에게 부가가치세를 떠넘길 수 있으며, 공급받는 자는 발급받은 세금계산서를 요약한 매입처별 세금계산서합계표를 세무서에 제출하여 거래징수당한 부가가치세를 매입세액으로 공제받을 수 있다. 따라서 세금계산서는 공급받는 자의 입장에서 매입세액공제를 받는 데 필수적인 증빙자료이므로 반드시 발급받으려 한다. 이러한 구조 때문에 공급받은 자는 매입세액공제를 위해 세무서에 거래징수당한 매입세액을 신고하기 마련인데 만약 사업자가 거래징수한 부가가치세를 신고납부하지 않으면 세무서에서 이 사실을 자동으로 확인할 수 있게 되고 세금추징을 하게 된다. 이때는 무거운 가산세까지 물어야 하므로 부가가치세를 제때, 제대로 신고납부하는 것이 중요하다.

세금계산서는 공급하는 사업자가 공급자 보관용(실무상 '매출세금계산서'라고 부름), 공급받는 자 보관용(실무상 '매입세금계산서'라고 부름)으로 2매를 작성하여 1매를 발급한다. 공급자는 발급한 세금계산서를 요약한 매출처별 세금계산서합계표를 세무서에 제출하며, 공급받는 자는 발급받은 세금계산서를 요약한 매입처별 세금계산서합계표를 세무서에 제출하여 매입세액공제를 받는다.

세금계산서에는 다음과 같이 「부가가치세법」에서 정한 필요적 기재사항을 적어 넣어야 한다. 필요적 기재사항의 전부 또는 일부가 적혀 있지 않거나 그 내용이 사실과 다른 경우에는 세금계산서로서 효력을 인정받지 못한다. 세금계산서에 필요적 기재사항, 즉 필수 기재사항이 없거나 잘못 적혀 있을 때는 가짜 세금계산서 또는 엉터리 세금계산서가 되는 것이다.

✪ 세금계산서의 필요적 기재사항

① 공급하는 사업자의 등록번호와 성명·명칭
② 공급받는 자의 등록번호
③ 공급가액과 부가가치세액
④ 작성 연월일

최근에는 종이로 작성된 세금계산서 대신 전자세금계산서가 발급되고 있다. 전자세금계산서란 전자적 방법으로 발급하는 세금계산서를 말한다. 여기서 전자적 방법이란 다음의 네 가지 방법 중 어느 하나의 기재사항을 계산서 작성자의 신원 및 계산서의 변경 여부 등을 확인할 수 있는 인증시스템을 거쳐 정보통신망으로 발급하는 것을 말한다(「부가가치세법」 제32조 제1항, 「시행령」 제68조 제5항).

✪ 전자세금계산서의 발급방법

① 「조세특례제한법」 제5조의2 제1호에 따른 전사적 기업자원 관리설비(ERP)* 를 이용하는 방법
② 재화 또는 용역을 실제 공급하는 사업자를 대신하여 전자세금계산서 발급업무를 대행하는 사업자의 전자세금계산서 발급시스템을 이용하는 방법
③ 국세청장이 구축한 전자세금계산서 발급시스템을 이용하는 방법
④ 전자세금계산서 발급이 가능한 현금영수증 발급장치 및 그 밖에 국세청장이 지정하는 전자세금계산서 발급시스템을 이용하는 방법

* ERP(Enterprise Resource Planning) : 정보기술을 활용하여 구매, 생산, 판매, 재고, 회계 등 기업의 기능을 효율적으로 관리하는 전산시스템

입주자대표회의는 법인으로 보는 단체, 즉 법인사업자에 해당하므로 세금계산서를 발급하려면 전자세금계산서를 발급해야 한다(「부가가치세법」 제32조 제2항). 외부사업자와 거래할 경우에는 국세청 홈택스 홈페이지에 접속하여 거래상대방이 정당한 사업자인지, 즉 사업자등록번호가 있는지 또는 사업자등록번호가 올바른지 미리 조회할 필요가 있다. 접속방법은 다음과 같다.

✪ 사업자등록번호 조회방법
국세청 홈택스 → 사업자등록 → 사업자조회

입주자대표회의가 전자세금계산서를 발급하였을 때는 전자세금계산서 발급일의 다음 날까지 전자세금계산서 발급명세(세금계산서 필요적 기재사항)를 국세청장에게 전송하여야 한다(「부가가치세법」 제32조 제3항, 같은 법 「시행령」 제68조 제7항, 제8항). 그런데 국세청 홈택스를 이용하여 전자세금계산서를 발급한 경우에는 발급 즉시 자동으로 매입자에게 이메일로 발송되고 국세청에도 전송되므로 별도의 전송절차가 필요 없다.

전자세금계산서 발급명세를 전송한 경우에는 ① 예정신고 또는 확정신고 시 매출·매입처별 세금계산서합계표를 제출하지 않을 수 있으며(「부가가치세법」 제54조 제2항), ② 5년간 세금계산서 보관의무도 면제되는 혜택이 있다(「부가가치세법」 제71조 제3항). 만약 전자세금계산서 발급명세를 전송해야 하는 의무를 이행하지 않을 경우에는 후술하는 가산세가 부과된다(「부가가치세법」 제60조 제2항 제3호, 제4호).

한편, 세금계산서는 원칙적으로 재화나 용역을 공급한 날에 발급하여야 한다. 그러나 거래가 계속적으로 발생한다면 건별로 세금계산서를 발급하는 것이 번거로울 수 있으므로 거래처별로 한 달 동안의 공급가액을 합해서 그달 말일을 공급일자로 하여 그 다음달 10일까지 발급할 수도 있다(「부가가치세법」 제34조 제3항).

3.6.2 전자세금계산서의 발급방법과 발급절차

여기서는 「부가가치세법」을 바탕으로 국세청 홈택스 홈페이지에서 소개하고 있는 전자세금계산서 발급방법과 발급절차에 관해 설명한다.

1) 전자세금계산서 발급방법

(1) 국세청 홈택스를 이용한 발급

이 방법은 국세청에서 무료로 운영하는 홈택스(https://hometax.go.kr) 및 스마트폰을 이용한 모바일 홈택스(손택스)에서 전자세금계산서를 발급하는 방법이다. 홈택스에서 전자세금계산서를 발급받으려면 사업자범용 공동인증서, 전자세금계산서용 공동인증서, ASP(Application Service Provider)용 공동인증서 중 하나가 필요하며, 공동인증서 발급이 어려운 경우에는 세무서에서 발급받은 보안카드가 필요하다. 또한 2021년 2월부터 모바일 홈택스(손택스)에서 지문인증 등을 통하여 전자세금계산서를 발급받을 수도 있다. 매출자, 매입자, 국세청 홈택스, 세금계산서관리시스템(국세청)과의 관계를 나타내면 [그림 4-7]과 같다.

[그림 4-7] 국세청 홈택스를 이용해 전자세금계산서를 발급하는 방법

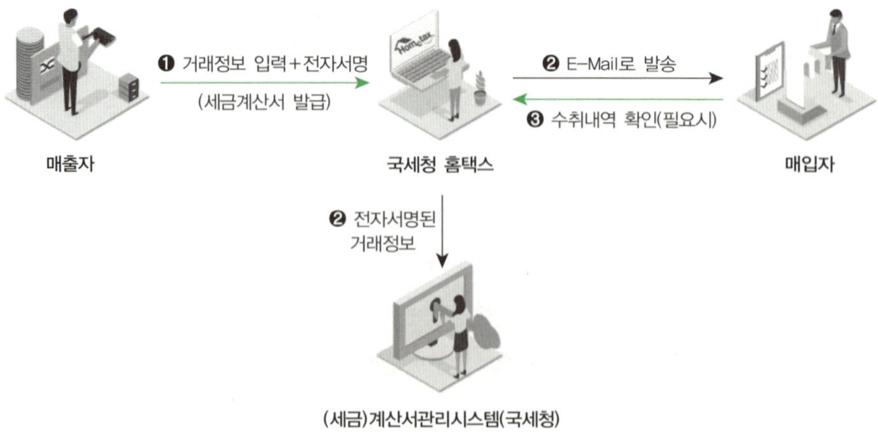

(2) 전자세금계산서 발급대행사업자의 시스템을 이용한 발급

이 방법은 국세청에 등록된 전자세금계산서 발급업무대행사업자(ASP)가 일정 수수료를 받고 운영하는 사이트 또는 자체 구축한 전자세금계산서 발급시스템(ERP)을 이용하여 발급하는 방법이다. 이 경우에도 앞서 설명한 공동인증서가 필요하다. 매출자, 매입자, ERP시스템(또는 ASP시스템), 세금계산서관리시스템(국세청)과의 관계를 나타내면 [그림 4-8]과 같다.

[그림 4-8] 전자세금계산서 발급대행사업자의 시스템을 이용하여 발급하는 방법

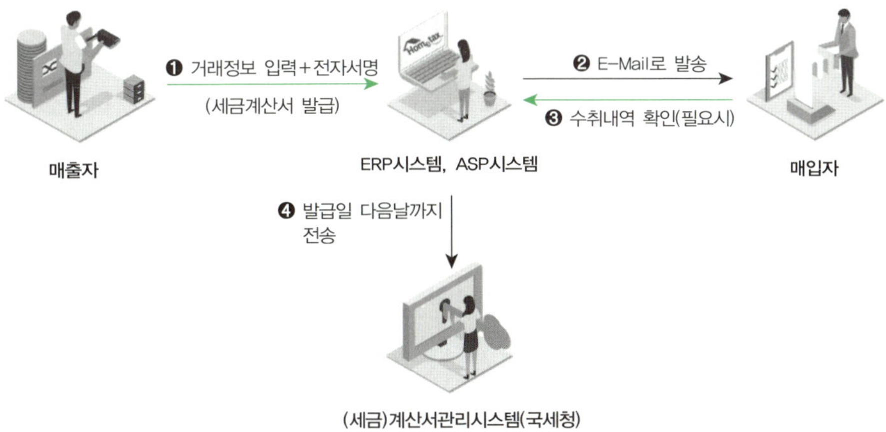

(3) 기타 발급방법

이 방법은 인터넷 사용이 어려운 경우에 발급하는 방법으로서 두 가지가 있다.

① 전화 ARS 이용 : 세무서에서 보안카드 수령 후 전화 ARS(Tel: 126-1-2-2)를 이용하여 발급하는 방법이다.

② 세무서 대리발급 : 전자세금계산서 대리발급 신청서와 거래 관련 증명서류를 가지고 가까운 세무서(사업장 관할과 관계없이 신청가능)를 방문하여 발급을 신청하는 방법이다. 거래 관련 증명서류는 거래계약서, 거래명세표, 거래내역서, 입금증 등 실제 재화 또는 용역 거래를 확인할 수 있는 증명서류이다.

2) 전자세금계산서 발급절차

전자세금계산서 발급절차를 간단하게 요약하면 [표 4-4]와 같다.

▌표 4-4 ▌ 전자세금계산서 발급절차

발급절차	내용
① 공동인증서 등 준비	• 전자(세금)계산서 발급(전자서명)을 위해서는 사업자범용 · 전자세금계산서용 · ASP용 공동인증서 중 하나 필요 • 공동인증서 발급이 어려운 경우 세무서에서 보안카드를 발급받아 홈택스에서 전자(세금)계산서 발급이 가능하며, 2021년 2월부터 모바일 홈택스(손택스)에서 지문 인증 등을 통하여 발급가능
② 회원가입	• 국세청에서 운영하는 홈택스(https://hometax.go.kr) 또는 시스템사업자가 운영하는 전자(세금)계산서 발급사이트 중 하나를 선택하여 회원가입
③ 발급	• 「부가가치세법」에서 정한 시기에 표준에 따라 생성(전자서명 필수)된 전자세금계산서를 발급하고, 매입자의 이메일로 전자세금계산서 발송 • 월합계 세금계산서 등의 경우 예외적으로 공급시기가 속하는 달의 다음달 10일까지 발급가능
④ 전송	• 전자(세금)계산서를 발급한 경우 발급일의 다음 날까지 국세청에 전송 • 홈택스에서 발급할 경우에는 발급 즉시 자동으로 매입자에게 이메일 발송 및 국세청에 전송되므로 별도의 전송절차가 없음
⑤ 조회	• 월별 · 분기별 전자세금계산서 목록 및 합계표 조회가능 • 홈택스가 아닌 다른 전자세금계산서 사이트에서 발급한 경우라도 국세청에 전송된 전자세금계산서는 홈택스에서 조회가능
⑥ 부가가치세 등 신고	• 매출 · 매입처별 세금계산서합계표 작성 시 전자세금계산서 합계금액만 기재하고 거래처별 명세 작성 불필요

3.7 부가가치세 신고 · 납부와 회계처리

3.7.1 매입세액공제요건

부가가치세는 매출세액에서 매입세액을 공제한(차감한) 금액을 신고하고 납부하게 된다. 이 설명에서 유의하여야 할 사항은 바로 매입세액이다. 매입세액 공제요건이 있기 때문이다. 부가가치세 납부세액을 계산할 때 매출세액에서 공제가능한 매입세액은 "사업자가 자기 사업을 위하여 사용하였거나 사용할 목적으로 공급받은 재화·용역에 대한 부가가치세액"이다(「부가가치세법」 제38조 제1항). 그렇다면 공동주택에서 이러한 매입세액공제요건을 충족시키는 매입세액이 현실적으로 존재하는가? 이를 좀 더 살펴보기로 하자.

매출세액과 매입세액 사이의 인과관계가 중요한데 공동주택의 관리비등에서 부담하는 매입세액은 관리외수익(잡수입)의 매출세액과 인과관계가 없다.

첫째, 공동주택이 거래징수한 부가가치세 매출세액은 과세대상 관리외수익(잡수입)에서 발생한다.

둘째, 공동주택이 부담한(거래징수당한) 부가가치세 매입세액은 주로 관리비등을 발생시키는 거래와 관련되어 있다.

공제가능한 매입세액은 '자기 사업을 위하여' 공급받은 재화·용역에 대한 부가가치세액이어야 한다. 여기서 '사업'이란 과세사업만을 의미한다. 따라서 수익사업에서 거래징수한 매출세액에서 공제받을 수 있기 위해서는 수익사업에서 거래징수당한 매입세액이어야 한다. 즉, 관리외수익(잡수입)을 얻기 위해 공급받은 재화나 용역에서 거래징수당한(부담한) 매입세액이어야 한다. 그런데 공동주택에서 거래징수당한 대부분의 부가가치세는 수익사업과 관련이 없는 공동주택 관리활동와 관련된 매입세액이다. 앞서 부가가치세 과세대상으로 언급한 네 가지 종류의 관리외수익(잡수입)과 관련한 부가가치세 매입세액이 거의 없다는 뜻이다. 따라서 부가가치세 매출세액에서 공제받을 수 있는 부가가치세 매입세액이 없으므로 대부분의 경우 부가가치세 매출세액을 전액 신고·납부하여야 한다.

이렇게 대부분의 부가가치세 매입세액은 공제가 불가능하지만 거래과정에서 매입세금계산서를 반드시 받아 챙겨두자. 세금계산서는 매입사실과 매입가격을 입증하는 공식적인 신뢰성 있는 증빙서류가 되기 때문이다. 이와 함께 가능하면 매입처별 세금계산서합계표를 작성하여 세무서에 제출하도록 한다. 상거래의 투명성을 확립하고 부정한 경제행위를 막을 수 있기 때문이다. 「부가가치세법」 제54조 제1항에 따라 매입처별 세금계산서합계표를 작성하여 제출하기만 하면 된다. 매입처별 세금계산서합계표를 제출하지 않더라도 가산세는 없다.

3.7.2 회계처리

부가가치세를 거래징수하여 매출세액을 수취하였을 경우와 거래징수당해 매입세액을 부담하였을 경우의 회계처리를 제시하면 다음과 같다.

1) 매출세액의 거래징수와 예수금계정

부가가치세 매출세액은 입주자대표회의가 거래상대방으로부터 거래징수하여 일시적으로 보관하였다가 세무서에 납부해야 할 국가에 대한 부채이다. 따라서 부가가치세 매출세액에 대해서는 부가가치세예수금계정을 사용한다.

부가가치세 매출세액의 회계처리를 제시하면 다음과 같다.

[부가가치세 매출세액 회계처리]

알뜰시장임대수입 1,000,000원과 부가가치세 매출세액 100,000원을 받은 경우

(차) 예금_관리외수익(잡수입)계좌 1,100,000

(대) 알뜰시장수입_관리외수익 1,000,000

부가가치세예수금 100,000

한전으로부터 받은 검침수당은 입주자기여분이나 공동기여분에도 해당하지 않는 조금 독특한 관리외수익(잡수입)이다. 검침과 관련하여 한전으로부터 받은 금액은 전기검침원에게 지급해야 하는 검침수당과 부가가치세 매출세액으로 구성되어 있는데, 검침수당은 검침비용으로 지출되고, 부가가치세 매출세액은 세무서에 납부하여야 할 부가가치세예수금으로 처리된다.

한전 검침수당에 관한 회계처리를 제시하면 다음과 같다.

[검침수당의 회계처리]

① 한전으로부터 검침수당 100,000원과 부가가치세 매출세액 10,000원을 받은 경우

(차) 예금_관리외수익(잡수입)계좌 110,000

(대) 검침수입_관리외수익(잡수입) 100,000

부가가치세예수금 10,000

② 한전으로부터 받은 검침수당 100,000원을 검침원에게 지급한 경우

(차) 검침비용_관리외비용 100,000 (대) 예금_관리외수익(잡수입)계좌 100,000

2) 매입세액의 지급과 대급금계정

(1) 공제가능한 부가가치세 매입세액

공제가능한 부가가치세 매입세액은 입주자대표회의가 부담한 부가가치세로서 관리외수익(잡수입)과 관련한 매출세액에서 공제하여야 할, 즉 국가로부터 돌려받아야 할 권리(자산)이다. 따라서 부가가치세 매입세액에 대해서는 부가가치세대급금계정을 사용한다. 이때 부가가치세 매입세액은 관리외수익(잡수입)계좌에서 지급한다. 그 이유는 부가가치세 매출세액은 관리외수익(잡수입)계좌로 수취해야 하고, 부가가치세 매입세액은 부가가치세 매출세액에서 공제받아야 하기 때문이다.

공제가능한 부가가치세 매입세액의 회계처리를 제시하면 다음과 같다. 이와 같은 사례는 잘 발생하지 않지만 매입세액 설명을 위해 제시하였다

[공제가능한 부가가치세 매입세액의 회계처리]

알뜰시장임대를 위해 상품 진열용 탁자를 구입하면서 제품가격 200,000원과 부가가치세 매입세액 20,000원을 지급한 경우

(차)		(대)	
비품	200,000	예금_관리계좌	200,000
부가가치세대급금	20,000	예금_관리외수익(잡수입)계좌	20,000

(2) 공제불가능한 부가가치세 매입세액

① 관리활동에 사용할 재화를 취득하는 경우

관리사무소에서 사용할 용도로 업무용 탁자를 구입하면서 부가가치세를 부담했다면 부가가치세 매입세액을 공제받을 수 없으므로 이를 따로 구분하지 않고 탁자의 취득원가에 포함한다. 공제불가능한 부가가치세 매입세액의 회계처리를 제시하면 다음과 같다.

[공제불가능한 부가가치세 매입세액의 회계처리]

관리사무소에 사용할 탁자를 구입하고 제품가격 200,000원과 부가가치세 매입세액 20,000원을 지급한 경우

(차) 비품_탁자	220,000	(대) 예금_관리계좌	220,000

② 관리활동을 지원하는 용역을 제공받는 경우

외부용역업체로부터 일반관리용역, 경비용역, 청소용역 등을 제공받으면서 부담한 부가가치세 매입세액은 공제불가능한 매입세액이므로 해당 용역비에 포함하여 처리한다. 일반관리용역은 인건비(급여 등) 또는 제세공과금, 경비용역은 경비비, 청소용역은 청소비에 포함하여 비용으로 회계처리한다.

일반관리용역, 경비용역, 청소용역 이외에 공동주택의 관리활동을 지원하는 용역을 외부용역업체로부터 제공받으면서 부담한 부가가치세 매입세액 또한 공제받을 수 없으므로 해당 용역비에 포함하여 비용으로 회계처리한다.

3) 부가가치세의 신고 · 납부

사업자인 입주자대표회의는 예정신고기간이나 과세기간이 종료되면 예정신고기간 또는 과세기간에 누적된 부가가치세예수금과 부가가치세대급금을 상계시키고 두 계정의 차액, 즉 부가가치세예수금에서 부가가치세대급금을 차감한 금액을 세무서에 신고 · 납부한다. 따라서 부가가치세를 납부하고 나면 부가가치세예수금계정과 부가가가치세대급금계정의 잔액은 0이 된다. 이때 부가가치

세납부액은 앞서 설명한 바와 같이 관리외수익(잡수입)계좌에서 지급한다.

예를 들어, 앞서 제시한 알뜰시장임대수입과 탁자구입만 있을 경우 부가가치세 신고·납부에 따른 회계처리를 제시하면 다음과 같다.

[부가가치세 신고·납부와 회계처리]

알뜰시장수입에 대한 부가가치세 매출세액(부가가치세예수금) 100,000원과 탁자구입에 대한 부가가치세 매입세액(부가가치세대급금) 20,000원이 있는 상태에서 부가가치세를 신고·납부하는 경우

(차) 부가가치세예수금	100,000	(대) 부가가치세대급금	20,000
		예금_관리외수익(잡수입)계좌	80,000

앞서 설명하였지만 입주자대표회의는 각 과세기간에 대한 과세표준과 세액을 그 과세기간이 끝난 후 25일 이내에 납세지 관할세무서장에게 신고·납부해야 한다. 만약 납부할 돈이 없다면 우선 신고만이라도 해 두어야 한다. 다음에서 설명하는 가산세가 있기 때문이다.

3.8 가산세

입주자대표회의가 부가가치세와 관련된 의무를 성실히 이행하지 않은 경우에는 벌칙으로 여러 가지 가산세가 부과된다.

3.8.1 미등록가산세

입주자대표회의가 수익사업개시일로부터 20일 이내에 사업자등록을 신청하지 않은 경우에는 다음 계산에 따른 미등록가산세를 납부세액에 더한다(「부가가치세법」 제60조 제1항 제1호).

미등록가산세 = 공급가액의 합계액 × 1%*

* 사업자등록 신청기한이 지난 후 1개월 이내에 신청하는 경우에는 해당 가산세의 50%를 감면한다(「국세기본법」 제48조 제2항 제4호).

여기서 '공급가액의 합계액'이란 사업개시일부터 등록신청일의 직전일까지의 공급가액 합계액을 말한다. 따라서 사업자 등록신청이 늦어질수록 가산세가 계속 불어나게 되므로 유의하여야 한다.

3.8.2 세금계산서 불성실가산세

세금계산서 불성실가산세는 재화나 용역을 공급한 사업자, 즉 입주자대표회의에 적용하는 것이다. 이를 요약하면 [표 4-5]와 같다.

표 4-5 세금계산서 불성실가산세(「부가가치세법」 제60조 제2항)

구분	내용	가산세
지연발급	세금계산서 발급시기가 지난 후 해당 재화·용역의 공급시기가 속하는 과세기간에 대한 확정신고기한까지 세금계산서를 발급하는 경우	공급가액 × 1%
누락·오기	발급한 세금계산서의 필요적 기재사항의 전부 또는 일부가 착오 또는 과실로 적혀 있지 않거나 사실과 다른 경우	공급가액 × 1%
미발급	세금계산서 발급시기가 지난 후 해당 재화·용역의 공급시기가 속하는 과세기간에 대한 확정신고기한까지 세금계산서를 발급하지 않은 경우	공급가액 × 2%
	전자세금계산서 발급의무 사업자가 전자세금계산서를 발급하지 않고 세금계산서 발급시기에 전자세금계산서 외의 세금계산서를 발급한 경우	공급가액 × 1%
지연전송	전자세금계산서 발급명세 전송기한이 지난 후 재화·용역의 공급시기가 속하는 과세기간에 대한 확정신고기한까지 국세청장에게 전자세금계산서 발급명세를 전송하는 경우	공급가액 × 0.3%
미전송	전자세금계산서 발급명세 전송기한이 지난 후 재화·용역의 공급시기가 속하는 과세기간에 대한 확정신고기한까지 국세청장에게 전자세금계산서 발급명세를 전송하지 않은 경우	공급가액 × 0.5%

3.8.3 매출처별 세금계산서합계표 제출불성실가산세

매출처별 세금계산서합계표 제출불성실가산세를 요약하면 [표 4-6]과 같다.

❙ 표 4-6 ❙ 매출처별 세금계산서합계표 제출불성실가산세(「부가가치세법」 제60조 제6항)

구분	내용	가산세
미제출	매출처별 세금계산서합계표를 제출하지 않은 경우(제출기한 지난 후 1개월 이내 제출한 경우 해당 가산세의 50% 감면)	공급가액×0.5%
누락·오기	제출한 매출처별 세금계산서합계표의 필요적 기재사항 중 거래처별 등록번호 또는 공급가액의 전부 또는 일부가 적혀 있지 않거나 사실과 다른 경우	공급가액×0.5%
지연제출	매출처별 세금계산서합계표를 예정신고할 때 제출하지 못하여 해당 예정신고기간이 속하는 과세기간에 확정신고할 때 제출하는 경우(위 누락·오기의 경우 제외)	공급가액×0.3%

3.8.4 신고·납부 불성실가산세

부가가치세의 신고와 납부를 불성실하게 한 경우의 가산세는 [표 4-7]과 같다. 신고와 납부의 마감일은 동일하지만 각각 불성실가산세가 따로 있는 만큼 세금을 납부할 돈이 없을 때는 일단 신고부터 먼저 해 두어야 가산세를 줄일 수 있다는 사실을 명심하여야 한다.

❙ 표 4-7 ❙ 신고·납부 불성실가산세(「국세기본법」 제47조의2 제1항, 제47조의3 제1항, 제47조의4 제1항)

구분	내용	가산세
무신고	부정행위로 법정신고기한까지 예정신고 또는 확정신고를 하지 않은 경우	무신고납부세액×40%
	일반적 무신고	무신고납부세액×20%
과소신고	부정행위로 법정신고기한까지 예정신고 또는 확정신고 시 과소신고한 경우	부정과소신고납부세액×40%
	일반적 과소신고	일반과소신고납부세액×10%
납부지연	법정납부기한까지 미납부 또는 과소납부한 경우	미납 또는 과소납부세액×미납기간×22/100,000
	납부고지서에 따른 납부기한까지 완납하지 않은 경우(체납의 경우)	미납 또는 과소납부세액×3%

여기서 부정행위란 다음 어느 하나에 해당하는 행위로서 조세의 부과와 징수를 불가능하게 하거나 현저히 곤란하게 하는 적극적 행위를 말한다(「조세범처벌법」 제3조 제6항).

① 이중장부의 작성 등 장부의 거짓 기장
② 거짓 증빙 또는 거짓 문서의 작성 및 수취
③ 장부와 기록의 파기
④ 재산의 은닉, 소득 · 수익 · 행위 · 거래의 조작 또는 은폐
⑤ 고의적으로 장부를 작성하지 아니하거나 비치하지 아니하는 행위 또는 계산서, 세금계산서 또는 계산서합계표, 세금계산서합계표의 조작
⑥ 「조세특례제한법」 제5조의2 제1호에 따른 전사적 기업자원 관리설비의 조작 또는 전자세금계산서의 조작
⑦ 그 밖에 위계(僞計)에 의한 행위 또는 부정한 행위

제4절 | 법인세

4.1 과세소득과 납세의무자

법인세는 법인이 얻은 소득에 대해 부과하는 조세이다. 입주자대표회의는 법인으로 보는 단체이고 법인세법상 비영리내국법인이므로 소득을 얻게 되면 법인세 납세의무가 생긴다. 입주자대표회의가 얻는 소득은 관리외수익(잡수입)인데 법인세법에 따라 과세소득으로 볼 수 있는 항목들은 다음과 같다.

① 재활용품매각과 같은 재화의 판매소득
② 알뜰시장, 중계기, ATM, 승강기, 어린이집 등과 같은 장소임대소득
③ 시설물이나 엘리베이터 안에 광고물을 게시하도록 허용하는 용역소득
④ 한전과의 계약에 따라 전기검침원이 행하는 검침용역소득

⑤ 이자소득

앞서 부가가치세 과세대상과 유사한데 어린이집임대소득과 이자소득은 부가가치세가 과세되지 않지만 법인세는 과세된다. 이를 간단히 비교하면 [표 4-8]과 같다.

▌표 4-8▐ 소득 종류별 과세 여부 차이

소득의 종류	부가가치세 과세 여부	법인세 과세 여부
관리비수입소득(관리수익－관리비용＝0)	×	×
관리비 연체료수입소득	×	×
입주민전용 부대시설 이용소득(부대시설 운영에 따른 실비 정산)	×	△*
재활용품 판매소득	○	○
장소제공임대소득(알뜰시장, 중계기, ATM, 승강기,** 외부차량주차)	○	○
광고물 게시소득	○	○
검침수당***	○	○
이자소득, 어린이집임대소득(「부가가치세법」 제26조 제1항)	×	○

* 실비변상적 성격의 부대시설 운영수입은 비수익사업소득으로 볼 수 있으나 이 부분은 국세청의 유권해석 등을 통해 명확하게 정리할 필요가 있다.
** 승강기임대소득은 외부사업자(이사업체나 인테리어업체)로부터 받는 경우이다.
*** 부가가치세를 제외한 전액을 검침원에게 수당으로 지급한다면 사실상 법인세 비과세이다.

법인세의 과세소득은 각 사업연도소득인데 익금총액에서 손금총액을 차감한 것이다. 익금총액은 수입금액(수익)으로 이해하면 되고 손금총액은 경비(비용)로 이해하면 된다.

앞서 열거한 과세소득 다섯 가지(①~⑤) 중에서 ④ 한전과의 계약에 따라 전기검침원이 받는 검침용역소득은 사실상 법인세가 과세되지 않는다. 대체로 전기검침원의 검침용역소득은 부가가치세를 제외하고는 전액을 전기검침원에게 수당으로 지급하므로 익금과 손금이 일치하여 과세소득이 없기 때문이다. 그러나 만약 한전으로부터 받은 전기검침원 수당을 전기검침원에게 전액 지급하지 않고 남기면 당연히 남긴 부분은 과세대상이 된다.

또한 법인세 과세소득 ①, ②, ③, ⑤는 관리외수익(잡수입)이 익금총액인데 관리외수익(잡수입)을 얻기 위해 발생한 손비인 손금총액은 거의 없다. 따라서 관리외수익(잡수입)에 대해 법인세를 과세하면 과도한 세금을 부과하는 문제가 있다. 이 문제를 해결하기 위해 「법인세법」은 고유목적사업준비금과 같은 제도적 장치를 마련하고 있는데 4.4 고유목적사업준비금에서 상세하게 설명한다.

4.2 사업연도와 납세지

법인의 소득은 계속해서 발생하는데 어느 시점을 기준으로 세금을 부과할 것이냐 하는 문제가 있다. 그래서 세금을 부과하기 위해서는 소득을 일정 기간 단위로 구분해서 파악할 수밖에 없다. 법인의 소득을 구분하는 하나의 회계기간을 법인세법에서는 사업연도라고 한다(「법인세법」 제2조). 기본적으로 사업연도는 법령이나 법인의 정관 등에서 정하는 1회계기간으로 한다(「법인세법」 제6조 제1항). 공동주택회계처리기준 제3조에서는 공동주택의 회계연도를 매년 1월 1일부터 12월 31일까지로 역년기준으로 강제화하고 있으므로 공동주택의 사업연도는 역년(달력상의 연도)과 같다.

납세지란 납세의무자가 납세의무를 이행하고 과세권자가 부과 · 징수를 행하는 기준이 되는 장소이다. 법인세는 이러한 납세지를 관할하는 세무서장 또는 지방국세청장이 과세하게 된다. 공동주택의 경우 납세지는 바로 공동주택이 위치하고 있는 소재지이다.

4.3 과세표준과 세액의 계산

4.3.1 법인세 계산구조

입주자대표회의가 얻게 되는 관리외수익(잡수입)에 대한 법인세 계산구조는 매우 단순하다. 비영리내국법인에 해당하는 공동주택 입주자대표회의의 법인세 계산과정을 간단하게 요약하면 다음과 같다.

법인세 계산과정

익금총액	
− 손금총액	(고유목적사업준비금 손금산입)
= 각 사업연도소득	
− 이월결손금, 비과세소득, 소득공제	
= 과세표준	
× 세율	
= 산출세액	
+ 가산세	
= 총부담세액	
− 기납부세액	
= 차감납부세액	

4.3.2 익금, 손금, 각 사업연도소득

각 사업연도소득은 익금총액에서 손금총액을 차감하여 산출한다. 익금이란 법인의 순자산을 증가시키는 거래로 인하여 발생하는 이익 또는 수입(이를 수익이라 함)의 금액이다(「법인세법」 제15조 제1항). 공동주택에서 익금은 앞서 설명한 과세대상 관리외수익(잡수입)이다. 손금이란 법인의 순자산을 감소시키는 거래로 인하여 발생하는 손실 또는 비용(이를 손비라 함)의 금액이다(「법인세법」 제19조 제1항). 공동주택에서 손금은 검침비용, 세무대행수수료 이외에는 거의 없다.

4.3.3 세무조정과 소득처분

「법인세법」의 익금과 손금은 기업회계의 수익과 비용과는 개념이 달라서 일치하지 않는 항목들이 많다. 그래서 익금산입, 손금산입이라는 세무조정이 필요하다. 세무조정은 손익계산서의 당기순이익에서 출발하여 「법인세법」의 각 사업연도소득으로 맞추어 가는 과정이다. 익금산입이란 기업회계상 수익은 아니지만 「법인세법」상 수익으로 보는 세무조정이다. 공동주택에서 익금산입의 대표적인 예는 고유목적사업준비금을 환입하는 경우이다. 손금산입이란 기업회계상 비용은 아니지만 「법인세법」상 손비로 인정받고자 하는 세무조정이다. 공동주택에서 손금산입의 대표적인 예는 고유목적사업준비금을 신고조정하는 경우이다. 세무조정에는 각 사업연도소득에 미치는 결과가 익금산입과 같은 손금불산입, 손금산입과 같은 익금불산입도 있지만 공동주택에서는 거의 발생하지 않으므로 설명을 생략한다.

이와 같은 세무조정을 하게 되면 '소득처분'이 뒤따르게 된다. 소득처분이란 세무조정항목이 회사 외부로 유출된 것인지 회사 내부에 남아 있는 것인지를 표시해 주는 것이다. 소득처분의 종류는 다음과 같이 크게 사외유출, 유보, 기타로 구분될 수 있다.

✪ 소득처분의 종류

① **사외유출** : 사외유출이란 익금산입항목 중에서 법인 외부로 유출된 것을 말한다. 사외유출은 회계상 비용을 세법상 손금으로 인정하지 않고 손금불산입 세무조정한 것이고, 이렇게 법인의 비용으로 인정받지 못한 금액이 법인의 이해관계자인 주주, 임원 또는 사용인, 사업자, 기타의 자 중 누구에게 귀속되었는지를 표시하는 것이다.

② **유보와 부의 유보(△유보)** : 유보란 익금산입항목이 법인 외부로 유출되지 않고 법인 내부에 남아 「법인세법」상 법인의 순자산을 증가시키는 것을 말하며, 부의 유보(△유보)란 손금산입항목이 「법인세법」상 법인의 순자산을 감소시키는 것을 말한다. 이 경우 기업회계상 순자산과 「법인세법」상 순자산에서 일시적인 차이가 발생하지만 사업연도가 바뀌어 가면서 순자산의 일시적 차이가 소멸하게 된다.

③ **기타** : 기타란 세무조정의 효과가 법인 내부에 남아 있으나 기업회계상 자산 및 부채와 「법인세법」상 자산 및 부채의 금액이 동일한 것을 말한다.

이와 같은 세무조정에 따른 소득처분 중 공동주택과 관련된 것은 후술하는 고유목적사업준비금에 대한 유보와 부의 유보(△유보), 기타뿐이다.

4.3.4 과세표준과 산출세액 등

공동주택은 각 사업연도소득에서 공제할 이월결손금, 비과세소득, 소득공제가 없기 때문에 각 사업연도소득이 바로 과세표준이 된다.

산출세액은 과세표준에 과세표준 구간별 법인세율을 적용하여 계산한다. 2023년도 개정세법이 2022년 12월 24일 국회를 통과함에 따라 법인세율이 4개 전체 과세 구간에 각각 1%씩 인하되었다. 개정 전후의 법인세율을 비교·표시하면 [표 4-9]와 같다.

▌표 4-9 ▌법인세율

과세표준	2022년(개정 전)	2023년(개정 후)
2억 원 이하	10%	9%
2억 원 초과 200억 원 이하	20%	19%
200억 원 초과 3,000억 원 이하	22%	21%
3,000억 원 초과	25%	24%

이와 같이 법인세율은 초과누진세율구조이다. 초과누진세율구조를 이해하기 위해 하나의 사례를 제시하면 다음과 같다.

초과누진세율구조에 따른 법인세 산출세액

과세표준이 6억 원인 경우의 산출세액을 계산하면 다음과 같다.

① 2억 원까지는 9%의 세율 적용: 2억 원×9%=1천8백만 원

② 2억 원을 초과한 4억 원에는 19%의 세율 적용: 4억원×19%=7천6백만 원

③ 과세표준 6억 원에 대한 산출세액: ① 1천8백만 원+② 7천6백만 원=9천4백만 원

공동주택에서 기납부세액은 중간예납세액과 이자소득에 대한 원천징수세액으로서 선납법인세계정으로 처리되는 금액이다. 가산세는 4.7에서 설명한다. 한 가지 덧붙이면 공동주택이 신고·납부할 법인세가 있을 경우에는 법인세 이외에도 법인세의 10%에 해당하는 법인지방소득세도 함께 신고·납부하여야 한다.

4.4 고유목적사업준비금

4.4.1 고유목적사업과 고유목적사업준비금

공동주택에서 고유목적사업이란 공동주택의 관리를 위한 사업으로서 관리손익이 발생하게 되며, 관리외손익이 발생하는 수익사업과 구분된다. 또한 고유목적사업준비금이란 공동주택의 관리에 지출될 것에 대비하여 입주자등으로부터 부과 · 징수하지 않고 「법인세법」에 따라 관리외수익(잡수입) 중 일부를 이익처분하여 적립해 두는 부분을 말한다.

4.4.2 손금산입의 방법

「법인세법」에서는 비영리내국법인의 조세부담을 완화하고 이 소득이 비영리내국법인의 고유한 사업목적에 사용되도록 장려하기 위해 비영리내국법인이 각 사업연도의 결산을 확정할 때 그 법인의 고유목적사업에 지출하기 위하여 고유목적사업준비금을 손비(비용)로 계상한 경우에는 일정한 금액범위 내에서 그 계상한 고유목적사업준비금을 손금에 산입하도록 허용하고 있다(「법인세법」 제29조 제1항, 「시행령」 제56조 제1항).

고유목적사업준비금의 손금산입은 원칙적으로 결산조정사항이다. '결산조정'이란 익금 또는 손금을 결산서에 수익 또는 비용으로 계상하여 과세소득에 반영하는 것을 말한다. 따라서 고유목적사업준비금을 손금산입하기 위해서는 결산일에 다음과 같이 회계처리해야 한다.

[결산조정에 따른 고유목적사업준비금의 회계처리]
(차) 고유목적사업준비금전입액 ××× (대) 고유목적사업준비금 ×××

여기서 차변계정인 고유목적사업준비금전입액은 비용이고, 대변계정인 고유목적사업준비금은 부채가 되는데 이러한 분개는 일반적으로 인정된 회계원칙에서 벗어난다. 만약 외부회계감사를 받게 되면 이러한 회계처리는 적정의견을 받을 수 없는 사유가 될 수 있다. 이에 따라 「법인세법」에서는 「주식회사 등의 외부감사에 관한 법률」에 따른 감사인의 회계감사를 받는 비영리내국법인의 경우에는 예외적으로 잉여금처분에 의한 신고조정을 허용한다.

'신고조정'이란 결산서에 수익 또는 비용으로 계상하지 않은 익금 또는 손금을 세무조정에 의해 과세소득에 반영하는 것을 말한다. 결국 고유목적사업준비금을 신고조정한다는 것은 장부에 회계처리하지 않더라도 법인세를 신고할 때 사용하는 서식(세무조정계산서)에 계상하고 그 금액 상당액을 해당 사업연도에 이익처분을 할 때 고유목적사업준비금으로 적립한 경우에는 그 금액을 결산을 확정할 때 손비로 계상한 것으로 본다는 것이다. 따라서 고유목적사업준비금을 신고조정한다면 이익잉여금처분계산서에 같은 금액을 고유목적사업준비금으로 이익처분하여 적립하여야 한다.

국세청의 국세법령정보시스템(https://txsi.hometax.go.kr) 메뉴 '질의 → 사전답변'에 따르면 "「주식회사 등의 외부감사에 관한 법률」 제2조 제7호 및 제9조에 따른 감사인의 회계감사를 받는 비영리내국법인이 법인세 신고 시 고유목적사업준비금을 세무조정계산서에 계상하고, 해당 사업연도의 이익처분을 할 때 그 금액 상당액을 공동주택관리규약에 따라 고유목적사업에 지출할 목적으로 '장기수선충당금', '관리비차감적립금' 등으로 적립하는 경우 해당 금액은 「법인세법」 제29조 제1항을 적용할 때 결산 확정 시 손비로 계상한 것"으로 해석하고 있다(법인, 사전-2021-법령해석법인-0189, 2021. 11. 4.)

✪ 고유목적사업준비금의 적립에 따른 손비 인정 여부에 대한 국세청의 사전답변

• 질의

신고조정에서 고유목적사업준비금을 무엇으로 적립해야 손비로 인정받을 수 있는가?

• 답변내용

「주식회사 등의 외부감사에 관한 법률」 제2조 제7호 및 제9조에 따른 감사인의 회계감사를 받는 비영리내국법인이 법인세 신고 시 고유목적사업준비금을 세무조정계산서에 계상하고 해당 사업연도의 이익처분을 할 때 그 금액 상당액을 공동주택관리규약에 따라 고유목적사업에 지출할 목적으로 '장기수선충당금', '관리비차감적립금' 등으로 적립하는 경우 해당 금액은 「법인세법」 제29조 제1항을 적용할 때 결산 확정 시 손비로 계상한 것으로 보는 것임(법인, 사전-2021-법령해석법인-0189, 2021. 11. 4.)

따라서 신고조정의 경우 입주자대표회의는 손비로 인정받기 위해서 고유목적사업준비금이라는 이름으로 적립할 수도 있지만 국세청의 법령해석에 따라 법인세 과세대상 관리외수익(잡수입) 중 입주자기여분인 중계기임대수입, 현금자동입출금기임대수입, 어린이집임대수입 등은 장기수선충당금으로 적립하고, 공동기여분인 재활용품수입, 알뜰시장수입, 광고수입 등은 관리비차감적립금으로 적립할 수도 있다.

4.4.3 손금산입범위액

관리외수익(잡수입) 중 고유목적사업준비금을 설정하여 손금으로 인정받을 수 있는 범위는 다음과 같다.

① 이자소득 : 손금산입범위액 100%

② 이자소득 외의 법인세 과세대상 관리외수익(잡수입) : 손금산입범위액 50%

여기서 한 가지 유의할 점이 있다. 원래 「법인세법」상 손금산입범위액은 수익사업 소득금액을 기준으로 설정하는데, 「법인세법」에서 소득금액은 익금에서 손금을 차감한 금액이다. 그런데 ① 이자소득은 손금이 있을 수 없고, ② 이자소득 외의 법인세 과세대상 관리외수익(잡수입)은 현실적으로 수익사업과 관련된 비용이 거의 없으므로 이자수입과 관리외수익(잡수입) 총액을 소득금액으로 보고 손금산입범위액을 설정하게 된다. 따라서 ②의 경우에 손금으로 인정받을 관리외비용이 있다면 손금산입범위액은 관리외수익(잡수입)에서 관리외비용을 차감한 금액의 50%가 된다.

이에 따라 관리외수익(잡수입)에 대한 손금산입범위액은 다음 공식에 따라

계산한다.

손금산입범위액 = 이자소득금액 + 수익사업 소득금액(잡수입)* × 50%
* 손금으로 인정받을 관리외비용이 있다면 관리외수익(잡수입)에서 관리외비용을 차감한 금액

결국 이자소득은 법인세 전액을 면제받지만, 그 외의 법인세 과세대상 관리외수익(잡수입)은 50%만 법인세를 면제받고 나머지 50%는 법인세를 부담하게 된다.

4.4.4 고유목적사업준비금의 사용

고유목적사업준비금은 당해 준비금을 손금산입한 날이 속하는 사업연도 종료일 이후 5년이 되는 날까지 고유목적사업에 사용하여야 한다(「법인세법」 제29조 제5항 제4호). 고유목적사업이란 법령 또는 정관(관리규약)에 규정된 설립목적을 직접 수행하는 사업으로서 「법인세법 시행령」 제3조 제1항의 수익사업 외의 사업을 말한다(「법인세법 시행령」 제56조 제5항).

1) 고유목적사업준비금의 사용범위

고유목적사업준비금의 사용범위는 비영리내국법인이 해당 고유목적사업의 수행에 직접 소요되는 유형자산 및 무형자산 취득비용(「법인세법 시행령」 제31조 제2항에 따른 자본적 지출을 포함) 및 인건비 등 필요경비로 사용하는 금액에 한정된다(「법인세법 시행령」 제56조 제6항). 여기서 자본적 지출이란 다음 항목을 말한다.

① 본래의 용도를 변경하기 위한 개조
② 엘리베이터 또는 냉난방장치의 설치
③ 빌딩 등에 있어서 피난시설 등의 설치
④ 재해 등으로 인하여 멸실 또는 훼손되어 본래의 용도에 이용할 가치가 없

는 건축물 · 기계 · 설비 등의 복구
⑤ 그 밖에 개량 · 확장 · 증설 등 ①~④의 지출과 유사한 성질의 것

이와 같은 「법인세법」의 규정에 따르면 공동주택에서 고유목적사업준비금으로 적립한 금액은 주로 자산 취득, 자본적 지출(용도변경, 엘리베이트 또는 냉난방장치 설치, 피난시설 설치, 재해복구, 개량 · 확장 · 증설 등), 인건비 지출 등에 사용해야 할 것이다.

그런데 앞서 국세청의 사전답변(법령해석)에서 설명했듯이 공동주택관리규약에 따라 고유목적사업에 지출할 목적으로 '장기수선충당금', '관리비차감적립금' 등으로 적립하는 경우에도 고유목적사업준비금을 손비로 계상한 것으로 보고 있으므로 장기수선충당금으로 적립한 경우에는 장기수선계획에 따라 5년 이내에 사용하고, 관리비차감적립금으로 적립한 경우에는 (공용)관리비, (개별)사용료 등으로 5년 이내 사용하면 될 것이다. 그런데 관리외수익(잡수입) 중 법인세 과세대상이 되는 공동기여분을 장기수선충당금으로 적립하여 손비로 인정받고자 하는 경우에는 장기수선계획의 수선주기가 있으므로 적립시점에 장기수선계획을 충분히 검토하여 5년 이내에 소진할 수 있도록 사용계획을 수립해두어야 한다.

2) 고유목적사업준비금의 사용순서

고유목적사업준비금을 손금에 산입한 비영리내국법인이 고유목적사업 등에 지출한 금액이 있는 경우에는 그 금액을 먼저 계상한 사업연도의 고유목적사업준비금부터 차례로 상계(제거)하여야 한다. 이 경우 고유목적사업 등에 지출한 금액이 직전 사업연도 종료일 현재의 고유목적사업준비금의 잔액을 초과한 경우 초과하는 금액은 그 사업연도에 계상할 고유목적사업준비금에서 지출한 것으로 본다(「법인세법」 제29조 제3항).

3) 고유목적사업준비금의 환입(익금산입)

손금산입한 고유목적사업준비금 잔액은 다음 ①~⑤의 사유가 발생한 날이 속하는 사업연도의 소득금액계산에 있어서 익금에 산입한다(「법인세법 제29조 제5항, 제6항). 익금산입한다는 것은 법인세 과세소득이 된다는 의미이다.

① 해산한 경우(법인세법」 제29조 제4항에 따라 고유목적사업준비금을 승계한 경우는 제외)

② 고유목적사업을 전부 폐지한 경우

③ 법인으로 보는 단체가 「국세기본법」 제13조 제3항에 따라 승인이 취소되거나 거주자로 변경된 경우

④ 고유목적사업준비금을 손금으로 계상한 사업연도의 종료일 이후 5년이 되는 날까지 고유목적사업 등에 사용하지 아니한 경우(5년 내 사용하지 아니한 잔액에 한함)

⑤ 고유목적사업준비금을 고유목적사업등이 아닌 용도에 사용한 경우

이러한 「법인세법」 규정에 따르면 공동주택은 주로 위 5가지 항목 중 ④, ⑤의 경우에 해당할 것이다. 따라서 법인세 과세부담을 피하는 방법은 고유목적사업준비금을 손금산입하여 적립하고, 적립한 사업연도 종료일 이후 5년이 되는 날까지 고유목적사업준비금을 고유목적사업에 사용하는 것이다.

앞서 설명한 내용을 바탕으로 공동주택에서 고유목적사업준비금을 이용하여 법인세 과세대상 관리외수익(잡수입)에 대한 법인세를 줄이는 방법을 정리하면 다음과 같다.

✪ 고유목적사업준비금을 이용한 관리외수익(잡수입)에 대한 법인세 절감방안

① 이익처분에서 고유목적사업준비금(또는 장기수선충당금, 관리비차감적립금)을 적립(계상)하여 손비로 인정받는다.

② 5년 안에 고유목적사업준비금을 소진할 수 있도록 사업연도별 손금산입액, 지출액, 잔액에 관한 명세서를 작성하여 지출증빙서류와 함께 관리・보관하고, 「법인세법」에서

규정한 용도가 발생하면 가장 앞선 연도에 계상하여 이월된 고유목적사업준비금부터 우선적으로 사용한다.

③ 「법인세법」에서 규정한 용도가 발생하여 고유목적사업 등에 지출한 금액이 직전 사업연도 종료일 현재의 고유목적사업준비금 잔액을 초과한 경우 초과하는 금액은 그 사업연도에 계상할 고유목적사업준비금에서 지출한 것으로 보기 때문에 당해 연도에 계상할 고유목적사업준비금을 예상하고 관리외수익(잡수입)에 대한 관리와 회계처리를 하고 연말 결산 후에 입주자대표회의에서 이와 관련된 이익처분을 승인받을 수 있도록 준비한다.

4) 이자상당액의 납부

고유목적사업준비금을 손금에 산입한 비영리법인이 5년 내에 고유목적사업 등에 사용하지 아니하거나 5년이 되기 전에 당해 준비금을 환입하는 경우(앞의 3) 고유목적사업준비금의 환입(익금산입)의 ④, ⑤)에는 다음의 이자상당액을 당해 사업연도의 법인세에 가산하여 납부하여야 한다.

이자상당액 = 법인세액의 차액 × 기간(일수) × 22/100,000

5) 신고 시 제출할 서류

신고 시 제출할 서류는 「법인세법 시행규칙」에서 규정하고 있는 [별지 제27호 서식] 고유목적사업준비금 조정명세서(갑, 을)이다.

6) 구분 경리

고유목적사업준비금을 손금산입하기 위해서는 공동주택의 수익과 비용에 관한 회계처리를 관리수익 · 비용(관리손익)과 관리외수익 · 비용(관리외손익)으로 구분하고, 관리외손익은 법인세 관련 여부로 구분하여야 한다. 또한 관리외수익(잡수입)은 관리규약에 따른 이익처분과 고유목적사업준비금의 적립(계상)을 위해 수익 원천에 따라 입주자기여분과 공동기여분으로도 구분하여야 한다.

법인세를 줄이기 위해서는 수익사업에 대응하는 비용이 있는지를 잘 파악하여 수익사업과 관련하여 발생한 인건비, 전기료, 수선유지비, 소모품 등의 비용을 고유목적사업에서 발생한 비용과 구분하여 회계처리하여야 하고, 고유목적사업과 수익사업에서 공통으로 발생한 비용이 있다면 공통비용에 대한 안분기준을 마련해야 한다. 또한 내부기안과 관리규약이나 관련 규정에 이러한 내용을 명시하고 입주자대표회의의 의결사항도 기록해 두어야 한다.

7) 회계처리와 세무조정

고유목적사업준비금의 설정과 사용에 대한 회계처리와 세무조정을 제시하면 [표 4-10]과 같다.

표 4-10 고유목적사업준비금의 회계처리와 세무조정

구분	결산조정	신고조정
고유목적사업준비금전입	① 준비금의 설정 (차) 고유목적사업준비금전입액 100 (대) 고유목적사업준비금(부채) 100 * 일반적으로 인정된 회계원칙이 아니며 이에 따라 회계감사에서 적정의견을 받기 어렵다. ② 예금의 별도계좌 이체* (차) 예금_고유목적사업계좌 100 (대) 예금_관리외수익(잡수입)계좌 100 * 이와 같이 고유목적사업준비금에 해당하는 금액을 기존 관리외수익(잡수입)계좌와 구분되는 별도의 고유목적사업계좌로 이체하여 구분관리하는 것이 바람직하다. 또한 고유목적사업준비금을 장기수선계획이나 관리비차감에 사용할 예정이라면 장기수선충당예치금계좌와 관리비차감적립예치금계좌로 이체한다.	분개 없음

<table>
<tr><td>잉여금 처분</td><td>분개 없음</td><td>① 이익잉여금의 처분
(차) 미처분이익잉여금 100
(대) 고유목적사업준비금(이익잉여금) 100
② 예금의 별도계좌 이체*
(차) 예금_고유목적사업계좌 100
(대) 예금_관리외수익(잡수입)계좌 100
* 이와 같이 고유목적사업준비금에 해당하는 금액을 기존 관리외수익(잡수입)계좌와 구분되는 별도의 고유목적사업계좌로 이체하여 구분관리하는 것이 바람직하다. 또한 고유목적사업준비금 대신 장기수선충당금이나 관리비차감적립금으로 적립한다면 장기수선충당예치금계좌와 관리비차감적립예치금계좌로 이체한다.

[세무조정]
〈손금산입〉 고유목적사업준비금 100(△유보)</td></tr>
<tr><td>고유 목적 사업비 지출</td><td>(차) 고유목적사업준비금(부채) 80
(대) 예금_관리외수익(잡수입)계좌 80
* 만약 준비금전입에서 고유목적사업계좌로 이체하여 관리(준비금전입 ②의 분개)하지 않았다면 대변계정은 예금_관리외수익(잡수입)계좌 또는 장기수선충당예치금계좌나 관리비차감적립예치금계좌가 된다.

※ 대부분의 공동주택에서 수익사업(관리외손익)회계와 고유목적사업(관리손익)회계를 구분하지 않고 하나의 회계시스템 안에서 처리하는 현실을 고려하면 수익사업회계와 고유목적사업회계를 구분하지 않고 분개해도 문제는 없기 때문에 하나의 분개만 제시했다.</td><td>(차) 고유목적사업준비금(이익잉여금) 80
(대) 예금_고유목적사업계좌* 80
* 만약 잉여금처분에서 고유목적사업계좌로 이체하여 관리(잉여금처분 ②의 분개)하지 않았다면 대변계정은 예금_관리외수익(잡수입)계좌 또는 장기수선충당예치금계좌나 관리비차감적립예치금계좌가 된다.

※ 대부분의 공동주택에서 수익사업(관리외손익)회계와 고유목적사업(관리손익)회계를 구분하지 않고 하나의 회계시스템 안에서 처리하는 현실을 고려하면 수익사업회계와 고유목적사업회계를 구분하지 않고 분개해도 문제는 없기 때문에 하나의 분개만 제시했다.

[세무조정]
〈익금산입〉
고유목적사업준비금 환입 80(유보)
〈손금산입〉
고유목적사업준비금 80(기타)</td></tr>
</table>

4.4.5 관리외수익(잡수입)의 용도 및 이익처분에 관한 관리규약의 개정

앞서 4.4.3 손금산입범위액에서 설명한 바와 같이 관리외수익(잡수입) 중 법인세 과세대상인 이자소득은 고유목적사업준비금 100%, 이자소득 외 소득은 50%로 설정해야 손비로 인정받는다. 그리고 4.4.4 고유목적사업준비금의 사용에서 설명한 바와 같이 고유목적사업준비금은 그 용도를 제한하고 있다.

그런데 대부분의 공동주택관리규약(준칙)은 관리외수익(잡수입)을 입주자기여분과 공동기여분으로 구분하고 공동체활성화 및 주민자치활동 용도로 지출한 나머지 중에서 입주자기여분은 장기수선충당금의 적립, 공동기여분은 관리비차감적립금 또는 예비비적립금 등으로 사용하도록 규정하고 있을 뿐 고유목적사업준비금의 적립에 관해서는 규정하고 있지 않다.

이 경우 고유목적사업준비금의 적립(계상)과 사용범위(용도)에 대한 「법인세법」의 규정과 관리규약의 규정이 서로 불일치하는 문제가 발생한다. 이 문제를 해결하기 위해서는 관리규약(준칙)을 개정하여 법인세 과세대상인 이자소득 100%와 이자소득 외 관리외수익(잡수입)의 50%는 「법인세법」에 따른 용도로 5년 이내에 사용하도록 하고, 법인세가 비과세되는 잡수입은 기존과 같은 용도로 사용하도록 개선할 필요가 있다. 따라서 관리규약의 관리외수익(잡수입) 용도규정과 이익처분규정을 다음과 같이 개정하는 것이 합리적이다. 물론 손비인정을 안 받고 법인세를 납부하겠다고 하면 다음과 같은 개정은 불필요하다.

① 관리외수익(잡수입)을 입주자기여분(중계기, ATM, 어린이집 등의 임대수입)과 공동기여분(이자수입, 재활용품수입, 알뜰시장수입, 광고수입 등)으로 엄격하게 구분하여 분류한다.

② 법인세 과세대상이 되는 이자소득의 100%와 이자소득 외 관리외수익(잡수입)의 50%에 대해서는 「법인세법」에서 규정하는 고유목적사업준비금의 사용범위에 따르거나, 고유목적사업준비금의 적립(계상)으로 인정하는 국세청의 법령해석에 따라 '장기수선충당금', '관리비차감적립금' 등으로 적립하여 목적에 맞게 5년 내에 모두 사용하도록 규정한다.

③ ⓐ 법인세가 과세되지 않는 관리외수익(잡수입)의 100%와 ⓑ 이자소득을 제외한 법인세 과세대상 관리외수익(잡수입)의 50%를 더한 금액(ⓐ+ⓑ)에 대해 원천별(입주자기여분과 공동기여분)로 이익처분과 용도에 관해 규정한다.

4.4.6 고유목적사업준비금 조정명세서 작성사례

1) 기본자료

다음은 ○○아파트의 당기(20×3. 1. 1.~12. 31.) 수익사업부문의 관리외손익에 관한 자료이다.

(1) 수익사업의 결산상 당기순이익 : 100,000,000원

① 당기순이익은 법인세 과세대상 관리외수익(잡수입)이고, 손금으로 인정받을 수 있는 관리외비용은 세무대행수수료 1,000,000원이 비용으로 계상되어 있다.

② 당기순이익에는 이자수입 50,000,000원이 포함되어 있다.

③ 당기순이익에는 고유목적사업준비금 전입액 150,000,000원이 차감된 상태이다. 신고조정의 경우에도 같은 금액을 잉여금처분한다고 가정하고, 적립된 금액은 장기수선계획에 90,000,000원, 관리비차감에 60,000,000원 사용할 예정이다.

(2) 전기말(20×2. 12. 31.) 현재의 고유목적사업준비금 잔액

(단위 : 천 원)

설정 사업연도	설정사업연도 손금산입액			잔액*		
	장기수선 충당금	관리비차감 적립금	계	장기수선 충당금	관리비차감 적립금	계
20×1	70,000	50,000	120,000	10,000	30,000	40,000
20×2	70,000	60,000	130,000	40,000	20,000	60,000
계	140,000	110,000	250,000	50,000	50,000	100,000

* 신고조정의 경우에는 전기말 현재 △유보 잔액을 의미한다.

(3) 당기 중 고유목적사업준비금의 사용내역

사용내역	금액
장기수선충당금	40,000,000
인건비	30,000,000
계	70,000,000

2) 고유목적사업준비금 한도액

① 이자소득기준 : 50,000,000원 × 100%=50,000,000원

② 수익사업소득기준 : {100,000,000원(사업소득금액=당기순이익)+150,000,000(고유목적사업준비금 전입액)−50,000,000원(이자수입)} × 50%=100,000,000원

③ 고유목적사업준비금 한도액 : ①+②=150,000,000원

④ 한도액 내에서 고유목적사업준비금을 설정하였으므로 손금부인액은 없다.

3) 당기 중 회계처리와 세무조정

(1) 결산조정의 경우

① 고유목적준비금 사용시점

ⓐ 고유목적사업준비금계좌에 예치하고 있는 경우

(차) 고유목적사업준비금 70,000,000 (대) 예금_고유목적사업계좌* 70,000,000

ⓑ 장기수선충당예치금계좌 또는 관리비차감적립예치금계좌에 예치하고 있는 경우

(차)	장기수선충당금	40,000,000	(대) 장기수선충당예치금	40,000,000
	관리비차감적립금	30,000,000*	관리비차감적립예치금	30,000,000

* 인건비 지출

② 당해 사업연도 종료일(20×3. 12. 31.)

ⓐ 준비금전입 회계처리

(차) 고유목적사업준비금전입액 150,000,000
(대) 고유목적사업준비금 150,000,000

ⓑ 예금의 별도계좌 관리

- 고유목적사업계좌에 예치하는 경우

(차) 예금_고유목적사업계좌 150,000,000
(대) 예금_관리외수익(잡수입)계좌 150,000,000

- 장기수선충당예치금계좌 또는 관리비차감적립예치금계좌에 예치하는 경우

(차) 장기수선충당예치금 90,000,000
(대) 예금_관리외수익(잡수입)계좌 150,000,000
관리비차감적립예치금 60,000,000

(2) 신고조정의 경우

① 고유목적준비금 사용시점

ⓐ 고유목적사업준비금계좌에 예치하고 있는 경우

(차) 고유목적사업준비금 70,000,000 (대) 예금_고유목적사업계좌 70,000,000

ⓑ 장기수선충당예치금계좌 또는 관리비차감적립예치금계좌에 예치하고 있는 경우

(차) 장기수선충당금	40,000,000	(대) 장기수선충당예치금	40,000,000
관리비차감적립금	30,000,000*	관리비차감적립예치금	30,000,000

* 인건비 지출

② 당해 사업연도 종료일(20×3. 12. 31.)

ⓐ 별도의 회계처리는 없음

ⓑ 목적사용분에 대한 세무조정

〈익금산입〉 고유목적사업준비금 환입 70,000,000(유보)

〈손금산입〉 고유목적사업준비금 70,000,000(기타)

③ 당해 사업연도 이익잉여금 처분시점(20×4. 2. 25. 처분 가정)

ⓐ 고유목적사업준비금으로 적립하고 관련 계좌에 예치하는 경우

(차) 미처분이익잉여금 150,000,000
(대) 고유목적사업적립금 150,000,000
(차) 예금_관리외수익(잡수입)계좌 150,000,000
(대) 예금_고유목적사업계좌 150,000,000

ⓑ 장기수선충당금 또는 관리비차감적립금으로 적립하고 관련 계좌에 예치하는 경우

(차) 미처분이익잉여금 150,000,000
　(대) 장기수선충당금 90,000,000
　　관리비차감적립금 60,000,000
(차) 장기수선충당예치금 90,000,000
　(대) 예금_관리외수익(잡수입)계좌 150,000,000
　　관리비차감적립예치금 60,000,000

ⓒ 당해 사업연도 전입액에 대한 세무조정

〈손금산입〉 고유목적사업준비금 150,000,000(△유보)

4) 조정명세서 작성

(1) 고유목적사업준비금 조정명세서(갑, 을)

다음 「법인세법 시행규칙」 [별지 제27호 서식(갑), (을)]을 참조한다.

(2) 신고조정의 경우 자본금과 적립금조정명세서(을)

다음 「법인세법 시행규칙」 [별지 제50호 서식(을)]을 참조한다.

■ 법인세법 시행규칙 [별지 제27호서식(갑)] 〈개정 2021. 3. 16.〉 (앞쪽)

사업연도	20×3. 1. 1. ~ 20×3. 12. 31.	고유목적사업준비금 조정명세서(갑)	법인명	○○아파트 입주자대표회의
			사업자등록번호	

1. 손금산입액 조정

① 소득금액*	② 당기 계상 고유목적사업 준비금*	③ 「법인세법」 제24조제2항 제1호에 따른 기부금	④ 해당 사업연도 소득금액 (①+②+③)	⑤ 「법인세법」 제29조제1항 제1호 각 목에 따른 금액	⑥-1 「법인세법」 제13조제1항제1호에 따른 결손금 중 공제대상액 (=㉔)	⑥-2 「법인세법」 제29조제1항 제2호에 따른 수익사업에서 발생한 결손금
100,000,000	*150,000,000*		*250,000,000*	*50,000,000*		

⑦ 「법인세법」 제24조제2항제1호에 따른 기부금	⑧ 「조세특례제한법」 제121조의23 및 제121조의25에 따른 금액	⑨ 수익사업 소득금액 [④-⑤-(⑥-1)-⑦-⑧]	⑩ 손금산입률	⑪ 손금산입한도액 (⑤+⑧+⑨×⑩) 또는 [⑤+⑧-(⑥-2)]	⑫ 손금부인액 [(②-⑪)>0]
		200,000,000	50(80,100)** / 100	*150,000,000*	

2. 고유목적사업준비금 명세서

⑬ 사업연도	⑭ 손금산입액	⑮ 직전 사업연도까지 고유목적사업 지출액	⑯ 해당 사업연도 고유목적사업 지출액	⑰ 익금 산입액	⑱ 잔액 (⑭-⑮-⑯-⑰)	
					⑲ 5년 이내분	⑳ 5년 경과분
20×1	*120,000,000*	*60,000,000*	*60,000,000*		-	
20×2	*130,000,000*		*50,000,000*		*80,000,000*	
(당기)	*150,000,000*				*150,000,000*	
계	*400,000,000*	*60,000,000*	*110,000,000*		*230,000,000*	

3. 공제대상 이월결손금 명세서

㉑ 사업연도	㉒ 「법인세법」 제13조 제1항 제1호의 결손금	㉓ 공제한도 적용으로 공제받지 못하고 이월된 금액(누적분)	㉔ 공제대상 이월결손금 (㉒-㉓)	㉕ 기타 수익사업 소득금액 [④-⑤-⑦-⑧]	㉖ 「법인세법」 제13조 제1항에 따라 공제받는 이월결손금	㉗ 공제한도 적용으로 공제받지 못한 이월결손금(당기발생분) [Min(㉔,㉕)-㉖]

210mm×297mm[백상지 80g/㎡ 또는 중질지 80g/㎡]

* 신고조정의 경우 ②에 해당 금액은 없고, ①이 250,000,000원이 된다.

** 공동주택에서 ⑩ 손금산입률은 50%이다.

■ 법인세법 시행규칙 [별지 제27호서식(을)] 〈개정 2021. 3. 16.〉

사업 연도	20×3. 1. 1. ~ 20×3. 12. 31.	고유목적사업준비금 조정명세서(을)	법인명	○○아파트 입주자대표회의
			사업자등록번호	

지출내역

① 구분	② 적요	③ 지출처		④ 금액	⑤ 비고
		상호(성명)	사업자등록번호 (주민등록번호)		
Ⅰ. 「법인세법」 제24조제3항 제1호에 따른 기부금					
Ⅱ. 고유목적 사업비	장기수선 충당금	○○○	×××	*50,000,000*	
	인건비			*60,000,000*	
Ⅲ. 고유목적사업 관련 운영경비					
Ⅳ. 기타					
⑥ 계				*110,000,000*	

■ 법인세법 시행규칙 [별지 제50호 서식(을)] (앞쪽)

사업 연도	20×3. 1. 1. ~ 20×3. 12. 31.	자본금과 적립금조정명세서(을)	법인명	○○아파트 입주자대표회의

※ 관리번호 □□-□□ 사업자등록번호 □□□-□□-□□□□□

※ 표시란은 기입하지 마십시오.

세무조정유보소득 계산

① 과목 또는 사항	② 기초잔액	당기 중 증감		⑤ 기말잔액 (익기초현재)	비고
		③ 감소	④ 증가		
고유목적사업준비금	△190,000,000	△110,000,000	△150,000,000	△230,000,000	
합계	△190,000,000	△110,000,000	△150,000,000	△230,000,000	

22226-84011일 210mm×297mm
99.4.1 개정승인 (신문용지 54g/㎡(재활용품))

4.5 이자소득세

은행에서는 예금에 대한 이자소득을 지급할 때 이자수익의 14%를 (선납)법인세로 원천징수하고, 동시에 법인세산출액의 10%를 (선납)지방소득세로 원천징수한 뒤, 나머지를 은행계좌에 입금하게 된다. 이에 관한 회계처리는 관리계좌, 관리외수익(잡수입), 임대보증금, 관리비예치금, 예비비적립예치금, 퇴직급여충당예치금 등과 같은 일반적인 예금에서 발생하는 이자수익인지, 장기수선충당예치금이나 하자보수보증예치금에서 발생하는 이자수익인지에 따라 다르므로 이에 관해서 살펴보기로 한다.

4.5.1 관리계좌, 관리외수익(잡수입)계좌 등에서 발생하는 이자수익

관리계좌와 관리외수익(잡수입)계좌 그리고 특정용도로 사용이 제한된 임대보증금계좌, 관리비예치금계좌, 예비비적립예치금계좌, 퇴직급여충당예치금계좌 등과 같은 예금에서 발생하는 이자수익의 경우에는 다음과 같이 회계처리한다.

1) 예금이자 발생시점

예를 들어, 관리계좌에서 이자수익이 13,609원 발생했을 때 회계처리는 다음과 같다.

① 이자수익 13,609원 발생에 대한 분개

(차)		(대)	
예금_관리계좌	11,519	이자수익	13,609
선납법인세	1,900*		
선납지방소득세	190**		

* ₩13,609×14%=₩1,900(원 이하 절사)
** ₩1,900×10%=₩190

이 분개에서 선납법인세계정과 선납지방소득세계정을 사용하는 이유는 뒤에서 설명한다.

② 관리계좌의 이자수익을 관리외수익(잡수입)계좌로 대체하는 분개

이자수익 13,609원에서 법인세 1,900원과 지방소득세 190원을 차감한 11,519원을 관리계좌에서 관리외수익(잡수입)계좌로 대체하는 분개이다.

(차) 예금_관리외수익(잡수입)계좌 11,519 (대) 예금_관리계좌 11,519

만약, 임대보증금계좌, 관리비예치금계좌, 예비비예치금계좌, 퇴직급여충당예치금계좌 등과 같은 예금에서 이자수익이 발생한다면 ①, ②의 분개에서 예금_관리계좌 대신 예금_임대보증금계좌 등과 같이 관련 예금계좌를 사용한다.

그리고 관리외수익(잡수입)계좌에서 발생한 이자수익이라면 예금이자 발생시 관리외수익(잡수입)계좌로 입금될 것이므로 대체분개 ②가 불필요하다.

2) 결산과 납부, 환급시점

공동주택은 결산일이 12월 31일이고, 입주자대표회의는 비영리법인이기 때문에 수익사업에 대한 법인세 신고와 납부를 다음 해 3월 말까지 완료해야 하고, 지방소득세는 신고와 납부를 다음 해 4월 말까지 완료해야 한다.

이자소득에 대한 선납법인세와 선납지방소득세는 이자소득만 있을 경우에는 전액 환급받을 수 있다. 이자소득 이외의 법인세 과세대상 관리외수익(잡수입)이 있을 경우에는 납부해야 할 세금인 미지급법인세와 미지급지방소득세를 그만큼 차감하는 방법으로 전액 환급받게 된다. 이렇게 선납법인세와 선납지방소득세를 환급받을 수 있기 위해서는 반드시 법정신고기한까지 법인세 신고를 완료해야 한다는 점을 잊지 않아야 한다.

(1) 이자소득만 있는 경우

① 결산일

회계처리 없음

② 환급일

앞의 사례와 같이 선납법인세 1,900원과 선납지방소득세 190원이 있는 경우

(차) 예금_관리계좌	1,900	(대) 선납법인세	1,900
(차) 예금_관리계좌	190	(대) 선납지방소득세	190
(차) 예금_관리외수익(잡수입)계좌	2,090*	(대) 예금_관리계좌	2,090

* ₩1,900 + ₩190 = ₩2,090

(2) 다른 수익사업소득이 있는 경우

이자수익에 대한 선납법인세 1,900원과 선납지방소득세 190원이 있는 상태에서 다른 관리외수익(잡수입)에 대해 법인세 200,000원과 지방소득세 20,000원이 산출되었다고 가정한다.

① 결산일

(차) 법인세등	220,000	(대) 미지급법인세	198,100*
		미지급지방소득세	19,810**
		선납법인세	1,900***
		선납지방소득세	190***

* ₩200,000 − ₩1,900(선납법인세) = ₩198,100
** ₩20,000 − ₩190(선납지방소득세) = ₩19,810
*** 앞의 1) 예금이자 발생시점의 ①에서 인식한 선납법인세와 선납지방소득세

② 납부시점

3월 말 (차) 미지급법인세	198,100	(대) 예금_관리외수익(잡수입)계좌	198,100
4월 말 (차) 미지급지방소득세	19,810	(대) 예금_관리외수익(잡수입)	19,810

4.5.2 장기수선충당예치금과 하자보수보증예치금에서 발생하는 이자수익

1) 장기수선충당예치금이자수익 419,108원 발생시점

예를 들어, 장기수선충당예치금에서 이자수익이 419,108원이 발생한 경우의 회계처리는 다음과 같다.

(차) 장기수선충당금예치금	354,578	(대) 장기수선충당금예치금이자수익	419,108
선납법인세	58,670*		
선납지방소득세	5,860**		

* ₩419,108 × 14% = ₩58,670(원 이하 절사)
** ₩58,670 × 10% = ₩5,860(원 이하 절사)

(차) 장기수선충당금전입이자비용 419,108 (대) 장기수선충당금 419,108

이때 장기수선충당금전입이자비용으로 장기수선충당금예치금이자수익에 해당하는 419,108원을 설정해야 하며, 선납법인세 58,670원과 선납지방소득세 5,860원을 제외한 354,578원을 설정하면 안 된다는 점에 유의해야 한다. 그 이유는 장기수선충당금예치금이자수익과 장기수선충당금전입이자비용이 일치해야 장기수선충당예치금이자와 관련한 수익과 비용이 일치하여 이익이 0이 되고 이에 대한 이익처분이 불필요해지기 때문이다. 만약 선납법인세와 선납지방소득세를 제외한 금액을 장기수선충당금전입이자비용으로 계상하면 이자수익이 이자비용보다 많아져서 장기수선충당예치금이자와 관련하여 이익이 발생하고 이에 관한 이익처분을 해야 한다는 문제가 발생한다.

2) 결산과 납부, 환급시점

(1) 이자소득만 있는 경우

① 결산시점

장기수선충당금과 장기수선충당예치금을 일치시키기 위해 장기수선충당금예치금이자수익 419,108원과 장기수선충당금예치금 354,578원의 차이에 해당하는 금액, 즉 선납법인세 58,670원과 선납지방소득세 5,860원을 합한 금액인 64,530원을 관리외수익(잡수입)계좌에서 장기수선충당금예치금계좌로 이체시키는 분개가 필요하다.

(차) 장기수선충당예치금 64,530* (대) 예금_관리외수익(잡수입)계좌 64,530

* ₩58,670(선납법인세)+₩5,860(선납지방소득세)=₩64,530

② 환급시점

장기수선충당금예치금이자수익과 관련된 선납법인세와 선납지방소득세의 환급시점에는 환급되는 세금을 관리외수익(잡수입)계좌로 송금받아야 한다. 이때 환급계좌를 관리계좌로 하지 않아야 한다는 점에 유의해야 한다.

(차) 예금_관리외수익(잡수입)계좌 58,670 (대) 선납법인세 58,670
(차) 예금_관리외수익(잡수입)계좌 5,860 (대) 선납지방소득세 5,860

만약 결산 시에 관리외수익(잡수입)계좌에서 장기수선충당금예치금계좌로 이체시키는 분개를 하지 않았다면 환급시점에 장기수선충당금예치금계좌로 이체시키는 분개를 해야 한다.

(차) 장기수선충당예치금 64,530* (대) 예금_관리외수익(잡수입)계좌 64,530

* ₩58,670(선납법인세)+₩5,860(선납지방소득세)=₩64,530

(2) 다른 수익사업의 소득이 있는 경우

장기수선충당예치금이자수익에 대한 선납법인세 58,670원과 선납지방소득세 5,860원이 있는 상태에서 다른 관리외수익(잡수입)에 대해 법인세 200,000원과 지방소득세 20,000원이 산출되었다고 가정한다.

① 결산시점

(차) 법인세등	220,000	(대) 미지급법인세	141,330*
		미지급지방소득세	14,140**
		선납법인세	58,670***
		선납지방소득세	5,860***

* ₩200,000－₩58,670＝₩141,330
** ₩20,000－₩5,860＝₩14,140
*** 앞의 1) 장기수선충당예치금이자수익 419,108원 발생시점에서 인식한 선납법인세와 선납지방소득세

(차) 장기수선충당예치금 64,530 (대) 예금_관리외수익(잡수입)계좌 64,530

② 납부시점

3월 말 (차) 미지급법인세 141,330 (대) 예금_관리외수익(잡수입)계좌 141,330
4월 말 (차) 미지급지방소득세 14,140 (대) 예금_관리외수익(잡수입)계좌 14,140

다른 수익사업이 있을 경우에는 법인세를 납부하는 시점에 선납법인세와 선납지방소득세가 정산되어 환급금액이 없으므로 환급에 관한 분개도 없다.

한편, 하자보수보증예치금에서 발생하는 이자수익의 회계처리도 장기수선충당금계정, 장기수선충당예치금계정, 장기수선충당예치금이자수익계정 대신 하자보수보증금계정, 하자보수보증예치금계정, 하자보수보증금이자수익계정을 사용하는 것 이외에는 장기수선충당예치금에서 발생하는 이자수익의 회계처리와 같다.

4.6 법인세의 신고 · 납부

4.6.1 중간예납

사업연도의 기간이 6개월을 초과하는 법인은 각 사업연도 중 중간예납기간에 대한 법인세(이하 중간예납세액이라 한다)를 납부할 의무가 있다. 중간예납기간은 해당 사업연도의 개시일부터 6개월이 되는 날까지로 한다(「법인세법」 제63조 제1항, 제2항). 따라서 비영리내국법인인 공동주택의 입주자대표회의는 사업연도가 역년과 동일하므로 중간예납기간이 매년 1월 1일부터 6월 30일까지이다.

중간예납세액은 ① 직전 사업연도의 산출세액을 기준으로 하는 방법과 ② 해당 중간예납기간의 법인세액을 기준으로 하는 방법 중 하나의 방법을 선택하여 계산한다(「법인세법」 제63조의2). 만약 직전 사업연도의 법인세로서 확정된 산출세액(가산세 제외)이 없는 경우에는 반드시 ②의 방법을 따라야 한다(「법인세법」 제63조의2 제2항). 또한 중간예납의 납부기한까지 중간예납세액을 납부하지 않는 경우(직전 사업연도 법인세 산출세액 없는 경우 제외)에는 ①의 방법을 따라야 한다.

① 직전 사업연도의 산출세액기준

$$\text{중간예납세액} = (\text{직전 사업연도 법인세 산출세액} + \text{가산세액} - \text{직전 사업연도 원천징수세액}) \times \frac{6}{\text{직전 사업연도 개월 수}}$$

② 해당 중간예납기간의 법인세액기준

$$중간예납세액 = 과세표준^{*} \times \frac{12}{6} \times 법인세율 \times \frac{6}{12} - 원천징수세액$$

* 과세표준 = 소득금액(= 익금 − 손금) − 이월결손금(공동주택에서 이월결손금은 없음)

입주자대표회의는 중간예납기간이 지난 날부터 2개월 이내에, 즉 8월 말까지 중간예납세액을 관할세무서, 한국은행(그 대리점 포함) 또는 체신관서에 납부해야 한다(「법인세법」 제63조 제3항). 이 경우에 중간예납세액이 1천만 원을 초과하는 경우에는 정규 법인세의 경우와 마찬가지로 분납할 수 있다(「법인세법」 제63조 제4항).

다만, 이자소득만 있는 입주자대표회의는 중간예납의무가 없다. 그러나 당해 사업연도 중에 이자소득 이외의 수익사업이 최초로 발생하면 중간예납의무가 있다. 법인세 중간예납기간과 중간예납세액 납부기한을 요약하면 [그림 4-9]와 같다.

[그림 4-9] 법인세 중간예납기간과 중간예납세액 납부기한

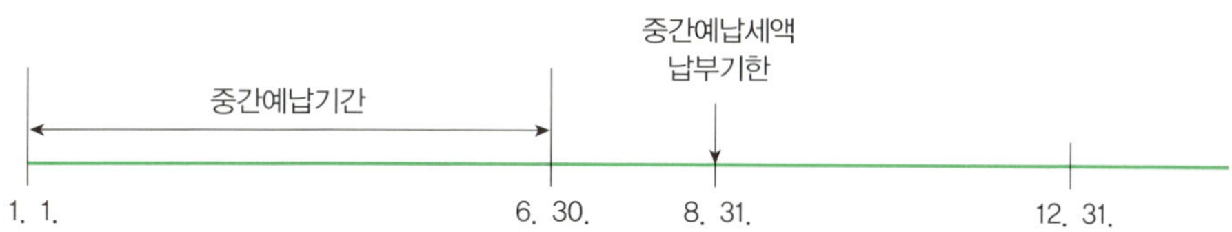

4.6.2 법인세의 신고 · 납부

납세의무가 있는 내국법인은 각 사업연도의 종료일이 속하는 달의 말일부터 3개월 이내에 대통령령으로 정하는 바에 따라 그 사업연도의 소득에 대한 법인세의 과세표준과 세액을 납세지 관할 세무서장에게 신고하여야 한다(「법인세법」 제60조 제1항). 또한 「법인세법」 제60조에 따른 신고의무가 있는 내국법인은 각 사업연도의 종료일이 속하는 달의 말일부터 4개월 이내에 대통령령으로 정하는

바에 따라 그 사업연도의 소득에 대한 법인지방소득세의 과세표준과 세액을 납세지 관할 지방자치단체의 장에게 신고하여야 한다(「지방세법」 제103조의23 제1항). 공동주택의 사업연도 종료일은 12월 말이기 때문에 입주자대표회의는 익년도(다음 연도) 3월 말까지 법인세를 신고 · 납부하고, 익년도(다음 연도) 4월 말까지 법인지방소득세를 신고 · 납부해야 한다.

법인세와 법인지방소득세 신고납부기한을 요약하면 다음과 같다.

✪ 법인세와 법인지방소득세 신고 · 납부기한

- **법인세의 신고 · 납부기한**: 사업연도 종료일(12월 31일)부터 3개월 이내(익년도 3월 31일까지)
- **법인지방소득세 신고 · 납부기한**: 사업연도 종료일(12월 31일)부터 4개월 이내(익년도 4월 30일까지)

다만, 이자소득만 있는 공동주택일 경우 원천징수된 이자소득에 대해 법인세 과세표준 신고를 하지 않아도 되지만, 이 경우 이자소득에 대한 원천징수세액을 돌려받지 못하게 된다. 또한 과세표준 신고를 하지 않은 이자소득은 「법인세법」 제14조에 따른 각 사업연도의 소득금액을 계산할 때 포함하지 않는다(「법인세법」 제62조 제1항, 제2항).

원천징수세액은 은행으로부터 이자를 수령할 때 이자금액의 일부를 세금으로 선납하는 것으로서 공동주택의 재무제표에 선납법인세나 선납지방소득세라는 자산으로 계상된다. 원천징수된 이자소득에 대한 법인세를 법정신고기한까지 신고하면 이자소득만 있는 비영리법인은 이자소득에 대한 법인세와 법인지방소득세를 100% 환급받을 수 있다. 환급받는 방식은 앞의 회계처리에서 이미 설명하였다.

법인세 과세표준의 신고는 '법인세 과세표준 및 세액신고서'에 의하되 재무상태표, 운영성과표, 이익잉여금처분계산서(또는 결손금처리계산서) 그리고 세무조정계산서(법인세 과세표준 및 세액조정계산서)를 첨부하여야 한다.

4.7 가산세

법인세 신고납부와 관련한 의무사항을 이행하지 않을 경우에는 다양한 종류의 가산세가 부과되지만 공동주택과 관련성이 있을 수 있는 가산세를 간단히 요약하면 [표 4-11]과 같다.

표 4-11 법인세가산세

종류	가산세액
무신고가산세	① 부정 무신고 max(무신고 납부세액×40%, 수입금액×14/10,000)
	② 일반 무신고 max(무신고 납부세액×20%, 수입금액×7/10,000)
과소신고가산세	max(부정과소신고납부세액×40%, 수입금액×14/10,000) +일반과소신고납부세액×10%
장부기록보관 불성실가산세	max(산출세액×20%, 수입금액×7/10,000)
납부불성실가산세	지연일수분+체납분 지연일수분=미납세액(또는 과소납부분 세액)×22/100,000 체납분=미납세액(또는 과소납부분 세액)×3%
적격증명서류 수취 불성실가산세	적격증명서류 미수취·불분명 금액×2%

① 위의 표에서 max는 괄호 안의 두 금액 중 더 큰 금액을 선택한다는 의미이다.

② 신고와 납부는 구분되며 각각 가산세가 부과되므로 법인세를 납부할 돈이 없다면 신고부터 해 두어야 한다.

③ 장부의 비치·기장 의무를 이행하지 않은 경우에도 가산세가 부과되는데 이는 「공동주택관리법」 제27조 제1항에서 의무관리대상 공동주택의 관리주체가 관리비등의 징수·보관·예치·집행 등 모든 거래행위에 관하여 장부를 월별로 작성하여 그 증빙서류와 함께 해당 회계연도 종료일부터 5년간 보관하도록 의무화하고 있는 규정을 준수해야 할 필요성을 다시 일깨워 준다.

④ 입주자대표회의는 수익사업과 관련하여 일정한 법인 또는 개인사업자로부터 재화 또는 용역을 공급받고 적격증명서류를 받아야 하는데 이를 받지 않거나 사실과 다른 증명서류를 받은 경우에 가산세를 부과하고 있다. 여기서 적격증명서류란 신용카드 매출전표(직불카드, 외국에서 발행된 신용카드, 기명식선불카드, 직불전자지급수단, 기명식선불전자지급수단 또는 기명식전자화폐를 사용하여 거래하는 경우 그 증명서류 포함), 현금영수증, 세금계산서 또는 계산서를 말한다. 그러나 공급받은 재화 또는 용역의 건당 거래금액(부가가치세 제외)이 3만 원 이하인 경우와 농·어민으로부터 재화 또는 용역을 직접 공급받은 경우 등 영수증을 수취하여도 무방한 경우에는 적격증명서류 수취 불성실가산세를 적용하지 않는다.

APPENDIX

부록

1. 공동주택 회계처리기준
2. 「공동주택관리법 시행규칙」 [별표 1] 장기수선계획의 수립기준
3. 2022 장기수선계획 실무가이드라인
4. 「공동주택관리법 시행령」 [별표 4] 시설공사별 담보책임기간

부록 1

공동주택 회계처리기준

[시행 2017. 10. 10.] [국토교통부고시 제2017-667호, 2017. 10. 10., 일부개정]

제1장 총칙

제1조(목적) 이 기준은 「공동주택관리법 시행령」 제27조제2항 및 제3항에 따라 관리주체가 공동주택관리의 회계 업무를 공정하고 명확하게 처리하고 입주자와 사용자 등 이해관계자에게 유용한 재무적 정보를 제공하는 데 필요한 사항을 규정함을 목적으로 한다.

제2조(용어의 정의) 이 기준에서 사용하는 용어는「공동주택관리법」(이하 "법"이라 한다), 같은 법 시행령(이하 "영"이라 한다) 및 시행규칙(이하 이들을 통칭하여 "공동주택관리법령"이라 한다)에서 정하는 용어와 같다.

제3조(회계연도) 공동주택의 회계연도는 매년 1월 1일부터 12월 31일까지로 한다.

제4조(회계처리 원칙) 관리주체의 회계처리와 재무보고는 복식부기 방식과 발생주의 회계를 적용하여 다음 각 호의 일반원칙에 따라 처리하여야 한다. 다만, 관리외 수익은 공동주택단지에서 각 계정별로 발생주의 회계 또는 현금주의 회계를 선택하여 적용하되 매 회계연도마다 계속성을 유지하여야 한다.

1. 회계는 재무상의 자료를 일반적으로 인정된 회계원칙에 따라 처리하여야 한다.
2. 회계는 일반적으로 공정하다고 인정되는 회계관습에 따라 처리하여야 한다.
3. 회계처리와 보고는 신뢰할 수 있도록 객관적인 자료와 증거에 의하여 공정하게 처리하여야 한다.
4. 중요한 회계 방침과 회계처리기준 · 과목 및 금액에 대해서는 그 내용을 재무제표상에 충분히 표시하여야 한다.
5. 회계처리에 관한 기준과 추정은 기간별 비교가 가능하도록 기간마다 계속하여 적용하고 정당한 사유 없이 이를 변경해서는 안 된다.

6. 회계처리를 하거나 재무제표를 작성할 때 과목과 금액은 그 중요성에 따라 실용적인 방법을 통해 결정하여야 한다.
7. 회계처리는 거래의 사실과 경제적 실질을 반영할 수 있어야 한다.

제5조(회계담당자) ① 관리주체는 회계에 관한 독립된 업무를 담당하기 위해 회계 단위별로 다음의 회계담당자를 두어야 한다.

1. 수입 · 지출에 관한 업무 : 수입 · 지출담당
2. 지출원인행위 및 계약에 관한 업무 : 지출원인행위담당 또는 계약담당
3. 재고자산, 유형자산, 물품 및 그 밖의 자산을 관리하는 업무 : 각 자산관리 담당

② 회계담당자는 겸직할 수 없다. 다만, 직원의 과소 등으로 겸직이 불가피한 경우에는 그렇지 않다.

제6조(회계업무의 인계인수) 회계업무의 인계인수를 할 때에는 인계자가 작성한 문서의 내용을 관리사무소장의 참관하에 인계자 · 인수자가 확인하고 이름을 적은 후 도장을 찍어야 한다.

제7조(회계담당자의 책임) ① 회계담당자는 공동주택관리법령 및 관리규약과 이 기준에서 정하는 바에 따라 성실하게 그 직분에 따른 회계처리를 하여야 한다.

② 회계담당자는 고의 또는 중대한 과실로 인하여 손해를 끼친 때에는 손해를 배상할 책임이 있다.

③ 현금 또는 물품을 출납 · 보관하는 사람이 그 보관에 속하는 현금 또는 물품을 망실 · 훼손하였을 경우 선량한 관리자의 주의를 게을리하지 않았음을 증명하지 못하였을 때에는 변상의 책임을 진다.

제8조(회계 업무 처리 직인) ① 관리사무소장이 금융계좌 및 출납관련 회계 업무를 집행할 때에는 법 제64조제5항에 따라 시장 · 군수 또는 구청장에게 신고한 직인을 사용한다.

② 회계담당자가 회계 업무를 처리할 때에는 해당 회계담당자가 이름을 쓰거나 도장을 찍어야 한다.

제9조(채권 · 채무의 소멸 시기) ① 채권 · 채무의 회계처리상 소멸 시기는 민법 등 관계 법령에서 정하는 소멸시효에 따른다.

② 제1항에도 불구하고 다음 각 호의 어느 하나에 해당하는 경우에는 소멸시효가 완성되기 전이라도 입주자대표회의의 승인을 받아 해당 채권이 소멸한 것으로 처리할 수 있다.

1. 채무자의 소재가 불분명하고 압류할 수 있는 재산의 가격이 강제집행비용 및 우선채권의 합계액을 초과하지 않은 때
2. 채무자가 사망하고 그 상속재산의 가액이 강제집행비용 및 우선채권의 합계액을 초과하지 않은 때
3. 채권액이 추심비용보다 소액일 때
4. 그 밖의 부득이한 사유가 있는 경우로서 입주자대표회의에서 의결한 때

제2장 회계장부와 전표

제10조(회계장부) ① 관리주체는 다음 각 호의 장부를 갖추고 회계사실을 명확하게 기록 · 유지 및 보관하여야 한다.

1. 현금출납장
2. 총계정원장, 계정별원장
3. 관리비부과명세서
4. 세대별 관리비조정명세서
5. 물품관리대장(공구 · 기구대장, 비품대장, 저장품관리대장)
6. 그 밖의 지출증빙자료

② 제1항 각 호의 장부들을 전산으로 처리하는 경우에는 전산상 장부를 출력하여 보관함으로써 그 작성 및 보관을 갈음할 수 있다.

제11조(수기장부의 바르게 고침) 수기로 작성한 장부는 다음 각 호에 따라 바르게 고친다.

1. 장부의 잘못 기록한 사항은 해당 부분을 붉은색으로 두 줄을 긋고 바로 고쳐야 한다.
2. 잘못 기록하여 공란으로 할 필요가 있을 때에는 해당 부분을 붉은색으로 두 줄을 긋고 '공란'이라 붉은색으로 적는다.
3. 장부가 전면 잘못 기록되었거나 공백인 때에는 제1호 및 제2호를 준용한다.
4. 금액은 하나의 행 중 일부가 잘못 기록되었더라도 그 행 전부를 바로 잡아야 한다.
5. 변경한 부분에는 변경 사유를 기재하고 변경한 사람이 도장을 찍어야 한다.
6. 고칠 때에는 약품 등을 사용하여 지워 없애거나 고쳐 적을 수 없다.

제12조(장부의 마감) ① 회계장부의 마감은 다음 각 호에 따른다.

1. 현금출납장은 매일 마감한다.
2. 계정별 원장, 그 밖의 명세서는 매월 말에 마감한다.
3. 장부마감 시에는 미리 그 마감잔액을 관계 장부와 대조하여 확인하여야 한다.
4. 관리사무소장의 변경 시에는 인계인수일을 기준으로 각종 회계장부를 마감하여야 한다.

② 전산으로 회계처리하는 경우에는 매월 결산 처리 결과를 출력하여 관리사무소장과 1명 이상의 입주자대표회의의 감사가 이름을 쓰거나 도장을 찍어 보관하여야 한다. 이 경우 감사는 예금잔고 증명과 관계 장부를 대조하여야 한다.

제13조(장부폐쇄 및 새로 바꿈) ① 회계장부는 매 회계연도별로 결산 확정 시 폐쇄하며, 차기에 사용할 수 없다.

② 장부의 새로 바꿈은 회계연도 초에 행하고 회계연도의 기간 중에는 특별한 경우를 제외하고는 이를 새로 바꿀 수 없다.

③ 전산으로 회계처리하는 경우에는 월마감 및 연마감이 완료되면 같은 기간에 해당하는 전표의 입력을 할 수 없다.

제14조(장부의 이월) ① 회계연도 말에 재무상태표 계정의 모든 잔액을 다음 회계연도 1일자의 새로운 장부에 이월한다.

② 제1항에 따라 이월하는 양이 많은 경우에는 한꺼번에 이월하고 신 · 구 장부를 같이 갖춰 두어야 한다.

제15조(장부 마감의 확인) ① 관리사무소장은 매월 또는 수시로 회계담당자의 장부기입을 확인하여야 한다.

② 전산으로 회계처리를 하는 경우에는 1명 이상의 입주자대표회의의 감사와 관리사무소장이 매년 회계담당자가 연마감을 실시하였는지를 확인하여야 한다.

제16조(전표) ① 모든 거래는 전표에 따라 처리한다.

② 전표는 입금 전표 · 출금 전표 · 대체 전표로 구분한다.

③ 결의서 또는 증빙서는 전표로 대용할 수 있다. 이 경우 결의서 및 증빙서의 서식에는 전표의 기능이 포함되어야 한다.

④ 전표는 임의로 수정 · 삭제 등 변경할 수 없다. 다만 잘못 적은 사항의 수정 등 부득이하게 필요한 경우에는 다음 각 호의 절차에 따라 처리한다. 전산으로 회계처리하는 경우 또한 같다.

1. 당일 작성 및 입력된 전표는 업무 담당자가 변경할 수 있다.

2. 작성 및 입력된 전표를 다음 날 이후에 변경(역분개)할 경우에는 관리사무소장의 결재를 받는다.
3. 월별 마감 이후에 작성 및 입력된 전표를 변경(역분개)할 경우에는 위탁관리의 경우에는 주택관리업자, 자치관리의 경우에는 입주자대표회의(경리담당 동별 대표자나 유사한 업무를 수행하는 동별 대표자를 포함한다)의 결재를 받고 그러한 사실을 입주자대표회의의 감사에게 알려야 한다. 다만, 고지서가 이미 발급되어 배부된 경우 등 불가피한 경우에는 결재를 받아 다음달 부과액에서 변경할 수 있다.

⑤ 전표의 합계금액은 변경하지 못한다. 그 밖의 기재사항에 잘못 적은 것을 바로 잡고자 할 때에는 반드시 관리사무소장이 도장을 찍어야 한다.

⑥ 전표에는 회계담당자와 관리사무소장이 이름을 쓰거나 도장을 찍어 매월 입금 전표와 출금 전표 및 대체전표를 함께 편철 보관하여야 한다.

제17조(증빙서류) 증빙서류는 거래사실의 경위를 입증하여 장부 기록의 증거가 되는 서류로서 특별한 사유로 증빙서류의 작성이 곤란한 경우를 제외하고는 다음 각 호에 따라 작성하여야 한다.

1. 지출결의서
   가. 지출결의서의 지출금액은 고치지 못한다.
   나. 참고란에는 지급의 뜻, 공사 · 용역명, 품명 및 수량, 산출명세, 부분급 내용과 지급횟수, 선급금 및 개산금의 표시 등 필요한 사항을 명확히 기록하여야 한다.
2. 영수증서
   가. 물품 또는 용역의 공급자가 지정하는 예금계좌 또는 우편대체계좌에 입금함으로써 지급하고 금융기관이 발행하는 입금증명 또는 우체국이 발행하는 영수증서를 보관한다.
   나. 부득이한 사유로 영수증을 받지 못하는 때에는 지급증으로 갈음할 수 있다.
3. 청구서
   가. 청구서의 합계금액은 고치지 못한다.
   나. 청구서와 그 부속서류는 그 내용이 서로 일치하여야 한다.
4. 계약서
   가. 계약서의 합계금액은 고치지 못한다.

나. 계약서와 그 부속서류는 그 내용이 서로 일치하여야 한다.

5. 대조필 : 급여대장, 인부사역부 등 지출에 필요한 증빙서류를 붙이기 곤란한 경우에는 지출결의서의 참고란에 대조필로써 갈음할 수 있다.
6. 부기증명 : 증명서류와 부기증명을 필요로 하는 사항을 관계증빙서류의 여백에 빨간색으로 기록하고 도장을 찍어야 한다.
7. 적격증빙 : 모든 거래대금에 대한 증빙은 영수증 이외의 세금계산서, 직불·체크 카드를 포함한 신용 카드 매출 전표, 현금영수증 등 적격증빙으로 수취하여야 한다. 다만, 거래금액이 3만원 이하로서 적격증빙 수취가 곤란한 경우 영수증으로 갈음할 수 있다.

제3장 수입 및 지출

제18조(수입금의 징수) ① 관리주체가 관리비·사용료·장기수선충당금 등(이하 "관리비등" 이라 한다)의 수입금을 징수할 때는 수입결의서에 따라 다음 각 호에 근거한 납입고지서를 발급하여야 한다.

1. 관리비부과명세서
2. 세대별 관리비조정명세서

② 수입금을 징수하는 때에는 고지금액 전액을 징수하는 것을 원칙으로 한다. 다만, 장기 체납관리비 등 부득이한 사유로 분할 징수하는 경우 미수연체료, 미수관리비, 납부금의 순위로 징수하며, 민법 제476조에 따라 전용부분에 지정변제충당을 할 수 있다.

③ 입주자와 사용자(이하 "입주자등"이라 한다)가 요청한 경우에는 인터넷의 전자우편으로 납입고지서를 발부할 수 있다.

제19조(납입고지서의 변경금지) ① 납입고지서의 기록사항 중 금액은 수정하거나 삭제할 수 없다.

② 납입고지서의 발행 후 기록사항의 오류가 발견되었을 때는 지체 없이 변경된 납입고지서를 재발행하여야 한다.

제20조(장부정리) 관리비등의 수입금을 징수결정하고 납입고지서를 발급하였을 때에는 수입금징수부 및 그 밖의 필요한 장부에 부과명세 등을 기록하여 수입금 징수근거를 명백히 하여야 한다.

제21조(납입영수증의 보관) 수입금이 납입되었을 때에는 납입영수증 등의 관련 증

빙서류를 보관하여야 한다.

제22조(수입금의 취급 및 기장) ① 모든 수입금은 지정 금융기관에서만 대행 수납하도록 한다.

② 회계담당자는 매일 수납된 수입금에 대하여 전산, 장부, 통장을 통해 확인하고 전표처리하여야 한다.

제23조(금전의 보관) ① 시재금의 지급잔액과 마감 후에 출납된 수입현금을 제외하고는 현금을 보관할 수 없다.

② 현금 시재액은 매일 관리사무소장의 검사 후 회계담당자가 금고에 보관하여야 한다.

제24조(수입금의 관리) ① 관리주체는 관리비등을 지정 금융기관을 통해 수납 및 예치 · 보관하여야 한다. 이때 장기수선충당금은 별도의 계좌로 예치 · 관리하여야 한다.

② 제1항의 예금통장은 회계담당자가 관리하되, 금고에 보관하여야 한다.

제25조(지출의 원칙) 지출은 물품 또는 용역 공급자 명의의 금융기관 계좌로 지급하여야 한다. 다만, 다음 각 호의 방법으로 지출하는 경우에는 그렇지 않다.

1. 여비 및 교통비를 지출하는 경우
2. 1건당 10만원 미만을 지출하는 경우
3. 신용 카드 또는 직불 · 체크 카드로 지출하는 경우

제26조(지출원인행위) ① 지출원인행위는 배정된 예산의 범위에서 하여야 한다.

② 지출원인행위를 할 때는 지출원인행위결의서를 작성하여야 한다. 다만, 지출원인행위결의서를 작성하기 곤란한 경우에는 내부결재 문서로서 이를 갈음할 수 있다.

③ 비용예산 중 다음 각 호의 경비는 지출원인행위결의서 작성을 생략할 수 있다.

1. 공공요금, 제세공과
2. 인건비, 여비
3. 그 밖의 정례적인 확정 경비

④ 지출원인행위자는 계약의 해제, 계약금액의 변경 등으로 인하여 그 지출원인행위의 금액을 취소하거나 증액 또는 감액 조정을 하고자 할 때에는 당초의 지출원인행위를 소급하여 취소 또는 바르게 고치지 않고, 따로 지출원인행위 취소결의서 또는 지출원인행위 증감결의서를 작성하여야 한다.

제27조(지출원인행위 관계서류의 제출 및 심사) ① 지출원인 행위자는 지출원인행

위가 끝나면 지출원인행위 관계서류를 지출담당자에게 제출하여야 한다.

② 지출담당자는 지출원인행위자로부터 지출원인 관계서류를 받았을 때 이를 검토하여야 한다.

③ 제2항의 검토결과가 부적당한 때에는 관계서류를 지출원인행위자에게 반환하여 바르게 고치도록 요구하여야 한다.

제28조(지출에 대한 감사) 입주자대표회의 감사는 지출 업무의 적정성을 유지하기 위하여 분기별로 지출에 관한 증빙서를 감사하여야 한다.

제29조(예금잔고 관리) 관리사무소장은 매월 말일을 기준으로 다음달 초에 지정 금융기관으로부터 예금잔고 증명을 받아 관계 장부와 대조하여야 한다.

제4장 자산

제30조(자산의 관리) ① 제5조제1항제3호에서 임명한 자산관리담당은 물품관리대장을 작성하여 보관하여야한다.

② 물품관리대장은 재무상태표의 계정과목별로 작성하여야 한다.

③ 물품관리대장을 작성할 때는 취득, 처분, 교환 등의 내용을 발생일자 순으로 정리하고, 관련 증빙서류와 함께 보관하여야 한다.

제31조(재고자산의 범위) 재고자산은 다음 각 호에 해당하는 물품을 말한다.

1. 연료용 유류
2. 소비성 공구
3. 수선용 자재
4. 보일러 청관제 등 재고약품
5. 그 밖의 재고물품

제32조(재고자산의 장부금액 결정) ① 재고자산의 장부금액은 취득원가로 한다.

② 재고자산의 취득원가는 매입원가로서, 다음 각 호의 합계로 한다.

1. 취득에 직접적으로 관련된 원가
2. 정상적으로 발생한 기타원가

③ 매입과 관련된 할인, 에누리 및 그 밖의 유사한 항목은 매입원가에서 차감한다.

제33조(재고자산의 관리) ① 재고자산은 적정수준을 정하여 관리의 합리화를 도모하여야 한다.

② 재고자산의 입고 및 출고에 관한 기록은 특별한 경우를 제외하고는 계속기록법에 따른다.

③ 재고자산의 출고가격산정은 선입선출법 또는 평균법에 따르되 계속성을 유지하여야 한다.

제34조(유형자산의 취득) ① 관리주체가 승인된 예산 외의 유형자산을 취득하고자 하는 경우에는 입주자대표회의의 승인을 받아야 한다.

② 제1항의 승인을 요청하는 때에는 다음 각 호의 사항을 기록한 문서를 붙여야 한다.

1. 취득하고자 하는 유형자산의 명칭과 종류
2. 구입하고자 하는 사유
3. 예정가격 및 단가
4. 취득방법
5. 그 밖의 필요한 사항

제35조(유형자산의 장부금액 결정) ① 유형자산의 장부금액은 취득원가로 한다.

② 유형자산의 취득원가는 다음 각 호의 합계로 한다.

1. 구입원가
2. 관리주체가 의도하는 방식으로 자산을 가동하는 데 필요한 장소와 상태에 이르게 하는 데 직접 관련되는 원가

③ 매입과 관련된 할인, 에누리 및 그 밖의 유사한 항목은 취득원가에서 차감한다.

제36조(유형자산의 감가상각) 유형자산에 대한 감가상각은 다음 각 호에 따라 처리한다.

1. 내용연수는 자산으로부터 기대되는 미래 경제적 효익을 고려하여 입주자대표회의의 의결로 정하되, 정당한 사유가 없는 한 이를 변경하여서는 안 된다.
2. 감가상각 방법은 정액법으로 한다.
3. 잔존가치는 0으로 한다.
4. 감가상각비는 해당 유형자산을 취득한 시점부터 매기 인식한다.

제37조(유형자산 표시) 유형자산은 취득원가에서 감가상각누계액을 차감하는 형식으로 재무상태표에 표시한다.

제38조(유형자산 제거) ① 유형자산을 처분하거나, 영구적으로 폐기하여 미래 경제적 효익을 기대할 수 없게 될 때에는 재무상태표에서 제거한다.

② 유형자산의 폐기 또는 처분으로부터 발생하는 손익은 처분금액과 장부금액의 차액으로 결정하며, 운영성과표에서 당기손익으로 인식한다.

제39조(자산실사) ① 관리사무소장은 매 회계연도 말일을 기준으로 하여 재고자산 및 유형자산을 실사하여야 한다.

② 재고자산 및 유형자산을 실사하는 경우에는 출납 업무와 관계없는 직원 중 관리사무소장이 지정하는 직원과 1명 이상의 입주자대표회의 감사 또는 입주자대표회의가 지정한 입주자가 참관할 수 있다.

③ 관리사무소장은 자산출납부에 자산실사 일자, 자산실사 참여자, 실사결과 등의 자산실사 내용을 기록하여 보관하여야 한다.

제40조(물품관리대장의 잔액관리) ① 자산관리담당자는 매월 마감시점의 장부상 재고자산 잔액과 재고자산 관리대장상의 잔액이 일치하도록 관리하여야한다.

② 자산관리담당자는 매년 마감시점의 장부상 유형자산 잔액과 유형자산 관리대장상의 잔액이 일치하도록 관리하여야 한다.

제5장 결산

제41조(결산) ① 관리주체는 영 제26조제3항에 따라 다음 각 호의 결산서를 작성하여 회계연도 종료 후 2개월 이내 입주자대표회의에 제출하여야 한다.

1. 재무상태표
2. 운영성과표
3. 이익잉여금처분계산서(또는 결손금처리계산서)
4. 주석
5. 세입·세출결산서

② 결산은 해당 연도의 회계처리 상태를 명확히 파악할 수 있도록 명료하게 하여야 한다.

③ 결산은 회계연도 말을 기준으로 실시하고 재무제표는 매월 작성한다.

④ 미확정채권은 귀속의 사유가 확정되지 않는 한 계상하지 않고 미확정채무는 면책의 사유가 확정되지 않는 한 계상하여야 한다.

제42조(결산서의 보관) ① 제41조에 따라 결산을 수행할 경우, 작성된 결산서는 출력하여 편철하고 관리사무소장의 도장을 찍은 후 보관하여야 한다.

② 제1항에 따라 결산서를 보관할 경우 제29조의 예금잔액증명서 원본을 함께

첨부하여 보관하도록 한다.

제6장 재무제표

제43조(재무제표의 작성) ① 관리주체는 영 제27조제1항에 따라 다음의 재무제표를 작성하여야한다.

1. 재무상태표
2. 운영성과표
3. 이익잉여금처분계산서(또는 결손금처리계산서)
4. 주석

② 재무제표는 이해하기 쉽도록 간단하고 명료하게 표시하여야 하며, 이 기준에 예시된 별지 제1호부터 제7호까지의 서식 중 별지 제1호부터 제3호까지의 서식을 참조하여 작성한다. 다만, 예시된 명칭보다 내용을 잘 나타내는 계정과목명이 있을 경우에는 그 계정과목명을 사용할 수 있다.

③ 재무제표상의 각 항목은 총액에 따라 적는 것을 원칙으로 하고, 각 항목의 금액을 상계함으로써 그 전부 또는 일부를 재무제표에서 제외하여서는 아니된다.

④ 재무제표의 기간별 비교가능성을 높이기 위하여 전기 재무제표의 계량정보를 당기와 비교하는 형식으로 표시하여야 한다.

⑤ 회계연도 중 계정이 재분류되어 비교가능성이 저하될 것으로 판단되는 항목은 별도로 표시하거나 주석에 기록하여 그 정보를 알 수 있게 하여야 한다. 다만, 금액적으로 중요하지 않은 내용은 표시하지 않을 수 있다.

제44조(재무상태표) ① 재무상태표는 특정시점의 공동주택 관리사무소의 자산과 부채의 명세 및 상호관계 등 재무상태를 나타내는 재무제표로서 자산 · 부채 및 순자산으로 구분하여 표시한다.

② 자산은 유동자산과 비유동자산으로 구분하되, 회계연도 종료 후 1년 이내에 현금화되거나 실현될 것으로 예상되면 유동자산으로, 그 밖의 경우는 비유동자산으로 구분한다.

③ 부채는 유동부채와 비유동부채로 구분하되, 회계연도 종료 후 1년 이내에 상환 등을 통하여 소멸할 것으로 예상되면 유동부채로, 그 밖의 경우는 비유동부채로 구분한다.

④ 제2항 및 제3항에도 불구하고 장기수선충당예치금, 장기수선충당금 등 사용

시기를 특정할 수 없는 자산과 부채는 비유동자산과 비유동부채로 구분한다.

⑤ 순자산은 제 적립금과 미처분 이익잉여금으로 구분한다.

제45조(운영성과표) 운영성과표는 회계기간 동안 관리주체가 공동주택관리서비스를 제공하거나 부대활동을 수행하기 위해 지출한 비용과 이를 위해 입주자등 및 제3자로부터 회수한 수익을 적정하게 표시하여야 한다.

제46조(관리손익) ① 관리손익은 관리수익에서 관리비용을 차감한 금액으로 한다.

② 관리수익은 영 제23조제1항의 관리비, 같은 조 제2항의 장기수선충당금, 같은 조 제3항의 사용료 등에 대한 고지를 통하여 입주자등에게 부과한 수익으로 한다.

③ 관리비용은 관리주체가 공동주택관리서비스를 제공함으로써 발생한 비용으로 영 제23조제1항의 관리비, 같은 조 제2항의 장기수선충당금, 같은 조 제3항의 사용료 등의 합계액을 의미하며, 운영성과표상 공용관리비, 개별사용료 등으로 구분하여 표시한다.

④ 제3항의 장기수선비는 관리주체가 법 제30조제1항에 따라 해당 주택의 소유자에게 부과하는 금액을 의미한다.

제47조(관리외손익) ① 당기순이익은 관리손익에 관리외수익을 가산하고 관리외비용을 차감한 금액으로 한다.

② 관리외수익은 관리수익 외에 관리주체에게 유입되는 수익으로, 복리시설의 운영, 자치활동 등을 통하여 발생하는 수익과 경상적이고 반복적으로 발생하는 이자수익 등을 말하며, 입주자가 적립에 기여한 수익, 입주자와 사용자가 함께 적립에 기여한 수익으로 구분하여 표시한다.

③ 관리외비용은 입주자등에게 부과하지 않는 비용으로, 복리시설의 운영, 자치활동 등을 통하여 발생하는 비용을 말한다.

제48조(이익잉여금처분계산서) 이익잉여금처분계산서는 이익잉여금의 처리사항을 다음 각 호와 같이 구분하여 표시한다.

1. 미처분이익잉여금
2. 이익잉여금이입액
3. 이익잉여금처분액
4. 차기이월이익잉여금

제49조(주석) ① 다음 각 호의 사항을 주석으로 기재한다.

1. 단지 개요

가. 아파트 소재지
나. 사용검사일
다. 관리면적
라. 난방방식
마. 관리방식
바. 관리대상(세대수, 동수, 총 주택공급면적 등)
사. 주요 부대시설 및 복리시설 현황

2. 관리비용 배부기준
3. 재무제표 작성 시 적용한 회계처리기준 및 관리외손익의 인식기준
4. 주요 보험 가입 명세
5. 주요 계약 체결 명세
6. 주요 계정 부속명세

가. 제예금
나. 유형자산
다. 미지급금(미지급비용)
라. 예수금
마. 관리비예치금
바. 그 밖의 주요 계정

7. 주요 충당금 및 주요 적립금 등 사용 명세
8. 일반관리비 명세
9. 3개월 이상 연체된 미납관리비의 연체월별 금액(입주자등의 세대별 사용명세 및 연체자의 동·호수 등 기본권 침해의 우려가 있는 내용은 제외한다)
10. 계류 중인 중요한 소송사건

② 일반관리비 세부명세를 운영성과표에 일반관리비의 하위계정으로 표시한 경우에는 제1항제8호의 일반관리비 명세는 주석으로 기록하지 않을 수 있다.

제7장 예산

제50조(예산편성) ① 관리주체는 영 제26조제1항에 따라 다음 회계연도에 관한 예산안을 매 회계연도 개시 1개월 전까지 입주자대표회의에 제출하여 승인을 받아야 하며 승인사항에 변경이 있는 때에는 변경승인을 받아야 한다.

② 관리주체가 입주자대표회의에 제출하는 세입세출예산에는 다음 서류를 첨부하여야 한다.

1. 세입세출예산 편성지침
2. 세입세출예산 사항별 설명서
3. 세입세출예산 총계표 및 순계표
4. 기타 재무의 상황과 세입세출예산의 내용을 명백히 할 수 있는 서류

③ 관리주체는 세입세출예산을 입주자대표회의에 제출한 후 부득이한 사유로 인하여 그 내용의 일부를 수정하고자 할 때에는 수정세입세출예산을 입주자대표회의에 제출할 수 있다.

제51조(세출예산 과목) ① 세출예산은 장, 관, 항으로 단계별로 구분한다.

② 세출예산의 장은 관리기구운영비, 공동주택관리비, 공동사용료, 관리외 비용, 이익잉여금 등으로 구분하고 관 및 항은 재무상태표, 운영성과표 계정과목을 최대한 준용한다.

제52조(세입예산 과목) ① 세입예산은 장, 관, 항으로 단계별로 구분한다.

② 세입예산의 장은 관리수익, 관리외 수익으로 구분하고 관 및 항은 재무상태표, 운영성과표 계정과목을 최대한 준용한다.

제53조(예산의 전용 및 이월) ① 지출예산에 정하여진 예산액은 과목 간에 이를 전용할 수 없다. 다만, 부득이한 사유로 인하여 입주자대표회의의 승인을 받은 경우에는 그러하지 아니하다.

② 예산은 다음 연도에 이월하여 사용할 수 없다. 다만, 이월 공사인 경우에는 그렇지 않다.

제54조(추가경정예산) 영 제26조제1항에 따라 예산이 성립된 후의 사업계획의 변경 또는 그 밖의 불가피한 사유로 이미 성립된 예산을 변경할 필요가 있을 때에는 추가경정세입세출예산을 편성할 수 있다. 이때에는 입주자대표회의의 변경승인을 받아야 한다.

제55조(예산불성립 시의 예산집행) ① 예산이 부득이한 사유로 인하여 회계연도 시작 전까지 성립되지 아니한 때에는 관리주체는 해당 회계연도 예산안에 계상된 것은 전년도의 실적범위에서 집행할 수 있다. 다만, 다른 법령에 따라 최저임금 또는 그 밖의 비용요인이 인상됨으로 인하여 이를 반영하여야 하는 경우에는 그 반영된 금액은 실적범위 이내에 해당하는 것으로 간주한다.

② 제1항에 따라 집행된 예산은 해당 연도 예산이 성립되면 그 성립된 예산에 따

라 집행된 것으로 본다.

제56조(세입 · 세출결산서 보고) ① 관리주체는 매 분기 말일을 기준으로 하여 세입 · 세출결산서를 작성하여 입주자대표회의에 보고하여야 한다.

② 입주자대표회의는 제1항에 따른 보고서를 분석하고 그 결과를 입주자 및 사용자에게 공시하여야 한다.

제8장 행정사항

제57조(재검토기한) 국토교통부장관은 「훈령 · 예규 등의 발령 및 관리에 관한 규정」(대통령 훈령 334호)에 따라 이 고시에 대하여 2018년 1월 1일 기준으로 매 3년이 되는 시점(매 3년째의 12월 31일까지를 말한다)마다 그 타당성을 검토하여 개선 등의 조치를 하여야 한다.

부칙 〈제582호, 2016. 8. 31.〉

제1조(시행일) 이 기준은 2017년 1월 1일부터 시행한다.

제2조(일반적 적용례) 이 기준은 이 기준의 시행일 이후 개시되는 공동주택의 회계연도에 대한 회계처리부터 적용한다.

제3조(회계연도에 관한 적용례) 제3조는 2019년 1월 1일부터 적용한다.

부칙 〈제2017-667호, 2017. 10. 10.〉

이 고시는 발령한 날부터 시행한다.

[별지 제1호서식]

재무상태표

제○○(당)기 : 20 년 12월 31일 현재
제○○(전)기 : 20 년 12월 31일 현재

○○○아파트 관리사무소 (단위 : 원)

과 목	제○○(당)기		제○○(전)기	
	금 액		금 액	
자산				
Ⅰ.유동자산		0		0
1.당좌자산		0		0
1)현금	0		0	
2)예금	0		0	
3)미수관리비	0		0	
4)미부과관리비	0		0	
5)선급비용	0		0	
6)미수수익	0		0	
7)미수금	0		0	
8)가지급금	0		0	
9)부가가치세대급금	0		0	
10)선납법인세	0		0	
11)선납지방소득세	0		0	
12)기타당좌자산	0		0	
2.재고자산		0		0
1)연료성유류	0		0	
2)소비성공구	0		0	
3)수선용자재	0		0	
4)재고약품	0		0	
5)기타재고자산	0		0	
Ⅱ.비유동자산		0		0
1.투자자산		0		0
1)장기수선충당예치금	0		0	
2)퇴직급여충당예치금	0		0	
3)하자보수충당예치금	0		0	
4)기타의예치금	0		0	
5)기타투자자산	0		0	
2.유형자산		0		0
1)토지	0		0	

○○○아파트 관리사무소 (단위 : 원)

과 목	제○○(당)기 금 액		제○○(전)기 금 액	
2)건물	0		0	
건물감가상각누계액	(0)		(0)	
3)구축물	0		0	
구축물감가상각누계액	(0)		(0)	
4)기계장치	0		0	
기계장치감가상각누계액	(0)		(0)	
5)비품	0		0	
비품감가상각누계액	(0)		(0)	
6)차량운반구	0		0	
차량운반구감가상각누계액	(0)		(0)	
7)기타유형자산	0		0	
기타유형자산감가상각누계액	(0)		(0)	
3.기타비유동자산		0		0
1)전신전화가입권	0		0	
2)임차보증금	0		0	
3)기타의비유동자산	0		0	
자산 계		0		0
부채				
Ⅰ.유동부채		0		0
1.미지급금	0		0	
2.미지급비용	0		0	
3.예수금	0		0	
4.부가가치세예수금	0		0	
5.중간관리비예수금	0		0	
6.선수수익	0		0	
7.선수금	0		0	
8.선수수도료	0		0	
9.선수전기료	0		0	
10.선수난방비	0		0	
11.단기보증금	0		0	
12.가수금	0		0	
13.수선충당금	0		0	
14.연차수당충당금	0		0	

○○○아파트 관리사무소 (단위 : 원)

과 목	제○○(당)기 금 액		제○○(전)기 금 액	
15. 기타유동부채	0		0	
Ⅱ. 비유동부채		0		0
1. 관리비예치금	0		0	
2. 퇴직급여충당부채	0		0	
3. 하자보수충당부채	0		0	
4. 장기수선충당금	0		0	
5. 임대보증금	0		0	
6. 기타비유동부채	0		0	
부채 계		0		0
순자산				
Ⅰ. 적립금		0		0
1. 예비비적립금	0		0	
2. 공동체활성화단체지원적립금	0		0	
3. 기타적립금	0		0	
Ⅱ. 미처분이익잉여금		0		0
1. 전기이월이익잉여금	0		0	
2. 당기순이익	0		0	
순자산 계		0		0
부채와순자산 계		0		0

[별지 제2호서식]

운영성과표

제○○(당)기 : 20 년 1월 1일부터 12월 31일까지
제○○(전)기 : 20 년 1월 1일부터 12월 31일까지

○○○아파트 관리사무소 (단위 : 원)

과 목	제○○(당)기		제○○(전)기	
	금 액		금 액	
Ⅰ.관리수익		0		0
1.관리비수익		0		0
2.상가관리비수익		0		0
관리비수익	0		0	
Ⅱ.관리비용		0		0
1.공용관리비		0		0
1)일반관리비		0		0
(1)인건비		0		0
급여	0		0	
제수당	0		0	
상여금	0		0	
퇴직금	0		0	
산재보험료	0		0	
고용보험료	0		0	
국민연금	0		0	
건강보험료	0		0	
식대 등 복리후생비	0		0	
(2)제사무비		0		0
일반사무용품비	0		0	
도서인쇄비	0		0	
여비교통비	0		0	
(3)제세공과금		0		0
공과금 중 전기료	0		0	
통신비	0		0	
우편료	0		0	
제세공과금 등	0		0	
(4)피복비		0		0
피복비	0		0	
(5)교육훈련비		0		0
교육훈련비	0		0	

○○○아파트 관리사무소 (단위 : 원)

과 목	제○○(당)기		제○○(전)기	
	금 액		금 액	
(6)차량유지비		0		0
연료비	0		0	
수리비	0		0	
보험료	0		0	
기타차량유지비	0		0	
(7)그밖의 부대비용		0		0
관리용품구입비	0		0	
유형자산감가상각비	0		0	
전문가자문비 등	0		0	
잡비	0		0	
2)청소비		0		0
청소비	0		0	
3)경비비		0		0
경비비	0		0	
4)소독비		0		0
소독비	0		0	
5)승강기유지비		0		0
승강기유지비	0		0	
6)지능형홈네트워크설비유지비		0		0
지능형홈네트워크설비유지비	0		0	
7)수선유지비		0		0
수선비	0		0	
시설유지비	0		0	
안전점검비	0		0	
재해예방비	0		0	
8)위탁관리수수료		0		0
위탁관리수수료	0		0	
2. 개별사용료		0		0
1)난방비		0		0
난방비	0		0	
2)급탕비		0		0
급탕비	0		0	
3)가스사용료		0		0
가스사용료	0		0	

○○○아파트 관리사무소 (단위 : 원)

과 목	제○○(당)기		제○○(전)기	
	금 액		금 액	
4)전기료		0		0
전기료	0		0	
5)수도료		0		0
수도료	0		0	
6)정화조오물수수료		0		0
정화조오물수수료	0		0	
7)생활폐기물수수료		0		0
생활폐기물수수료	0		0	
8)입주자대표회의 운영비		0		0
입주자대표회의 운영비	0		0	
9)건물보험료		0		0
건물보험료	0		0	
10)선거관리위원회 운영비		0		0
선거관리위원회 운영비	0		0	
3.장기수선충당금		0		0
장기수선비	0		0	
Ⅲ.관리손익		0		0
Ⅳ.관리외수익		0		
1.입주자기여수익		0		0
중계기임대수입	0		0	
어린이집임대수입	0		0	
장기수선충당예치금이자수입	0		0	
하자보수충당예치금이자수입	0		0	
기타의입주자기여수입	0		0	
2.공동기여수익		0		0
주차수입	0		0	
승강기수입	0		0	
운동시설사용수입	0		0	
독서실사용수입	0		0	
재활용품수입	0		0	
알뜰시장수입	0		0	
광고수입	0		0	
검침수입	0		0	
이자수입	0		0	

○○○아파트 관리사무소 (단위 : 원)

과 목	제○○(당)기		제○○(전)기	
	금 액		금 액	
연체료수입	0		0	
부과차익	0		0	
공동주택지원금수익	0		0	
고용안정사업수익	0		0	
기타의공동기여수익	0		0	
Ⅴ.관리외비용		0		0
1.충당금전입이자비용		0		0
충당금전입이자비용	0		0	
2.시설운영비용		0		0
승강기운영비	0		0	
주차장운영비	0		0	
독서실운영비	0		0	
3.알뜰시장비용		0		0
알뜰시장비용	0		0	
4.재활용품비용		0		0
재활용품비용	0		0	
5.검침비용		0		0
검침비용	0		0	
6.공동주택지원금비용		0		0
공동주택지원금비용	0		0	
7.고용안정사업비용		0		0
고용안정사업비용	0		0	
8.부과차손		0		0
부과차손	0		0	
9.자치활동비		0		0
자치활동비	0		0	
10.차감관리비		0		0
경비비	0		0	
청소비	0		0	
11.기타의관리외비용		0		0
기타의관리외비용	0		0	
Ⅵ.당기순이익		0		0

[별지 제3호서식]

이익잉여금처분계산서

제○○(당)기 : 20 년 1월 1일부터 12월 31일까지
처분확정일 : 20 년 ○○월 ○○일
제○○(전)기 : 20 년 1월 1일부터 12월 31일까지
처분확정일 : 20 년 ○○월 ○○일

○○○아파트 관리사무소 (단위 : 원)

과 목	제○○(당)기		제○○(전)기	
	금 액		금 액	
Ⅰ. 미처분이익잉여금		0		0
전기이월이익잉여금	0		0	
당기순이익	0		0	
Ⅱ. 이익잉여금 이입액		0		0
기타 적립금	0		0	
합계(Ⅰ + Ⅱ)		0		0
Ⅲ. 이익잉여금처분액		0		0
예비비적립금	0		0	
공동체활성화단체지원적립금	0		0	
장기수선충당금	0		0	
기타적립금	0		0	
Ⅳ. 차기이월이익잉여금(Ⅰ + Ⅱ − Ⅲ)		0		0

[별지 제4호서식]

세입예산서

제○○(당)기 : 20　년 1월 1일부터 12월 31일까지
(예산승인일 : 20　년 ○○월 ○○일)

○○○아파트 관리사무소 　　　　　　　　　　(단위 : 원)

구 분	예산액		전년도예산액		비교증감		증감율	
Ⅰ. 관리수익		0		0		0		%
1. 관리비수익	0		0		0		%	
2. 상가관리비수익	0		0		0		%	
Ⅱ. 관리외수익		0		0		0		%
1. 이자수입	0		0		0		%	
2. 중계기임대수입	0		0		0		%	
3. 어린이집임대수입	0		0		0		%	
4. 주차수입	0		0		0		%	
5. 승강기수입	0		0		0		%	
6. 운동시설사용수입	0		0		0		%	
7. 독서실사용수입	0		0		0		%	
8. 재활용품수입	0		0		0		%	
9. 알뜰시장수입	0		0		0		%	
10. 광고수입	0		0		0		%	
11. 검침수입	0		0		0		%	
12. 연체료수입	0		0		0		%	
13. 기타	0		0		0		%	
Ⅲ. 세입합계		0		0		0		%

[별지 제5호서식]

세입결산서

제○○(당)기 : 20 년 1월 1일부터 12월 31일까지

○○○아파트 관리사무소 (단위 : 원)

구 분	당초예산		예산액		증감		결산액		차이액	
Ⅰ.관리수익		0		0		0		0		0
1.관리비수익	0		0		0		0		0	
2.상가관리비수익	0		0		0		0		0	
Ⅱ.관리외수익		0		0		0		0		0
1.이자수입	0		0		0		0		0	
2.중계기임대수입	0		0		0		0		0	
3.어린이집임대수입	0		0		0		0		0	
4.주차수입	0		0		0		0		0	
5.승강기수입	0		0		0		0		0	
6.운동시설사용수입	0		0		0		0		0	
7.독서실사용수입	0		0		0		0		0	
8.재활용품수입	0		0		0		0		0	
9.알뜰시장수입	0		0		0		0		0	
10.광고수입	0		0		0		0		0	
11.검침수입	0		0		0		0		0	
12.연체료수입	0		0		0		0		0	
13.기타	0		0		0		0		0	
Ⅲ.세입합계		0		0		0		0		0

[별지 제6호서식]

세출예산서

제○○(당)기 : 20 년 1월 1일부터 12월 31일까지
(예산승인일: 20 년 ○○월 ○○일)

○○○아파트 관리사무소 (단위 : 원)

과 목	예산액		전년도예산액		비교증감		증감율	
Ⅰ.관리비용		0		0		0		%
1.공용관리비		0		0		0		%
1)일반관리비	0		0		0		%	
(1)급여	0		0		0		%	
(2)제수당	0		0		0		%	
(3)상여금	0		0		0		%	
(4)퇴직금	0		0		0		%	
(5)산재보험료	0		0		0		%	
(6)고용보험료	0		0		0		%	
(7)국민연금	0		0		0		%	
(8)건강보험료	0		0		0		%	
(9)식대등복리후생비	0		0		0		%	
(10)일반사무용품비	0		0		0		%	
(11)도서인쇄비	0		0		0		%	
(12)여비교통비	0		0		0		%	
(13)통신료	0		0		0		%	
(14)우편료	0		0		0		%	
(15)제세공과금등	0		0		0		%	
(16)피복비	0		0		0		%	
(17)교육훈련비	0		0		0		%	
(18)차량유지비	0		0		0		%	
(19)관리용품구입비	0		0		0		%	
(20)회계감사비	0		0		0		%	
(21)잡비	0		0		0		%	
2)경비비	0		0		0		%	
3)청소비	0		0		0		%	
4)소독비	0		0		0		%	
5)승강기유지비	0		0		0		%	
6)난방비	0		0		0		%	
7)급탕비	0		0		0		%	
8)지능형홈네트워크설비유지비	0		0		0		%	
9)수선유지비	0		0		0		%	
10)위탁관리수수료	0		0		0		%	

○○○아파트 관리사무소 (단위 : 원)

과 목	예산액		전년도예산액		비교증감		증감율	
2. 사용료등		0		0		0		%
1)공동전기료	0		0		0		%	
2)공동수도료	0		0		0		%	
3)공동가스료	0		0		0		%	
4)공동난방비	0		0		0		%	
5)공동급탕비	0		0		0		%	
6)정화조오물수수료	0		0		0		%	
7)생활폐기물수수료	0		0		0		%	
8)입주자대표회의운영비	0		0		0		%	
9)보험료	0		0		0		%	
10)선거관리위원회운영경비	0		0		0		%	
3. 장기수선충당금		0		0		0		%
1)장기수선비	0		0		0		%	
Ⅱ. 관리외비용		0		0		0		%
1. 장기수선충당금이자전입액	0		0		0		%	
2. 하자보수충당금이자전입액	0		0		0		%	
3. 승강기운영비용	0		0		0		%	
4. 주차장운영비용	0		0		0		%	
5. 공동체활성화비용	0		0		0		%	
6. 주민자치활성화비용	0		0		0		%	
7. 차감관리비	0		0		0		%	
8. 알뜰시장비용								
9. 재활용품비용	0		0		0		%	
10. 검침비용	0		0		0		%	
11. 공동주택지원금비용								
12. 고용안정사업비용								
13. 부과차손	0		0		0		%	
14. 세무신고수수료	0		0		0		%	
15. 법인세등	0		0		0		%	
16. 기타의관리외비용	0		0		0		%	
Ⅲ. 이익잉여금		0		0		0		%
1. 예비비적립금	0		0		0		%	
2. 공동체활성화단체지원적립금	0		0		0		%	
3. 기타적립금	0		0		0		%	
Ⅳ. 세출합계		0		0		0		0

[별지 제7호서식]

세출결산서

제○○(당)기 : 20 년 1월 1일부터 12월 31일까지

○○○아파트 관리사무소 (단위 : 원)

과 목	당초예산		예산액		증감		결산액		차이액	
Ⅰ.관리비용		0		0		0		0		0
1.공용관리비		0		0		0		0		0
1)일반관리비	0		0		0		0		0	
(1)급여	0		0		0		0		0	
(2)제수당	0		0		0		0		0	
(3)상여금	0		0		0		0		0	
(4)퇴직금	0		0		0		0		0	
(5)산재보험료	0		0		0		0		0	
(6)고용보험료	0		0		0		0		0	
(7)국민연금	0		0		0		0		0	
(8)건강보험료	0		0		0		0		0	
(9)식대등복리후생비	0		0		0		0		0	
(10)일반사무용품비	0		0		0		0		0	
(11)도서인쇄비	0		0		0		0		0	
(12)여비교통비	0		0		0		0		0	
(13)통신료	0		0		0		0		0	
(14)우편료	0		0		0		0		0	
(15)제세공과금등	0		0		0		0		0	
(16)피복비	0		0		0		0		0	
(17)교육훈련비	0		0		0		0		0	
(18)차량유지비	0		0		0		0		0	
(19)관리용품구입비	0		0		0		0		0	
(20)회계감사비	0		0		0		0		0	
(21)잡비	0		0		0		0		0	
2)경비비	0		0		0		0		0	
3)청소비	0		0		0		0		0	
4)소독비	0		0		0		0		0	
5)승강기유지비	0		0		0		0		0	
6)난방비	0		0		0		0		0	
7)급탕비	0		0		0		0		0	
8)지능형홈네트워크설비유지비	0		0		0		0		0	
9)수선유지비	0		0		0		0		0	
10)위탁관리수수료	0		0		0		0		0	

○○○아파트 관리사무소 (단위 : 원)

과 목	당초예산		예산액		증감		결산액		차이액	
2.사용료등		0		0		0		0		0
1)공동전기료	0		0		0		0		0	
2)공동수도료	0		0		0		0		0	
3)공동가스료	0		0		0		0		0	
4)공동난방비	0		0		0		0		0	
5)공동급탕비	0		0		0		0		0	
6)정화조오물수수료	0		0		0		0		0	
7)생활폐기물수수료	0		0		0		0		0	
8)입주자대표회의운영비	0		0		0		0		0	
9)보험료	0		0		0		0		0	
10)선거관리위원회운영경비	0		0		0		0		0	
3.장기수선충당금		0		0		0		0		0
1)장기수선비	0		0		0		0		0	
Ⅱ.관리외비용		0		0		0		0		0
1.장기수선충당금이자전입액	0		0		0		0		0	
2.하자보수충당금이자전입액	0		0		0		0		0	
3.승강기운영비용										
4.주차장운영비용										
5.공동체활성화비용	0		0		0		0		0	
6.주민자치활성화비용	0		0		0		0		0	
7.차감관리비	0		0		0		0		0	
8.알뜰시장비용										
9.재활용품비용	0		0		0		0		0	
10.검침비용	0		0		0		0		0	
11.공동주택지원금비용	0		0		0		0		0	
12.고용안정사업비용	0		0		0		0		0	
13.부과차손	0		0		0		0		0	
14.세무신고수수료	0		0		0		0		0	
15.법인세등	0		0		0		0		0	
16.기타의관리외비용	0		0		0		0		0	
Ⅲ.이익잉여금		0		0		0		0		0
1.예비비적립금	0		0		0		0		0	
2.공동체활성화단체지원적립금	0		0		0		0		0	
3.기타 적립금	0		0		0		0		0	
Ⅳ.세출합계		0		0		0		0		0

부록 2

「공동주택관리법 시행규칙」 [별표 1]

장기수선계획의 수립기준(제7조 제1항 및 제9조 관련)

〈개정 2021. 10. 22.〉

1. 건물외부

구분	공사종별	수선방법	수선주기(년)	수선율(%)	비고
가. 지붕	1) 모르타르 마감	전면수리	10	100	시멘트액체방수
	2) 고분자도막방수	전면수리	15	100	
	3) 고분자시트방수	전면수리	20	100	
	4) 금속기와 잇기	부분수리	5	10	
		전면교체	20	100	
	5) 아스팔트 슁글 잇기	부분수리	5	10	
		전면교체	20	100	
나. 외부	1) 돌 붙이기	부분수리	25	5	
	2) 수성페인트칠	전면도장	5	100	
다. 외부 창·문	출입문(자동문)	전면교체	15	100	

2. 건물내부

구분	공사종별	수선방법	수선주기(년)	수선율(%)	비고
가. 천장	1) 수성도료칠	전면도장	5	100	
	2) 유성도료칠	전면도장	5	100	
	3) 합성수지도료칠	전면도장	5	100	
나. 내벽	1) 수성도료칠	전면도장	5	100	
	2) 유성도료칠	전면도장	5	100	
	3) 합성수지도료칠	전면도장	5	100	
다. 바닥	지하주차장 (바닥)	부분수리	5	50	
		전면교체	15	100	
라. 계단	1) 계단논슬립	전면교체	20	100	
	2) 유성페인트칠	전면도장	5	100	

3. 전기 · 소화 · 승강기 및 지능형 홈네트워크 설비

구분	공사종별	수선방법	수선주기(년)	수선율(%)	비고
가. 예비전원(자가발전) 설비	1) 발전기	부분수선 전면교체	10 30	30 100	
	2) 배전반	부분교체 전면교체	10 20	10 100	
나. 변전설비	1) 변압기	전면교체	25	100	고효율에너지 기자재 적용
	2) 수전반	전면교체	20	100	
	3) 배전반	전면교체	20	100	
다. 자동화재 감지설비	1) 감지기	전면교체	20	100	
	2) 수신반	전면교체	20	100	
라. 소화설비	1) 소화펌프	전면교체	20	100	
	2) 스프링클러 헤드	전면교체	25	100	
	3) 소화수관(강관)	전면교체	25	100	
마. 승강기 및 인양기	1) 기계장치	전면교체	15	100	
	2) 와이어로프, 쉬브(도르레)	전면교체	5	100	
	3) 제어반	전면교체	15	100	
	4) 조속기(과속조절기)	전면교체	15	100	
	5) 도어개폐장치	전면교체	15	100	
바. 피뢰설비 및 옥외전등	1) 피뢰설비	전면교체	25	100	
	2) 보안등	전면교체	25	100	고휘도방전램프[휘도(광원의 단위 면적당 밝기의 정도)가 높은 방전램프] 또는 엘이디(LED) 보안등 적용
사. 통신 및 방송설비	1) 엠프 및 스피커	전면교체	15	100	
	2) 방송수신 공동설비	전면교체	15	100	
아. 보일러실 및 기계실	동력반	전면교체	20	100	
자. 보안 · 방범 시설	1) 감시반(모니터형)	전면교체	5	100	
	2) 녹화장치	전면교체	5	100	
	3) 영상정보처리기기 및 침입 탐지시설	전면교체	5	100	
차. 지능형 홈네트워크 설비	1) 홈네트워크기기	전면교체	10	100	
	2) 단지공용시스템 장비	전면교체	20	100	

4. 급수 · 가스 · 배수 및 환기설비

구분	공사종별	수선방법	수선주기(년)	수선율(%)	비고
가. 급수설비	1) 급수펌프	전면교체	10	100	고효율에너지 기자재 적용 (전동기 포함)
	2) 고가수조(STS, 합성수지)	전면교체	25	100	
	3) 급수관(강관)	전면교체	15	100	
나. 가스설비	1) 배관	전면교체	20	100	
	2) 밸브	전면교체	10	100	
다. 배수설비	1) 펌프	전면교체	10	100	
	2) 배수관(강관)	전면교체	15	100	
	3) 오배수관(주철)	전면교체	30	100	
	4) 오배수관[폴리염화비닐(PVC)]	전면교체	25	100	
라. 환기설비	환기팬	전면교체	10	100	

5. 난방 및 급탕설비

구분	공사종별	수선방법	수선주기(년)	수선율(%)	비고
가. 난방설비	1) 보일러	전면교체	15	100	고효율에너지 기자재 적용 (전동기 포함)
	2) 급수탱크	전면교체	15	100	
	3) 보일러수관	전면교체	9	100	밸브류 포함
	4) 난방순환펌프	전면교체	10	100	
	5) 난방관(강관)	전면교체	15	100	
	6) 자동제어기기	전체교체	20	100	
	7) 열교환기	전면교체	15	100	
나. 급탕설비	1) 순환펌프	전면교체	10	100	고효율에너지 기자재 적용 (전동기 포함)
	2) 급탕탱크	전면교체	15	100	
	3) 급탕관(강관)	전면교체	10	100	

6. 옥외 부대시설 및 옥외 복리시설

구분	공사종별	수선방법	수선주기 (년)	수선율 (%)	비고
옥외 부대시설 및 옥외 복리시설	1) 아스팔트포장	부분수리	10	50	
		전면수리	15	100	
	2) 울타리	전면교체	20	100	
	3) 어린이놀이시설	부분수리	5	20	
		전면교체	15	100	
	4) 보도블록	부분수리	5	10	
		전면교체	15	100	
	5) 정화조	부분수리	5	15	
	6) 배수로 및 맨홀	부분수리	10	10	
	7) 현관입구·지하주차장 진입로 지붕	전면교체	15	100	
	8) 자전거보관소	전면교체	10	100	
	9) 주차차단기	전면교체	10	100	
	10) 조경시설물	전면교체	15	100	
	11) 안내표지판	전면교체	5	100	

부록 3

2022 장기수선계획 실무가이드라인

1. 건물외부

구분	공사종별	정의	공사범위(예)
가. 지붕	1) 모르타르 마감	방수시멘트 풀칠, 방수용액 도포, 방수모르타르 바름 과정을 여러 차례 시공하여 방수층을 형성하는 공법	• 기존 보호층과 기존 방수층 제거, 바탕 만들기 후 신규 방수층과 신규 보호층 시공 • 일반적인 경우 보호층 위에 다시 방수층을 형성하는 공법(도막방수 또는 PVC 시트방수 등)으로 대부분 시공
	2) 고분자 도막방수	방수용으로 제작된 고분자 계열의 액상형 도료를 방수성능이 필요한 곳에 도포하여 방수층을 형성하는 공법	기존 방수층의 제거 등 바탕 만들기 및 신규 방수층 형성
	3) 고분자 시트방수	방수성능이 필요한 부위에 방수용 시트를 부착하여 방수층을 형성하는 공법	기존 보호층과 기존 방수층의 제거, 바탕 만들기 후 신규 방수층과 신규 보호층 시공
	4) 금속기와 잇기	갈바륨 강판 위에 방청재, 천연돌입자 등을 접착 코팅하여 기와 모양으로 만든 금속지붕 자재로 지붕면을 덮는 공법	콘크리트 위 금속기와(트러스트 위 금속기와), 기존 금속기와, 후레싱, 하부 강관 프레임 중 어느 한 가지 항목 이상을 포함하여 수선하거나 교체
	5) 아스팔트 쉬글 잇기	섬유재질의 판형 널에 아스팔트와 돌가루 등을 접착 코팅하여 만든 자재로 지붕면을 덮는 공법	콘크리트 위 아스팔트 쉬글(경량 철골 위 아스팔트 쉬글) : 기존 아스팔트 쉬글, 동판 후레싱, 하부 모르터 중 어느 한 가지 항목 이상을 포함하여 수선하거나 교체

나. 외부	1) 돌 붙이기	석재 패널을 콘크리트 모체에 부착하여 외부면을 마감하는 공법	• 기존 석재 제거 후 신규 석재 붙이기(부분 포함) • 기존 석재 위 신규 석재 붙이기(부분 포함) • 부착 철물의 보수 및 신규 설치(부분 포함) • 석재 줄눈 보수 및 신규 설치(부분 포함)
	2) 수성페인트칠	도료의 주성분인 수지를 용해시키는 재료로 용제 대신 물을 사용하는 수성페인트를 피도체(벽)에 바르는 공법	• 재도장 바탕만들기(기존 도막면의 보수) 후 재도장 • 기존 도막 위 재도장
다. 외부 창·문	출입문	강화도어에 자동 개폐장치를 설치한 출입문	기존 자동문(비자동문)철거 후 신규 자동문 설치

2. 건물내부

구분	공사종별	정의	공사범위(예)
가. 천장	1) 수성도료칠	도료의 주성분인 수지를 용해시키는 재료로 용제 대신 물을 사용하는 수성페인트를 피도체(천장)에 바르는 공법	• 재도장 바탕만들기(기존 도막면의 보수) 후 재도장 • 기존 도막 위 재도장
	2) 유성도료칠	도료의 주성분인 수지를 용해시키는 재료로 화학용제를 사용하는 유성페인트를 피도체(천장)에 바르는 공법	• 재도장 바탕만들기(기존 도막면의 보수) 후 재도장 • 기존 도막 위 재도장
	3) 합성수지도료칠	안료 등의 착색제를 합성수지를 주성분으로 하는 매체에 분산시켜 적당한 첨가제를 배합한 도료. 합성수지를 전색제로 한 도료의 총칭	• 재도장 바탕만들기(기존 도막면의 보수) 후 재도장 • 기존 도막 위 재도장
나. 내벽	1) 수성도료칠	도료의 주성분인 수지를 용해시키는 재료로 용제 대신 물을 사용하는 수성페인트를 피도체(벽)에 바르는 공법	• 재도장 바탕만들기(기존 도막면의 보수) 후 재도장 • 기존 도막 위 재도장
	2) 유성도료칠	도료의 주성분인 수지를 용해시키는 재료로 화학용제를 사용하는 유성페인트를 피도체(벽)에 바르는 공법	• 재도장 바탕만들기(기존 도막면의 보수 또는 제거) 후 재도장 • 기존 도막 위 재도장 ※ 걸레받이면 부위를 포함

	3) 합성수지도료칠	안료 등의 착색제를 합성수지를 주성분으로 하는 매체에 분산시켜 적당한 첨가제를 배합한 도료. 합성수지를 전색제로 한 도료의 총칭	• 재도장 바탕만들기(기존 도막면의 보수 또는 제거) 후 재도장 • 기존 도막 위 재도장
다. 바닥	지하주차장(바닥)	지하주차장의 바닥 마감재로써 일반적으로 주재료가 에폭시 계열인 액상형 도료를 바닥에 도포하는 에폭시 도장과 바닥 콘크리트 위에 강화제를 도포하는 칼라하드너 공법이 주로 사용됨	• 바탕만들기(기존 바닥면의 보수 또는 제거) 후 재도장 또는 재도포 • 기존 바닥면 위 재도장 또는 재도포
라. 계단	1) 계단논슬립	계단을 오르내릴 때 미끄럼을 방지하기 위해 계단의 디딤판 끝에 설치하는 재료	기존 논슬립의 제거 후 신규 논슬립 설치
	2) 유성페인트칠	도료의 주성분인 수지를 용해시키는 재료로 화학용제를 사용하는 유성페인트를 피도체(계단실)에 바르는 공법	• 재도장 바탕만들기(기존 도막면의 보수 또는 제거) 후 재도장 • 기존 도막 위 재도장

3. 전기 · 소화 · 승강기 및 홈네트워크 설비

구분	공사종별	정의	공사범위(예)
가. 예비전원(자가발전) 설비	1) 발전기	전력회사로부터 공급되는 사용전원이 정전될 경우 자동으로 작동되어 시설물의 기능을 계속 유지하기 위한 장치	발전기 전체, 엔진계통, 냉각기(라디에이터), 제어반
	2) 배전반	비상발전기에서 생산된 전기를 비상발전 부하설비 전력기기에 전력을 공급하는 장치	비상발전기 배전반 전체 교체, 차단기 교체
나. 변전설비	1) 변압기	전력회사로부터 공급되는 고압 및 특별 고압의 전기를 저압으로 변압하는 기기	변압기반 전체 교체, 변압기 교체
	2) 수전반	전기를 공급자(한전 측)로부터 공급받는 제어반	LBS, VCB, MOF 등
	3) 배전반	공급받은 전력을 사용자가 저압 또는 고압으로 변성하여 전력을 나누어 제어하는 메인스위치가 있는 제어반	ACB, ATS, 정류기 등

다. 자동화재 감지설비	1) 감지기	화재 시 발생되는 열이나 연기를 이용하여 화재를 조기에 감지하는 기기로써 화재가 발생하면 자동으로 감지하여 화재경보를 알려주는 화재감시용 소방기기	열감지기, 연기감지기
	2) 수신반	화재경보의 수신, 통보 및 각종 소방시설물을 제어 출력하는 기기로써 감지기 또는 발신기로부터 발하여지는 신호를 직접 또는 중계기를 거쳐 화재를 수신하는 설비	수신기
라. 소화설비	1) 소화펌프	화재 시 단지 내 옥내소화전, 스프링클러 헤드로 소화수를 공급하는 기계설비	• 펌프, 전동기 • 스프링클러설비 : 가압송수장치, 펌프, 전동기 및 밸브(준비작동식 밸브, 드라이파이프밸브 등)
	2) 스프링클러 헤드	소화펌프의 가압에 의해 공급된 소화수가 소화대상에 살수될 수 있도록 천장, 측벽 등에 설치하는 소화설비	스프링클러 헤드
	3) 소화수관(강관)	소화용수 저장시설에서 옥내(외)소화밸브 또는 헤드까지의 공급배관	배관, 보온재, 배관지지금구 등
마. 승강기 및 인양기	1) 기계장치	승강기를 구성하는 기계적인 요소를 총칭하며 권상장치, 승강카장치, 카도어장치, 균형추장치, 가이드레일, 균형체인, 승강장도어장치, 로프브레이크, 유압장치 등으로 구성	공사범위는 전동기, 감속기, 카바닥, 카 벽, 카 도어, 승강장도어, 로프브레이크, 유압실린더
	2) 와이어로프, 쉬브(도르레)	와이어로프는 권상기가 승강카를 견인하는 도구이며 쉬브는 권상기에 설치되어 로프와의 마찰력으로 승강카를 상하 운동시키는 기계장치	와이어로프, 쉬브
	3) 제어반	승강기의 전동기를 구동할 수 있도록 하는 동력·운전 제어, 신호장치를 총칭	인버터, 제어용 인쇄회로기판(CPU 등), 전력회생장치, 중앙감시제어반의 프로그램

	4) 조속기(과속조절기)	승강카가 정격속도를 초과할 때 정격속도의 1.3배 이상일 경우 조속기 스위치가 작동하여 전동기로 공급되는 전원을 차단하고, 정격속도의 1.4배 이상일 경우 카에 부착된 비상정지장치를 작동시켜 승강카를 정지시키는 주요 안전장치	조속기(과속조절기)
	5) 도어개폐장치	카도어를 개폐하는 장치로 카도어 구동장치, 카도어 제어장치 등으로 구성	카도어 구동용 전동기, 전동기 제어용 인버터
바. 피뢰설비 및 옥외 전등	1) 피뢰설비	낙뢰에 의한 충격전류를 대지로 신속히 방전시켜 건축물의 화재, 파손, 인명피해를 예방하는 설비	피뢰침, 고정와이어, 돌침부
	2) 보안등	야간에 안전보행을 위해 안전사고의 발생 우려가 있는 장소에 설치하는 전등	보안등 전체 교체(고휘도방전램프 교체, LED보안등으로 전환 시)
사. 통신 및 방송설비	1) 엠프 및 스피커	음성정보를 동시에 많은 사람들에게 전달하는 설비로 평상시에는 일반 안내방송, 재해 시에는 비상방송의 역할을 동시에 수행하는 설비	방송엠프, 스피커
	2) 방송수신 공동설비	공동주택에서 지상파 텔레비전 방송, 위성 방송, FM 라디오 방송 및 종합 유선 방송(CATV)을 공동으로 수신할 수 있도록 하는 설비	방송공동수신 안테나, 헤드앤드(Head End)
아. 보일러실 및 기계실	동력반	보일러 및 각종 펌프류 전원공급장치로써 동력 부하를 운전하기 위한 제어기기나 장치를 내장한 설비	동력반 교체(개소기준)
자. 보안·방범시설	1) 감시반(모니터형)	감시카메라(CCTV)를 통하여 정지 또는 움직이는 사람이나 사물의 영상을 감시인이 확인할 수 있도록 하는 장치	모니터 교체(전체 또는 1대기준)
	2) 녹화장치	감시카메라로 촬영한 영상을 저장하는 장치로 VTR, DVR, NVR 등이 있음	녹화장치 교체(전체 또는 1대기준)

	3) 영상정보처리기기 및 침입탐지시설	영상정보처리기기는 정지 또는 이동하는 사람이나 사물의 영상을 감시하는 기기이며, 침입탐지시설은 건물의 외벽이나 단지의 울타리 등에 설치하여 비정상적인 방법에 의한 외부인의 침입을 탐지하는 설비	영상정보처리기기 교체(전체 또는 1대기준)
차. 지능형 홈 네트워크 설비	1) 홈네트워크 기기	주택의 성능과 주거의 질 향상을 위하여 세대 또는 주택단지 내 지능형 정보통신 및 가전기기 등의 상호 연계를 통하여 통합된 주거서비스를 제공하는 설비	영상정보처리기기, 전자출입시스템, 원격검침시스템, 차량출입시스템, 무인택배시스템
	2) 단지공용시스템 장비	단지 내 설치되어 홈네트워크 설비를 총괄적으로 관리하며, 각종 데이터 저장, 공용시스템 및 세대 내 홈게이트웨이와 연동하여 단지 정보 및 서비스를 제공해 주는 장비	백본, 스위칭허브, 단지서버, 예비전원장치

4. 급수 · 가스 · 배수 및 환기설비

구분	공사종별	정의	공사범위(예)
가. 급수설비	1) 급수펌프	지하저수조의 물을 급수배관을 통해 세대 및 고가수조에 공급하는 기계설비	• 일반펌프 : 펌프, 전동기 • 부스터펌프 : 제어반, 압력탱크, 펌프, 전동기
	2) 고가수조(STS, 합성수지)	지하저수조의 물을 세대에 공급하기 위해 해당 동의 옥상에 설치하는 수조	수조, 수면계, overflow배관, 배수관, 맨홀, 레벨스위치, 전극봉
	3) 급수관(강관)	지하저수조에서 세대까지의 음용수 및 생활용수를 공급하는 배관	배관, 보온재, 신축관, 배관지지금구 등
나. 가스설비	1) 배관	공동주택에 적용되는 도시가스 공급배관을 지칭하며 중 · 저압관이며 도시가스와 액화석유가스 집단 공급시설 등이 있음	노출부위 배관 및 매립부위 배관(토목공사 포함)
	2) 밸브	단지 내에 가스시설 및 세대에서 사용 가능한 압력 유지공급 및 차단장치	밸브몸체 및 접속부품, 압력조정기

다. 배수설비	1) 펌프	폐수, 오수를 배출하는 데 사용되는 펌프	펌프, 전동기, 스위치
	2) 배수관(강관)	잡배수(주방, 욕실, 세면대, 세탁기 등)의 배수에 이용되는 배관	배관, 배관지지금구
	3) 오배수관(주철)	오수(수세식변기), 잡배수(주방, 욕실, 세면대, 세탁기 등)의 배수에 이용되는 배관	배관, 보온재, 배관지지금구
	4) 오배수관(PVC)	오수(수세식변기), 잡배수(주방, 욕실, 세면대, 세탁기 등)의 배수에 이용되는 배관	배관, 보온재, 배관지지금구
라. 환기설비	환기팬	실내의 오염된 공기를 외부로 배출하고 외부의 신선한 공기를 유입하여 쾌적한 환경을 유지시키는 설비	팬, 전동기

5. 난방 및 급탕설비

구분	공사종별	정의	공사범위(예)
가. 난방설비	1) 보일러	연료의 연소 등에 의해 물 또는 증기를 가열, 증기나 온수를 발생시켜 공급하는 설비	보일러몸체, 버너, 연료공급장치, 안전장치, 제어반
	2) 급수탱크	보일러에 보충수 공급, 압력유지, 배관 내 온도차에 의한 수축·팽창, 흡수 등을 목적으로 한 난방 부속설비	• 개방형: 개방형 팽창탱크, 그에 따른 배관 • 밀폐형: 밀폐형 팽창탱크, 공기압축기, 그에 따른 배관
	3) 보일러수관	보일러 내부에서 고온 유체를 이송하는 배관	수관(연관), 세관 제외
	4) 난방순환펌프	보일러의 온수를 냉온수 간의 밀도차만으로는 보일러 및 순환배관의 마찰력으로 인하여 순환이 어려우므로 난방배관의 환수측에 설치하는 강제순환용 설비	펌프, 전동기
	5) 난방관(강관)	보일러실 또는 열교환실에 설치되며 세대까지 난방용수를 공급하는 배관	배관, 보온재, 배관지지금구

	6) 자동제어기기	제어의 대상, 즉 장치, 기계, 물체 등에 대하여 제어하고자 하는 양을 계측하여 목표값과 비교하고 그 양자에 차이가 있으면 자동적으로 정정조작을 하는 설비	중앙감시반, D.D.C패널, 자동제어밸브, 제어반
	7) 열교환기	1차측(열공급시설, 보일러)의 고온의 열원에서 공급되는 열을 흡수하여 2차측(사용자)으로 열을 공급하는 장치로 온도가 상이한 유체들 간 열전달을 이용하는 설비	프레임, 탱크, 전열관, 전열판
나. 급탕설비	1) 순환펌프	보일러 등에 의해 데워진 온수를 각 세대에 공급하는 펌프	펌프, 전동기
	2) 급탕탱크	보일러에 의해 가열된 온수를 저장하는 설비	탱크몸체, 탱크 내의 온수온도를 일정하게 유지하기 위해 온도조절밸브, 삽입형 서모스탯, 삼방밸브, 안전밸브, 탱크보온
	3) 급탕관(강관)	보일러나 열교환기로부터 각 세대에 이르는 온수 배관	배관, 보온재, 신축관, 배관지지금구

6. 옥외 부대시설 및 옥외 복리시설

구분	공사종별	정의	공사범위(예)
옥외 부대시설 및 옥외 복리시설	1) 아스팔트포장	단지 내 차도 및 주차장 등 차량 주행성 및 배수 등을 위해 설치하는 포장자재	아스팔트 포장, 차선도색, 과속방지턱
	2) 울타리	외부인이 단지 내로 접근하는 것을 통제하기 위해 단지 경계에 설치하는 시설물 또는 차량 및 사람의 추락위험을 예방하기 위해 설치하는 안전시설물	울타리로 구분될 수 있는 기초부터 울타리를 구성하는 재료 모두
	3) 어린이 놀이시설	어린이가 놀이를 위하여 사용할 수 있도록 제조된 그네, 미끄럼틀, 공중놀이기구, 회전놀이기구 등으로서 「어린이제품 안전특별법」 제2조 제9호에 따른 안전인증대상 어린이제품	어린이놀이시설로 구획한 부분의 바닥(구획이 모호한 경우는 2년마다 수행하는 정기시설검사의 바닥항목에 준하는 범위)
	4) 보도블록	보행자의 이동편의 및 배수 등을 위해 설치하는 포장자재	보행도로바닥(보도블록, 데크 등), 경계석

5) 정화조	수세식화장실에서 나오는 오수를 침전·분해 등 환경부령이 정하는 방법에 의하여 정화하는 시설	배수로 본체, 배수로 덮개, 배수로벽 보강보, 집수정(맨홀이 없는 소형)
6) 배수로 및 맨홀	단지 내 하수를 신속하게 배제하고, 침수 방지를 통해 생활환경을 개선할 수 있는 하수도시설	맨홀뚜껑, 맨홀본체, 맨홀속사다리
7) 현관입구·지하주차장 진입로 지붕	단지 내 부대·복리시설의 입구 지붕 및 지하주차장 진입로 지붕	관리사무소·대문·경비실·공중화장실·저수시설·쓰레기수거시설·경로당·주민공동시설·지하주차장 등의 지붕
8) 자전거보관소	자전거 주차장치를 설치하여 자전거 이용자가 안전하고 편리하게 사용할 수 있는 자전거 주차장	자전거보관대, 보관소 구조물, 보관소 구획 시설물 등
9) 주차차단기	주차장이나 주차시설물에 설치하여 차량의 출입을 통제하는 설비	주차차단기
10) 조경시설물	조경과 관련된 파고라·벤치·환경조형물·정원석·휴게·여가·수경·관리 및 기타 이와 유사한 것으로 설치되는 시설	옥외에 설치된 정자, 파고라, 벤치, 주민운동(체육)시설, 조형물, 그늘막(공연장), 수경시설, 연못, 옥외 쉼터, 쓰레기수거장 등
11) 안내표지판	관리주체가 단지 내 시설물을 안내하기 위하여 보도 또는 도로구역에 설치하는 표지판	단지종합안내판, 단지입구표지판

부록 4

「공동주택관리법 시행령」 [별표 4]

시설공사별 담보책임기간(제36조 제1항 제2호 관련)

〈개정 2021. 1. 5.〉

구분		기간
시설공사	세부공종	
1. 마감공사	가. 미장공사 나. 수장공사(건축물 내부 마무리 공사) 다. 도장공사 라. 도배공사 마. 타일공사 바. 석공사(건물내부 공사) 사. 옥내가구공사 아. 주방기구공사 자. 가전제품	2년
2. 옥외급수·위생 관련 공사	가. 공동구공사 나. 저수조(물탱크)공사 다. 옥외위생(정화조) 관련 공사 라. 옥외 급수 관련 공사	3년
3. 난방·냉방·환기, 공기조화 설비공사	가. 열원기기설비공사 나. 공기조화기기설비공사 다. 닥트설비공사 라. 배관설비공사 마. 보온공사 바. 자동제어설비공사 사. 온돌공사(세대매립배관 포함) 아. 냉방설비공사	
4. 급·배수 및 위생설비공사	가. 급수설비공사 나. 온수공급설비공사 다. 배수·통기설비공사 라. 위생기구설비공사 마. 철 및 보온공사 바. 특수설비공사	
5. 가스설비공사	가. 가스설비공사 나. 가스저장시설공사	

구분		기간
시설공사	세부공종	
6. 목공사	가. 구조체 또는 바탕재공사 나. 수장목공사	3년
7. 창호공사	가. 창문틀 및 문짝공사 나. 창호철물공사 다. 창호유리공사 라. 커튼월공사	
8. 조경공사	가. 식재공사 나. 조경시설물공사 다. 관수 및 배수공사 라. 조경포장공사 마. 조경부대시설공사 바. 잔디심기공사 사. 조형물공사	
9. 전기 및 전력설비공사	가. 배관·배선공사 나. 피뢰침공사 다. 동력설비공사 라. 수·변전설비공사 마. 수·배전공사 바. 전기기기공사 사. 발전설비공사 아. 승강기설비공사 자. 인양기설비공사 차. 조명설비공사	
10. 신재생 에너지 설비공사	가. 태양열설비공사 나. 태양광설비공사 다. 지열설비공사 라. 풍력설비공사	
11. 정보통신공사	가. 통신·신호설비공사 나. TV공청설비공사 다. 감시제어설비공사 라. 가정자동화설비공사 마. 정보통신설비공사	
12. 지능형 홈네트워크 설비공사	가. 홈네트워크망공사 나. 홈네트워크기기공사 다. 단지공용시스템공사	
13. 소방시설공사	가. 소화설비공사 나. 제연설비공사 다. 방재설비공사 라. 자동화재탐지설비공사	
14. 단열공사	벽체, 천장 및 바닥의 단열공사	

구분		기간
시설공사	세부공종	
15. 잡공사	가. 옥내설비공사(우편함, 무인택배시스템 등) 나. 옥외설비공사(담장, 울타리, 안내시설물 등), 금속공사	3년
16. 대지조성공사	가. 토공사 나. 석축공사 다. 옹벽공사(토목옹벽) 라. 배수공사 마. 포장공사	5년
17. 철근콘크리트공사	가. 일반철근콘크리트공사 나. 특수콘크리트공사 다. 프리캐스트콘크리트공사 라. 옹벽공사(건축옹벽) 마. 콘크리트공사	
18. 철골공사	가. 일반철골공사 나. 철골부대공사 다. 경량철골공사	
19. 조적공사	가. 일반벽돌공사 나. 점토벽돌공사 다. 블록공사 라. 석공사(건물외부 공사)	
20. 지붕공사	가. 지붕공사 나. 홈통 및 우수관공사	
21. 방수공사	방수공사	

비고: 기초공사·지정공사 등 「집합건물의 소유 및 관리에 관한 법률」 제9조의2 제1항 제1호에 따른 지반공사의 경우 담보책임기간은 10년

| 찾아보기 |

기타

조문

공동주택관리법 시행규칙

공동주택관리법 시행령

| 저자약력 |

조용언

동아대학교 경영학과 교수, 공인회계사
부산광역시 공동주택 특별감사위원
부산광역시 지방세심의위원회 위원장
부산광역시 재정공시심의위원회 위원장
부산광역시 주민참여예산위원회 위원장
부산지방국세청 국세심사위원회 위원
부산경제정의실천시민연합 공동대표
한국회계정책학회 회장
한국공인회계사 및 세무사 시험 출제위원

한권으로 끝내는 공동주택 회계와 세무

2023년 8월 5일 1판 1쇄 인쇄
2023년 8월 10일 1판 1쇄 발행

저 자 | 조용언
발행인 | 이수영
발행처 | 도서출판 청람
서울시 마포구 독막로 288(대흥동, 세양상가 109호)
전 화 | 02)3272-2601~2
팩 스 | 02)3272-2603
E-mail | crbooks@daum.net
홈페이지 | http://www.crbooks.co.kr
등 록 | 2000년 8월 26일 제6-0509호

ISBN 978-89-5972-970-8 93320 [정가 25,000원]